LETTRES
DE QUELQUES JUIFS

PORTUGAIS, ALLEMANDS ET POLONAIS

A M. DE VOLTAIRE,

Avec un petit Commentaire, extrait d'un plus grand,
à l'usage de ceux qui lisent ses œuvres;

SUIVIES DES MÉMOIRES SUR LA FERTILITÉ DE LA JUDÉE.

PAR M. L'ABBÉ GUÉNÉE.

NOUVELLE ÉDITION

Revue et augmentée de plusieurs notes nouvelles,

PAR M. DESDOUITS

Professeur de physique au collège Stanislas.

TOME PREMIER.

PERISSE FRÈRES, IMPRIMEURS-LIBRAIRES
de N. S. P. le Pape et de Son Ém. Mgr le Cardinal-Archevêque de Lyon.

LYON	PARIS
ancienne maison	nouvelle maison
RUE MERCIÈRE, 49,	RUE SAINT-SULPICE, 38,
ET RUE CENTRALE, 3.	ANGLE DE LA PLACE.

LETTRES
DE
QUELQUES JUIFS

Chez Périsse Frères, libraires.

EXAMENS DE CONSCIENCE, développés et expliqués par un très-grand nombre de faits historiques, d'anecdotes et de maximes, à l'usage des prêtres et des fidèles, pour le temps des missions, des retraites et des confessions générales; par M. l'abbé Vermot, ancien Missionnaire de Besançon, supérieur de la mission; 1 vol. in-12.   3 fr.

Rappeler aux fidèles les commandements de Dieu et ceux de l'Eglise, leur faire concevoir avec netteté et précision les devoirs qu'ils leur imposent et les infractions dont ils se rendent coupables: tel est le but du zélé missionnaire qui a composé cet ouvrage, dont on peut se servir avec fruit comme lecture spirituelle ou comme instruction pendant le carême. Les divers faits historiques qu'il a su si heureusement y introduire, en rendent tout à la fois la lecture plus intéressante et l'application plus sensible.

QUESTIONS PRATIQUES ET DE DIRECTION SUR LE SACREMENT DE PÉNITENCE, développées et expliquées par un très-grand nombre de faits historiques et d'anecdotes, à l'usage des Prêtres et des Fidèles, pour les temps des missions et des retraites (faisant suite aux *Examens développés* du même auteur); par M. l'abbé Vermot, missionnaire apostolique: 1 vol. in-12.   3 fr.

Dans cet ouvrage les fidèles trouveront des détails d'autant plus piquants qu'ils sont moins connus, les âmes pieuses, la solution de leurs doutes ordinaires sur le sacrement de pénitence, les confesseurs, une méthode de direction extraite des théologiens et des ascétiques les plus célèbres, et MM. les curés, une matière suffisante aux exhortations qui suivent les prières du soir pendant un carême entier.

CONFÉRENCES SUR LE DOGME DE LA PRÉSENCE RÉELLE, et sur la fréquente communion; par M. l'abbé Vermot, missionnaire, chanoine honoraire de Bordeaux, etc.: 1 vol. in-12.   3 fr.

L'auteur rappelle aux fidèles les principes de leur foi en la présence réelle; l'intention, l'esprit de Jésus-Christ, des apôtres et de l'Eglise, l'usage des chrétiens, non-seulement des premiers temps, mais de la plus grande partie des siècles chrétiens sur le fréquent usage de la communion.

Ranimer parmi les fidèles une sainte ardeur pour la fréquentation du plus auguste des sacrements: tel est le but de cet excellent livre.

CONVERSION (la) D'UN PÉCHEUR, réduite en principes; par le P. Fr. Salazar: 1 vol. in-18.   60 cent.

LYON.—IMPR. D'ANDRÉ PÉRISSE,
Imp. de N. S. P. le Pape et de Mgr le Card.-Archev.

LETTRES
DE QUELQUES JUIFS
PORTUGAIS, ALLEMANDS ET POLONAIS,
A M. DE VOLTAIRE,

Avec un petit Commentaire, extrait d'un plus grand, à l'usage
de ceux qui lisent ses œuvres;

SUIVIES DES MÉMOIRES SUR LA FERTILITÉ DE LA JUDÉE;

PAR M. L'ABBÉ GUÉNÉE.

NOUVELLE ÉDITION

Revue et augmentée de plusieurs notes nouvelles,
par M. DESDOUITS, professeur de physique au collège Stanislas.

TOME PREMIER.

LIBRAIRIE CATHOLIQUE DE PERISSE FRÈRES
LYON
Rue Mercière, 49. ｝ Rue Centrale, 34.
PARIS
R. RUFFET, Acquéreur de la nouvelle Maison,
rue Saint-Sulpice, 38.
1863

PRÉFACE DES ÉDITEURS,

Mise à la tête de la cinquième Édition, faite en 1781.

De la première et de la seconde édition. — Jugement porté de cet ouvrage par M. de Voltaire. — Jugements différents du sien. — Pourquoi on a rapporté ces différents jugements. — Reproches contradictoires faits aux auteurs. — Reproche d'avoir été trop doux. — Réponse.

On a publié, il y a quelques années, sous le nom de *Lettres Juives*, un ouvrage dont les chrétiens ont cru avoir lieu de se plaindre. Aucun des enfants de Jacob ne les ayant avouées, aucun n'ayant été convaincu de les avoir écrites, c'est une preuve que les prétendus Juifs, auteur de ces *Lettres*, sont autant de personnages supposés, et que toute leur correspondance était imaginaire. Qui de nous aurait l'impudence de déclamer contre ceux qui nous tolèrent, et de jeter du ridicule sur leurs opinions, leurs cérémonies et leurs usages? On ne trouvera ici rien de pareil.

Justifier notre nation accusée par un écrivain célèbre; faire connaître à cet écrivain quelques-unes des erreurs qui lui sont échappées en parlant de nos saints livres, et l'engager à les réformer dans sa nouvelle édition, c'est tout ce qu'on se propose dans ce recueil, qui ne doit point déplaire aux chrétiens. Nous croyons au contraire que plusieurs d'entre eux pourront y apprendre avec plaisir quelques particularités intéressantes sur un peuple qui, dépositaire des oracles divins sur lesquels leur foi est établie, ne peut leur être indifférent.

Pendant l'impression de ce recueil, on a publié deux excellents écrits; dans l'un, on défend nos livres saints contre la *Philosophie de l'histoire*; dans l'autre, on répond aux principaux articles du *Dictionnaire philosophique*. Nous croyons que l'auteur qu'on y combat ne peut se dispenser d'y répondre : son silence serait un aveu de sa défaite. Ces deux ouvrages sont de nature à être réfutés par des plaisanteries : s'ils nous fussent parvenus plus tôt, nous aurions laissé l'illustre écrivain entre les mains de ces deux savants chrétiens, plus instruites et plus aguerries que les nôtres.

En vain nous avons invité M. de Voltaire d'entrer en lice et de se mesurer avec des athlètes si dignes de lui. Il a cru plus sage de se rabattre sur des adversaires moins redoutables. C'est à nos auteurs qu'il a jugé à propos de répondre; et il l'a fait avec le ton de supériorité que donne la fortune et les talents.

Mais le mécontentement et le mépris qu'il a témoignés de ces *Lettres*, n'en ont pas empêché le prompt débit. Quatre éditions ont été enlevées, sans compter une contrefaçon à Liége, une à Rouen, etc.; et c'est aujourd'hui la cinquième édition que nous offrons au public, d'un ouvrage

nardi, malhonnête, bon seulement pour des critiques sans goût, et qui ne vaut rien du tout pour les honnêtes gens un peu instruits. Tel est l'arrêt qu'a prononcé M. de Voltaire, juge éclairé, mais partie ; aussi son jugement a-t-il éprouvé quelques contradictions.

Ce recueil qui n'a pas eu l'avantage de lui plaire, n'a pas déplu au public : et la plupart des écrivains périodiques en ont parlé favorablement. Dès qu'il parut, feu M. *Bonnamy* s'empressa d'en rendre compte dans le *Journal de Verdun*, et il le fit en des termes qui durent flatter nos auteurs. Il les nomme : « des Juifs savants et polis, et leur ouvrage, un excellent et savant recueil de lettres, en attendant, ajoute-t-il, que nous entrions dans quelques détails, nous ne pouvons trop exhorter à le lire. »

L'auteur de l'*Année littéraire* n'en parla pas moins avantageusement. « Ces lettres, dit-il, ont été réellement écrites par des Juifs dont l'objet est de justifier leur nation accusée par M. de Voltaire, et de relever plusieurs erreurs qui lui sont échappées en parlant des livres saints. » Il en donne ensuite l'extrait, et il le termine en ces mots : « Ces *Lettres* méritent d'être lues, elles contiennent beaucoup de recherches, d'érudition, d'esprit. On ne peut trop exhorter les auteurs à continuer leur commentaire sur une partie des écrits de M. de Voltaire ; on pourra le réunir à celui qui se prépare sur l'autre partie de ses écrits, qui est déjà bien avancée, où on relève les erreurs, les fausses dates dont il a surchargé le roman qu'il nous a donné sur l'histoire, et dans lequel on n'oublie pas les autres productions littéraires de ce grand homme. »

Le jugement porté sur ces *Lettres* dans le *Journal des savants*, est encore plus honorable à nos auteurs. On y donne de leur ouvrage un extrait extrêmement bien fait ; il commence en ces termes : « Si tous les ouvrages polémiques étaient écrits dans le goût de celui-ci, ils feraient plus d'honneur à leurs auteurs, et seraient mieux accueillis du public. » On expose ensuite les différentes matières traitées par les Juifs dans leurs *Lettres*, et on donne une nouvelle force à leurs raisons, par la clarté, la précision avec laquelle on les rapporte. On finit, en disant : « Nous désirerions pouvoir présenter la plupart des autres objets que discutent les auteurs, et montrer avec quelle énergie, quelle solidité, quelle évidence ils dévoilent les erreurs, les méprises, les variations et les contradictions de leur adversaire. Les observations mêlées qui terminent cet ouvrage sont annoncées comme l'extrait d'un plus grand commentaire. Veut-on faire entendre qu'on se propose de publier des discussions plus étendues ; en ce cas, on doit exhorter les auteurs à conserver toujours le ton de politesse et d'honnêté qui règne dans cet ouvrage, écrit d'ailleurs d'une manière ingénieuse et intéressante.... Il est permis aux Juifs calomniés de repousser une injure à laquelle le nom seul de celui qu'on en dit auteur est capable de donner du poids. On sait assez combien les erreurs, les fautes, les méprises des hommes célèbres sont contagieuses ; à moins que, par leur singularité ou par leur multiplicité, elles ne deviennent enfin sans conséquence. » Ce dernier trait est énergique ; il dit plus que toutes les *Lettres*, le *Commentaire*, etc.

Nous pourrions citer encore un grand nombre d'autres écrivains périodistes, français et étrangers, qui se sont exprimés à peu près de même sur nos auteurs et sur leurs *Lettres*. Mais ce détail, quoiqu'il pût être curieux et même utile, deviendrait trop long. Que le lecteur nous permette seulement d'y ajouter le jugement des savants anglais, auteurs du *Montly review*. « Ces lettres, disent-ils, sont écrites avec plus d'honnêteté, de politesse et de modération (*decency, politeness and temper*) qu'on en trouve d'ordinaire dans les écrits de controverse ; elles prouvent le savoir, la candeur et le sens droit de leurs auteurs. Ils traitent M. de Voltaire avec un grand respect ; mais ils n'en relèvent pas moins une foule de méprises, de contradictions, d'infidélités dans ce qu'il a avancé sur les Juifs et sur les écrits de l'ancien Testament; en un mot, nos Hébreux s'y défendent avec beaucoup d'habileté, et discutent divers points relatifs à l'histoire sacrée avec beaucoup d'érudition et de jugement. »

Si nous rapportons tous ces témoignages honorables à nos auteurs, ce n'est ni pour recommander leur ouvrage, ni pour flatter leur vanité. Parmi tous ces éloges, ils ne sont touchés que de ceux qu'on a faits de leur honnêteté et de leur modération, ils ne regardent tout le reste que comme un encouragement qu'on a bien voulu donner à des étrangers qui s'essaient à écrire dans une langue qui n'est point la leur, sur des objets intéressants, contre un adversaire si supérieur, et de tous côtés si redoutable.

Ce n'est pas non plus pour les consoler par ces louanges de la manière tout opposée dont M. de Voltaire a parlé d'eux. Aux yeux du savant, du profond et impartial écrivain, nos auteurs sont de *francs ignorants*, des *imbéciles*, des *emportés*, etc. C'est ainsi qu'il les traite dans sa *tolérance extrême*, lui qui déclare, « qu'ayant pu se tromper sur bien des choses qu'on n'a ni le temps ni le moyen d'éclaircir, il faut, sans difficulté, qu'il se rétracte de toutes les erreurs où il serait tombé, et qu'il remercie ceux qui l'en avertiront, quelque aigreur qu'ils puissent mettre dans leur zèle. » On sait comme il a remercié et comme il remercie, toutes les fois que l'occasion s'en présente, ou même sans qu'elle se présente, un grand nombre de gens de lettres qui lui ont rendu ce service. Touché, apparemment, de l'honnêteté de nos auteurs, il ne les a pas encore traités comme il a fait de tant d'autres. Il s'est borné aux petits traits d'humeur qu'on vient de voir : nos Juifs les lui pardonnent volontiers bien sincèrement. Ils n'ignorent pas combien il est sensible à la contradiction; et ils aiment à croire son cœur honnête, lors même que sa bouillante et impétueuse imagination l'emporte au-delà des bornes qu'il se prescrirait sans doute dans des moments plus calmes.

Mais il était bon qu'on sût que nos auteurs ne

sont pas les seuls qui aperçoivent des inconséquences, des contradictions, des erreurs, des infidélités, etc., dans les écrits de ce grand homme; que beaucoup d'autres y en voient autant qu'eux et plus qu'eux ; il était bon que les savants étrangers, que nous avons vus plus d'une fois gémir sur les travers des beaux esprits français, apprissent que la séduction du philosophisme n'a pas tellement gagné dans la nation, qu'il ne s'y trouve encore un grand nombre de gens de lettres qui se font honneur de penser autrement et de dire librement leur pensée ; et que, malgré les efforts de quelques écrivains pour ériger M. de Voltaire en tyran de la littérature, il est encore des juges qui osent honorer de leurs suffrages les écrits où l'on combat ses erreurs en respectant ses talents.

Nous ne dissimulons pas que, depuis la troisième édition de cet ouvrage, deux écrivains périodiques n'en ont pas jugé tout-à-fait comme ceux que nous venons de citer. Ils s'accordent tous deux à parler des *Lettres* et de leurs auteurs de la manière la plus obligeante ; mais ils leur reprochent, l'un (*l'Encyclopédique*), d'avoir été trop amers ; l'autre (*l'Ecclésiastique*), d'avoir été trop doux : reproches contradictoires dont l'un détruit l'autre, et qui tous deux prouvent que nos Juifs se sont tenus dans le plus juste milieu.

Le premier de ces reproches, quoique tempéré par des éloges flatteurs, affligerait sensiblement nos auteurs, s'ils pouvaient croire l'avoir mérité; mais après tous les ménagements et les égards dont ils ont usé, ils ne peuvent le regarder que comme l'effet d'un attachement tendre et d'une reconnaissance vive de la part du périodiste pour l'écrivain célèbre à qui il a, dit-on, diverses obligations. Nous lui représenterons seulement que s'il est beau d'être reconnaissant, il est nécessaire d'être juste ; et que ce n'est pas l'être tout-à-fait, que de donner de légères plaisanteries pour des personnalités, et quelques ironies douces pour des *sarcasmes amers*. Il y a quelque différence entre les piqûres d'épingles et des coups d'estramaçon ; le sel des cannes d'Amérique n'est pas le sublimé corrosif.

L'autre reproche méritait d'être discuté plus au long, il paraît effectivement plus fondé : plusieurs savants français et étrangers, catholiques romains et protestants l'avaient fait à nos Juifs, de vive voix et par écrit, avant l'écrivain périodique dont nous parlons. En souhaitant, dans l'extrait qu'il fait des lettres, que les auteurs y eussent pris un ton plus ferme, il donne tout à la fois la leçon et le modèle. « Cet ouvrage, dit-il, dont on a fort loué la première édition, mérite un accueil distingué de la part de toutes les personnes qui respectent les divines Ecritures. Il contient une excellente réfutation des difficultés puériles, des sarcasmes indécents, des blasphèmes révoltants par lesquels M. de Voltaire ne cesse d'attaquer nos saints livres, dans un tas de brochures qui renaissent tous les jours, où il ne fait que se copier lui-même, après avoir copié les autres, et qui auraient pu être sévèrement flétries, sans intéresser la tolérance philosophique que ce trop fameux écrivain ne cesse de prêcher, mais que personne ne connaît moins que lui dans la pratique, etc. Avec tous les ménagements possibles dans le ton et la manière, rien n'est plus capable, pour le fond des choses, d'écraser l'amour-propre de ce littérateur orgueilleux.... On y verra à chaque page; 1° un controversiste de mauvaise foi, qui renouvelle éternellements es objections sans montrer l'insuffisance des réponses qu'on y a faites, mais sans daigner même en faire mention; 2° un auteur très superficiel qui, en affectant la plus vaste érudition, est réduit à ne faire que copier les Tindal, les Bolingbroke, etc., ou même des commentateurs qu'il injurie en s'en servant...; 3° un écrivain sans jugement, qui, entraîné par une imagination bouillante, écrit au hasard, se contredit à chaque page, loue et blâme une même chose; 4° un homme ridiculement vain, qui fait montre des plus vastes connaissances, et qui est convaincu de l'ignorance la plus complète sur tous les points. Ignorance des langues : il traduit le latin comme un écolier qui l'entend médiocrement ; il parle l'hébreu, comme ne sachant pas lui-même le lire ; il fait de grands éloges de la langue grecque, et il l'écrit vingt fois comme un homme qui ne l'a jamais entendue. Forcé de rendre un passage d'Hérodote, il le traduit sur une mauvaise version latine qui fourmille de contre-sens. Ignorance des auteurs et des ouvrages : il transforme un poète en un homme; il attribue le livre de la Sagesse à un païen qui vivait dans le second siècle de l'ère chrétienne, et qu'il confond avec un Juif de même nom. Ignorance de l'histoire:

il ne fait que brouiller les règnes, les évènements, les temps et les lieux, et il prouve de plus en plus que ce n'est pas sans raison que ses partisans même le regardent, sur cet article, comme un homme sans conséquence. Ignorance des arts sur lesquels il fait parade des connaissances les plus approfondies ; ignorance des usages et des coutumes des différents peuples, etc. »

Après divers autres traits, que nous épargnerons à M. de Voltaire et à ses admirateurs, le critique vient au reproche qu'il fait à nos Juifs. « En applaudissant, dit-il, aux éloges que la modération des auteurs des *Lettres* a reçus et qu'elle mérite, nous croyons cependant devoir observer qu'ils la portent quelquefois trop loin, et sur des matières où les personnes les plus délicates leur auraient certainement permis un peu plus de force et de chaleur. Sans doute l'humanité, capable de faillir, mérite des égards, si l'on ne peut trop user de ménagements envers un homme qui ne tombe dans l'erreur que par fragilité ; mais la mauvaise foi, poussée à l'excès, l'intention de tromper évidemment marquée, les blasphèmes vomis de sang-froid, et, pour ainsi dire, à plaisir, doivent exciter l'indignation de l'homme le plus patient, et la manière de les repousser doit être assortie à l'impression qu'une si odieuse dépravation fait nécessairement sur toute âme honnête. Ainsi, quand nos auteurs se seraient élevés avec plus d'énergie contre un forcené qui ose accuser Abraham d'avoir cherché à faire un honteux trafic de la beauté de son épouse, qui ose tourner les prophètes en ridicule, et les travestir de la manière la plus bassement indécente, etc., on leur en aurait su bon gré; et s'ils ont encore à repousser les traits impies de cet écrivain, sans religion, après avoir donné à la politesse au-delà de ce qu'elle pouvait exiger, on leur permettra de donner quelque chose à leur zèle et à leur juste vénération pour les livres saints, qu'ils défendent si avantageusement. »

L'écrivain finit par préférer au ton qu'ont pris nos Juifs, la touche *ferme et vigoureuse* du *Supplément à la philosophie*, « ouvrage accablant contre M. de Voltaire, qui l'a bien senti, puisqu'il y a opposé une réponse pleine d'injures atroces. »

Nous souscrivons avec plaisir aux éloges que l'écrivain donne au *Supplément*. L'ouvrage a été utile à nos auteurs; ils se font un devoir de le reconnaître; et ils regardent depuis longtemps la manière dont M. de Voltaire y a répondu comme une des plus grandes injustices dont cet homme célèbre s'est rendu coupable.

Quant au reproche que l'écrivain périodiste fait à nos Juifs, ou plutôt au conseil qu'il leur donne, il est accompagné de tant de politesse et d'honnêteté, que, loin de s'en plaindre, ils ne doivent que l'en remercier. Son zèle est louable, et ses raisons, qui ne seront probalement pas goûtées de M. de Volaire et de ses partisans, ne manquent ni de justesse, ni de solidité. Mais nous le prions de considérer que, s'il est permis, s'il est aisé à des chrétiens de s'abandonner à l'ardeur de leur zèle, des Juifs opprimés, proscrits, livrés au mépris et à la haine des peuples, ne sauraient être trop circonspects ? Leur convenait-il d'irriter contre leur malheureuse nation un ennemi que le crédit et les talents rendent si redoutable ? Déjà même, malgré cette honnêteté, cette politesse et tous ces éloges qu'on leur a reprochés comme *excessifs et fastidieux*, M. de Voltaire s'emporte, et ses partisans murmurent : qu'eût-ce été, si nos Juifs avaient eu moins de modération ?

Sans doute *il est des faussetés qu'il faut repousser avec force*. M. de Voltaire n'en disconviendra pas ; il le dit lui-même. Mais, en écrivant, chacun doit consulter son goût et sa tournure d'esprit. Peut-être ce ton de véhémence auquel on exhorte nos auteurs était-il au-dessus de leurs forces, comme il est opposé à leur caractère et à leur façon de penser. La critique la plus douce paraît toujours si amère ! il est si dur d'être obligé de dire à quelqu'un qu'il a tort et mille fois tort, de le lui prouver, de le convaincre, au point qu'il ne puisse se le dissimuler à lui-même ! Qu'est-il besoin d'ajouter la vivacité à la démonstration ? Le ton de véhémence n'est pas celui qui mène le plus directement au succès ; on donne volontiers sa confiance à l'écrivain impartial qui ne montre ni passion ni humeur ; on se met en garde contre celui qui s'échauffe. Et c'est peut-être autant à leurs déclamations indécentes et à leur style fougueux, qu'à l'absurdité de leurs systèmes, que nos prétendus sages doivent le décri général où leurs écrits commencent à tomber. Laissons-leur l'emportement et les injures, ce sont les raisons de ceux qui ont tort : les défenseurs de la vérité doivent être calmes comme elle. Enfin, pourqui s'emporterait-on si fort contre M. de Voltaire, ou contre la petite troupe qui combat sous ses drapeaux ? Une demi-douzaine de grands enfants ont formé le projet de renverser un édifice religieux, que, depuis quatre mille ans, les injures du temps et les efforts des hommes n'ont pu ébranler. Les pierres dont il est bâti, la solidité de leur assiette, le ciment indestructible qui les lie, tout lui promet une éternelle durée. Et ces enfants s'imaginent qu'ils vont l'abattre avec des boules de neige. Encore comment s'y prennent-ils ? L'édifice est à droite, et se dressant sur leurs pieds, ils lancent d'un air menaçant leurs boules de neige à gauche. La plupart leur retombent sur la tête, et tout le fruit qu'ils tirent de leurs efforts, c'est de s'éclabousser les uns les autres. En vérité il y a là plus à rire qu'à s'indigner.

La contrariété des reproches faits à nos auteurs prouve bien qu'il est difficile de contenter tous les lecteurs ; l'un aime l'amer, l'autre aime le doux : comment satisfaire des goûts si opposés (1) ? Nous

(1) *Si opposés.* Pendant l'impression, on nous a adressé deux petits traités manuscrits anonymes, en nous exhortant à les joindre aux *Lettres*, etc. L'un est intitulé : *Apologie pour les juifs portugais et allemands,* où, par la comparaison de ce qu'ont écrit contre M. de Voltaire des chrétiens français, anglais, genevois, etc.; on prouve que les Juifs portugais et allemands ont été les plus modérés de ses adversaires. L'autre a pour titre: *l'Art de réfuter poliment, tiré des écrits de* M. *de Voltaire.* Les auteurs peuvent les publier, s'ils le jugent à propos. Pour nous, nous déclarons que nous n'en ferons point usage. Nos Juifs nous en sauraient certainement très-mauvais gré. Ils estiment, ils aiment l'illustre écrivain qu'ils combattent ; leur ob-

nous rappelons ces convives d'Horace, qu'on ne sait comment servir.

Quid dem ? Quid non dem ? renuis tu quod jubet alter, etc.

Un écrivain qui n'a ni le style ni la politesse du précédent, vient encore de renouveler ce dernier reproche. Que prétend ce censeur ? Voudrait-il que nos Juifs eussent dit aussi à M. de Voltaire et aux philosophes, qu'ils sont des *frêlons*, des *guêpes*, et même des *mouches cantharides* ?

Nos auteurs n'ont point ce ton ; mais ils ne condamnent personne, ne jalousent personne, ne se mettent au-dessus de personne. Ils savent que la modestie, qui orne les grands talents, est nécessaire à qui n'en a que de médiocres. Leurs vœux les plus chers seront accomplis, quand tous ceux qui courent la même carrière qu'eux auront plus de succès et feront plus de fruit qu'eux.

jet, non plus que le nôtre, n'est pas de le chagriner, mais de le ramener, s'il est possible, à des sentiments plus vrais. *Editeurs.*

ÉPITRE DÉDICATOIRE DES ÉDITEURS

A M. DE VOLTAIRE.

Monsieur,

Les désirs du public et les nôtres vont donc être enfin satisfaits ! Vous donnez une nouvelle édition de vos OEuvres. Publiée sous vos yeux et par vos soins, elle sera authentique et complète ; toutes les vraies productions du plus beau génie du siècle s'y trouvent réunies ; et l'on pourra désormais les distinguer sûrement de cette foule d'écrits furtifs qu'on ose vous attribuer ; enfants malheureux supposés par l'envie, ou jugés par leur propre père indignes de porter son nom.

C'est un monument durable que vous érigez à votre gloire et à l'instruction de la postérité, vous n'y voulez rien laisser qui puisse ternir l'une ou tromper l'autre. Dans cette vue, vous les retouchez encore, ces immortels ouvrages, et vous y remettez la main, probablement pour la dernière fois.

Pourrions-nous souhaiter une occasion plus favorable de vous présenter la collection que nous avons faite de quelques brochures qui les concernent ? Ce sont des Lettres, des Réflexions, un commentaire, etc., de quelques-uns de nos frères portugais et allemands, sur divers endroits de vos écrits. Daignez, Monsieur, les recevoir et y jeter les yeux. Occupé actuellement à préparer la nouvelle édition qu'on nous annonce, vous pourrez les parcourir avec quelque utilité, et peut-être même avec quelque satisfaction. Car si l'on y relève, dans ce que vous avez écrit sur l'histoire des Juifs et sur leurs livres sacrés, des inadvertances et des méprises, des contradictions et des inconséquences, des assertions fausses, des imputations calomnieuses, etc., les éloges l'emportent toujours sur la critique.

Ces Juifs ne sont pas des agresseurs téméraires qui bravent vos ressentiments et vous provoquent de gaîté de cœur. Membres d'une nation que vous avez tant de fois outragée, et que vous ne cessez de poursuivre avec un acharnement dont nous ignorons la cause (1), ils se bornent à une défense que vous avez rendue nécessaire, et ne repoussent vos traits qu'en respectant la main qui les lance. Admirateurs passionnés de vos écrits, ils désireraient qu'on y trouvât partout cette exactitude, cette haute perfection que vous êtes capable d'y mettre; et ils ont cru vous obliger en vous indiquant les endroits qui leur ont paru s'en éloigner.

C'est dans cet esprit qu'ils ont écrit leurs observations et c'est uniquement par ces motifs que nous les avons recueillies et que nous vous les offrons.

Nous sommes, avec les plus parfaits sentiments d'estime et de respect,

MONSIEUR,

Vos très-humbles et très-obéissants serviteurs, JOSEPH LOPEZ, ISAAC MONTENERO, BENJAMIN GROOT, etc., Juifs des environs d'Utrecht.

A Paris, le

P. S. Nous n'avons pu obtenir la permission de publier ce recueil qu'à condition qu'un chrétien y mettrait les notes qu'il jugerait à propos. Nous y avons consenti, sans adopter ce qu'il y pourra dire, et sans en répondre; nous aurons soin de distinguer les nôtres et celles de nos auteurs d'avec les siennes, par les mots abrégés *Chrét., Aut., Édit.*

(1) *Nous ignorons la cause.* Il ne paraît pourtant pas difficile de s'en douter. *Chrét.*

NOTICE.

SUR LA VIE ET LES OUVRAGES

DE L'ABBÉ GUÉNÉE.

Antoine *Guénée* naquit en 1717 à Etampes, de parents peu favorisés des dons de la fortune, qui néanmoins lui firent faire ses études à Paris. Il y embrassa l'état ecclésiastique, et fut reçu agrégé à l'Université qui comptait alors parmi ses professeurs un grand nombre de noms illustres. En 1741 au moment ou Rollin venait de mourir, l'abbé Guénée à peine âgé de 24 ans fut nommé professeur de rhétorique au collége Duplessis, charge que l'illustre recteur avait occupée pendant quelques années. Comme son prédécesseur et son modèle, l'abbé Guénée ne crut pas que les devoirs de sa place se réduisissent à inculquer à ses élèves le goût des bonnes études littéraires; il s'attacha également à leur inspirer l'amour des vertus chrétiennes. Après 20 ans d'exercice dans sa chaire, il fut déclaré selon l'usage professeur émérite; et ce ne fut que dans les loisirs que lui procura cette modeste position, qu'il put exécuter les travaux littéraires qui ont rendu son nom si recommandable.

Mais depuis longtemps il en avait préparé les matériaux, grâce à une sérieuse étude des langues grecque et hébraïque qu'il en considérait comme le principal instrument. Il ne tarda pas à reconnaître que l'étude des langues modernes serait un accessoire utile sinon indispensable à celle des idiomes anciens; par là seulement, en effet, il pouvait se mettre en rapport avec d'utiles travaux religieux publiés dans différents pays, et faire participer la France, en les traduisant, au bienfait de leur publication. Dans ce but, il fit en Italie, en Allemagne et en Angleterre plusieurs voyages avec quelques élèves; ce qui lui servit à la fois à se perfectionner dans l'usage des langues étrangères, et à fixer ses idées sur les ouvrages les plus importants et les plus propres à remplir ses vues.

C'est ainsi qu'il fit choix, pour les traduire, de deux excellents ouvrages anglais, dus à la plume, l'un de lord

Littleton, l'autre du chevalier West. le premier portait pour titre : *Observations sur la conversion de l'apostolat de saint Paul;* l'abbé Guénée crut devoir modifier cet énoncé, et intituler sa traduction : *La Religion chrétienne démontrée par la conversion et l'apostolat de saint Paul.* Cette traduction était suivie de celle de deux dissertations sur l'excellence de l'Écriture, par *Seed.* L'ouvrage de West portait pour titre : *Observations sur l'histoire et les preuves de la résurrection de Jésus-Christ.* Ce livre avait été composé à l'occasion et en réponse aux *six discours de* Wolaston, publication qui avait causé le plus grand scandale en Angleterre, et où l'auteur soutenait que tous les miracles de Jésus-Christ n'étaient que des allégories et des figures. Ce système ressuscité de nos jours par quelques lourds plagiaires en Suisse et en Allemagne, suscita plusieurs écrits remarquables dus à d'habiles critiques, et en tête desquels se placèrent ceux de West et de l'évêque Sherlock. En même temps qu'il traduisait le premier, l'abbé Guénée réédita une ancienne traduction du second, dont le livre avait pour titre : *Les témoins de la résurrection de Jésus-Christ examinés suivant les règles de la procédure d'Angleterre.* Les trois ouvrages traduits ont été réimprimés ensemble en 1821.

L'abbé Guénée était encore dans sa chaire du Plessis lorsqu'il traduisit ces ouvrages. Ce travail était facile sans doute ; mais le vif intérêt que lui inspira cette première campagne sur le terrain de la critique religieuse, lui révélait en même temps sa vocation. Devenu professeur émérite, il se livra tout entier au genre d'étude qui lui était devenu plus cher et plus facile que jamais. Bientôt il se sentit en état d'entrer en lice non avec les ennemis vulgaires de la religion, mais avec l'adversaire le plus redoutable qu'elle eût encore rencontré. Voltaire était alors dans toute sa puissance ; ses ouvrages, si pleins d'esprit, fascinaient tous les yeux ; et l'arme du ridicule qu'il maniait avec une si prodigieuse supériorité, écartait de la lice, ou blessait cruellement les athlètes qui avaient le courage de lui proposer le combat. C'est ce que fit néanmoins l'abbé Guénée en publiant ses *Lettres de quelques Juifs portugais, allemands et polonais,* qui obtinrent dès leur début un succès remarquable, et dont l'auteur donna lui-même cinq éditions. Elles lui valurent les éloges les plus flatteurs, non-seulement de la part des hommes religieux de l'époque, mais des critiques les plus indifférents, et même des Encyclopédistes. La manière dont Voltaire lui-même s'exprimait sur le compte de l'abbé Guénée, prouve bien que les coups avaient porté juste; il voulait bien lui reconnaître « de l'esprit et des connaissances » sorte d'éloges dont il était prodigue comme on sait, envers ses ennemis, envers ceux surtout qui, comme il le disait de l'abbé Guénée, « le mordaient jusqu'au sang. »

Heureux au sein de la retraite où ses études chéries absorbaient ses loisirs, l'abbé Guénée, tout-à-fait inaccessible à l'ambition, eut à soutenir une longue lutte contre les efforts de l'amitié qui l'appelait à la cour. L'abbé Marie, nommé précepteur des enfants du comte d'Artois (depuis Charles X) exigea, pour accepter cette charge, la coopération de l'abbé Guénée; mais en cédant aux persévérantes sollicitations de son ami, il sut s'isoler entièrement de toute intrigue et de toute affaire, et ne laissa reposer ni ses livres ni sa plume. Mentionné honorablement dans les assemblées du clergé de 1775 et 1780, il fut reçu en 1778 membre de l'Académie des Inscriptions et belles-lettres en remplacement de M. Lebeau. Il composa et lut dans ses séances quatre mémoires importants sur la Judée, qui sont imprimés à la suite des lettres. Dans ces mémoires il discute la question de la fertilité naturelle de la Palestine, tant proclamée par les livres saints, et niée obstinément par Voltaire, sans autres raisons que le fait de sa désolation actuelle. L'abbé Guénée établit d'une manière invincible celui de sa prospérité ancienne; ses quatre mémoires partagent l'histoire du pays par époques, depuis la dévastation romaine, jusqu'à la conquête de Sélim.

La révolution de 1789 vint briser la tranquille existence de l'abbé Guénée. Il eut le bonheur assez étrange d'échapper aux proscriptions de ces jours néfastes, et se retira dans le voisinage de Fontainebleau. Il y acheta un petit bien qu'il essaya de faire valoir par lui-même; mais la tentative n'ayant pas été couronnée de succès, il le revendit et se retira dans cette ville, où il vécut dans l'obscurité et la tristesse, jusqu'à sa mort arrivée en 1803.

A peine rappellerai-je encore pour tout dire, qu'il avait été nommé chanoine d'Amiens, par M. de la Motte; que le grand aumônier de France l'avait attaché à la chapelle de Versailles, et qu'il avait été pourvu en 1785 de l'abbaye de Loroy dans le diocèse de Bourges. Ce sont choses bien petites pour donner du lustre au nom de l'auteur des *Lettres*. De nombreuses éditions et plusieurs contrefaçons prouvent l'intérêt sérieux et durable qui s'est attaché à cet excellent ouvrage. Chef-d'œuvre véritablement unique dans son genre, il rivalise avec les écrits de Voltaire par l'esprit, la finesse et l'agrément; il emprunte avec le plus grand succès ses armes à son adversaire, armes redoutables que le patriarche de la philosophie croyait ne pouvoir aller qu'à sa main. Un mérite tout-à-fait spécial, et que quelques personnes semblent n'avoir pas suffisamment compris, c'est cette politesse ironique, de si bon goût, qui a tous les airs de la franchise, et quelquefois de l'admiration. Certes, jamais adversaire ne toucha son homme aussi juste, et ne le frappa aussi rudement, avec des formes si exquises, et une malice enveloppée dans des phrases aussi respectueuses. Si quelqu'un était indigne d'égards, par son caractère, par l'immoralité et le style de sa polémique, assurément c'était le philosophe de Ferney; mais en conservant vis-à-vis de Voltaire cette tenue si noble et si piquante tout à la fois, l'auteur des *Lettres* prouve qu'il sent sa force; c'est le propre de la supériorité, de repousser les entraînements de la passion la plus légitime.

Nous ne parlons ici que de sa forme. Quant au fond de l'ouvrage il est plus encore au-dessus de tout éloge. Une profonde érudition, une argumentation sévère et variée, une grande intelligence dans le choix et le classement des preuves, tout ce qui fait une œuvre solide et instructive, se trouve rassemblé dans les *Lettres*. Pour repousser les attaques de son adversaire, il n'a jamais recours à ces idées systématiques qui n'ont de valeur que pour celui qui les emploie, où ne s'appuie pas sur des théories équivoques, qui tombent le lendemain du jour qui les a vues naître : quand il expose différents systèmes de solution à une difficulté, il n'emploie que ceux qui ont déjà subi l'épreuve de la critique; et il est extrêmement remarquable qu'au bout de 60 ans, cet ouvrage n'ait eu besoin que d'imperceptibles rectifications. Les notes que nous avons ajoutées à cette édition nouvelle ne sont guère que des additions et des développements. Puissent tous les ouvrages religieux marcher dans cette ligne de sagesse, et épargner à la cause qu'ils défendent les secousses inévitables qui suivent la chute des systèmes et des idées qui n'appartiennent qu'à un homme ou à une époque.

LETTRES DE QUELQUES JUIFS PORTUGAIS

AVEC DES RÉFLEXIONS CRITIQUES

Sur le premier chapitre du septième tome (1) des ŒUVRES de M. de Voltaire, au sujet des Juifs *.

LETTRE PREMIÈRE.

De M. Guasco, Juif portugais de Londres, à M. Sweet-mind, chanoine de Winchester.

OCCASION ET SUJET DES LETTRES, ETC. DE QUELQUES JUIFS PORTUGAIS.

Vous désirez, Monsieur, savoir ce qui a donné naissance aux *Lettres* et aux *Réflexions* suivantes; il est juste de vous satisfaire.

(1) *Septième tome*. C'est le cinquième de l'édition faite à Genève en 1756. *Edit.*

* Voyez *Dictionnaire philosophique*, tom v, art. Juifs, 1re section, tome XLI des *Œuvres*.

Nota. Pour faciliter la recherche des passages de M. de Voltaire, cités dans l'ouvrage de M. Guénée, et rendre notre travail utile à un plus grand nombre de personnes, nous avons cru devoir préférer l'édition faite à Kell, en 70 volumes in-8º, par les soins de M. de Beaumarchais, comme étant dans un ordre adopté pour toutes celles qui ont été imprimées depuis. Nous prévenons donc que c'est à cette édition que

L'intérêt divise quelquefois ceux mêmes que le sang, la religion et les malheurs communs devraient unir. Il survint, il y a huit ou dix ans, un différend entre les Juifs portugais établis à Bordeaux, et quelques Juifs d'autres nations. Ceux-ci prétendaient faire corps avec les Portugais, et partager avec eux les priviléges dont ils jouissent dans cette ville depuis plus de deux siècles.

Dans ces circonstances, les Portugais recoururent à l'auteur (1), et le prièrent de joindre ses solicitations à celles de leur agent à Paris (2) : il le fit avec zèle ; il écrivit à M. le maréchal duc de R., et il en reçut une réponse aussi flatteuse pour lui que satisfaisante pour la nation Portugaise (3).

Ce ne fut pas la seule obligation que les Portugais lui eurent. Cette contestation ayant donné lieu de réfléchir sur les préjugés désavantageux et injustes qu'on a contre les Juifs en général, et sur l'ignorance où l'on est communément, en France, de la distinction qu'on doit mettre entre les Juifs portugais et espagnols, et ceux des autres nations, on crut qu'il était nécessaire que quelqu'un se chargeât d'écrire une courte apologie des Juifs en général, et d'y faire sentir la différence qu'il y a entre les uns et les autres. On y engagea l'auteur, et il y consentit.

Le premier chapitre du septième tome des *Œuvres* de M. de

nous renverrons ; néanmoins nous avons conservé scrupuleusement tous les renvois de l'auteur à l'édition de Genève.

Toutes nos nouvelles notes sont marquées d'un astérisque.

(1) *A l'auteur.* Les *réflexions critiques*, et les *Lettres* qui y sont relatives, ont pour auteur M. Pinto, Juif portugais, très estimé pour sa politesse et ses talents. On a de lui un *Essai sur le luxe*, imprimé à Yverdun en 1764, un Traité sur le commerce, etc. *Édit.*

(2) *De leur agent à Paris.* Cet agent est M. Pereire, connu par l'art de faire parler les sourds-muets de naissance. *Édit.*

(3) *La nation portugaise.* On nomme ainsi les Juifs portugais et espagnols : ils sont établis en France et y jouissent, depuis 1550, des mêmes priviléges que les autres sujets du roi, en vertu de lettres-patentes renouvelées de règne en règne. *Aut.*

Voltaire était ce qu'il y avait de plus fort à leur désavantage. Le poids que cet illustre écrivain donne par son autorité à ces préjugés, était capable d'écraser cette nation (1), en fournissant, dans la suite, des armes à la calomnie. Persuadé que ce n'a jamais été ni pu être l'intention de M. de Voltaire, et que ce grand homme verrait lui-même avec plaisir qu'on prévînt des maux qu'il n'avait pas prévus, ou auxquels il n'avait pas fait assez d'attention, l'auteur juif s'est déterminé à combattre ses imputations. Vous savez avec quels égards il l'a fait, et avec quel succès.

Voilà, Monsieur, quelle a été l'occasion et quel est le sujet des *Lettres*, etc., que vous voulez relire. Ces connaissances préliminaires pourront servir, en effet, comme vous l'avez pensé, à répandre quelques lumières sur les réflexions critiques. On comprendra mieux par quels motifs, dans une apologie de la nation juive, on élève si fort les Juifs portugais et espagnols au-dessus des Juifs allemands et polonais.

Nous souhaitons beaucoup que tous les chrétiens lisent cet écrit avec les sentiments de modération et d'impartialité que nous vous connaissons : ils pourront y prendre des idées moins défavorables de la nation juive ; ou, s'ils nous condamnent, ils le feront sans nous haïr. Que le philosophisme déclame ; que, sous le masque de la tolérance et de l'humanité, il insulte et calomnie un peuple malheureux, le chrétien ne doit connaître ni l'emportement ni la haine.

Nous sommes, avec respect, etc.

(1) *D'écraser cette nation.* Est-ce sérieusement qu'on craint que les écrits de M. de Voltaire *n'écrasent la nations juive !* De vaines déclamations opèreraient-elles ce que tant de siècles d'oppression n'ont pu opérer ? *Edit.*

LETTRE II (1).

De l'auteur des Réflexions critiques à M. Pere, agent de la nation portugaise de Bordeaux, en les lui envoyant.

La Lettre qu'à votre considération, Monsieur, j'ai écrite à M. le maréchal duc de..... en faveur de la nation portugaise établie à Bordeaux, m'attire de votre part des remercîments et des éloges que j'aurais à peine mérités, quand je me serais acquitté de tout ce que vous et cette nation avez lieu d'attendre de mon zèle pour ses intérêts. Ils doivent m'être chers à plus d'un titre, tant par l'origine commune de nos ancêtres, qui ont habité plusieurs siècles en Espagne et en Portugal, que par les sentiments qui m'attachent à notre plus ancienne patrie, et à cette antique religion (2), mère de toutes les autres, et aussi universellement qu'injustement méprisée par ceux qui lui doivent du respect et de la vénération. Les services signalés que j'ai eu le bonheur de rendre à la nation portugaise établie à Amsterdam, et dont j'espère qu'elle jouira longtemps, ne sont qu'un motif de plus pour m'engager à donner à mes frères, établis ailleurs, les preuves de bonne volonté qu'ils ont droit d'attendre de moi; mais je regrette que vous m'ayez employé dans deux occasions où il paraît que les intérêts de nos Portugais se croisent pour ainsi dire avec ceux des Juifs des autres nations : mon cœur en souffre, et je vois que le vôtre n'en est pas moins touché, quoique la raison et la saine politique autorisent vos démar-

(1) Cette lettre et les réflexions suivantes ont été imprimées à Amsterdam en 1762. *Edit.*

(2) *Cette antique religion.* Les chrétiens, qui regardent le culte juif actuel comme superstitieux et vain, respectent sincèrement l'ancienne religion juive, *mère de la leur* : il n'y a parmi eux que les athées et les déistes qui la *méprisent. Chrét.*

ches. Caligula souhaitait que le peuple romain n'eût qu'une tête, pour avoir le barbare plaisir de l'abattre d'un seul coup. Que ne faisait-il le même souhait pour que le bonheur d'un seul devînt celui de tout un peuple ! Tel serait notre vœu si la chose était possible. Le bonheur que nous acquérons aux dépens d'autrui est un malheur déguisé ; c'est un poison qui n'est un remède que pour les malades; mais malheureusement on est souvent réduit à l'empirisme, en politique comme en médecine. Il paraît que c'est un malheur attaché à l'humanité, au moins depuis qu'on s'est partagé en plusieurs corps de société séparés et distincts, que les intérêts des uns soient souvent opposés aux intérêts des autres. Nous devons donc défendre les droits des Portugais, quand ils seraient préjudiciables aux Allemands et aux Avignonnais, en même temps que nous souhaitons, vous et moi, leur faire oublier, s'il était possible, par les plus grands services, les petits désagréments que la défense légitime et nécessaire des priviléges des Portugais nous a forcés de leur occasioner, en distinguant quelquefois notre cause de la leur.

Je vous envoie, Monsieur, mes *Réflexions* sur ce que M. de Voltaire a écrit contre les Juifs. Vous en trouverez qui demanderaient une plus longue discussion pour être mises dans tout leur jour ; mais comme mon intention n'est point de m'attaquer à M. de Voltaire, je me borne à présenter à cette illustre auteur de nouveaux matériaux, que personne ne peut mieux mettre en œuvre que lui, et que son amour pour la vérité le pressera d'employer dans une nouvelle édition (1).

Vous savez, Monsieur, que je suis son plus grand admirateur : je croirais avoir un reproche à me faire (2) s'il y avait

---

(1) *Nouvelle édition*. Cette nouvelle édition se prépare : c'est pour M. de Voltaire une belle occasion de remplir ses engagements, et de rendre gloire à la vérité qu'il aime. ÉDIT.

(2) *Un reproche à me faire*, etc. Comment M. de Voltaire peut-il

quelqu'un en Europe qui eût plus lu, étudié que moi ses ouvrages, que je regarde comme une bibliothèque encyclopédique (1); je lui rends, dès aujourd'hui, parmi mes concitoyens, la justice complète que la postérité lui rendra un jour. *Odere incolumem* (2) *postgenitis carum*. Son intention ne peut être de donner cours à la calomnie; il terrassera ce monstre dès qu'il le connaîtra. Je suis persuadé que mes *Réflexions*, s'il daigne les lire, ne lui déplairont point; et, loin qu'il m'en sache mauvais gré, je me flatte qu'elles m'attireront son estime. Vous connaissez celle que j'ai pour vous, ett que je suis et serai sans fin et sans fard, etc.

haïr si violemment un peuple parmi lequel il a des partisans si zélés? *Chrét.*

(1) *Bibliothèque encyclopédique*. Nous ne savons si cet éloge est digne de M. de Voltaire : jusqu'ici il n'a été donné à personne dde parler de tout, et d'en parler bien. La sphère de l'esprit humain a des bornes; au-delà de ces limites, *il perd toujours en profondeur ce qu'il gagne en superficie*. *Edit.*

(2) *Odere incolumem*, etc. Nous ignorons si M. de Voltaire a des ennemis; mais nous sentons qu'on peut le réfuter sans le haïr, et même en l'admirant. La postérité *chérira* sans doute une partie de ses ouvrages; nous souhaitons bien sincèrement qu'elle n'ait aucun reproche à lui faire sur l'autre. *Edit.*

RÉFLEXIONS CRITIQUES (1).

*Sur le premier chapitre du VIIe tome des OEuvres de M. de Voltaire, etc. *.*

De la calomnie, et de ses suites funestes. — Les accusations graves demandent des preuves évidentes, surtout lorsqu'elles sont faites contre une nation entière. — Incertitude des jugements sur les nations. — Qu'il est plus difficile de juger de la nation juive que de tout autre. — Affreux portrait que M. de Voltaire fait de la nation juive. — Des Juifs portugais. — Différence et séparation remarquable de ces Juifs avec les autres. — Origine de cette distinction. — Leurs mœurs. — Quels vices on peut leur reprocher. — Des Juifs allemands et polonais, etc. — Ce qui cause leurs vices. — Ces vices comparés à ceux des autres peuples. — Ignorance reprochée aux Juifs. — Ils ont eu et ont encore des savants. — Beauté de leur langue. — Leurs écrivains. — Arts qu'ils ont connus. — Leurs sciences : histoire naturelle et géométrie. — Leur astronomie. — L'alphabet des Grecs dérive de celui des Hébreux. — Cruautés reprochées aux Juifs. — Ils ne faisaient qu'obéir aux ordres de Dieu contre les Cananéens, etc. — Leur modération dans les autres guerres. — Les guerres chez tous les anciens peuples plus meurtrières, et pourquoi. — Tous les hommes au fond sont les mêmes. — Raisonnement de M. de Montesquieu en faveur des Juifs. — M. de Voltaire fait l'apologie des Juifs. — Il tente de justifier ceux d'à-présent de la mort de Jésus-Christ et même leurs pères. — Des haines nationales. — La religion n'en est pas la source, mais les intérêts particuliers. — En les conciliant, on éteindrait les haines des nations. — L'auteur se propose d'y travailler.

De tous les vices, le plus préjudiciable à la société ; de tous les torts, le plus irréparable ; de tous les crimes, le plus noir, c'est assurément la calomnie. Les dommages

---

(1) On s'est permis de retrancher de ces *Réflexions* quelques endroits qui ont paru moins nécessaires ; mais on a été attentif à conserver tous les éloges que l'auteur donne à M. de Voltaire. *Édit.*

* Voyez *Dictionnaire philosophique*, tome V, art. Juifs, 1re section, tome XLI des *OEuvres*.

qu'en ressentent ceux qui en sont les objets et les victimes se multiplient à l'infini : c'est une vérité dont tout le monde convient, et que M. de Voltaire a mise dans tout son jour dans plusieurs endroits de ses ouvrages. Il est également vrai que plus une accusation est grave, plus les preuves en doivent être évidentes. Ces principes sont incontestables, lors même qu'il s'agit d'accuser le moindre individu d'une société, le dernier des hommes ; à plus forte raison, la circonspection doit être plus grande lorsqu'il est question de tout un peuple ; et plus on généralise une accusation qui lui impute des crimes, plus on doit être en état de la prouver. Mais y en a-t-il dont on puisse accuser un peuple en général ? Une nation en corps peut-elle être complice d'un crime ? Pourrait-on avec justice imputer à toute la nation anglaise le supplice de Charles 1er ? ou à tous les Français du temps de Charles IX, le massacre de la Saint-Barthélemy ? Toute proposition universelle est suspecte et sujette à l'erreur, surtout quand on parle du caractère général d'une nation, dont les nuances sont toujours très variées, selon l'état, le rang, le tempérament et la profession de chacun. Chaque province d'un même état est aussi différente d'une autre province que chacune d'elles l'est de la ville capitale, celle-ci de la cour, où chaque famille a encore une teinte particulière, dont les individus qui la composent sont distingués par des caractères divers. Si dans une forêt il n'y a pas deux feuilles qui se ressemblent ; si dans le monde entier il n'y a pas deux visages parfaitement uniformes, ni deux hommes dont toutes les idées soient les mêmes, comment prétend-on faire d'un seul trait le portrait moral de tout un peuple ? Il en est de la moralité d'une nation comme de celle de l'homme, dont elle n'est qu'une collection. La nature varie dans l'individu selon les accidents physiques qui altèrent son tempérament, et des peuples selon les accidents politiques qui changent leur constitution. Les nations ont leur clair-obscur ; elles ont des moments brillants, où leurs vertus se développent dans un meilleur jour, et d'autres où elles paraissent avec moins d'éclat; mais jamais elles ne sont tout-à-fait vicieuses, ni tout-à-fait vertueuses; encore ne restent-elles jamais longtemps dans un même état; l'instabilité est l'apanage de l'humanité.

Si cela est vrai à l'égard de tous les peuples en général, ce l'est encore davantage à l'égard des Juifs en particulier. Dispersés parmi tant de nations différentes, ils ont pris pour ainsi dire dans chaque pays, après un certain temps, le caractère des habitants. Un Juif de Londres ressemble si peu à un Juif de Constantinople, que celui-ci à un mandarin de la Chine. Un Juif portugais de Bordeaux et un Juif allemand de Metz paraissent deux êtres absolument différents. Il n'est donc pas possible de parler des mœurs des Juifs en général sans entrer dans un grand détail et dans des distinctions particulières. Le Juif est un caméléon qui prend partout les couleurs des différents climats qu'il habite, des différents peuples qu'il fréquente, et des différentes formes de gouvernement sous lesquelles il vit.

Cependant M. de Voltaire les a tous amalgamés en bloc, et en fait un portrait aussi affreux que peu ressemblant. Voici comment il s'exprime à leur sujet.

Les religion chrétienne et musulmane, dit M. de Voltaire*, *reconnaissaient la juive pour leur mère; et par une contradiction singulière, elles ont à la fois pour cette mère du respect et de l'horreur* (1). Il pouvait encore ajou-

---

* Voyez *Dictionnaire philosophique*, tome v, art. Juifs, 1re section, page 137, tome XLI des OEuvres.

(1) *Par une contradiction singulière*, etc. L'ancienne religion juive était sainte et vénérable; c'était le culte que Dieu même avait prescrit; mais ce culte, selon les oracles divins, devrait être abrogé, ses sacrifices abolis, ses ministres rejetés. La religion juive actuelle est, aux yeux des chrétiens et des musulmans, un culte réprouvé. Où est la contradiction qu'en rejetant l'une, ils soient pleins de respect pour l'autre?

Il y a de même plus d'esprit que de vérité dans le mot de M. de

ter ce que M. de Montesquieu dit quelque part* que c'est *une mère qui a engendré deux filles qui l'ont accablée de mille plaies.*

Mais pourquoi M. de Voltaire, fait pour éclairer l'univers, grossit-il le nuage des préjugés populaires qu'on entasse sur les sectateurs de cette religion, à la honte de l'humanité ? Comment ce grand homme, en dépit de son esprit et de son cœur, au mépris de la raison et de la vérité, a-t-il pu se laisser aller à une pareille distraction ? Car quel terme plus doux puis-je employer, en voyant l'ennemi des préjugés abandonner sa plume à l'aveugle prévention, organe le plus commun de ce monstre qu'il a toujours combattu ; je veux dire la calomnie ? surtout en le voyant terminer ce chapitre si peu digne de lui, par ces horribles mots : *Enfin, vous ne trouverez en eux* (dans les Juifs) *qu'un peuple ignorant et barbare, qui joint depuis longtemps la plus indigne avarice à la plus détestable superstition et à la plus horrible haine pour tous les peuples qui les tolèrent et les enrichissent. Il ne faut,* ajoute-t-il, comme pour leur faire grâce, *il ne faut pourtant pas les brûler* **.

Je dirai modestement à M. de Voltaire qu'un grand nombre de ceux qu'il traite si cruellement, voudraient plutôt être brûlés que de mériter ces imputations heureusement gratuites. Il ne serait peut-être pas difficile de prouver que les Juifs ne sont ni plus ignorants, ni plus superstitieux que les autres peuples, et que les gens riches, parmi eux, sont plus sujets à

Montesquieu. Le fanatisme ignorant et intéressé de quelques chrétiens a pu *accabler la nation juive de mille plaies.* Mais le fanatisme de quelques chrétiens n'est pas la religion chrétienne. Le vrai christianisme n'est ni destructeur, ni inhumain. La religion mahométane s'est annoncée le fer et le feu à la main. La religion des chrétiens n'a pour armes que la persuasion et les bienfaits, le désintéressement et la patience. *Chrét.*

* Voyez Montesquieu, *Lettres persanes.* (Lettre LVIIIe.)

** Voyez *Dictionnaire philosophique,* tome V, art. Juifs, p. 152. 1re section, tome XLI des OEuvres.

la prodigalité qu'à l'avarice ; ce qui n'est pas si commun ailleurs que chez eux. Mais il n'est pas besoin d'autres preuves que la notoriété publique, pour savoir qu'ils adoptent tellement l'esprit patriotique des nations chez lesquelles ils se sont établis, qu'ils le poussent plus loin que les nationaux mêmes. Les Juifs sont jaloux à l'excès de la gloire de tous les peuples qui les admettent et qu'*ils enrichissent* (1). Pour peu que M. de Voltaire veuille se donner le temps d'examiner cet objet en révision (car c'est à son tribunal que j'en appelle), il trouvera qu'il doit une réparation aux Juifs, à la vérité, à son siècle, et surtout à la postérité qui attestera son autorité (2) pour sévir et pour écraser un peuple déjà trop malheureux.

Si M. de Voltaire eût consulté, dans cette occasion, cette justesse de raisonnement dont il fait profession, il aurait commencé par distinguer des autres Juifs les Espagnols et Portugais, qui jamais ne se sont confondus ni incorporés avec la foule des autres enfants de Jacob. Il aurait dû faire sentir cette grande différence. Je sais qu'elle est peu connue en France, généralement parlant, et que cela a fait tort, dans plus d'une occasion, à la nation portugaise de Bordeaux. Mais M. de Voltaire ne peut ignorer la délicatesse scrupuleuse des Juifs portugais et espagnols à ne point se mêler, par mariage, alliance ou autrement, avec les Juifs des autres nations. Il a été en Hollande et sait que leurs synagogues sont séparées, et qu'avec la même religion et les mêmes articles de foi, leurs cérémonies ne se ressemblent souvent pas. Les

---

(1) *Qu'ils enrichissent.* Ce ne serait-peut-être pas une question indigne de l'examen des politiques, de savoir si les Juifs enrichissent les pays où on les admet, ou s'ils ne font que s'y enrichir ; ou si, comme nous le croyons, ils font en même temps l'un et l'autre. *Chrét.*

(2) *Qui attestera son autorité*, etc. M. de Voltaire aurait sans doute désavoué ces imputations, s'il en eût prévu de telles suites. Quoi qu'il en soit, nous ne croyons pas ces imputations fort à craindre pour la nation juive ; le public saura les apprécier. *Edit.*

mœurs des Juifs portugais sont toutes différentes des mœurs des autres Juifs. Les premiers ne portent point de barbe, et n'affectent aucune singularité dans leur habillement; les aisés, parmi eux, poussent la recherche, l'élégance et le faste en ce genre, aussi loin que les autres nations de l'Europe, dont ils ne diffèrent que par le culte. Leur divorce avec leurs autres frères est à tel point, que si un Juif portugais, en Hollande et en Angleterre, épousait une Juive allemande, il perdrait aussitôt ses prérogatives; il ne serait plus connu pour membre de leur synagogue; il serait exclu de tous les bénéfices ecclésiastiques et civils; il serait séparé entièrement du corps de la nation (1); il ne pourrait même être enterré parmi les Portugais ses frères. L'idée où ils sont assez généralement d'être issus de la tribu de Juda, dont ils tiennent que les principales familles furent envoyées en Espagne du temps de la captivité de Babylone, ne peut que les porter à ces distinctions, et contribuer à cette élévation de sentiment qu'on remarque en eux, et que leurs frères même des autres nations paraissent reconnaître (2).

C'est par cette saine politique qu'ils ont conservé des mœurs pures, et ont acquis une considération qui, même aux yeux des nations chrétiennes, les ont fait distinguer des autres Juifs. Ils ne méritent donc pas les épithètes que M. de Voltaire leur prodigue. Ceux de Hollande y ont apporté de grandes richesses à la fin du quinzième siècle, et avec des mœurs irréprochables, y ont beaucoup augmenté le commerce de la république. Leur synagogue paraissait une assemblée de sénateurs; et quand des seigneurs étrangers, la plupart allemands, y entraient, ils y cherchaient les Juifs sans

(1) *Du corps de la nation*, etc. Quel schisme ! Chrét.

(2) *Paraissent reconnaître*. On reconnaîtra aisément la vérité de ce qu'a dit l'auteur, que son discours *apologétique pour les Juifs en général est le panégyrique de la nation portugaise*. Édit.

pouvoir se persuader que ceux qu'ils voyaient fussent la même nation qu'ils avaient connue en Allemagne. Ils ont encore été plus utiles à la Hollande, au commencement du dix-septième siècle, que les réfugiés français ne l'ont été vers la fin. Ceux-ci, après la révocation de l'édit de Nantes, y apportèrent beaucoup d'industrie, et peu de richesses (1) : les Portugais, avec de grandes richesses, ont apporté en Hollande le commerce d'Espagne, et ils ont favorisé l'industrie de tous les autres. Leurs descendants ont été plus dupes que fripons, souvent la victime des usuriers, rarement, peut-être jamais usuriers eux-mêmes. A peine pourrait-on citer quelque exemple d'un Juif portugais supplicié à Amsterdam ou à La Haye dans le cours de deux siècles. On aurait de la peine à trouver, dans les annales du genre humain, un corps de nation aussi nombreux que celui des Juifs portugais et espagnols établis en Hollande et en Angleterre, où il se soit commis moins de crimes punissables par les lois : j'en atteste tous les chrétiens instruits de ces pays-là. Les vices qu'on peut leur reprocher sont d'une nature non-seulement différente, mais tout opposée à ceux que M. de Voltaire leur impute. Le luxe, la prodigalité, la passion des femmes, la vanité, le mépris du travail et du commerce que quelques-uns n'ont que trop négligés, ont été cause de leur décadence. Une certaine gravité orgueilleuse, et une fierté noble fait le caractère distinctif de cette nation. Mais ces vices, je le répète, n'ont rien de commun avec les reproches que leur fait M. de Voltaire.

Descendons à quelques exemples particuliers. Le baron de Belmonte n'a-t-il pas été employé par la cour de Madrid, en qualité de son résident en Hollande, au grand contentement des deux puissances ? D. Alvaro Nunès d'Acosta, ainsi que son père, n'ont-ils pas servi la cour de Lisbonne avec autant

---

(1) *Peu de richesses.* Ce fait est certain, quoiqu'il soit un peu contraire aux idées que M. de Voltaire se fait des sommes immenses d'or et d'argent que les protestants emportèrent de France. *Édit.*

de dignité que de fidélité? Les Suassos, les Texeira, les Nunès, les Prados, les Ximenès, les Pereira, et beaucoup d'autres, n'ont-ils pas mérité la considération de ceux qui les ont connus? Machado était un des favoris du roi Guillaume; ce monarque reconnaissait qu'il avait rendu de grands services à ses armées en Flandre. Le baron d'Aguilard, trésorier de la reine de Hongrie, est encore regretté à Vienne. M. Grapis est estimé à la cour de France. Je ne finirais pas, si je voulais faire une liste complète de tous ceux qu'on pourrait nommer avec éloge, et dont on ne reconnaît pas les mœurs au portrait qu'en fait M. de Voltaire. Ceux qui connaissent les Juifs portugais de France, de Hollande et d'Angleterre, savent que, loin d'avoir, comme dit M. de Voltaire, *une haine invincible pour tous les peuples qui les tolèrent*, ils se croient au contraire tellement identifiés avec ces mêmes peuples qu'ils se considèrent comme en faisant partie. Leur origine espagnole et portugaise est devenue une pure discipline ecclésiastique, que la critique la plus sévère pourrait accuser d'orgueil et de vanité, mais nullement d'avarice ni de superstition.

Voilà un tableau fidèle des Juifs portugais et espagnols. On peut s'en former une idée encore plus avantageuse pour eux, et en même temps plus exacte, plus juste, si l'on fait attention qu'ils ont plus d'obstacles à surmonter que toute autre nation, pour avoir une conduite irréprochable. Ils sont privés d'une infinité de ressources que ceux des autres religions ont pour gagner leur vie : leurs besoins sont plus multipliés et plus pressants, et par conséquent leurs vertus rencontrent plus d'entraves, et leurs vices plus d'amorces. Si la nécessité n'a point de lois; si là où il y a plus de nécessité, les lois sont moins observées, à moins que les mœurs n'y suppléent, il faut convenir que les Juifs portugais transplantés en Hollande ont plus de mœurs que les autres nations. Ils le prouvent par une conduite louable, et qui ne s'est point démentie pendant plus de deux siècles.

Disons un mot des Juifs allemands et polonais, etc. (1). Est-il étonnant que, privés de tous les avantages de la société, multipliant par les lois de la nature et de la religion, méprisés et humiliés de tous côtés, souvent persécutés, toujours insultés (2), la nature avilie et dégradée en eux paraît n'avoir plus de commerce qu'avec le besoin? Ce besoin se faisant sentir avec tyrannie, inspire à ceux qui en sont les martyrs tous les moyens de s'y soustraire ou de le diminuer. Le mépris dont on les accable étouffe en eux le germe de la vertu et de l'honneur. La honte est nulle où le mépris injuste précède le crime : c'est en aplanir la route que de couvrir d'opprobre ceux qui ne s'en sont pas rendus coupables. Est-ce l'être (3) que de rester constamment attaché à une religion regardée autrefois comme sacrée par ceux-mêmes qui la condamnent actuellement? On peut les plaindre, s'ils sont dans l'erreur; mais il serait injuste de ne pas admirer (4) la constance, le courage, la bonne foi, le désintéressement avec lesquels ils sacrifient tant d'avantages temporels (5). Refuserait-on des

(1) *Allemands et Polonais*, etc. Il y a à Amsterdam et à Londres un grand nombre de Juifs allemands qui sont les plus honnêtes gens du monde, et qui font le commerce avec toute la probité imaginable. Ils ne sont pas comptables de la conduite de cette multitude de Polonais et d'Allemands que la misère chasse de leurs pays, et que la pitié de leurs confrères fait recevoir parmi eux. Il y a eu dans les cours d'Allemagne des Juifs très distingués. M. Boas est considéré et aimé à La Haye par les personnes de la première condition. *Aut.*

(2) *Souvent persécutés, toujours insultés.* Nous en avons été plus d'une fois témoins, et nous en avons été touchés : Homo sum, humani nihil à me alienum puto. *Chrét.*

(3) *Est-ce l'être*, etc. Les chrétiens le croient. Mais en croyant les Juifs dans un aveuglement coupable, s'ils ne s'estiment pas en droit de les outrager, ils les plaignent. Tels sont du moins les sentiments de ceux qu'anime le véritable esprit du christianisme. *Chrét.*

(4) *De ne pas admirer*, etc. On peut admirer cette constance, et en condamner l'objet. *Chrét.*

(5) *Tant d'avantages temporels.* Il nous semble qu'un Juif qui sacrifie généreusement tous ces avantages à une religion qu'il croit vraie, fût-ce par erreur, vaut bien un philosophe indifférent sur toute reli-

louanges à un fils qui renoncerait à une riche succession parce qu'il croirait, peut-être abusivement, ne pouvoir en prendre possession sans contrevenir à la volonté de son père, par l'acte qu'on exige de lui ? Une délicatesse aussi louable, aussi noble, aussi unique, mériterait-elle, de la part de ses cadets qui en jouissent, des mépris, des insultes, des outrages (1) ? Ce n'est pas tout de ne pas brûler les gens : on brûle avec la plume ; et ce feu est d'autant plus cruel, que son effet passe aux générations futures. Que doit-on attendre du vulgaire aveugle et féroce, quand il s'agit de sévir contre une nation déjà si malheureuse, si ces horribles préjugés se trouvent autorisés par le plus grand génie du siècle le plus éclairé ? Qu'il consulte son cœur et sa raison, et je suis persuadé qu'il emploiera tout son esprit pour réparer cette faute ! il démontrera d'une façon victorieuse que ce n'est pas à cette ancienne religion divine et sacrée qu'on doit attribuer la bassesse des sentiments de certains tudesques et polonais. C'est la nécessité, c'est la persécution, ce sont les accidents qui les rendent tels que ceux qui, professant une autre religion, se trouvent dans les mêmes circonstances. Si parmi ces malheureux il en est qui ont *rogné la monnaie*, ils ne sont pas les seuls ; ils ne font pas même le plus grand nombre des coupables en ce genre. S'ils sont *fripiers*, c'est un métier comme un autre, utile à la société et autorisé dans toutes les

---

gion. Cette indifférence coûte peu ; elle n'exige aucun sacrifice, et ne gêne ni l'orgueil de l'esprit, ni les penchants du cœur. *Édit.*

(1) *Des insultes, des outrages.* Quand les chrétiens font éprouver ces traitements aux Juifs, précisément comme Juifs, quels sentiments les animent ? Ce ne sont pas ceux des premiers Pères de leur Église, ceux de leurs conciles, de leurs apôtres, et surtout ceux de Jésus-Christ leur chef et leur modèle : *O mon Père ! s'écriait-il en expirant, pardonnez-leur, car il ne savent ce qu'ils font.* Paroles pleines d'une grandeur d'âme, d'un héroïsme, que les Juifs même n'ont pu s'empêcher d'admirer. Aussi n'est-ce pas l'esprit de la religion chrétienne que nous avons à craindre : l'envie, l'avarice, la fausse politique, etc., couvertes du manteau de la religion, voilà nos vrais ennemis.

religions : c'était celui du père de Molière. Mais M. de Voltaire, qui pèse dans la balance de la raison et de l'équité les crimes des nations, qui met dans un bassin le régicide national et judiciare des Anglais, dans l'autre les attentats réitérés contre la vie d'un grand roi par des fanatiques particuliers, et ce massacre horrible d'une partie de la nation exécuté par l'autre, sous les yeux et par les ordres de son roi ; qu'il pèse donc aussi tous les maux que les pauvres Juifs allemands ont fait depuis dix siècles ; supposant, ce qui n'est pas prouvé, qu'ils aient plus rogné la monnaie, et plus friponné dans leur trafic que les gueux des autres religions ; qu'à tous leurs petits escamotages, et autres friponneries, il oppose les maux que les illustres ambitieux et tant d'autres espèces de tyrans font sans cesse à la société, à l'ombre de leurs lambris dorés ; les crimes secrets et publics que leurs richesses pallient, cachent et dérobent à la justice, même la plus sévère, parce que les apparances sont sauvées, et interceptées par l'éclat qui environne les coupables ; qu'il considère les forfaits de ceux qui sont punis de notoriété publique ; qu'il pèse, qu'il calcule, qu'il compare, et qu'il prononce. Se peut-il que ce soit M. de Voltaire qui donne cours aux calomnies ténébreuses dont on a chargé un peuple qui mérite un autre sort ! Que n'emploie-t-il ses talents à détruire un préjugé qui déshonore l'humanité ?

Il me semble qu'il a encore hasardé d'autres assertions moins importantes dans le même chapitre. La prétendue *ignorance* qu'il attribue aux Juifs n'est rien moins que prouvée. (1). Ils ont eu, ils ont encore parmi eux des savants (2),

---

(1) *Rien moins que prouvée.* Aristote, cité par Cléarque, dit que du temps qu'il était en Asie, il reçut la visite d'un Juif si savant, et d'une érudition si profonde, qu'auprès de lui les Grecs paraissaient des ignorants et des bêtes. Voyez la *Rép. des Hébreux*, par Basnage, page 19 de l'édit. de Hollande, in-8. *Aut.*

(2) *Ils ont encore parmi eux des savants.*, etc. Nous n'en doutons point ; nous souhaiterions seulement que ces savants voulussent bien

dans les pays où ils sont tranquilles. Leur tactique ne paraît pas avoir été si méprisable ; leur langage a de grandes beautés, et si M. de Voltaire, dans l'immensité de ses connaissances, avait mis la langue hébraïque (1), il aurait été frappé des beautés poétiques dont elle est susceptible. Ce qui en transpira dans des ouvrages imités d'après de faibles traductions, en fait foi : témoin les *Odes* sublimes de Rousseau, les traits admirables d'*Athalie*. M. de Voltaire lui-même n'a-t-il pas trouvé dans la même mine de quoi parer des pièces d'un genre différent? Isaïe est plein de traits de feu qui prouvent que les arts, les sciences, le goût régnaient à la cour de Juda. Il ne serait pas difficile de prouver qu'après la captivité et la dispersion de la nation juive, il y a eu des savants parmi eux, tant chez les Arabes qu'en Espagne, où ils étaient médecins et intendants domestiques des rois. Maimonide était versé dans toutes les sciences de son siècle.

Ce peuple, continue M. de Voltaire*, *ne fut renommé dans aucun art*. Il est difficile de pénétrer dans l'obscurité d'une antiquité si reculée : mais, en dépit du voile que les Grecs ont jeté sur tout ce qui les a précédés, pour s'arroger l'invention de tous les arts et de toutes les sciences, il est clair que les Juifs les ont devancés en plusieurs ; ne fût-ce

---

s'occuper un peu plus de la défense de leurs livres sacrés, contre tant d'écrivains qui les attaquent tous les jours, et qu'ils ne laissassent pas toujours aux chrétiens le soin de combattre pour eux. Des ouvrages de ce genre, dégagés de toutes les idées rabbiniques, qui sont passées de mode même parmi eux, ne pourraient que leur faire honneur, et être utiles au public. *Chrét.*

(1) *Avait mis la langue hébraïque*, etc. L'auteur ne pouvait reprocher plus poliment à M. de Voltaire l'ignorance de la langue sainte. On verra par la suite si ce reproche est fondé. En attendant, nous nous contenterons d'observer ici que ses partisans l'ont souvent prôné comme un très grand hébraïsant, et qu'il a lui-même parlé cent fois d'hébreu comme s'il en était fort instruit. *Edit.*

* *Voyez Dictionnaire philosophique*, t. v, art. Juifs, p. 151, 1re section, tome XLI des *Œuvres*.

que dans l'art de la gravure en pierres fines (1). On en pourrait dire autant de plusieurs arts différents, et le soupçonner de quelques autres; l'on ne peut nier du moins qu'on ne trouve dans l'alphabet hébreu l'origine de l'alphabet grec, qui a servi de modèle pour la nomenclature de celui des Latins.

Les Juifs ne furent jamais, poursuit M. de Voltaire*, *ni physiciens, ni géomètres, ni astronomes.* Je laisse la physique, où aucun peuple ancien n'a fait de progrès. L'histoire naturelle, écrite par Salomon, a précédé de plusieurs siècles celles d'Aristote et de Pline. Il serait difficile à Salomon comme monarque, il lui serait difficile comme philosophe d'avoir inséré dans ses ouvrages plus de frivolités que ces deux savants. Salomon a décrit depuis le cèdre jusqu'à l'hysope, cela suffit. Ne trouve-t-on pas des traces de géométrie dans la description du tabernacle, et plus encore dans celle du temple de Salomon, et de celui dont Ezéchiel donne le plan ! Quant à l'astronomie, je suis étonné que M. de Voltaire ignore que les Juifs ont été, de tous les peuples anciens, ceux qui ont le mieux connu le rapport du cours du soleil et de la lune, l'art des intercalations, et toutes les connaissances astronomiques, par lesquelles ils ont prévenu dans leur calendrier l'embarras et la confusion auxquels les Grecs et les Romains ont été sujets. Depuis que Moïse a institué la Pâque, il y a environ trois mille ans (car les Juifs datent de loin), il ne s'est jamais fait de changement dans leur calendrier : cette remarque est digne d'attention (2). De là

---

(1) *En pierres fines*. L'*Exode* en fournit la preuve, chapitre XXII, verset 9. *Et accipies duos lapides onychinos, et sculpes in eis nomina filiorum Israël.* Aut.

* *Voyez* notre dernière note.

(2) Digne d'attention. *Hactenus computus anni judaici, quo nihil accuratius, nihil perfectius in eo genere; ut nostris conditoribus cyclorum paschalium et epactarum per illos melius hanc artem discere liceat aut tacere.* Joseph Scaliger, livre VIII. Aut.

l'opinion de leurs rabbins, que cette connaissance supérieure astronomique fut révélée à Moïse, et qu'elle a été de tout temps un secret pour les autres nations. Il est certain au moins que Moïse avait apporté d'Egypte des lumières supérieures à celles de son siècle en cette partie (1). L'ouvrage

(1) « Une remarque fort importante à ce sujet est fournie par l'histoire du cadran d'Achaz. Il est certain par là qu'au 9ᵐᵉ siècle avant l'ère chrétienne les Juifs avaient des cadrans solaires ; et il ne l'est pas moins que les Egyptiens, dont les connaissances astronomiques sont si vantées, ignoraient tout-à-fait l'usage de cet instrument. En effet, il est à remarquer qu'on n'en a pas trouvé la moindre trace dans les monuments si nombreux que l'ancienne Egypte a fournis aux investigations de nos savants ; or, on sait que la sculpture et la peinture nous ont conservé, dans les hypogées de l'Egypte, un nombre prodigieux de détails sur l'histoire, les arts, les habitudes de la vie politique, civile religieuse et privée des habitants de la terre des Pharaons, pris à toutes les époques de leur histoire. Or, il n'y a en tout cela rien qui puisse faire soupçonner l'emploi ou la connaissance des cadrans solaires. En second lieu tous les historiens, même des époques les plus récentes, tels qu'Hérodote, Diodore, Horapollon, attestent que les Egyptiens mesuraient le temps par les clepsydres, moyen très imparfait en comparaison des cadrans : ce qui prouve que les Egyptiens étaient étrangers à leur usage. Or, il y a entre la construction des cadrans et la science astronomique, des rapports tels que l'usage de ceux-là suppose nécessairement des connaissances assez étendues. Aussi Hérodote, en vantant la science des premiers Egyptiens auxquels il attribue l'invention de la géométrie et de l'arpentage (opinion d'ailleurs assez absurde), ajoute que, « quand à l'astronomie et aux cadrans solaires, c'est aux Chaldéens qu'on les doit. » Ce qu'il n'aurait pas dit, assurément, s'il eût trouvé ces connaissances chez les Egyptiens, qu'il semble considérer comme les inventeurs de toutes choses.

Il résulte de là que les Juifs possédaient au temps d'Achaz des connaissances astronomiques qu'ils pouvaient tenir, il est vrai, des Babyloniens, mais dont, après tout, ils étaient en possession réelle, tandis qu'il résulte des considérations ci-dessus qu'elles étaient, au moins probablement, étrangères aux Egyptiens.

J'en dois dire autant de la géométrie. Que les Egyptiens arpentassent leurs terres, à la bonne heure ; mais il ne faut pour cela que des connaissances extrêmement élémentaires ; et bien certainement tous les peuples du monde en faisaient autant avant Sésostris, qui serait l'inventeur de l'arpentage, suivant la bizarre opinion d'Hérodote. Or,

de M. Pluche, qui n'est pas assez estimé (1) parce que nos savants ne le sont guère en Hébreu, développe les germes des connaissances que les Grecs ont puisées chez les Juifs ou chez les Phéniciens, dont ils étaient originaires et voisins. Leur berceau a été celui des arts et des sciences, qu'ils ont ensuite cultivés avec moins de soin.

Mais je passe à démontrer que la figure et la nomenclature de l'alphabet ont été originairement dues aux Hébreux ou aux Phéniciens ; car c'est la même langue et point un *jargon*. Le Pœnulus ou le Carthaginois de Plaute le prouve assez, ainsi que plusieurs autres traits de l'antiquité, mais surtout les noms et les figures des lettres de l'alphabet. Personne n'ignore que les caractères A, B, C, D, ne soient une corruption des lettres grecques, *alpha*, *béta*, *gamma*, *delta*, et il est aussi clair que celles-ci dérivent *d'aleph*, *beth*, *ghimel*, *daleth*, des Hébreux. On en voit la preuve et la démonstration en ce que chaque nom de lettre de l'alphabet hébreu annonce la figure que cette lettre présente aux yeux, et tient de la première origine de l'écriture hiéroglyphique, qui parlait aux yeux par des affiches ou images, plutôt que

ce qui est d'ailleurs bien certain, c'est que Thalès et Pythagore qui allèrent passer une partie de leur vie en Égypte, pour s'approprier toutes les connaissances des savants du pays, étaient après ce temps bien peu riches en notions géométriques, puisqu'ils sont inventeurs de Théorèmes fort élémentaires. Ainsi c'est Thalès qui a trouvé la mesure des angles, et les propriétés des lignes proportionnelles ; Pythagore celle des côtés du triangle rectangle, etc. Or, supprimez ces propositions et celles qui en dépendent, et la géométrie se réduira à ce qu'on enseigne dans nos écoles primaires du dernier ordre. Ainsi, en admettant que les Juifs n'avaient pas été géomètres, dans l'acception qu'on donne à ce mot, ils n'auraient rien eu à envier aux Égyptiens, le peuple le plus vanté de cette époque.   L. D.

(1) *Qui n'est pas assez estimé.* L'Apologiste juif rend ici plus de justice à M. Pluche que ne fait M. de Voltaire. Celui-ci en parle avec un ton de dédain et de mépris qui fait peu d'honneur à sa critique, et qui parait annoncer quelque ressentiment. On sait que M. Pluche n'était point *philosophe*. Chrét.

par des caractères de fantaisie. Je n'en citerai que quelques-uns des plus sensibles. Le *beth*, par exemple, signifie *case*, maison, et c'est la figure de cette lettre. Le *ghimel* ou *gamel* signifie *chameau*, et la lettre représente le cou de cet animal. Le *daleth* veut dire *porte*, et le contour du caractère le désigne. Le *vau* exprime une colonne, et c'est ce que cette lettre présente à la vue. Le *zaïn* annonce un *sabre* ou *cimeterre*, tel qu'on le voit. Le *sin* ou *schin* signifie des *dents*, et cette lettre représente un peigne ou trident. Le *gnain*, *œil*, le *phé*, *bouche*, ressemblent assez à ses images. En voilà assez pour indiquer de combien de preuves on peut enrichir le système de M. Pluche : peut-être donnerai-je un jour une collection plus ample sur cette matière.

M. de Voltaire, dans le même chapitre, semble encore reprocher aux Juifs la manière dont ils exterminèrent quelques peuplades de Chanaan, et paraît attribuer à ce procédé la haine que leur portent les autres nations. M. de Voltaire entend sans doute l'origine de l'ancienne haine des nations ; mais cette haine ne peut avoir lieu que de la part des peuples conquis à l'égard de leurs conquérants, et je ne me persuade pas qu'elle ait été plus grande contre les Juifs que contre les autres peuples. D'abord les Juifs ne sont reprochables d'aucun excès, puisque c'est l'oracle divin qui avait prononcé la destruction de ces peuples, dont les crimes étaient au comble, et que *la terre*, selon l'expression de l'Écriture, *devait les vomir et les expulser*. Mais ce qui réfute l'accusation, sans avoir recours à l'autorité, c'est que leur législateur, dans son code sacré, ordonne que dans toute autre guerre on ait de grands ménagements jusqu'à épargner les arbres, qu'il défend d'abattre, ainsi que de commencer les hostilités avant d'avoir proposé la paix. Les droits de la nature et des gens étaient, en paix comme en guerre, observés chez les Juifs comme chez tous les autres peuples de ces contrées. Le manifeste ou la déclaration de guerre de Jephté contre les Ammonites est motivé d'un style qui peut servir de modèle à tous les siècles. L'oracle divin reproche aux Juifs leur trop grande pitié à l'égard des nations proscrites. A tout prendre, et à contempler l'histoire des Juifs comme l'histoire de tout autre peuple, on trouvera que les uns et les autres se sont conduits à peu près de même. Dans ces temps reculés, le célibat était rare, la polygamie presque universelle ; la navigation n'était pas assez étendue pour nuire à la propagation, ni pour mener des colonies dans les plages lointaines. Dès qu'un peuple se trouvait trop serré dans son pays, il se jetait sur un autre, et tâchait de s'établir ; la force et la violence, employées par la nécessité, étaient les seuls droits que l'on connût. Quel autre droit Virgile prête-t-il à Énée, avec ses dieux fugitifs, quand il détrôna Turnus, ravit Lavinie, et s'établit en Italie ? Dépouillons son histoire des prestiges enchanteurs de la poésie, et voyons ce qu'il en reste ! Romulus ne traita pas autrement les villages qui bordaient le Tibre, que Moïse ceux d'Arnon et de Jacob.

Un homme peut ne pas ressembler à un autre homme ; mais les hommes d'un certain pays ressemblent toujours beaucoup aux autres hommes d'un autre pays, et plus encore à ceux du même. C'est la fermentation des passions, qui sont partout les mêmes, qui produit nos actions ; et leurs différentes combinaisons dépendent des circonstances. Ces circonstances, quoique variées, se répètent perpétuellement : l'uniformité est dans le fond, la variété dans la forme. L'intérêt, l'ambition, la vanité, l'amour de la gloire, le goût universel des plaisirs, dominent toujours le genre humain. La vertu fait quelques efforts : tantôt victorieuse, souvent vaincue, toujours combattue, rarement peut-elle s'établir un empire stable et solide sur les débris des vices dont le nombre est prodigieux. La différence des climats peut seule causer quelque altération physique, qui soit sensible sur l'organisation universelle d'un peuple pris en bloc, et influer sur la morale. Les animaux, les fruits de la terre nous prouvent la force du climat. Ce que M. l'abbé Du Bos et M. de Montesquieu ont dit là-dessus, est sans réplique, si on le restreint dans de justes bornes; mais les causes morales peuvent enchaîner pour un temps le pouvoir des causes physiques. De ces causes, l'éducation est la plus puissante; mais elle ne changera jamais entièrement le fond essentiel du caractère; la forme seule paraîtra changée. L'éducation développe les qualités qu'elle ne donne pas; les circonstances et le tempérament décident de la vertu qui gît dans le fond du cœur, et forment le système moral d'un peuple. Ne faisons donc pas une exception absurde d'une vérité éternelle, pour jeter du ridicule sur les Juifs et pour les rendre haïssables.

Ne pourraient-ils pas dire à toute la chrétienté, à peu près ce que M. de Montesquieu* met dans la bouche d'une jeune Juive répondant au tribunal de l'inquisition ? Il n'y a qu'un mot à changer : « Vous nous méprisez, vous nous haïssez (1), nous qui croyons les choses que vous croyez, parce que nous ne croyons pas tout ce que vous croyez. Nous suivons une religion que vous savez vous-mêmes avoir été autrefois chérie de Dieu. Nous pensons que Dieu l'aime encore ; et parce que vous pensez qu'il ne l'aime plus, vous méprisez ceux qui sont dans cette erreur si pardonnable, de croire que Dieu aime encore ce qu'il a aimé autrefois. Si le ciel vous a assez aimés pour vous faire voir la vérité, il vous a fait une grande grâce ; mais est-ce aux enfants qui ont eu l'héritage de leur père, de haïr ceux qui ne l'ont pas eu ?... » « *La religion juive*, dit le même auteur, *est un vieux tronc qui a produit deux branches qui couvrent toute la terre.* » Qu'on respecte donc cette source sacrée, et qu'on plaigne, si l'on veut, mais qu'on admire la constance de ceux qui font des sacrifices aussi grands à cette ancienne loi. Les patriarches, les prêtres, les anciens Juifs sacrifiaient des agneaux, des bre-

---

* Voyez Montesquieu, *Esprit des Lois*, livre XXIV, chapitre XIII.

(1) *Vous nous haïssez*, etc. Encore, une fois, la religion des chrétiens n'apprend à *mépriser* ni à *haïr* que les erreurs. *Chrét.*

bis, des taureaux ; les Juifs modernes sacrifient sur l'autel de la foi des victimes bien plus estimables : l'amour-propre, encens précieux et qui coûte si cher à la vanité ; les charges, les emplois, moyens les plus courts et les plus efficaces pour amasser des richesses et pour acquérir de la considération dans le monde. Les philosophes (car il y en a parmi eux, n'en déplaise à M. de Voltaire) ne veulent pas, par délicatesse de sentiments, faire trafic de la religion (1) ; ils respectent assez la Divinité pour adorer en secret ses décrets ; ils ne sont pas moins dignes de louanges (2), d'avoir la fermeté de rester, par une grandeur d'âme, dans une religion qu'on proscrit, qu'on méprise.

M. de Voltaire a déjà commencé l'apologie (3) de cette nation, mais d'un ton peu convenable à la matière (4). J'espère qu'il voudra bien la faire plus sérieusement. C'est à lui qu'il appartient (5) d'achever de déraciner le préjugé qu'il a déjà

(1) *Trafic de la religion*. Les chrétiens n'invitent point les Juifs à faire trafic de la religion, mais à ouvrir les yeux à la lumière. *Chrét.*

(2) *Dignes de louanges*. Ceux qui regardent la fermeté des Juifs comme obstination, ne peuvent que les plaindre et les excuser. *Chrét.*

(3) *Commencé leur apologie*, etc. C'est une singularité assez remarquable que M. de Voltaire, ennemi déclaré des Juifs en toute rencontre, cherche si mal à propos à les justifier dans celle-ci. *Chrét.*

(4) *D'un ton peu convenable à la matière*. Voyez dans les *Nouveaux Mélanges*, tome III, le sermon du prétendu rabbin Akib, où cet auteur *Chrétien* tombe également sur les Chrétiens et sur les Juifs. *Edit.*

Si le ton convient peu, les raisonnements qu'il emploie sont encore pires ; tout ce qu'il dit à ce sujet ne peut que faire pitié aux lecteurs instruits, et indigner les Chrétiens. *Chrét.*

(5) *C'est à lui qu'il appartient*, etc. C'est de tous les Chrétiens le seul à qui nous puissions avoir cette obligation. *Edit.*

Les éditeurs se trompent. Un autre encore a entrepris de justifier leurs pères, et n'a pas craint de prononcer avec eux le *reus est mortis*. Il ose dire que tout homme qui s'élève contre la religion de son pays mérite la mort, et il ne cesse de déclamer contre la religion de son pays. L'imprudent ! qu'est-ce donc qui le rassure ? *Chrét.*

*Voyez *Philosophie*, tome 1er, Sermon du rabbin Akib, page 405 et suivantes, tome XXXII des *Œuvres*.

combattu, et qui entretient si injustement la haine des chrétiens contre les Juifs, qu'on accuse du supplice de Jésus-Christ. Il ne fut condamné à mort juridiquement que par les Romains, qui seuls avaient alors sur les Juifs le droit de vie et de mort, selon les chrétiens. Hérode même était gentil ; c'est Pilate qui y eut la plus grande part (1). Le supplice de la croix était inconnu aux Juifs, selon M. de Voltaire. * Et quand les violences et les cruautés dont on accuse leurs ancêtres, seraient avérées (2) ; et, en accordant que les anciens Juifs aient non-seulement approuvé, mais même demandé, pressé et sollicité cette condamnation, M. de Voltaire prouve (3) qu'il est aussi injuste d'en rendre responsables les descendants, qu'il serait absurde de s'en prendre aux Romains d'aujourd'hui, parce que les premiers Romains enlevèrent les Sabines, et dépouillèrent les Samnites. Au surplus, suivant les principes de la religion chrétienne, la Passion était nécessaire (4) pour le salut du genre humain ; et, selon les

(1) *La plus grande part.* C'est assurément se dissimuler les faits, ou les déguiser. *Chrét.*

* Voyez *Philosophie*, tome 1er ; Sermon du rabbin Akib, page 415, tome XXXII des OEuvres.

(2) *Seraient avérées.* Peut-on douter qu'elles ne le soient ? L'auteur des réflexions et M. de Voltaire ont-ils oublié ces horribles cris : *Tolle, crucifige.... sanguis ejus super nos et super filios nostros. Chrét.*

(3) *M. de Voltaire prouve*, etc. M. de Voltaire l'a voulu prouver ; mais il s'en faut bien que ces preuves soient solides, et que tout le monde les ait jugées telles.
On sent d'abord la différence qu'il y a entre les Romains modernes et les Juifs. Ceux-ci, aveuglés par les préjugés héréditaires de leur nation, loin de détester le crime de leurs pères, l'approuvent, le défendent, et y consentent autant qu'il est en eux. Leur seule excuse est celle que Jésus-Christ mourant apporta en leur faveur, et que l'Apôtre a répétée, l'ignorance : *Si cognovissent enim, nunquam Dominum gloriæ crucifixissent.* Ce mot dit plus pour les Juifs, que tous les raisonnements de M. de Voltaire. *Chrét.*

(4) *La Passion était nécessaire*, etc. La nécessité de la mort de Jésus-Christ ne justifie point ceux qui en ont été les auteurs. *Chrét.*

chrétiens, le décret de la Providence devait être rempli. Un prédicateur a dit que, si Pilate n'avait pas heureusement dit: *Quod scripsi, scripsi*, le monde ne serait pas encore sauvé. Que les chrétiens cessent donc de persécuter et de mépriser ceux qui, *comme hommes, sont leurs frères*, *et qui, comme Juifs, sont leurs pères* ; ce sont les propres paroles de M. de Voltaire (1) ; c'est à lui de mettre ces vérités dans tout leur jour.

Rien ne serait plus digne de sa plume que de chercher à étouffer les haines nationales quelconques : en venir à bout, serait le plus grand service qu'on pût rendre au genre humain. Je me suis dit souvent que les hommes seraient heureux, s'il n'y avait parmi eux qu'une religion : mais faisant ensuite attention aux intérêts particuliers, même parmi ceux dont le culte est uniforme, j'ai reconnu que les malheurs de l'humanité prenaient leur source dans l'humanité même. Carthage et Rome ne se haïssaient pas parce que leur culte était différent, mais parce que leurs intérêts étaient divers. Je ne citerai pas l'antipathie des nations modernes ; mais je crois que, si tous les grands hommes de l'Europe travaillaient de concert à chercher les moyens de concilier les intérêts divers des nations, on trouverait qu'ils sont moins opposés qu'on ne pense, et que le système de l'abbé de Saint-Pierre pourrait devenir quelque chose de plus que le rêve d'un homme de bien. J'ai dans l'esprit le germe confus de ce système, qui demande du temps et de la contemplation pour le développer. Un écrivain célèbre (2) en a depuis peu fait une ébauche. Les premières esquisses sont toujours informes ; mais on peut les perfec-

---

(1) *Les propres paroles de M. de Voltaire**. Si M. de Voltaire suit ses principes, s'il tient les Juifs pour *ses frères, comme hommes*, et pour *ses pères, comme Juifs*, il faut avouer que ce grand homme traite durement sa famille. *Chrét.*

* Voyez *Philosophie*, tome 1er, le Sermon du rabbin Akib, page 451 du tome XXXII des Œuvres.

(2) *Un écrivain célèbre*, etc. Jean-Jacques Rousseau.

tionner avec le temps ; il n'en serait pas de mieux employé ni plus utilement pour l'humanité. J'exhorte ceux dont les lumières sont plus étendues que les miennes, d'y songer sérieusement, et surtout de ne pas oublier les Juifs.

LETTRE III.

De l'Auteur des *réflexions*, à M. de Voltaire, en les lui envoyant en manuscrit.

Si j'avais à m'adresser à un autre que vous, Monsieur, je serais très embarrassé. Il s'agit de vous faire parvenir une critique d'un endroit de vos immortels ouvrages ; moi qui les admire le plus, moi qui ne suis fait que pour les lire en silence, pour les étudier et pour me taire. Mais comme je respecte encore plus l'auteur que je n'admire ses ouvrages, je le crois assez grand pour me pardonner cette critique en faveur de la vérité qui lui est si chère, et qui ne lui est peut-être échappée que dans cette seule occasion (1). J'espère au moins qu'il me trouvera d'autant plus excusable, que j'agis en faveur d'une nation entière, à qui j'appartiens, et à qui je dois cette apologie.

J'ai eu l'honneur, Monsieur, de vous voir en Hollande, lorsque j'étais bien jeune. Depuis ce temps-là, je me suis

---

jet de paix perpétuelle *; et dans les *Nouveaux Mélanges*, IIIe partie, les plaisanteries de M. de Voltaire sur cet écrit, dont l'intention du moins est louable. *Edit***.

* Voyez J.-J. Rousseau, édition de Poinçot, 38 volumes in-8º, 1er volume, Politique, tome VII des Œuvres.

** Voyez *Politique et Législation*, tome 1er, page 35 et suivantes, tome XXIX des Œuvres.

(1) *Que dans cette seule occasion.* Compliment : M. de Voltaire ne disconvient pas qu'elle lui est échappée en plus d'une rencontre. *Edit*.

instruit dans vos ouvrages, qui ont de tout temps fait mes délices. Ils m'ont enseigné à vous combattre; ils ont fait plus, ils m'ont inspiré le courage de vous en faire l'aveu.

LETTRE IV.

Réponse de M. de Voltaire à l'Auteur des *réflexions critiques**.

Les lignes dont vous vous plaignez, Monsieur, sont violentes et injustes. Il est parmi vous des hommes très instruits et très respectables; votre lettre m'en convainc assez. J'aurai soin de faire un carton dans la nouvelle édition (1). Quand on a eu tort, il faut le réparer; et j'ai eu tort d'attribuer à toute une nation les vices de plusieurs particuliers.

Je vous dirai avec la même franchise que bien des gens ne peuvent souffrir ni vos lois, ni vos livres (2), ni vos superstitions. Ils disent que votre nation s'est fait de tout temps beaucoup de mal à elle-même, et en a fait au genre humain (3).

---

* Voyez *Correspondance générale,* tome VI, page 443, tome LVII des Œuvres.

(1) *Un carton dans la nouvelle édition.* Il nous paraît qu'il serait mieux de mettre un carton dans l'édition précédente, et de faire une correction dans la nouvelle. Edit.

(2) *Ni vos lois, ni vos livres.* Ces lois et ces livres (au moins ceux qui font la base de la religion) sont respectés par toute la chrétienté. Aut.

(3) *Beaucoup de mal au genre humain.* La nation juive peut avoir quelquefois fait, comme les autres nations, beaucoup de mal à elle-même; mais je ne sache pas qu'elle en ait fait beaucoup au genre humain. J'en excepte les nations que l'oracle divin avait proscrites.

Où est le peuple, quelle est la nation, quelle est l'histoire, auxquels on ne puisse souvent appliquer ces beaux vers d'un poète médiocre (Stace)?

Excidat illa dies ævo, nec postera credant
Sæcula: nos certè taceamus, et obruta multâ
Nocte tegi nostræ patiamur crimina gentis. AUT.

Si vous êtes philosophe, comme vous paraissez l'être, vous penserez comme ces Messieurs (1), mais vous ne le direz pas. La superstition est le plus abominable fléau de la terre. C'est elle qui de tout temps a fait égorger tant de Juifs et de Chrétiens. C'est elle qui vous envoie encore au bûcher chez des peuples d'ailleurs estimables (2). Il y a des aspects sous lesquels la nature humaine est la nature infernale ; mais les honnêtes gens, en passant par la Grève, où l'on roue, ordonnent à leur cocher d'aller vite, et vont se distraire, à l'Opéra, du spectacle affreux qu'ils ont vu sur le chemin.

Je pourrais disputer avec vous (3) sur les sciences que vous attribuez aux anciens Juifs, et vous montrer qu'ils n'en savaient pas plus que les Français du temps de Chilpéric. Je pourrais vous faire convenir que le jargon d'une petite province, mêlé de chaldéen, de phénicien et d'arabe, était une langue aussi indigente et aussi rude que notre ancien gaulois. Mais je vous fâcherais peut-être (4), et vous me paraissez trop galant homme pour que je veuille vous déplaire. Restez Juif (5) puisque vous l'êtes. Vous n'égorgerez point quarante-deux mille hommes pour n'avoir pas bien prononcé *schibboleth*, ni vingt-quatre mille hommes pour avoir eu commerce

---

(1) *Vous penserez comme ces messieurs.* Je n'ai pas l'honneur de penser comme ces messieurs. Aut.

(2) *D'ailleurs estimables.* J'avoue que la superstition a, de tout temps, été la cause de grands maux. Aut.

(3) *Disputer avec vous.* Je ne suis pas fait pour disputer avec M. de Voltaire. Ce serait un nain qui attaquerait un géant ; mais, quand le géant joindrait encore l'adresse à la force, le nain pourrait peut-être n'avoir pas tort. Aut.

(4) *Je vous fâcherais peut-être.* Je ne me fâche jamais avec mes maîtres ; mais leur autorité ne m'en impose jamais : leurs raisons seules peuvent me convaincre. J'aurais d'ailleurs mauvaise grâce de me fâcher après toutes les politesses dont m'honore M. de Voltaire, et après le généreux début de sa lettre. Aut.

(5) *Restez Juif*, etc. C'est un conseil que je n'ai pas de peine à suivre. Aut.

avec des Madianites (1). Mais soyez philosophe, c'est tout ce que je peux vous souhaiter de mieux dans cette courte vie.

J'ai l'honneur d'être, Monsieur, avec tous les sentiments qui vous sont dus, etc.

V***, chrétien,
Gentilhomme ordinaire
de la chambre du roi très chrétien.

LETTRE V.

De Joseph d'Acosta, Juif de Londres, au révérend-docteur Jonhson, pasteur de Chepstow en Montmouth-Shire, contenant quelques jugements sur les *Réflexions critiques* et sur M. de Voltaire.

L'Apologiste répond à l'accusation de partialité. — Jugement de l'auteur de la Bibliothèque des sciences et des arts sur l'Apologie, et sur ce que M. de Voltaire a dit des Juifs.

Vous me demandez, Monsieur, ce qu'on pense ici des

---

(1) *Madianites.* M. de Voltaire paraît vouloir seulement s'égayer à la fin de cette lettre. Il n'ignore pas que le massacre des Ephraïmites n'a point été fait à cause de la prononciation du mot *schibboleth*; mais parce que cette prononciation décelait le parti combattu par l'autre. Les horreurs des guerres civiles sont toujours plus affreuses que celles des autres guerres; et quant au *massacre*, au sujet des Madianites, il n'a pas été seulement pour *la raison que vous donnez*, mais pour l'idolâtrie à laquelle les Israélites s'étaient abandonnés par la séduction de ces femmes. *Aut.*

Voyez sur ce sujet les *Lettres de quelques Juifs allemands.* Si M. de Voltaire n'a plus, pour *s'égayer*, que la triste ressource de ces mauvaises et froides plaisanteries, il est à plaindre. *Edit.*

Réflexions que je vous ai fait tenir, il y a quelque temps. Il paraît qu'elles ont bien pris, comme vous l'aviez prévu, même parmi les chrétiens. Deux écrivains périodiques en ont déjà rendu compte, et ils en portent l'un et l'autre un jugement avantageux.

L'Auteur du Monthly-review parle de notre Apologiste comme d'un *avocat habile*, d'un *écrivain ingénieux et poli*. Il lui reproche seulement, et avec quelque vivacité, d'avoir mis une distinction trop grande entre les Juifs portugais et allemands, et d'avoir voulu faire retomber sur ceux-ci les reproches que M. de Voltaire fait à toute la nation.

« Il y a, dit-il, quelque chose de trop partial et de trop odieux dans ces distinctions, quelque justes qu'elles puissent être, pour qu'on puisse honorer l'Auteur du titre de défenseur du peuple juif en général. Si M. de Voltaire reconnaît lui-même avoir eu tort d'imputer à toute une nation les vices de plusieurs particuliers, l'Apologiste est, à beaucoup d'égards, tout aussi coupable d'avoir voulu secouer le fardeau des épaules de son propre parti (les Portugais et les Espagnols), pour en charger les Germains et les Polonais. Que les premiers, ajoute-t-il, aient été jusqu'à présent plus riches; qu'ils aient eu une meilleure éducation; qu'ils aient été admis sur un pied plus distingué parmi le beau monde, c'est ce qui est très certain; mais jusqu'à quel point cet avantage doit-il être attribué aux causes que notre auteur établit ! C'est ce que je n'entreprendrai point de décider.... La persuasion où ils sont assez généralement, et de temps immémorial, qu'ils descendent des principales familles emmenées de Babylone, et qu'ils tiennent que Nabuchodonosor relégua en Espagne, contribue sans doute à leur inspirer cette attention scrupuleuse à se distinguer de leurs autres frères. Mais il est plus probable que la différence qu'il y a entre eux, vient de ce que les Juifs d'Espagne et de Portugal y ont été de tout temps, soit sous les califes, soit sous les princes chrétiens, fort à leur aise, et fort considérés, tant par leur savoir dans les arts et les sciences (1), que par leur intelligence dans le commerce et dans les affaires, tandis que les autres Juifs, dispersés dans toute l'étendue des deux empires d'Orient et d'Occident, ont toujours vécu, depuis Constantin-le-Grand, en Asie et en Grèce, et depuis Charlemagne, en Occident, dans l'oppression et dans la misère, réputés esclaves, et traités inhumainement comme tels. Et quel autre sort éprouvent-ils encore aujourd'hui, même en Europe, dans la Pologne, et presque toute l'Allemagne, à Venise, et jusque dans tous les états du pape (2)! »

L'Apologiste a été très sensible à cette accusation de partialité : il vient d'y répondre ; et sa réponse, qu'on a rendue publique, a paru très satisfaisante. Il fait remarquer que si cette distinction, ou plutôt cette séparation des Juifs portugais d'avec les autres Juifs, est odieuse, il n'en est point responsable ; qu'il n'est, en cette partie, qu'historien, et historien fidèle ; et qu'après tout, cette législation, dont il n'est pas l'auteur, a produit jusqu'à présent les plus heureux effets.

Il justifie ses intentions, et prouve, par le fond, la marche et le texte même de ses *Réflexions*, que s'il rend aux Portugais la justice qu'il leur devait de les distinguer de tous leurs frères, il embrasse néanmoins dans son Apologie tous les Juifs anciens et modernes ; et que, loin d'être coupable d'avoir accablé les Allemands et les Polonais des *calomnies*

---

(1) *Dans les arts et les sciences*, etc. On ne peut contester aux Juifs l'avantage d'avoir eu alors parmi eux des hommes très éclairés. *Chrét.*

(2) *Dans tous les états du pape.* Nous devons cette justice aux chefs de la religion chrétienne catholique, qu'il n'y a point de pays au monde où le sang juif ait moins coulé ; où les lois de l'humanité aient été plus respectées à l'égard de notre nation, que dans les états des pontifes romains. Si nous n'y jouissons point partout de la liberté et des privilèges que nous avons en d'autres pays, du moins nous n'y souffrons pas, nous n'y avons jamais souffert les persécutions et les barbaries que nous avons tant de fois éprouvées ailleurs. *Edit.*

dont on chargeait la nation, il a plaidé leur cause, non-seulement avec impartialité, mais avec chaleur et avec zèle.

« Voilà, dit-il après une courte analyse des *Réflexions*, voilà comme j'ai défendu les Juifs en général, et réfuté les jugements téméraires qu'on a souvent faits contre eux. Si j'étais auteur de profession, j'aurais cité cent preuves en faveur de ma cause ; j'aurais fait sentir que de tout temps les plus grands hommes se sont grossièrement trompés sur le compte de ceux qui professaient une religion tolérée, très différente de la dominante. Les premiers chrétiens avaient assurément des mœurs austères ; les vertus morales étaient pratiquées par eux au suprême degré (1) ; ils ne pouvaient certainement être intolérants, ni persécuteurs. Cependant Tacite (2) parle d'eux en termes aussi indécents qu'ils sont faux et calomnieux. Pline, ami et contemporain de Tacite, les traite avec plus de modération, en reconnaissant la pureté de leurs mœurs. Le télescope de ces deux anciens observateurs était différent. Chaque esprit a le sien ; mais il paraît qu'on ne considère les objets que de profil, et qu'on se contente d'en apercevoir la surface, sans se soucier d'en approfondir l'intérieur, dès qu'ils regardent les gens qui professent une religion différente de celle qu'on a adoptée. Combien de Pline et de Tacite modernes qui ont envisagé la nation juive, de profil ou en perspective, et en ont fait un portrait de pure fantaisie ! »

L'auteur de la *Bibliothèque des sciences et des arts* traite encore plus favorablement l'apologie ; la critique en est moins sévère, et les éloges en sont plus grands.

« Cette pièce, dit-il, est composée avec beaucoup d'art et d'esprit ; et elle est écrite avec politesse ; et malgré le peu d'espace que l'auteur y a pris pour défendre sa nation, en

---

(1) *Au suprême degré*. Cet aveu d'un auteur juif fait l'éloge de sa droiture. Il est des écrivains chrétiens qui ont montré moins d'impartialité. *Chrét.*

(1) *Cependant Tacite*, etc. Voyez *Annal.* XV, 47. *Aut.*

bien des lieux très indignement opprimée, l'ingénieux apologiste a su y renfermer une multitude d'objets intéressants. »

Mais, soit que ce savant l'ait lue avec quelque distraction, soit qu'il en ait jugé par quelques expressions isolées, il lui fait, avec moins d'amertume pourtant, le même reproche que le critique anglais.

« Le spirituel Israélite, dit-il, fait les plus beaux éloges de ses frères les Portugais, et livre un peu les les Juifs polonais et allemands, à l'exception d'un petit nombre, pour gens en qui la *nature avilie et dégradée paraît n'avoir plus de commerce qu'avec le besoin;* expression fine et d'une énergie tranchante sous la plume d'un Juif, le plus poli qui ait jamais entrepris l'apologie de la nation. »

« Il faut pourtant avouer, ajoute-t-il en parlant de M. de Voltaire, que le célèbre auteur de l'*Histoire générale des mœurs et de l'esprit des nations* avait oublié ce ton d'humanité et de support, qui fait si souvent un des plus riches ornements de ses ouvrages, dans ce qu'il avait dit, sans modification, *que c'est un peuple ignorant et barbare, qui joint depuis longtemps la plus indigne avarice à la plus détestable superstion, et à la plus horrible haine pour tous les peuples qui les tolèrent et qui les enrichissent; mais qu'il ne faut pourtant pas les brûler* *. »

« En général, continue le Critique, M. de Voltaire s'est montré peu instruit *de ce qui concerne la nation juive ancienne et moderne;* mais, quoi qu'il en soit, il ne pouvait être mécontent d'une réponse, où à peine se permet-on une seule fois de le relever, sans lui témoigner des égards et une admiration qui l'élèvent au-dessus de tous les écrivains, comme le premier génie de notre siècle. Aussi l'Auteur en a-t-il reçu, entre autres, cette déclaration pleine de candeur : *Les lignes dont vous vous plaignez, Monsieur, sont violentes et injustes,* etc. C'est là parler en galant homme. »

---

* Voyez *Dictionnaire philosophique*, tome v. art. Juifs, page 152, tome XIV des OEuvres.

Il finit par un trait que je ne doit point omettre, et que vous lirez sans doute avec plaisir. « Nous ne doutons pas, dit-il, que M. de Voltaire, en donnant satisfaction aux Juifs, ne pense à édifier les chrétiens, sur d'autres traits qui lui sont échappés concernant cette nation malheureuse. Tout le monde ne pense pas, comme l'Apologiste, que cet homme célèbre ait bien prouvé qu'il est aussi injuste de rendre les Juifs modernes responsables du supplice du Sauveur, qu'il serait absurde de s'en prendre aux Romains d'aujourd'hui, parce que les premiers Romains enlevèrent les Sabines et dépouillèrent les Samnites. »

Voilà, Monsieur, les jugements qu'on a portés sur l'ouvrage de votre Apologiste. Vous voyez qu'ils sont assez conformes à ce que vous aviez pensé vous-même, et qu'à l'exception du reproche de partialité, qu'il ne méritait assurément pas, ces jugements lui font honneur. Nous espérons que son écrit sera de quelque utilité auprès des gouvernements, non-seulement aux Juifs portugais et espagnols, mais à tous les Juifs en général ; et qu'il contribuera à déraciner, ou du moins à affaiblir, l'antipathie et la haine qu'entretiennent contre nous, dans le cœur des peuples, l'intérêt particulier et la fausse politique, plutôt que les vues droites et pures d'un christianisme éclairé. C'est parce que le vôtre l'est, Monsieur, qu'en condamnant les crimes des particuliers, et ce que vous appelez les erreurs religieuses de la nation, vous en plaignez les malheurs. Ce n'est pas d'aujourd'hui que nous sommes persuadés que nous trouverons toujours plus de support et d'humanité dans les vrais chrétiens que dans la plupart des déistes, malgré toute leur prétendue *tolérance universelle*.

Vous vous attendez, sans doute, avec l'Auteur de la *Bibliothèque* et tout le public, que M. de Voltaire ne tardera pas de rétracter, ou du moins d'adoucir, ce qu'il a avancé contre nous. Vous ne soupçonnez pas qu'après l'aveu généreux qu'il a fait de ses torts, et de la parole qu'il a donnée si positivement de les réparer, il ne soit dans la résolution de faire mettre le carton qu'il annonce. Les nouvelles brochures que je vous envoie vous feront juger s'il s'y dispose (1).

J'ai l'honneur d'être, monsieur et révérend docteur,

Votre très humble, etc.

P. S. Vous avez dû recevoir le Précis des arguments contre les matérialistes, par l'Auteur des Lettres précédentes, M. Pinto, Juif portugais d'Amsterdam, et les ouvrages de Jacob Hirschel, l'un de nos plus savants rabbins modernes. J'y joindrai incessamment les *Dialogues philosophiques*, le *Phédon*, la *Dissertation sur l'évidence en fait des sciences métaphysiques*, etc., de M. Moses Mindelson, Juif de Berlin, avec une lettre curieuse de ce Juif, vrai philosophe, au célèbre M. Lavater. Vous y verrez un homme fortement persuadé de sa religion, mais sagement tolérant, également éloigné du fanatisme et de la licence, de la persécution et de l'impiété. Vous l'y verrez déclarer que « quoique Juif, il ne croirait pas pouvoir, sans une témérité condamnable, combattre directement le christianisme, chez des peuples où il est devenu la base du système de leur morale et de leur vie sociale, et où, loin de détruire la religion naturelle et ses lois, il contribue au bien, et inspire la sagesse, la vertu, l'humanité, etc. » Cette retenue d'un Juif contrastera singulièrement à vos yeux avec l'audace téméraire de tant de Chrétiens qu'on voit tous les jours attaquer, sans ménagement et sans pudeur, le christianisme, religion dominante de leur patrie.

---

(1) *S'il s'y dispose.* Ces brochures étaient le *Traité de la tolérance**, le *Sermon du rabbin Akib* **, Les *Questions de Zapata* ***, le *Dictionnaire philosophique*, etc. **** On sait de quelle manière les Juifs y sont traités. Depuis l'engagement qu'avait pris M. de Voltaire, il n'est presque rien sorti de sa plume où il n'ait parlé d'eux sur le même ton. C'est ainsi que l'illustre auteur a *réparé ses torts* et tenu sa parole. Édit.

* Tome II, *Politique et Législation*, tome XXX des Œuvres.

** *Philosophie*, tome 1er, page 405, tome XXXII, *ibid.*

*** Tome II, — 401, tome XXXIII, *ibid.*

**** Tome XXXVI, *ibid.*

Le Juif n'oserait le combattre, parce qu'il le voit lié avec la morale des peuples chez lesquels il vit; et des chrétiens, des *sages* l'attaquent, pour renverser en même temps les fondements de la religion naturelle, des mœurs, de la sociabilité, des lois, des gouvernements, etc. Quels chrétiens et quels sages !

LETTRES DE QUELQUES JUIFS ALLEMANDS ET POLONAIS

A M. DE VOLTAIRE.

PREMIÈRE PARTIE.

Observations sur une note insérée dans le TRAITÉ DE LA TOLÉRANCE, contre l'authenticité des livres de Moïse.*

LETTRE PREMIÈRE.

OCCASION ET DESSEIN DE CES *LETTRES*.

Les Français, Monsieur, ne sont pas les seuls qui vous admirent. Il est parmi les Juifs allemands et polonais une société d'amis qui font depuis longtemps de l'étude de vos ouvrages leur plus agréable occupation.

Nous les lisons, ces chefs-d'œuvre de littérature et de philosophie, assidument et toujours avec un nouveau plaisir. L'immense étendue de vos connaissances, les ressources iné-

---

* Cette note se trouve dans le tome II, *Politique et Législation*, page 125 et suivantes. *Traité de la Tolérance*, tome XXX des *Œuvres*.

puisables d'une imagination pleine de saillies et de gaîté, ce coloris brillant et ce style enchanteur qui vous élèvent sans contredit au-dessus de tous les écrivains de votre siècle, ne sont pas tout ce qui nous y charme. Nous y voyons avec plus de satisfaction encore cette horreur de la persécution, et ces grands principes de bienveillance universelle qui les caractérisent. Nous osions même quelquefois nous promettre que ces sentiments, gravés sans doute dans votre cœur autant qu'en vos écrits, vous daigneriez enfin les étendre jusqu'à nous, et que nous ne serions pas, de tous les peuples du monde, le seul pour qui votre philosophie n'aurait jamais d'entrailles.

Toujours flattés de cette espérance, nous avons parcouru d'abord votre *Traité de la Tolérance*, avec l'empressement que le titre seul devait inspirer à des hommes d'une religion qui n'est nulle part la dominante, et qu'on ne tolère qu'à peine dans la plupart des états. Quelle a été notre surprise, lorsque dans un écrit qui n'annonce que des vues de douceur et d'humanité, que le dessein de resserrer de plus en plus les liens de bienveillance qui devraient unir tous les hommes, nous vous avons vu traiter encore notre nation, nos livres sacrés, et tout ce qui nous est cher, d'une manière si opposée au caractère d'équité et de modération dont vous vous parez! Aurions-nous cru devoir trouver tant de prévention et tant de haine contre un peuple malheureux dans l'ouvrage d'un philosophe conciliateur et ami du genre humain !

Nous avons été frappés surtout d'une longue note insérée à l'article XII, dans laquelle vous rassemblez les principales objections de quelques écrivains modernes contre le *Pentateuque*, et où vous livrez, par l'imputation la plus odieuse, la mémoire de nos pères à l'exécration de tous les peuples.

Ces objets nous touchent de trop près, Monsieur, et nous intéressent trop vivement pour que nous puissions nous dispenser de rompre enfin le silence. La défense devient nécessaire quand les attaques sont si vives et si multipliées. Il est temps qu'à l'exemple des chrétiens, et animés du même zèle, nous élevions aussi nos faibles voix pour la défense de nos ancêtres et des livres saints qu'ils nous ont transmis ; et que nous tâchions, autant que la médiocrité de nos talents pourra nous le permettre, de réfuter des critiques auxquelles votre nom et les noms illustres que vous citez, ne seraient que trop capables de donner du poids. C'est dans cette vue que, mettant à part tout préjugé, nous allons discuter avec vous successivement tout ce que vous avancez dans cette prétendue *Note utile* (1). Nous le ferons d'autant plus volontiers, qu'en y répondant nous répondrons en même temps à plusieurs autres écrits où les mêmes raisonnements ont été, depuis quelque temps, si souvent et si fastidieusement répétés.

Vous faites profession, Monsieur, *d'aimer la vérité*. Nous l'aimons aussi, et nous croyons la défendre. Serions-nous assez heureux pour vous la faire connaître ? Nous tâcherons du moins de ne rien dire qui n'y soit conforme ; comme nous désavouons d'avance tout ce qui pourrait nous échapper, malgré nous, d'amer et de trop peu mesuré (2). Nous savons qu'une des lois de ce code que vous méprisez, nous ordonne *d'honorer la face du vieillard* (3), et qu'on doit respecter

---

(1) *Note utile.* On verra dans les Lettres suivantes de quelle *utilité* sont ces notes de M. de Voltaire sur son *Traité de la tolérance*, et quelle sorte de richesses elles ajoutent au texte. *Édit.*

(2) *Peu mesuré.* Quelques-unes des lettres suivantes ont paru à Amsterdam en 1765. Nous ignorions alors quel était le véritable auteur du *Traité de la Tolérance*, et des notes qui l'accompagnent. M. de Voltaire a tant de fois désavoué les ouvrages qu'on lui avait le plus généralement attribués, il emprunte tant de noms, il se montre sous tant de formes : juif, chrétien, aumônier, rabbin, bachelier, docteur, oncle, neveu, etc., qu'on peut aisément s'y tromper :

Quo teneam vultus mutantem Protea nodo ! Aut.

(3) *Face du vieillard.* Voyez Lévitique, XIX. *Tu honoreras la face du vieillard, et tu te lèveras devant la tête chauve.* Loi sage imitée par les Spartiates, *nos frères* et nos anciens alliés, mais trop oubliée dans les législations modernes. *Édit.*

la supériorité des talents, lors même qu'on ne peut s'empêcher d'en condamner l'abus.

Vous ne trouverez dans nos Lettres ni le goût ni la délicatesse ordinaires aux écrivains de votre nation. Il n'est pas possible que des Juifs allemands, établis chez les Bataves, n'aient quelquefois le style dur et l'expression tudesque. Mais, au défaut des grâces et de l'élégance françaises, nous aurons du moins la sincérité germanique. Lisez-nous avec autant d'indulgence que nous sommes avec vérité, Monsieur,

Vos très humbles, etc.

LETTRE II.

NOTE INSÉRÉE DANS LE *TRAITÉ DE LA TOLÉRANCE*.
— ORDRE QU'ON SE PROPOSE DE SUIVRE EN LA RÉFUTANT.

Il n'est que trop d'écrivains, Monsieur, qui, pour attaquer ou pour défendre avec plus d'avantage, citent faux sans scrupule, altèrent les textes, ou leur donnent le sens qu'ils n'ont point, et prêtent aux auteurs des raisonnements qu'ils ne firent jamais. Loin de nous ces odieuses pratiques, faible et honteuse ressource des causes désespérées, et capable de décrier les meilleures ! C'est pour en écarter jusqu'au plus léger soupçon, qu'avant d'aller plus loin, nous croyons devoir transcrire ici en entier la *Note* que nous nous proposons d'abord de réfuter. La voici telle qu'on la lit dans toutes les éditions de votre *Traité** que nous ayons pu voir :

« Du passage du *Deutéronome*, chapitre XII, v. 8, dans lequel Moïse dit aux Israélites : *Quand vous serez dans la terre de Chanaan, vous ne ferez pas comme nous faisons aujourd'hui, où chacun fait ce qui lui semble bon;* plu-

* *Voyez* la note de la page 41.

sieurs écrivains concluent témérairement (1) que le chapitre concernant le veau d'or (qui n'est autre que le dieu Apis) a été ajouté aux livres de Moïse, ainsi que plusieurs autres chapitres.

» Abenezra fut le premier qui crut prouver que le *Pentateuque* avait été rédigé du temps des rois.

» Volaston, Collins, Tendal, Shaftsbury, Bolinbroke, et beaucoup d'autres (2), ont allégué que l'art de graver ses pensées sur la pierre polie, sur la brique, sur le plomb ou sur le bois, était alors la seule manière d'écrire. Ils disent que du temps de Moïse les Chaldéens et les Egyptiens n'écrivaient pas autrement; qu'on ne pouvait alors graver que d'une manière très abrégée, et en hiéroglyphes, la substance des choses qu'on voulait transmettre à la postérité, et non pas des histoires détaillées; qu'il n'était pas possible de graver de gros livres dans un désert où l'on changeait si souvent de demeure, où l'on n'avait personne qui pût ni fournir des vêtements, ni les tailler, ni même raccommoder les sandales, où Dieu fût obligé de faire un miracle de quarante années, pour conserver les vêtements et les chaussures de son peuple. Ils disent qu'il n'est pas vraisemblable qu'il y eût tant de graveurs de caractères, lorsqu'on manquait des arts les plus nécessaires, et qu'on ne pouvait même faire du pain; et si on leur dit que les colonnes du tabernacle étaient d'airain, et les chapitaux d'argent massif, ils répondent que l'ordre en a été donné dans le désert, mais qu'il ne fut exécuté que dans des temps plus heureux.

» Ils ne peuvent concevoir que ce peuple pauvre ait de-

(1) *Concluent témérairement*, etc. Il ne nous paraît pas facile d'apercevoir que ce passage ait un rapport direct à l'adoration du veau d'or, et que la conclusion de ces écrivains soit fort juste. M. de Voltaire pourrait donc avoir plus de raison peut-être qu'il ne pense de la juger *téméraire*. C'est pourtant ce qui amène ce tas d'observations qu'il avait ramassées, et qu'il coud comme il peut à son texte, sans s'embarrasser si elles ont ou non de rapport à son sujet. *Edit.*

(2) *Beaucoup d'autres*, etc. L'auteur aurait bien fait de les nommer;

mandé un veau d'or massif, pour l'adorer au pied de la montagne même où Dieu parlait à Moïse, au milieu des foudres et des éclairs que ce peuple voyait, et au bruit de la trompette céleste qu'il entendait. Ils s'étonnent que la veille du jour même où Moïse descendit de la montagne, tout ce peuple se soit adressé au frères de Moïse pour avoir ce veau d'or massif. Comment Aaron le jeta-t-il en fonte en un seul jour? comment ensuite Moïse le réduisit-il en poudre? Ils disent qu'il est impossible à tout artiste de faire en moins de trois mois une statue d'or; et que, pour la réduire en poudre qu'on puisse avaler, l'art de la chimie la plus savante ne suffit pas. Ainsi, la prévarication d'Aaron et l'opération de Moïse auraient été deux miracles.

» L'humanité, la bonté de cœur qui les trompe, les empêchent de croire que Moïse ait fait égorger vingt-trois mille personnes pour expier ce péché : ils n'imaginent pas que vingt-trois mille hommes se soient ainsi laissé massacrer par les lévites, à moins d'un troisième miracle. Enfin, ils trouvent étrange qu'Aaron, le plus coupable de tous, ait été récompensé du crime dont les autres étaient si horriblement punis, et qu'il ait été fait grand-prêtre, tandis que les cadavres de vingt-trois mille de ses frères sanglants étaient entassés au pied de l'autel où il allait sacrifier.

» Ils font les mêmes difficultés sur les vingt-quatre mille Israélites massacrés par l'ordre de Moïse, pour expier la faute d'un seul qu'on avait surpris avec une fille Madianite. On voit tant de rois juifs, et surtout Salomon, épouser impunément des étrangères, que ces critiques ne peuvent admettre que l'alliance d'une Madianite ait été un si grand crime. Ruth était Moabite, quoique sa famille fût originaire de Beth-

il aurait évité à ses lecteurs l'embarras de les deviner. Citer d'une manière si vague, c'est dire au lecteur : Cherche si tu veux, et trouve si tu peux. Nous avions imaginé que ces *autres écrivains* pouvaient être Spinosa, Hobbes, La Peyrère (on sait combien ces autorités sont graves); mais peut-être nous sommes-nous trompés.

léem ; la sainte Écriture l'appelle toujours *Ruth la Moabite*. Cependant elle alla se mettre dans le lit de Booz par le conseil de sa mère ; elle en reçut six boisseaux d'orge, l'épousa ensuite, et fut l'aïeule de David. Rahab était non-seulement une fille étrangère, mais une femme publique ; la *Vulgate* ne lui donne d'autre titre que celui de *meretrix* : elle épousa Salomon ; et c'est encore de ce Salomon que David descend. On regarde même Rahab comme la figure de l'Église chrétienne ; c'est le sentiment de plusieurs Pères, et surtout d'Origène, dans sa septième homélie sur Josué.

» Bethsabée, femme d'Urie, de laquelle David eut Salomon, était Éthéenne. Si vous remontez plus haut, le patriarche Juda épousa une Chananéenne ; ses enfants eurent pour femme Thamar, de la race d'Aram : cette femme, avec laquelle Juda commit un inceste sans le savoir, n'était pas de la race d'Israël.

» Ainsi notre Seigneur Jésus-Christ daigne s'incarner dans une famille dont cinq étrangères étaient la tige, pour faire voir que les nations étrangères auraient part à son héritage.

» Le rabbin Abenezra fut, comme on l'a dit, le premier qui osa prétendre que le *Pentateuque* avait été rédigé longtemps après Moïse. Il se fonde sur plusieurs passages : *Le Chananéen était alors dans ce pays. La montagne de Moria était appelée la montagne de Dieu. Le lit de Og, roi de Basan, se voit encore en Rabath ; et il appela tout ce pays de Basan, les villages de Jaïr, jusqu'à aujourd'hui ; il ne s'est jamais vu de prophète en Israël comme Moïse. Ce sont ici les rois qui ont régné en Edom, avant qu'aucun roi régnât sur Israël.* Il prétend que ces passages, où il est parlé des choses arrivées après Moïse, ne peuvent être de Moïse. On répond à ces objections que ces passages sont des notes ajoutées longtemps après par les copistes.

» Newton, de qui d'ailleurs on ne doit prononcer le nom qu'avec respect, mais qui a pu se tromper parce qu'il était homme, attribue, dans son introduction à ses *Commentaires sur Daniel et sur saint Jean*, les livres de Moïse, de Josué et des Juges, à des historiens sacrés très postérieurs. Il se fonde sur le chapitre 36 de la *Genèse*, sur quatre chapitres des *Juges*, 17, 18, 19, 21; sur *Samuel*, chap. 8; sur les *Chroniques*, chapitre 2; sur le livre de *Ruth*, chapitre 4.

» En effet, si dans le chapitre 36 de la *Genèse* il est parlé des rois, s'il en est fait mention dans les livres des *Juges*, si dans le livre de *Ruth* il est parlé de David, il semble que tous ces livres aient été rédigés du temps des rois. C'est aussi le sentiment de quelques théologiens, à la tête desquels est le fameux Le Clerc. Mais cette opinion n'a qu'un petit nombre de sectateurs, dont la curiosité sonde ces abîmes. Cette curiosité, sans doute, n'est pas au rang des devoirs de l'homme. Lorsque les savants et les ignorants, les princes et les bergers paraîtront, après cette courte vie, devant le Maître de l'éternité, chacun de nous voudra alors avoir été juste, humain, compatissant, généreux; nul ne se vantera d'avoir su précisément en quelle année le *Pentateuque* fut écrit, et d'avoir démêlé le texte des notes qui étaient en usage chez les Scribes. Dieu ne nous demandera pas si nous avons pris parti pour les Massorètes contre le *Talmud*; si nous n'avons jamais pris un *caph* pour un *beth*, un *iod* pour un *vau*, un *daleth* pour un *resch* : certes, il nous jugera sur nos actions, et non sur l'intelligence de la langue hébraïque. Nous nous en tenons fermement à la décision de l'Eglise, selon le devoir raisonnable d'un fidèle.

« Finissons cette note par un passage du *Lévitique*, livre composé après l'adoration du veau d'or. Il ordonne aux Juifs de ne plus adorer les *velus*, *les boucs avec lesquels même ils ont commis des abominations infâmes*. On ne sait si cet étrange culte venait d'Egypte, patrie de la superstition et du sortilége; mais on croit que la coutume de nos prétendus sorciers d'aller au sabbat, d'y adorer un bouc, et de s'y abandonner à des turpitudes inconcevables, dont l'idée fait horreur, est venue des anciens Juifs : en effet, ce furent eux qui enseignèrent dans une partie de l'Europe la sorcellerie. Quel peuple ! une si étrange infamie semblait mériter un châtiment pareil à celui que le veau d'or leur attira ; et pourtant le législateur se contente de leur faire une simple défense. On ne rapporte ce fait que pour faire connaître la nation juive ; il faut qu'il ait été commun chez elle, puisqu'elle est la seule nation connue chez qui les lois aient été forcées de prohiber un des crimes qui n'ont été soupçonnés ailleurs par aucun législateur.

» Il est à croire que, dans les fatigues et dans la pénurie que les Juifs avaient essuyées dans les déserts de Pharan, d'Oreb et de Chardès-Barné, l'espèce féminine, plus faible que l'autre, avait succombé. Il faut bien qu'en effet les Juifs manquassent de filles, puisqu'il leur est toujours ordonné, quand ils s'emparent d'un bourg ou d'un village, soit à gauche, soit à droite du lac Asphaltide, de tuer tout, excepté les filles nubiles.

» Les Arabes, qui habitent encore une partie de ces déserts, stipulent toujours, dans les traités qu'ils font avec les caravanes, qu'on leur donnera des filles nubiles. Il est vraisemblable que les jeunes gens, dans ces pays affreux, poussèrent la dépravation de la nature humaine jusqu'à s'accoupler avec des chèvres, comme on le dit de quelques bergers de la Calabre.

» Il reste maintenant à savoir si ces accouplements avaient produit des monstres, et s'il y a quelque fondement aux anciens contes des satyres, des faunes, des centaures et des minotaures : l'histoire le dit ; la physique ne nous a pas instruits sur cet article monstrueux. »

Vous voyez, Monsieur, que nous n'avons pas dessein d'affaiblir vos difficultés ; nous les rapportons en entier, et dans vos propres termes. Quand on ne cherche que la vérité, on n'a point recours à l'artifice.

Pour mettre quelque ordre dans nos réponses, nous considèrerons d'abord sur quelles raisons les critiques que vous citez prétendent, selon vous, qu'il était impossible à Moïse d'écrire le *Pentateuque* (1); à quoi nous ajouterons quelques réflexions aux divers endroits de vos autres ouvrages, où vous nous paraissez contredire vos écrivains et vous contredire vous-même, au sujet des caractères et des matières qu'on employait pour écrire du temps du législateur juif.

Nous passerons de là aux faits qu'ils attaquent, et nous examinerons si l'adoration du veau d'or, la construction du tabernacle près du mont Sinaï, et le massacre des vingt-quatre mille hommes séduits par les femmes moabites, ne peuvent être regardés que comme des *récits absurdes ajoutés aux livres de Moïse*.

Nous verrons, en troisième lieu, ce qu'on doit penser des autorités dont vous vous appuyez, et s'il est bien vrai que tous les savants que vous nommez aient soutenu les opinions et fait les raisonnements que vous leur attribuez (2).

Voilà, Monsieur, ce que nous nous proposons d'exécuter, et le plan que nous avons dessein de suivre dans cette première partie de nos *Lettres*. Pesez nos raisons, et si vous les trouvez solides, comme nous l'espérons, réformez, dans votre nouvelle édition, ce qui vous est échappé dans les précédentes de moins exact sur ces différents objets. Donnez au public cette preuve que *vous aimez la vérité, et que*, comme vous le protestez, *vous la préférez à tout*.

---

(1) *Le Pentateuque*. M. de Voltaire dit, dans son texte de la *Tolérance**, qu'il est très inutile de réfuter ceux qui pensent que le Pentateuque *ne fut pas écrit par Moïse*. Mais s'il est inutile de les réfuter, quelle utilité pouvait-il y avoir à remplir sa note de leurs objections ? Montrer les difficultés, et cacher les réponses, est-ce agir de bonne foi. *Aut.*

* Voyez *Politique et Législation*, tome II, page 119, t. XXX des OEuvres.

(2) *Que vous leur attribuez*. Dieu nous préserve de soupçonner la sincérité de M. de Voltaire ! Nous croyons seulement qu'en compilant ces objections, il a pu confondre avec d'autres les noms des écrivains qu'il copiait. *Aut.*

Nous sommes, avec le respect et l'admiration que vos talents méritent, etc.

LETTRE III

S'il était impossible à Moïse d'écrire le *Pentateuque*. Examen des raisons alléguées dans la Note (1).

Si, en parlant du *Pentateuque*, Collins, Tindal et les autres écrivains que vous citez, Monsieur, dans votre Note, se fussent bornés à dire que cet ouvrage, tel que nous l'avons, n'est pas tout entier de Moïse; qu'on y remarque quelques endroits qui paraissent y avoir été ajoutés par des mains plus récentes; ou même que ces livres ne furent rédigés qu'après ce législateur, par d'autres écrivains inspirés, sur des traditions constantes et des mémoires authentiques, ils n'auraient avancé que ce qu'ont cru quelques savants tant juifs que chrétiens, sans qu'on ait cessé pour cela de les regarder comme orthodoxes dans notre synagogue, ni dans votre Eglise (2).

(1) *Alléguées dans la Note*. On n'entreprend pas ici de prouver que Moïse est l'auteur du *Pentateuque*; assez d'autres l'ont fait, et de la manière la plus convaincante. Voyez ce qu'ont dit sur ce sujet Abbadie, Dupin, etc. On suppose ce fait démontré, et l'on se borne à répondre aux difficultés proposées dans la note. *Aut.*

(2) *Ni dans votre Eglise*. Que Moïse ait écrit le *Pentateuque*, c'est un fait établi sur tant et de si solides preuves, qu'on n'en peut raisonnablement douter. Ce n'est pourtant pas un *article de foi*. Ainsi l'auteur célèbre du fameux *Dictionnaire philosophique* (Tome VI, art. Moïse, page 119, tome XLII des OEuvres) se trompe, quand il dit (*article de Moïse*) que l'*Eglise a décidé que ce livre est de ce législateur*. Ce savant chrétien est mal instruit sur cet article de sa religion. Serait-ce à des Juifs à le lui apprendre?

Que le *Pentateuque* ait été écrit par Moïse tel que nous l'avons, ou que les Prophètes postérieurs y aient inséré de courtes notes, etc.;

Mais vos écrivains (1), Monsieur, ne s'en tiennent pas là. Ces hardis critiques prétendent prouver, non-seulement que Moïse n'est pas l'auteur du *Pentateuque*, mais *qu'il lui était impossible de l'écrire dans les circonstances où il se trouvait.*

La nature des matières sur lesquelles on gravait alors l'écriture, les caractères qu'on employait pour écrire, enfin la pénurie où étaient les Hébreux dans le désert : voilà, Monsieur, les trois raisons qu'ils allèguent ; voyons si elles ont en effet quelque solidité.

§. I. *Si la nature des matières sur lesquelles on gravait l'écriture du temps de Moïse pouvait l'empêcher d'écrire le* Pentateuque.

L'art de graver ses pensées sur la pierre polie, sur la brique, sur le plomb ou sur le bois, était alors, disent ces critiques, la seule manière d'écrire ; et du temps de Moïse, les Egyptiens et les Chaldéens n'écrivaient pas autrement. Donc Moïse n'a pu écrire les cinq livres qu'on lui attribue.

Appelez-vous cela, Monsieur, un raisonnement solide ? Nous n'y voyons, pour nous, qu'une conséquence mal déduite d'un principe très incertain.

Principe très incertain : en effet, quelle preuve ces critiques en pourraient-ils produire ? Ont-ils de ces anciens temps

---

ce sont des questions de pure critique, qui n'intéressent point le fond de la religion. Les faits sur lesquels porte la vérité de la révélation, tirés de mémoires authentiques, appuyés d'une tradition qui remonte à l'origine du peuple juif, gravés en caractères ineffaçables dans leurs usages civils et dans leurs pratiques religieuses, n'en seraient pas moins incontestables. *Aut.*

(1) *Vos écrivains.* On verra par la suite quels sont les écrivains dont M. de Voltaire peut réclamer l'autorité. *Édit.*

des mémoires secrets qu'ils aient lus, et que tous les savants aient ignorés ?

L'art de graver ses pensées sur la pierre, sur le bois, etc., était alors la seule manière d'écrire.... Est-ce donc qu'on ignorait ou qu'on négligeait l'art de les peindre? Quoi! on avait inventé, pour graver ses pensées, des instruments de cuivre ou d'acier, quoique *pour forger le fer ou pour y suppléer, il fallût, selon vous* (1), *tant de hasards heureux, tant d'industrie, tant de siècles, qu'on a peine à concevoir comment les hommes ont pu en venir à bout*; et on n'avait pas trouvé, pour les peindre, les couleurs que la nature nous met partout sous les mains. *Il reste*, dites-vous, *des momies égyptiennes de quatre mille ans* (2). Vos écrivains sont-ils sûrs qu'aucune de celles qu'on trouve ceintes de bandes de toiles chargées d'hiéroglyphes peints, n'est de ces temps-là ?

Vous dites qu'un enfant, et l'enfant le moins industrieux, ne pouvant se faire entendre, imaginera de dessiner avec un charbon l'objets qu'il désire; que de là à trouver les couleurs les plus stables, il n'y a qu'un pas (3). Et ce pas, les Chaldéens ne l'auront pas fait! Ce peuple, selon vous, si ancien et si éclairé (4), qui calculait les éclipses dès le temps

---

(1) *Selon vous.* Voyez *Philosophie de l'histoire*, art. *Chaldéens.* (Voyez *Introduction à l'Essai sur les mœurs et l'esprit des nations*, page 45, tome XVI des Œuvres.) Et le savant auteur croit qu'on a gravé l'écriture sur la pierre et sur les métaux, avant de la crayonner et de la peindre! et c'est sur ce principe qu'il établit qu'il était impossible d'écrire le *Pentateuque*? *Édit.*

(2) *Quatre mille ans.* Voyez *ibid.*, article des *Monuments égyptiens.* *Édit.* — Voyez le même volume, *Monuments des Égyptiens*, page 101.

(3) *Il n'y a qu'un pas.* Voy. *Philosophie de l'histoire*, art. de la *Langue des Égyptiens, et de leurs symboles.* — *Édit.* Voyez le même volume, *Langue des Égyptiens*, page 97.

(4) *Si ancien et si éclairé.* Dans la *Philosophie de l'histoire*, art. *Chaldéens*, M. de Voltaire s'attache à prouver que ce peuple était

du déluge, n'avait pu imaginer, depuis ce temps-là jusqu'à Moïse, ce que les Chinois, les Mexicains, ont trouvé dès le premier temps de leur empire, ce que les sauvages de l'Amérique ont connu, et ce qui viendrait à l'esprit *de l'enfant le moins industrieux.*

Supposé même qu'on ne sût point encore employer les couleurs pour écrire, ou qu'on n'en fît point usage, sur quelle autorité se fondent ces critiques, pour restreindre à la pierre, au bois et aux métaux les matières sur lesquelles on gravait l'écriture? D'où savent-ils, que dans l'Egypte, on ne la gravait pas sur l'écorce de certains arbres, sur les feuilles de palmier, etc., comme on l'a pratiqué longtemps aux Indes et à la Chine?

Mais c'est trop peu de dire que leur principe est incertain, j'ajoute que le contraire n'est pas douteux, et ce n'est pas moi, c'est le savant comte de Caylus qui va vous l'apprendre.

« Il n'est pas douteux, dit-il (1), que l'écriture, une fois trouvée, n'ait été employée sur tout ce qui pouvait la recevoir. » Ce n'était donc pas seulement *sur la pierre*, *sur les*

d'une antiquité qui remonte au-delà du déluge : peu s'en faut qu'il n'adopte le calcul des 470,000 ans qu'ils se donnaient. Mais n'est-il pas clair que plus il recule l'origine des Chaldéens et l'antiquité des peuples voisins, moins il est probable que ces anciens peuples n'eussent pas encore inventé de peindre l'écriture du temps de Moïse.

L'illustre auteur, pour donner une haute idée des connaissances et de l'ancienneté des Chinois, dit dans le même ouvrage, que *les Chinois écrivaient sur des tablettes de bambou, quand les Chaldéens n'écrivaient encore que sur la brique.* S'imagine-t-il donc que les Chaldéens, sachant écrire sur la brique, n'écrivaient jamais sur autre chose, ou qu'il soit plus facile d'écrire sur la brique que sur des tablettes de bambou avec la pointe d'un os ou de quelque bois dur*! *Edit.*

(1) *Dit-il*, etc. Voyez les *Mémoires de l'académie des belles lettres.* *Aut.*

* Voyez *Introduction à l'Essai sur les mœurs et l'esprit des nations*, art. Chaldéens, p. 43, et art. Chine, p. 85, tome XVI des OEuvres.

** Voyez tome XXVI, année 1752, page 269.

métaux et sur le bois, qu'on écrivait dès les premiers temps, c'était *sur tout ce qui pouvait recevoir l'écriture*. Voilà ce que dicte la raison, éclairée par la connaissance des arts, et ce qu'aucun homme de bon sens ne niera, si quelque intérêt secret ne le porte à soutenir le contraire.

« Les matières, ajoute l'illustre académicien, ont varié selon les temps et selon les pays. On peut dire cependant qu'on aura préféré pour une chose si nécessaire ce qu'il y avait de plus commun et de plus facile à transporter. » Tous les peuples l'auront préféré sans doute. Mais par un travers d'esprit inconcevable dans toute autre nation, les Egyptiens et les Chaldéens, précisément du temps de Moïse, auront fait tout le contraire. Ces peuples sages auront choisi de préférence des matières si rares, si dures et de si difficile transport, que l'on ne conçoit pas qu'on ait pu y écrire un ouvrage d'une médiocre étendue.

Que dis-je, quand votre principe serait aussi vrai qu'il est faux ; quand il serait incontestable que, *du temps de Moïse, graver ses pensées sur la pierre polie, sur la brique, sur le plomb, ou sur le bois, était la seule manière d'écrire*, s'ensuivrait-il qu'il n'ait pu écrire le *Pentateuque* ? Nous convenons qu'il eût été difficile de le graver sur la pierre polie ou sur la brique cuite. Mais quelle impossibilité métaphysique, physique ou morale y avait-il qu'il le gravât sur la brique molle, ou, si la brique lui paraissait peu commode, sur le plomb, et, au défaut de plomb, sur le bois (1) ?

(1) Dans le livre de *Job* qui passe pour écrit par Moïse, mais dont l'histoire est d'une époque contemporaine, sinon supérieure à celle de cet écrivain, on lit ces paroles (ch. 19, v. 24) : *Quis mihi det ut scribantur sermones mei, et exarentur in libro stylo ferreo et plumbi laminâ vel celte sculpantur in silice ;* on ne comprendrait pas pourquoi cette description du mode et de la matière de l'écriture si elle ne représentait que les procédés communs, tandis qu'on la comprend si l'écriture se faisait communément sur des substances plus légères et plus altérables, telles que le papyrus. Le vœu exprimé par le patriarche signifierait ceci : Puissent mes paroles être tracées, non sur des feuil-

Ainsi, conséquence mal déduite, principe non-seulement douteux, mais faux: est-ce là, Monsieur, une manière de raisonner fort concluante? est-ce bien ainsi que raisonnaient les Abenezra, les Le Clerc et les Newton?

§ II. Si les caractères qu'on employait du temps de Moïse purent l'empêcher d'écrire le Pentateuque.

Du temps de Moïse, disent encore ces savants critiques, on n'écrivait qu'en hiéroglyphes. Or, en employant ces caractères, on ne pouvait écrire que la substance des choses que l'on voulait transmettre à la postérité, et non pas des histoires suivies et détaillées.

Mais d'abord est-il bien certain que du temps de Moïse, on n'écrivait qu'en hiéroglyphes? La singularité d'une opinion n'est pas un titre qui dispense d'en apporter des preuves. Où sont celles de vos écrivains?

Nous en avons, au contraire, et, ce semble, d'assez bonnes, que dès-lors les caractères alphabétiques étaient connus. Telles sont entre autres la nouveauté de votre sentiment, et l'ancienneté du nôtre; sorte de possession qui ne doit pas céder à des conjectures vagues, et à des assertions dénuées de preuves : l'improbabilité, surtout dans votre système que Moïse qui, de votre aveu, écrivit du moins *ses principales lois* et les évènements les plus intéressants de l'histoire de son peuple, l'ait fait en caractères hiéroglyphiques, composés pour la plupart de figures d'hommes et d'animaux, lui

les légères et faciles à détruire, mais sur le plomb, ou même être gravées avec un burin d'acier sur la roche dure! C'est ainsi que nous disons : *écrire sur le bronze*, et que nous écrivons réellement sur cette matière, les faits que nous voulons transmettre aux âges futurs, et revêtir d'une sorte d'éternité. On remarquera cette gravure sur le caillou au moyen de l'acier, dont parle le Patriarche ; bien certainement un tel art est beaucoup plus *avancé* que la simple peinture des signes alphabétiques sur des substances légères dont on peut imaginer un grand nombre. L. D.

qui, selon vous, défendait *d'en sculpter aucune* (1), et qui, selon d'autres savants, ne pouvait ignorer que l'abus de ces caractères avait été une des sources de l'idolâtrie égyptienne; enfin le peu de vraisemblance qu'il y a, qu'à ces caractères employés par le législateur et consacrés par Dieu même, on en eût substitué d'autres si différents, sans qu'il fût resté dans nos écritures, ni dans notre tradition, la plus légère trace d'un changement si remarquable.

A ces preuves, qui nous sont particulières, joignez le témoignage de l'histoire même profane. Elle nous apprend que presque tous les peuples ont regardé l'invention des lettres comme de la plus haute antiquité; que les Assyriens, les Chaldéens les croyaient aussi anciennes que leur empire; que les Egyptiens prétendaient que leur Thot, ou quelqu'un de ses enfants, en avait été l'inventeur, *eux*, dit le célèbre Warburton (2), *qui n'attribuaient à leurs dieux l'invention d'aucune chose dont l'origine leur fût connue*; que ce peuple, dans toutes les sciences duquel Moïse fut instruit, avait un alphabet politique et un sacerdotal, dès le temps de ses anciens rois; que Cécrops et Cadmus, qu'on croit, l'un antérieur au législateur juif, l'autre son contemporain, portèrent dès-lors la connaissance des caractères alphabétiques dans la Grèce; etc.

(1) *Défendait d'en sculpter aucune.* Voyez *Philosophie de l'histoire.** M. de Voltaire va encore plus loin dans un autre endroit : il assure en termes exprès, *qu'il était défendu par le second article de la loi des hébreux d'écrire en hiéroglyphes.* Il faut donc, ou que Moïse n'ait point écrit même ses pricipales lois, ce qui est contraire, non-seulement à tous les témoignages de l'antiquité tant sacrée que profane, mais aux aveux même de M. de Voltaire; ou qu'il les ait écrites en lettres alphabétiques; ce qui contredit formellement l'opinion des savants cités dans la Note. *Edit.*

(2) *Warburton,* etc. Ce savant prétend que les hiéroglyphe égyptiens ne devinrent sacrés qu'après l'invention des lettres, et qu'ils étaient sacrés dès le temps de Joseph. *Edit.*

*Voyez *Introduction à l'Essai sur les mœurs et l'esprit des nations,* art. Langue des Egyptiens, tome XVI des OEuvres, page 93.

Toutes ces traditions sur l'ancienneté des lettres, traditions si anciennes elles-mêmes, si répandues, qui s'accordent si bien avec nos saints livres, avaient sans doute quelque fondement, et méritent quelque créance, sinon dans les détails, au moins pour le fond, l'incertitude même et la variété des opinions sur cette découverte; et la difficulté, ou plutôt l'impossibilité, malgré toutes les recherches des savants, d'en assigner l'époque, annoncent qu'elle remonte incontestablement à des temps très reculés. Ces raisons, Monsieur, ne sont-elles point assez plausibles, surtout contre une assertion dénuée de preuves?

Il n'est donc pas certain que du temps de Moïse on n'écrivait qu'en hiéroglyphes. Nous allons voir qu'il ne l'est pas davantage qu'en employant ces caractères, il n'aurait pu écrire le *Pentateuque*.

Commençons par observer que les caractères de l'écriture représentative et hiéroglyphique éprouvèrent successivement divers changements. D'abord on peignit grossièrement les objets tels qu'on les voyait dans la nature, et ce fut là probablement la première écriture des anciens peuples égyptiens, chaldéens, chinois, etc.; c'est même encore aujourd'hui celle de quelques nations de l'Amérique. Dans la suite on ne peignit plus ces objets en entier, on se contenta de tracer le contour de quelques-unes de leurs principales parties. Enfin on se borna aux lignes les plus nécessaires pour les désigner. Telle est encore l'écriture des Chinois, selon quelques savants; et telle paraît avoir été celle de la plupart des peuples anciens, jusqu'à ce que, par un heureux effort de génie, on eût imaginé de dessiner, non plus les objets, mais les signes des pensées, c'est-à-dire les mots qui nous les rappellent.

Supposons maintenant, ce que vos critiques n'ont point prouvé, que Moïse n'ait effectivement connu que les caractères hiéroglyphiques de la première espèce; lui était-il impossible, en les employant, d'écrire une histoire telle que celle du *Pentateuque*, histoire abrégée et bornée au nécessaire? Les Mexicains ne connaissaient que la première écriture représentative : ils avaient pourtant leur histoire (1), depuis leur entrée dans le pays, jusqu'au temps où les Européens vinrent en faire la conquête ; et cette histoire renfermait leurs lois, les règlements de leur police, les détails de leur gouvernement, etc. Pourquoi le législateur des Hébreux n'aurait-il pu en écrire une semblable avec les mêmes caractères?

Que s'il n'était pas impossible d'avoir des histoires suivies et d'un certain détail avec la première écriture représentative, à plus forte raison ne l'était-il pas dans la seconde, et moins encore dans la troisième, c'est-à-dire dans l'hiéroglyphique courant. Les Chinois n'ont-ils pas des histoires suivies et détaillées? Leur écriture n'est pourtant, comme nous venons de le dire, que cette troisième manière hiéroglyphique, ou du moins elle en approche beaucoup (2). Or, quelles preuves ont vos critiques, que Moïse n'a pas connu la seconde, ou même la troisième manière d'écrire en hiéroglyphes?

Donc, même en supposant que du temps de Moïse on ne connaissait point encore les caractères alphabétiques, il ne lui aurait pas été impossible d'écrire le *Pentateuque*.

En un mot, Monsieur, de quelque caractère et de quelque matière qu'on se servît alors pour écrire, de votre aveu (3),

---

(1) *Ils avaient pourtant leur histoire*, etc. On conserve encore des fragments de ces histoires; mais la plupart de ces précieux monuments furent détruits par les conquérants espagnols, qui les prenaient pour des livres de magie. Voyez les *Mémoires de l'académie des belles-lettres*. Aut.*

(2) *En approche beaucoup*. Voyez *ibid.* un savant mémoire de M. de Guines sur l'écriture chinoise. Aut.**

(3) *De votre aveu*. Voyez *Défense de mon oncle*. Aut.***

* Voyez tome XXIII, année 1749.

** Voyez tome XXXIV, année 1766.

*** La *Défense de mon oncle* se trouve dans les *Mélanges*, tome 1er, XXVII des *OEuvres*, et le passage cité, page 258.

chacun des peuples de la Palestine avait déjà son histoire, lorsque les Juifs entrèrent dans le pays. Pourquoi donc Moïse n'aurait-il pu écrire la sienne en *quarante ans* (3)?

§ III. *Si l'état où les Israélites se trouvent dans le désert pouvait empêcher Moïse d'écrire le* Pentateuque.

Le voici, disent vos grands critiques, c'est qu'il était impossible *de graver de gros livres dans un désert où tout manquait*, etc.

(1) Il n'y a pas un mot à ajouter à cette excellente discussion sous le rapport de l'argumentation et de la logique. Mais aujourd'hui la question se trouve matériellement tranchée en faveur de la Bible, par les connaissances acquises sur la langue, l'écriture et les monuments égyptiens.

On sait que les Egyptiens avaient trois sortes d'écriture : l'*hiéroglyphique*, la *hiératique*, et la *dématique*. La première était une représentation figurée, soit des sons dont se composaient les mots (c'était l'écriture *phonétique*), soit des idées elles-mêmes qui se traduisaient par certains symboles. Cette écriture n'avait qu'un emploi restreint : c'était celle des inscriptions monumentales, celle par conséquent qui s'offre le plus souvent aux regards du voyageur. L'écriture *hiératique* qui était une simplification de la précédente, était celle dont se servaient ordinairement les prêtres égyptiens. Quant à l'écriture *dématique* ou vulgaire, c'était celle qui servait partout, hors ces cas réservés et exceptionnels ; elle est complètement alphabétique, et non-seulement on sait en distinguer les différents caractères, mais on sait lire et traduire une foule de pages écrites dématiquement, parce qu'on a retrouvé à peu près l'ancienne langue égyptienne qui a les plus grands rapports avec le copte moderne.

En second lieu, on a trouvé, et nos musées possèdent, un grand nombre de papyrus, dont plusieurs sont écrits dématiquement. Parmi ces papyrus il en existe qui remonte jusqu'au XXIIIe siècle avant notre ère, comme on en peut juger par leur contenu ; fait que nous ne prouverons pas ici, parce qu'il n'est contesté par personne. Il est donc certain par là que, deux siècles avant l'époque de Moïse, on écrivait en caractères alphabétiques sur des papyrus, c'est-à-dire sur une matière légère, analogue à notre papier, tenant peu de place, et dont on a trouvé une foule d'échantillons roulés. Donc le *Pentateuque* a pu être écrit de la sorte avec les matériaux que les Hébreux auront emporté de l'Egypte, et sous cette forme ne pas tenir plus de place que l'édition in-folio de *l'Encyclopédie*.   L. D.

Oui, *de gros livres*, de ces livres de douze ou quinze volumes *in-folio*, qu'on voit dans vos bibliothèques, l'*Encyclopédie*, par exemple, ou tel autre ouvrage de cette étendue. Mais en comparaison, Monsieur, le *Pentateuque est un petit livre*.

Que dis-je, le *Pentateuque*! Il en faut peut-être retrancher d'abord toute la Genèse ; car vous n'êtes pas sûr que Moïse ne l'avait pas écrite avant de sortir de l'Egypte. Au moins, n'y faut-il pas comprendre le Deutéronome, qui ne fut point écrit dans le désert.

Vous dites quelque part (1) que Josué le fit graver sur la pierre. Or, le *Deutéronome* est bien la cinquième partie du *Pentateuque*. Pourquoi Moïse n'aurait-il pu faire graver le reste de même ? Il ne s'agissait que d'y mettre quatre fois plus de temps.

Mais, diront vos écrivains, c'est précisément l'embarras. *Comment trouver ce temps dans un désert où l'on changeait si souvent de demeure?* Pas si souvent, Monsieur : on connaît à peu près ces changements ; il s'en faut bien qu'ils aient été aussi fréquents que vous paraissez le croire. La route des Israélites est marquée dans les livres de Moïse : donnons-leur, si vous voulez, dix ans pour la faire, c'est beaucoup trop assurément (2); il restera pourtant encore trente ans de séjour. Croyez-vous qu'en trente ans ils n'au-

---

(1) *Vous dites quelque part*, etc. On ne raisonne ici que d'après les aveux de M. de Voltaire; car au fond, il est probable que par *les paroles de loi* que Josué fit graver sur la pierre, il faut entendre, non le *Deutéronome* en entier, mais seulement les deux chapitres des bénédictions et des malédictions, ou même les dix commandements. Quelque part. Voyez *Lettre d'un quaker*. Aut. *

(2) *Trop assurément*. Les différentes marches des Israélites dans le désert ne donnent guère qu'un total de quatre cent cinquante lieues, qu'ils purent faire sans doute en moins de dix ans sans aller fort vite. Aut.

* Voyez *Fossiles*, page 170, tome XLVI des Œuvres.

raient pu graver, même sur la pierre, trois ou quatre livres aussi courts que ceux de la loi.

Mais comment trouver tant de graveurs dans un désert où l'on n'avait personne qui pût fournir des vêtements, ni les tailler, ni même raccommoder les sandales, où l'on manquait des arts les plus nécessaires, où l'on n'avait pas même de quoi faire du pain?

Tant de graveurs! Monsieur. En fallait-il donc tant? et n'était-ce pas assez d'une douzaine, pour graver en trente ans, même *sur la pierre*, et en hiéroglyphes, trois ou quatre livres du *Pentateuque*? Que s'ils ne furent gravés que *sur le bois*, comme vos écrivains conviennent qu'ils purent l'être, et en caractères alphabétiques, comme il y a toute apparence, jugez combien il aura fallu moins de temps et de graveurs.

Dans un désert où l'on manquait des arts les plus nécessaires, où l'on n'avait pas même de quoi faire du pain (1). Mais pourquoi n'en pouvait-on faire? Etait-ce parce qu'on avait perdu l'art de la boulangerie, et qu'on n'avait pas de boulangers? Point du tout: c'est qu'on n'avait point de farine. Il en est de même des autres arts dont vous parlez. Ce n'était ni de cordonniers ni de tailleurs, mais de cuirs et d'étoffes qu'on manquait, supposé pourtant qu'on en manquât. Les matières avaient été employées; mais les arts et les ou-

(1) *Faire du pain.* Admirez la justesse de ce raisonnement. « Les Israélites dans le désert, faute de pain, vivaient de manne; donc ils avaient perdu l'art de la boulangerie. Ils manquaient de cuirs et d'étoffes; donc ils n'avaient ni cordonniers ni tailleurs; donc ils avaient perdu leurs gravures et l'art de la gravure; donc Moïse n'est pas l'auteur du *Pentateuque.* » N'est-ce pas là raisonner très philosophiquement? Si je disais : Les Hébreux, qui n'avaient probablement pas de boulangers dans le désert, n'avaient probablement pas de cuisiniers; donc, quand il tomba des cailles dans leur camp, elles y tombèrent toutes rôties, ou ils les mangèrent toutes crues; donc ils ont fait cuire Agag, et mangé de la chair humaine; ce serait une faible imitation de cette rare dialectique. *Aut.*

vriers restaient. Pourquoi ne serait-il donc plus resté de graveurs, artistes si nécessaires, surtout dans votre hypothèse? Il y a d'autant moins lieu de le croire qu'on ne manquait apparemment ni de bois, ni de pierres pour graver, quoiqu'on pût manquer d'étoffes pour faire des habits, et de cuirs *pour raccommoder les sandales.*

D'ailleurs, si Moïse n'avait plus de graveurs, comment Josué fit-il pour en trouver? Croyez-vous qu'il en ait fait venir des royaumes d'Og et de Sehon, ou qu'il ait envoyé les Israélites apprendre à graver dans les villes d'Haï et de Jéricho?

Remarquons enfin que la loi, ou du moins la plus grande partie de la loi, fut écrite près du mont Sinaï; où Dieu la donnant à Moïse par partie, lui recommandait à chaque fois d'aller écrire ce qu'il venait de lui ordonner. Or, les Israélites arrivèrent au mont Sinaï quarante-huit jours après leur sortie de l'Egypte. Est-il possible qu'ils aient perdu en si peu de temps tous leurs graveurs? Et par quelle raison faites-vous tomber de préférence la mortalité sur ces artistes? Quoi! il n'en sera point resté du moins un ou deux qui, pendant le séjour du peuple hébreux au pied de cette montagne, auraient pu former des élèves? Non; maîtres et élèves, il faut que tout meure. Oh! Monsieur, avouez qu'il est dur d'être obligé de tuer tant de gens pour se tirer d'embarras. Croyez-moi, laissons-les vivre, et convenons que les Israélites, dans le désert, n'avaient perdu ni tous les arts, ni tous les artistes; cela est beaucoup plus naturel et plus dans l'ordre commun des choses.

Moïse ne manqua donc pas de graveurs de caractères dans le désert; il n'y manqua ni de pierres, ni de bois, ni de temps pour graver. Donc, même dans les fausses hypothèses de vos écrivains, le séjour des Hébreux dans le désert n'était point un obstacle qui pût l'empêcher d'écrire le *Pentateuque.*

Ainsi, Monsieur, aucune des raisons alléguées par vos critiques ne prouve l'impossibilité qu'ils prétendaient démontrer. Cette impossibilité est une chimère, leurs principes de fausses suppositions, et leurs raisonnements de purs paralogismes.

Qu'on trouve de pareils raisonnements dans Collins, dans Tindal (1), on n'en est point surpris : le caractère de ces écrivains est connu. Mais qu'un homme tel que vous, Monsieur, n'ait pas dédaigné de les transcrire, que vous vous soyez abaissé à coudre ces vils lambeaux à votre texte, que vous les présentiez de sang froid à vos lecteurs, comme des observations *utiles* : voilà ce que nous aurons toujours de la peine à comprendre.

Nous prenons à votre gloire, Monsieur, le plus vif intérêt; nous ne croyons pas que les raisonnements que nous venons de réfuter, soit que vous en soyez l'auteur, ou seulement le copiste, puissent jamais en rehausser l'éclat. Il nous semble qu'il serait à propos de les retrancher de votre nouvelle édition.

Nous sommes avec respect, etc.

LETTRE IV.

Où l'on recherche quels peuvent être les sentiments particuliers de l'illustre auteur sur les caractères et les matières qu'on employait pour écrire du temps de Moïse. Variations et contradictions du docte écrivain sur ces deux objets.

« Tel est l'homme, en effet ; il va du blanc au noir.
» Et condamne au matin ses sentiments du soir. »

L'art avec lequel votre Note est écrite, Monsieur, et le ton d'intérêt qu'on y remarque, nous avaient fait croire qu'aucun des sentiments que vous y exposez, et que vous attribuez

---

(1) *Dans Collins, dans Tindal*, etc. Nous ne les attribuons à ces critiques que sur l'autorité de M. de Voltaire, qui se trompe quelquefois. Il se pourrait bien qu'il les eût empruntés de quelques autres écrivains moins instruits encore, et de moins bonne foi. *Aut.*

aux plus savants critiques, ne vous était indifférent. Nous nous étions persuadés surtout que vous adoptiez leurs idées sur les caractères et les matières dont on faisait usage pour écrire, du temps de notre législateur. Mais comme notre lettre finissait, on nous a remis cinq ou six nouvelles brochures dans lesquelles vous parlez encore des caractères et des matières qu'on employait pour écrire du temps de Moïse. Nous les avons lues aussitôt, et nous les avons comparées entre elles et avec vos autres ouvrages, dans l'espérance d'y trouver de nouvelles lumières, ou d'y apprendre du moins quels peuvent être vos sentiments particuliers sur ces deux objets.

Nous sommes-nous trompés, Monsieur? Tout ce qui nous a paru résulter de cette comparaison, c'est que vous n'avez là-dessus, comme sur bien d'autres choses, ni principes fixes, ni sentiment arrêté, et que, d'accord avec vos écrivains dans quelques endroits, vous les *contredites* (1) dans d'autres, et vous vous *contredites* vous-même de la manière la plus formelle, passant sans cesse d'une opinion à l'autre, selon que le caprice ou le préjugé du moment vous emporte (2). C'est ce que nous allons vous faire voir dans cette lettre.

§ I. *Ses contradictions au sujet des caractères qu'on employait pour écrire du temps de Moïse.*

On a vu plus haut que vous faites dire à vos écrivains,

---

(1) *Contredites.* On a prétendu qu'il fallait dire *contredisez.* On nous a opposé l'autorité du *Dictionnaire* de Trévoux, de l'Académie, etc. A ces autorités nous opposons celle de M. de Voltaire : *Contredites un homme qui se donne pour savant*, dit-il, *et soyez alors sûr de vous attirer des volumes d'injures*; maxime assez mal exprimée, mais malheureussement trop vraie, et dont il a prouvé la vérité plus que personne. On a répondu que ce *contredites* de M. de Voltaire est une faute, un barbarisme, un français bas-breton : lisez donc *contredisez.* Aut.

(2) *Vous emporte.* N'est-ce pas plutôt selon le besoin ? Il paraît, en

dans votre Note, que *du temps de Moïse, on ne connaissait point l'écriture alphabétique ; qu'on n'écrivait qu'en hiéroglyphes ; que les Chaldéens, les Phéniciens, les Egyptiens n'écrivaient pas autrement.* Vous dites vous-même, dans votre *Philosophie de l'histoire**, que les Chaldéens instruits, selon vous, avant les Phéniciens et les Egyptiens, *gravèrent longtemps leurs observations et leurs lois en hiéroglyphes, et qu'ils ne connurent les caractères alphabétiques que très tard.*

Et voici ce qu'on lit dans votre diatribe de M. l'abbé Bazin sur Sanchoniaton **.

« Sanchoniaton vivait à peu près dans le temps où nous plaçons les dernières années de Moïse. Cet auteur phénicien avoue en propre termes, qu'il a tiré une partie de son histoire des écrits de Thot, qui florisssait huit cents ans avant lui. Cet aveu, auquel on ne fait pas assez d'attention, est un des plus curieux témoignages que l'antiquité nous ait transmis. Il prouve qu'il y avait déjà huit cents ans qu'on avait des livres écrits avec le secours de l'alphabet (1) ; que les nations pouvaient s'entendre les unes les autres par ce secours, et traduire réciproquement leurs ouvrages. Les Chaldéens, les Syriens, les Phéniciens, les Egyptiens, les Persans, de-

effet, que M. de Voltaire, indifférent au fond sur toutes les opinions, change de principes comme les corsaires changent de pavillon, selon l'ennemi auquel ils veulent échapper ou qu'ils veulent surprendre. Cette manœuvre peut être utile ; mais est-elle savante ? Est-ce là *chercher la vérité, et non la disputer ?* Edit.

* Voyez *Introduction à l'Essai sur les mœurs et l'esprit des nations*, art. des Chaldéens, page 45, tome XVI des *OEuvres.*

** Voyez *Ibid.*

(1) *Avec le secours de l'alphabet.* L'aveu de Sanchoniaton ne prouve pas du tout ce que M. de Voltaire en conclut. Pour que Sanchoniaton eût tiré une partie de son histoire des livres de Thot, il n'était pas nécessaire que ces livres fussent écrits en caractères alphabétiques ; Sanchoniaton pouvait entendre l'écriture hiéroglyphique, ou se la faire expliquer par les prêtres d'Egypte. *Edit.*

vaient nécessairement avoir commerce ensemble, et l'écriture alphabétique devait faciliter ce commerce. »

Quoi! Monsieur, *du temps de Moïse on ne connaissait point les lettres alphabétiques! on n'écrivait qu'en hiéroglyphes! les Phéniciens, les Egyptiens n'écrivaient pas autrement!* et le Phénicien Sanchoniaton, contemporain de Moïse, s'il ne lui était pas antérieur, écrivait en lettres alphabétiques! Huit cents ans avant lui on avait en Egypte des livres écrits avec le secours de l'alphabet! et dès-lors les nations pouvaient s'entendre et commercer entre elles par ce secours! Y a-t-il contradiction plus formelle?

Mais en voici qui ne le sont pas moins. Vous dites, dans votre *Philosophie de l'histoire* *, art. *Phénicien*, que *tout ce qui nous reste de monuments antiques nous avertit que Sanchoniaton vivait à peu près du temps de Moïse* : et vous ajoutez, un peu plus bas, que *son livre*, écrit, s'il faut vous en croire, en lettres alphabétiques, est d'une antiquité prodigieuse. Voilà donc ces caractères alphabétiques dont l'invention, selon vous, fut *très tardive*, même chez les peuples les plus anciennement instruits; les voilà, dis-je, d'une *prodigieuse antiquité* : et le législateur *assez récent de la nation juive*, selon vous *très récente*, était, selon vous, *contemporain d'un auteur prodigieusement ancien*. Sont-ce là, Monsieur, des assertions qu'on puisse aisément concilier entre elles?

§ II. *Qu'il contredit encore ses écrivains, et qu'il se contredit lui-même au sujet des matières dont on faisait usage pour écrire du temps de Moïse.*

Vous ne vous accordez pas mieux avec vos écrivains ci-

---

* Voyez *Introduction à l'Essai sur les mœurs*, etc. art. Phénicien, page 64, tome XVI des OEuvres, et *Mélanges historiques*, tome 1er; *Défense de mon oncle*, 2e diatribe de l'abbé Bazin, page 256, tome XXVIIe des OEuvres.

avec vous-même, en parlant des matières qu'on employait pour écrire du temps du législateur juif. Vous assurez, dans votre *Philosophie de l'histoire,* * qu'*avant les hiéroglyphes on peignait grossièrement ce qu'on voulait faire entendre.* On savait donc faire usage des couleurs ; on s'en servait ; et, selon vos écrivains, du temps de Moïse, c'est-à-dire, selon eux, dans le temps des hiéroglyphes, on ne s'en servait pas : graver ses pensées sur la pierre, sur le plomb, et sur le bois, était la *seule manière d'écrire.*

Ce n'est pas tout : selon vos critiques, on écrivait sur la *pierre, sur la brique, sur les métaux et le bois.* Vous dites de même (*Philosophie de l'histoire***) que les Chaldéens gravaient leurs observations *sur la brique*, et que les Egyptiens gravaient l'écriture *sur le marbre et sur le bois.* Ainsi, à vous en croire et à en croire vos critiques, la pierre n'était pas la *seule matière sur laquelle on écrivait alors.*

Mais, à vous en croire, dans vos *Lettres d'un quaker à l'évêque Georges****, et ailleurs on n'écrivait alors que sur la pierre.* Assurément ces contradictions sont palpables (1).

§ III. *Réflexions sur l'opinion du quaker ; qu'elle est absurde.*

Arrêtons-nous, Monsieur, un moment sur cette singulière prétention du quaker, interprète de vos sentiments.

---

*Voyez *Introduction à l'Essai sur les mœurs et l'esprit des nations,* art de la Langue des Egyptiens, pag. 97, tome XVI des OEuvres.

**Voyez *Introduction à l'Essai sur les mœurs et l'esprit des nations,* art. de la Langue des Egyptiens, page 45 et 87, tome XVI des OEuvres.

*** Voyez *Facéties*, Lettre d'un quaker, page 170, tome XLVI des OEuvres.

(1) *Contradictions sont palpables.* Qu'importe ? Si les contradictions déplaisent à quelques lecteurs, elles sont très utiles à quelques écrivains. Ils en retirent au moins cet avantage, qu'il faut qu'ils aient raison, soit quand ils nient, soit quand ils affirment. *Aut.*

« *Tu ne devrais pas ignorer*, dit-il à l'évêque (1), avec le ton le plus dogmatique, *qu'on n'écrivait alors que sur la pierre* (2). »

Tu ne devrais pas ignorer! On peut l'ignorer assurément, sans manquer à aucun devoir. Une opinion absurde n'est pas une connaissance qu'on soit dans l'obligation d'acquérir.

On n'écrivait que sur la pierre! J'aimerais autant dire qu'on ne taillait que le granit, et qu'on ne bâtissait que des pyramides. Les arts commencent-ils par ce qu'ils ont de plus difficile? Est-ce là, Monsieur, leur marche ordinaire?

Mais écoutons le Primitif, et voyons quelles sont ses preuves. *On n'écrivait*, dit-il, *que sur la pierre*, puisqu'il est dit dans Josué, qu'il écrivait sur des pierres le Deutéronome. Fort bien. Si l'on disait : « Le traité fait il y a quelques années, entre les Russes et les Chinois, sur les frontières de deux empires, y fut écrit sur la pierre ; donc, il y a quelques années, les Russes n'écrivaient que sur la pierre, et les Chinois n'avaient ni encre ni papier; » trouveriez-vous, Monsieur, ce raisonnement fort juste? C'est pourtant ainsi que votre quaker raisonne : il conclut brusquement du par-

---

(1) *A l'évêque*, etc. Nous ne connaissons ce prélat que par ses écrits; mais nous croyons que le quaker, malgré tout le fastueux étalage de son érudition anglaise, pourrait aller à son école sur plus d'une matière, et prendre de ses leçons avec quelque profit. *Edit.*

(2) *Que sur la pierre*. M. de Voltaire assure de même, dans un autre endroit (*Défense de mon oncle*[*], que le *védam*, selon lui, *l'un des trois plus anciens livres du monde, était écrit sur la pierre, et en caractères hiéroglyphiques*. On doit apparemment en dire autant du livre de Job, *que plusieurs savants*, dit-il, *ont cru avec raison antérieur à Moïse de sept générations*. Mais, outre que des livres *écrits sur la pierre* seront toujours des choses un peu difficiles à persuader et à croire, n'y a-t-il pas quelque inconséquence à admettre des livres *écrits sur la pierre*, et à nier que Moïse ait pu, en plus de trente ans, faire écrire le *Pentateuque sur la pierre*? Aut.

[*] Voyez *Mélanges historiques*, tome 1er, *Défense de mon oncle*, page 224, tome XXVII des *OEuvres*.

ticulier au général; conclusion de poète ou de trembleur (1).

De ce que l'Écriture remarque que le Décalogue, et, selon lui, le *Deutéronome*, furent écrits sur la pierre, il infère qu'on n'écrivait que sur la pierre, il aurait dû en inférer précisément tout le contraire. En effet, l'Écriture aurait-elle observé que le Décalogue et le *Deutéronome*, ou plutôt une partie du *Deutéronome*, furent écrits sur la pierre, si l'on n'écrivait pas autrement? Et pourquoi, étant si souvent question d'écrire dans le *Pentateuque*, n'est-il parlé d'écrire sur la pierre que dans ces deux occasions! Enfin, quand Josué fit écrire, selon le quaker, le *Deutéronome* sur la pierre par ses graveurs, il faut dire qu'il eut la patience de leur dicter de vive voix, ce qui n'est pas croyable, ou qu'il le leur donna écrit sur une autre matière; autrement c'eût été un double emploi (2). Donc on n'écrivait pas seulement sur la pierre.

Si, du temps de Moïse, *on n'écrivait que sur la pierre*, la ville de Cariat-Sepher (dont, par parenthèse, il vous plaît de faire un pays) devait être un beau magasin de pierres, pour peu que les Chananéens écrivissent, car *c'était*, selon vous, *le dépôt de leurs archives à l'entrée des Hébreux dans la Palestine*. Et les livres de compte des négociants de Tyr, qui sans doute écrivaient beaucoup (3), étaient de gros tas de pierre, et les feuillets du livre de Sanchoniaton étaient autant de pierres polies; et quand les rois d'Égypte remettant à leurs courriers ces lettres d'état, qui donnèrent

---

(1) *De poète ou de trembleur.* Il y a des poètes qui raisonnent juste, et des trembleurs pleins de sens, matières de religion mises à part. *Édit.*

(2) *Double emploi.* Il est clair que les ouvriers devaient avoir sous les yeux des modèles de ce qu'on voulait qu'ils gravassent, surtout s'il s'agissait de graver des livres ou quelque ouvrage d'une certaine étendue; et il n'est pas moins clair que ces modèles n'étaient pas gravés sur la pierre. *Aut.*

(3) *Écrivaient beaucoup.* « En effet, dit très bien M. de Voltaire

naissance au caractère épistolaire, c'étaient de pierres qu'ils les chargeaient, et c'était des pierres que les prêtres égyptiens portaient, lorsqu'ils promenaient en procession les livres nombreux de leur Thot ! Votre quaker dévore toutes ces absurdités. En vérité, Monsieur, y pense-t-il, ou se joue-t-il de la simplicité de ses lecteurs ?

Il est vrai pourtant qu'on écrivait alors sur la pierre : mais qu'y écrivait-on ? c'étaient, dit le savant comte de Caylus, *les monuments publics*. Destinés à résister aux injures de l'air et à la durée des temps, ils étaient gravés, alors comme aujourd'hui, sur la pierre et sur l'airain. Mais tout le reste, *on l'écrivait alors*, comme aujourd'hui, *sur tout ce qui peut recevoir l'écriture*.

Vous trouverez peut-être que nous nous sommes trop appesantis sur une opnion dont l'absurdité saute aux yeux. Nous aurions supprimé tout ce que nous venons de dire, si nous ne l'eussions trouvé que dans la *Lettre d'un quaker*. Mais on en voit des traces jusque dans un de vos plus sérieux écrits(1), où vous faites dire à d'illustres savants *, que *les histoires et les lois de Moïse et de Josué auraient été gravées sur la*

(*Défense de mon oncle*)**, si l'on cultivait alors les sciences dans la petite ville de Dabir, combien devaient-elles être en honneur dans Sidon et dans Tyr, qui étaient appelés le pays des livres, le pays des archives? » *Aut.*

Nous savions que la ville de Dabir s'appelait *la ville des livres, la ville des archives*; mais nous ignorions qu'on eût donné aux villes de Tyr et de Sidon le nom de *pays des livres, pays des archives*. C'est une anecdote que ce savant critique veut bien nous apprendre : nous lui en faisons nos sincères remerciments, nous souhaiterions seulement qu'il eût daigné nous dire d'où il l'a tirée. *Edit.*

(1) *Plus sérieux écrits.* Voyez *Philosophie de l'histoire*, art. Moïse. Aut.

* Voyez *Introduction à l'Essai sur les mœurs*, art. Moïse, page 177, tome XVI des OEuvres.

** Voyez *Mélanges historiques*, tome Ier. *Défense de mon oncle*, page 221, tome XXVII des OEuvres.

pierre, *si en effet elles avaient existé* (1). On la retrouve encore dans d'autres brochures, et elle vient de reparaître tout récemment dans un écrivain d'ailleurs instruit : tant l'erreur la plus invraisemblable, accréditée par un nom célèbre, est prompte à se répandre ! C'est ce qui nous a décidés à en parler avec plus d'étendue que nous n'avions d'abord dessein de le faire (2).

(1) *Si elles avaient existé.* C'est ainsi que M. de Voltaire, dans la *Philosophie de l'histoire*, art. *Moïse*, fait raisonner Abenezra, Nuguez, Maimonide, le docte Le Clerc, Midelton, les savants connus sous le nom de *théologiens de Hollande*, et même le grand Newton. Mais ce raisonnement n'est point d'eux : le philosophe aurait pu se dispenser de leur en faire les honneurs. Pourquoi faire dire à de grands hommes une ineptie? *Aut.*

On peut encore observer ici, comme dans la note, qu'il distingue soigneusement *le docte Le Clerc* d'avec *les savants connus sous le nom de théologiens de Hollande.* L'illustre écrivain oublie-t-il que Le Clerc, avec un, ou tout au plus deux de ses amis, furent les auteurs du livre intitulé: *Sentiments de quelques théologiens de Hollande?* ou bien aurait-il voulu persuader à ses lecteurs que ces théologiens formaient une compagnie nombreuse de savants dont Le Clerc n'était pas, et qu'il faut par conséquent le compter à part? Ce serait une manière assez commode de multiplier les autorités, mais que tout le monde apparemment n'approuverait pas.

Dolus an virtus, quis in hoste requirat?

C'est à ce qui paraît, la maxime de quelques écrivains modernes ; mais, si elle est quelquefois utile, elle n'est jamais honnête ; et les avantages qu'elle peut procurer ne sont pas de durée. *Edit.*

(2) *Voir notre note précédente.* Nous y avons signalé les papyrus nombreux contemporains de l'époque de Moïse, et même antérieurs à cette époque, que possèdent nos musées. Cette substance était fort abondante en Egypte, et sans doute Moïse avait eu bien des occasions de s'en servir pendant son séjour dans ce pays. N'est-il pas manifeste qu'en le quittant, il dut en emporter une certaine provision, tant pour y inscrire l'histoire qu'il avait en vue, que pour les nombreux besoins de la vie commune qui exigent l'écriture.

Mais il y avait d'autres matières qui pouvaient servir au même usage, et qui assurément ne manquaient pas aux Israélites ; par exemple, les tissus de lin préparés d'une certaine façon. Aujourd'hui nous imprimons sur la toile et la soie, non-seulement des cartes géographiques,

§ IV. *Sur le reproche d'inconséquence et de contradiction qu'il fait à l'auteur d'Emile.*

Revenons. Vous riez des inconséquences, des contradictions du *pauvre Jean-Jacques* ; et il faut avouer qu'elles sont un peu fréquentes. Mais le *pauvre Jean-Jacques* n'aurait-il pas à son tour quelque droit de rire des vôtres ; et si ce *petit bonhomme* s'avisait de les relever, ne pourrait-il pas amuser le public à vos dépens (1) ! Prenez-y garde, Monsieur : *Loripedem rectus derideat, Æthiopem albus.*

Non, vous n'avez pas droit de reprocher des inconséquences et des contradictions à personne, après toutes celles qu'on vient de voir, et tant d'autres qu'on remarque à tout instant dans vos ouvrages.

Ces contradictions sans nombre, ces variations continuelles annoncent-elles un écrivain instruit des matières qu'il traite ; un homme vrai, qui n'avance rien qu'après s'en être assuré ; un guide éclairé et de bonne foi, auquel on puisse s'abandonner sans réserve, ou un esprit superficiel, qui n'ayant rien approfondi, tourne à tous les vents de l'opinion, qui, indifférent sur le vrai comme sur le faux, ne tient à rien qu'au désir de se distinguer du reste des hommes, en combattant des faits qu'ils révèrent ; et qui, dans ce dessein, compile sans choix les objections, non-seulement les plus absurdes, mais les plus contradictoires, comme s'il se faisait un jeu d'essayer jusqu'où peut aller la crédulité du public, et la

mais des journaux, et ces pièces contiennent jusqu'à cent mille caractères. Quelques rouleaux d'étoffe pouvaient donc parfaitement servir au même usage.   L. D.

(1) *A vos dépens.* Notre dessein n'est pas ici de jeter la division dans le camp ennemi, elle n'y est que trop, au grand scandale de la philosophie. Si pourtant le citoyen de Genève allait par hasard se mettre à faire la revue de quelques-unes des brochures du savant critique, ce serait sans doute un adversaire plus redoutable que de malheureux Juifs, qu'on croit pouvoir négliger ou fouler aux pieds sans crainte. *Au!.*

confiance aveugle de ses prosélytes en tout ce qui lui plaît d'avancer ! Voilà, Monsieur, les jugements que nous craignons pour vos écrits, et que nous souhaitons que vous préveniez, en y mettant, sur les objets dont nous venons de parler, et dont nous parlerons par la suite, plus de vérité et plus d'accord.

Nous sommes avec les sentiments les plus sincères et les plus respectueux, etc.

LETTRE V.

Où l'on répond aux objections rapportées dans la Note contre l'histoire de l'adoration du veau d'or.

Après avoir inutilement opposé au sentiment commun des Juifs et des chrétiens qui croient Moïse auteur du *Pentateuque*, l'impossibilité où vous prétendez qu'il était de l'écriture, vous passez, Monsieur, de cette objection générale et extrinsèque à des difficultés particulières, que vous tirez du fond même de l'ouvrage. Vous vous attachez à quelques-uns des faits qui sont rapportés, et vous les représentez, d'après vos écrivains, comme faux, impossibles et absurdes.

Ici, Monsieur, la question change : elle devient tout autrement intéressante, et il eût été bon d'en avertir vos lecteurs. Que Moïse ait pu écrire le *Pentateuque*, ou qu'il ne l'ait pas pu; qu'il l'ait écrit tel que nous l'avons, ou que les scribes publics et les prophètes y aient fait quelques légères additions, etc., ce ne sont là que des points de critique sur lesquels chacun peut, au risque de se tromper, embrasser à son choix l'opinion qu'il juge la plus probable. Mais si plusieurs des principaux faits racontés dans ces livres sont évidemment incroyables et faux, l'ouvrage n'est digne ni de Moïse, ni d'aucun écrivain dirigé par l'esprit de Dieu. Prouver cette fausseté, ce serait détruire tout à la fois et l'authenticité et l'inspiration de ces livres respectés pendant tant de siècles. Tel est apparemment le but que se proposent vos écrivains, lorsque, tournant les faits à leur manière, et en altérant à leur gré les circonstances, ils cherchent à leur donner un air d'invraisemblance et d'absurdité qui puisse révolter les lecteurs.

L'adoration du veau d'or est un de ceux qu'ils ont le plus vivement attaqués. Ce fait leur paraît impossible en lui-même, inconcevable dans ses circonstances, plein d'injustice et de barbarie dans ses suites ; d'où ils concluent *que tout ce chapitre a été ajouté aux livres de Moïse, ainsi que plusieurs autres.*

Nous allons exposer leurs difficultés, et tâcher d'y répondre. Nous nous permettrons d'en changer l'ordre. Mais nous n'en dissimulerons aucune.

§ I. *S'il est impossible à la chimie la plus savante de réduire l'or en poudre qu'on puisse avaler.*

Si l'on en croit ces écrivains, *il est impossible de réduire l'or en poudre qu'on puisse avaler, et l'art de la plus savante chimie* (1) *n'y suffit pas.*

---

(1) *La plus savante chimie.* Dans le *Dictionnaire philosophique*, art. Moïse*, on dit seulement que *cette opération était impossible à la chimie ordinaire, non encore inventée.* Nous ne savons pas précisément jusqu'où peut aller ce que l'auteur juge à propos d'appeler la *chimie ordinaire*; mais nous savons que dès-lors les Egyptiens exploitaient des mines d'or et d'argent ; qu'ils connaissaient la manipulation très difficile de l'étain, et celle de l'acier qui leur servait à graver sur le granit ; qu'ils avaient l'art de purifier ces métaux ; qu'ils embaumaient les corps avec des préparations chimiques qui les ont conservés jusqu'à nos jours, etc. ; et qu'ainsi une chimie, ou du moins des opérations chimiques *assez savantes* étaient déjà inventées.

Remarquons encore comme le *Dictionnaire* s'accorde avec la *Tolérance*. Dans l'un, ce n'est qu'à *la chimie ordinaire*, dans l'autre c'est à *la chimie la plus savante* que cette opération était *impossible*. Edit.

* *Voyez Dictionnaire philosophique*, tome VI, art. Moïse, page 122 tome XLII des Œuvres.

Sont-ils bien sûrs de ce qu'ils avancent? ou, s'ils n'en ont point de certitude, comment décident-ils avec tant de hardiesse?

Je ne citerai point ici nos chimistes. Vous n'ignorez pas que les Hébreux ont depuis longtemps des connaissances en ce genre, et que plus d'une fois de grands rois n'ont pas dédaigné de se servir des descendants d'Abraham pour la fonte de leurs métaux. Non : c'est par vos chrétiens même que nous voulons confondre ces baptisés incrédules.

Sthal était chrétien, et un chimiste de premier ordre : il n'a pourtant pas raisonné comme eux. Il n'a pas dit : Je ne sais comment cette dissolution peut s'opérer ; donc elle est impossible; donc le législateur juif nous a fait un conte absurde, ou ce conte a été *ajouté à ses livres ainsi que plusieurs autres*. Plus habile et moins présomptueux, il a jugé qu'un auteur ancien, et le plus ancien que nous connaissions, un auteur regardé comme inspiré, depuis tant de siècles, et par tant de peuples, méritait bien qu'on ne le condamnât point sans quelque examen : et qu'avant de prononcer, comme vos critiques, d'un ton décisif et tranchant, cette prétendue impossibilité, il convenait de s'en assurer et de la constater par diverses expériences. Qu'est-il arrivé? Que ses recherches l'ont conduit à un moyen très simple d'exécuter sans peine ce que vous croyez impossible sans miracle. Lisez, Monsieur, dans ses opuscules, sa dissertation sur ce sujet ; vous y verrez « que le sel de tartre mêlé au soufre *dissout l'or au point de le réduire en une poudre qu'on peut avaler.* »

Nous pourrions vous renvoyer encore aux *Mémoires* de votre académie des sciences : mais vous ne les lisez pas, sans doute, vous, Monsieur, qui prétendez que *dans ces quatre-vingts volumes il n'y a que de vains systèmes et pas une chose utile* (1). Jetez du moins un coup-d'œil sur l'ouvrage intitulé : *Origine des lois, des sciences et des arts*, ou sur

---

(1) *Pas une chose utile*. Voyez seconde suite des *Mélanges*, édition

le nouveau *Cours de chimie* d'un de vos plus savants médecins; vous y trouverez, « que le natron, matière connue dans l'Orient, et surtout près du Nil, produit le même effet; que Moïse connaissait bien toute la force de son opération (1); et qu'il ne pouvait mieux punir l'infidélité des Israélites qu'en leur faisant boire cette poudre, parce que l'or rendu potable par ce procédé est d'un goût détestable. »

Cette possibilité de rendre l'or potable a été répétée cent fois, depuis Sthal et Senac, dans les ouvrages et dans les leçons de vos plus célèbres chimistes, d'un Baron, d'un Macquer, etc. Tous sont d'accord sur ce point. Nous n'avons actuellement sous les yeux que la nouvelle édition de la *Chimie* de Le Fèvre. Il l'enseigne comme tous les autres, et il ajoute que « Rien n'est plus certain, et qu'on ne peut plus avoir là-dessus le moindre doute (2). »

de Genève, page 304; et remarquez que rien n'est plus opposé à l'esprit de système que l'esprit de cette académie. Une de ses premières maximes est de n'en adopter aucun. — *Aut. Voyez Romans, Candide,* page 521, tome XLIV des *OEuvres*.

(1) *De son Opération.* Moïse avait été instruit dans toutes les sciences des Égyptiens : et l'art de fondre les métaux et de les purifier fut connu de ce peuple dès le temps de ses premiers rois, c'est ce qu'assurent plusieurs historiens anciens, Diodore de Sicile, Agatarchides, etc. Il paraît que ce fut des Égyptiens que les Grecs apprirent à travailler les métaux. *Aut.*

(2) Tout ce qu'avance ici l'auteur est fort exact; cependant la question n'est pas traitée d'une manière complète, et donne encore lieu à quelques remarques assez importantes.

Il est vrai que l'or n'étant pas oxidable au feu à quelque température qu'on le porte, l'expression de l'écrivain sacré, *combussit in igne*, ne peut être prise à la lettre. Mais si l'on veut bien observer que Moïse, instruit dans tous les arts de l'Égypte, et qui avait présidé à une foule de travaux métallurgiques exposés dans le *Pentateuque*, ne pouvait ignorer cela, on en conclura que les mots cités ne devaient pas être pris dans leur sens vulgaire et apparent. Il y a donc lieu de rechercher quelle sorte d'opérations et de résultats plus ou moins vraisemblables ont pu être exprimés de cette manière. Or, on peut choisir entre trois hypothèses, qui sont :

1° *Celle des combinaisons chimiques.* Le procédé indiqué par l'auteur

Qu'en pensez-vous, Monsieur? Le témoignage de ces habiles gens ne vaut-il pas bien celui de vos critiques? Et de quoi s'avisent aussi ces incirconcis? *Ils ne savent pas de chimie,* est exact au fond. Les hydrosulfates alcalins dissolvent un peu d'or, et c'est à cela que revient le procédé de Stahl. Un second moyen consiste dans la dissolution de l'or au moyen de l'*eau régale;* et rien n'est plus facile à exécuter lorsqu'on possède les ingrédients de cette mixture. On peut contester, il est vrai, que Moïse connût ce moyen, et douter surtout qu'il possédât dans le désert de l'eau régale, ou les acides chlorhydrique et nitrique qui servent à la composer. Mais aussi on est parfaitement en droit de considérer tout cela comme possible, et toute assertion contraire est purement gratuite. De plus en supposant à Moïse et le secret de la dissolution de l'or et les moyens chimiques de l'opérer, on ne suppose rien que de très vraisemblable. Car d'abord les Egyptiens étaient très versés dans le travail des métaux, comme tout le monde en convient; la supposition qu'ils connussent les dissolvants de l'or est parfaitement en harmonie avec leur habileté dans cet art; ils pourraient même connaître des dissolvants que nous ignorons. Or, Moïse était profondément versé dans toutes les connaissances égyptiennes. En second lieu, nous voyons beaucoup d'ouvrages exécutés dans le désert sur toutes sortes de métaux. Il est donc naturel de croire que projetant les ouvrages, ou du moins supposant d'une manière générale qu'il aurait certains travaux metallurgiques à faire exécuter, Moïse aurait emporté d'Egypte avec beaucoup d'autres choses, des instruments de travail, et même des produits chimiques employés par les Egyptiens dans le même but. Nous pouvons donc lui accorder les acides nitrique, sulfurique, chlorhidrique, et bien d'autres. Nous pourrons supposer également que s'il n'en emporte pas d'Egypte, il aura pu en faire fabriquer dans le désert, ce qui n'est nullement difficile; les matières premières qui ne sont autre chose que du soufre, du salpêtre et du sel marin ne devaient pas être rares. Enfin, à ne considérer que les simples possibilités, on peut encore supposer l'emploi du mercure. Ce dissolvant de l'or, si employé dans nos arts pour la manipulation de l'or, pouvait être connu et employé par les Egyptiens; et rien n'empêchait Moïse d'en avoir fait une provision raisonnable. L'amalgame convenablement fractionné et traité par le feu, aurait réduit l'or dans un très grand état de division.

L'hypothèse des combinaisons chimiques est donc très admissible, à ne la considérer que matériellement. Mais elle donne lieu à une objection grave : savoir qu'elle ne paraît guère en harmonie avec le texte, pour ne rien dire de plus : Les deux suivantes sont à l'abri de cet inconvénient.

et ils se mêlent d'en parler ; ils auraient pu s'épargner ce ridicule.

Mais vous, Monsieur, quand vous transcriviez cette futile objection, ignoriez-vous que le dernier chimiste serait en état de la refuter ? La chimie n'est pas votre fort ; on le voit bien. « Aussi la bile de Rouelle (1) s'échauffe, ses yeux s'allu-

2º *Celle de la calcination proprement dite.* Il est vrai que l'or *pur* n'est pas oxidable, ni combustible ; mais il en est autrement de ses alliages. Le métal qui composait le veau d'or provenait de bijoux, de vases, et de toutes sortes d'ustensiles, qui pouvaient être toute autre chose que de l'or pur, et contenir des doses considérables d'alliage, tel que du cuivre. Une remarque rend cette supposition au moins vraisemblable ; c'est que dans la description des ouvrages relatifs au tabernacle, il est toujours question d'or très pur, *aurum munditissimum*, que Dieu enjoint aux Hébreux d'employer exclusivement ; recommandation formelle qui se répète à chaque verset. Donc l'or employé par les Hébreux, contenait de l'alliage, et rien n'empêche d'en supposer la dose assez forte. Cela posé, on conçoit que la fonte du veau d'or ait pu donner lieu à une assez grande quantité d'oxide de cuivre surnageant au bain, surtout avec l'aide du salpêtre dont se servent nos fondeurs pour hâter cette oxidation ; et que cet oxide pulvérulent ait été la matière employée par Moïse et être par lui mêlée à l'eau des Israélites. Quoique la Bible ne s'explique pas sur le but de ce mélange, il est probable qu'il n'était pas fait par Moïse dans une intention amicale ; or, l'oxide de cuivre est une matière vénéneuse, surtout si l'on mêle à l'eau quelque substance acide, telle que du vinaigre.

3º *Celle de la simple divion.* On peut encore admettre que la fonte du veau d'or n'ait eu d'autre but que la division du métal en parties très petites, comme on fait à l'égard du plomb pour le réduire à l'état de cendrée, ou dans un état de division plus grand encore. C'est ce qu'on pourrait réaliser aussi en le mêlant dans l'état de fusion avec quelqu'une des nombreuses substances qui pourraient faire avec lui une sorte d'amalgame temporaire plus ou moins friable. La poudre résultant de la trituration de cette pâte aurait pu être assez fine pour être éparpillée dans l'eau de boisson ; selon l'expression du texte, qui ne s'explique pas sur le but de cette opération.

L'une ou l'autre de ces deux dernières hypothèses également d'accord avec le texte, nous semble pouvoir être admise ; elles offrent à peu près le même degré de probabilité. L. D.

(1) *De Rouelle.* Cet homme célèbre, mort depuis la seconde édition de ces *Lettres*, jouissait de la réputation très méritée de premier chi-

ment, et son dépit éclate, lorsqu'il lit par hasard ce que vous en dites en quelques endroits de vos ouvrages (1). » Faites des vers, Monsieur, embouchez la trompette épique ; disputez le prix aux Euripide et aux Sophocle ; mais laissez-là l'art des Pott et des Margraff.

Voilà donc la principale objection de vos écrivains, celle qu'ils avançaient avec le plus de confiance, pleinement détruite. Passons à une autre.

§ II. *S'il fallait un miracle ou trois mois de travail pour jeter en fonte le veau d'or.*

Ces doctes critiques soutiennent encore qu'il *était impossible, sans miracle, de jeter en fonte le veau d'or en moins de trois mois.* Ils se trompent encore, ou ils veulent tromper.

Ils s'imaginent apparemment que ce veau d'or était un colosse. Mais, Monsieur, vous n'avez point oublié que, dans l'idée de nos pères, il était destiné à être porté à la tête de leur armée. *Faites-nous*, disaient-ils, *des dieux qui nous précèdent.* Vous pouvez bien penser que, dans ce dessein, il n'était pas nécessaire que cette statue fût aussi pesante que le cheval de Henri IV, ou que le Laocoon de Marly. Ces critiques auront vu sans doute le veau d'or représenté dans quelque tableau d'après le caprice du peintre, et ils auront conclu de la peinture à l'original. Mais la conclusion n'est pas juste. Vous le savez, Monsieur, les peintres ne sont pas toujours des autorités sûres, non plus que les poètes.

miste de France. On nous assure que les endroits où il est question de chimie ne sont pas ceux qu'il admirait dans les écrits de M. de Voltaire. *Chrét.*

(1) *vos ouvrages.* Quoi qu'en ait dit M. de Voltaire, il est certain que le passage marqué par des guillemets ne se trouvait point dans l'édition publiée à *Paris chez Laurent Prault*, *avec approbation et privilége.* Mais puisque l'illustre écrivain l'a cité, et qu'il n'en paraît pas mécontent, nous avons cru pouvoir le remettre dans celle-ci. *Aut.*

Quelques-uns de vos chrétiens ont écrit que ce veau d'or était un corps humain surmonté d'une tête de veau, dans le goût de ces Anubis à tête de chien, qu'on montre dans les cabinets des curieux, ou de ces chérubins *à tête de veau*, dont vous parlez quelque part. Vous voulez, Monsieur, que cet idole ait été un *Apis* : à la bonne heure. Mais croyez-vous que, pour jeter en fonte un Anubis ou Apis portatif et grossièrement travaillé, comme tous les ouvrages des Egyptiens, les maîtres de nos pères dans les arts (1), il eût fallu nécessairement un miracle ?

Nous ne dirons pas que nos ancêtres ont peut-être eu quelque procédé que nous ne connaissons pas, qui pouvait accélérer l'opération : cette conjecture pourtant, après ce que nous venons de dire, ne paraîtrait pas sans fondement. Entrez seulement, Monsieur, chez le premier fondeur : je vous réponds que, si vous lui fournissez les matières dont il pourra avoir besoin, que vous le pressiez, et que vous le payiez bien, il vous fera un pareil ouvrage en moins d'une semaine. Nous n'avons pas cherché longtemps; et nous en avons trouvé deux qui ne demandaient que trois jours. Il y a déjà

(1) *Les maîtres de nos pères dans les arts*, etc. Maîtres *ignorants et sans goût*, selon cet écrivain. Car c'est maintenant sa manie de vouloir que les Egyptiens aient été le peuple le plus méprisable, après nous pourtant, qu'il y ait jamais eu sur la terre. *Les Egyptiens*, dit-il *peuple en tout méprisable, quoi qu'en disent les admirateurs des pyramides,* comme si les pyramides étaient les seuls monuments qui aient valu aux Egyptiens l'admiration de la postérité, et qu'on eût jamais rien dit de leurs autres édifices, de leurs temples, de leurs palais, de tant d'autres ouvrages aussi utiles que superbes. L'illustre écrivain a-t-il oublié ces belles et larges chaussées, ces levées nombreuses, d'où les villes, dominant sur les flots, ne voyaient dans les inondations du fleuve que la fertilité du pays; ces vastes lacs, réservoirs immenses des eaux, sans lesquels les terres eussent été stériles; ces canaux qui distribuant les mêmes eaux de toutes parts, facilitaient le commerce et entretenaient l'abondance, etc.? Ne connaît-il des Egyptiens que les pyramides? Mais le *déclamateur* Bossuet avait vanté l'Egypte, et n'avait rien dit de la Chine, il fallait bien vanter la Chine et rabaisser l'Egypte. *Édit.*

loin de trois jours à *trois mois* ; et nous ne doutons pas que si vous cherchez bien, vous pourrez en trouver qui le feront encore plus promptement.

§ III. *Si Aaron jeta le veau d'or en fonte en un seul jour.*

Dans le dessein de rendre le miracle plus nécessaire, ou l'absurdité du prétendu conte plus palpable, ces critiques avancent que *le peuple s'adressa au frère de Moïse pour avoir le veau d'or la veille du jour même où celui-ci descendait de la montagne, et qu'Aaron le jeta en fonte en un seul jour.*

Mais où ces écrivains ont-ils pris ces particularités ?

Dans leur imagination, sans doute ; car ce n'est certainement pas dans l'*Ecriture.* Le jour où le peuple demanda cette idole n'y est fixé en aucun endroit, non plus que le temps qu'Aaron mit à la faire.

S'il est donc naturellement impossible, comme ils le prétendent, que le veau d'or ait été jeté en fonte *en un seul jour* ; si c'est un fait absurde ou inexplicable sans miracle, ce qui revient au même selon eux ; ce fait, ce n'est pas Moïse, ce sont eux-mêmes qui l'avancent. De quel front l'attribuent-ils à l'écrivain sacré, qui n'en dit rien ? Il est aisé de trouver des absurdités dans un auteur, quand on lui fait dire tout ce qu'on veut, et qu'on lui impute sans scrupule des idées bizarres qu'on enfante soi-même.

Ainsi, Monsieur, trois jours, et peut-être moins, suffisaient pour jeter en fonte le veau d'or ; et il n'est dit nulle part qu'Aaron n'y en mit qu'un. Jugez si l'objection de vos critiques est solide.

§ IV. *S'il était impossible aux Juifs de fournir assez d'or pour faire cette statue.*

Collins, Tindal, Bolinbroke, etc., *ne conçoivent pas* (1)

---

(1) *Ne conçoivent pas*, etc. Eh ! qu'importe qu'ils conçoivent ou

que les Juifs qui n'avaient pas de quoi raccommoder leurs sandales, aient demandé un veau d'or massif.

Ce dernier mot, sur lequel ils appuient avec complaisance, et que vous répétez avec affectation, ne peut plus nous en imposer. Tout *massif* qu'a pu être le veau d'or, nous venons de voir qu'il était portatif, et que par conséquent il ne pouvait être d'un poids fort considérable.

Mais enfin, direz-vous, *comment les Juifs ont-ils pu fournir assez d'or pour faire même un veau portatif ?*

Comment? l'*Exode* va vous l'apprendre : *Ce fut,* dit l'écrivain sacré, *en remettant entre les mains d'Aaron les boucles et les pendants d'oreilles d'or de leurs femmes, de leurs fils et de leurs filles.*

Supposons, Monsieur, que sur les deux millions d'âmes à quoi montait le peuple hébreu, selon vos propres calculs, il n'y ait eu que cent cinquante mille, tant femmes, que filles et garçons, qui aient porté des pendants d'oreille d'or, et n'estimons chaque paire de boucles et de pendants qu'à un gros ; vous voyez que je suis bien éloigné de porter les choses trop haut ; croyez-vous, Monsieur, que cent cinquante

qu'ils ne conçoivent pas? Ils ne concevaient pas non plus que l'art de la chimie la plus savante peut dissoudre l'or au point de le rendre potable. Cependant on vient de voir que *rien n'est plus certain. Ils n'imaginent pas, ils ne conçoivent pas,* etc. Quels principes de raisonnement! il n'est point de source plus féconde en paralogismes et en fausses conséquences. C'est de tels antécédents que le peuple ignorant conclut que les tours de passe-passe sont des opérations de magie, et que tous les joueurs de gobelets sont des sorciers. Tous les raisonnements de ce genre peuvent se réduire au syllogisme suivant : « Moi, ignorant ou bel-esprit (car il n'importe), qui ne connais ni les forces de la nature, ni les ressources de l'industrie ; qui n'ai qu'une teinture légère des arts et de leurs procédés ; qui n'ai étudié que superficiellement l'histoire des anciens peuples, leurs langages et leurs usages ; je renferme dans mon étroite et faible conception toutes les idées de l'être et du possible. Or, je ne conçois pas que telle chose soit ou puisse être. Donc, etc. » La réponse est, que cette proposition *je renferme,* etc., qui rarement exprimée est toujours sous-entendue, n'est ni modeste ni vraie. *Aut.*

mille gros d'or ne suffiraient pas pour faire un veau d'or portatif (1)?

Que répondront à cela vos savants? Nieront-ils que les femmes et les enfants des Hébreux aient été dans l'usage de porter des boucles et des pendants d'oreilles d'or? Mais, outre que l'écrivain sacré nous l'assure, dès le temps d'Abraham on connaissait cette sorte d'ornement dans la Palestine et les pays voisins; c'était la coutume des Ismaélites d'en porter, même en allant au combat (2); encore à présent les Arabes, leurs descendants, et habitants des mêmes déserts, en font une de leurs plus ordinaires parures; enfin l'usage en était commun parmi les Egyptiens. Pour quelle raison les Hébreux n'en auraient-ils point eu? Vous croyez peut-être qu'ils avaient laissé ces bijoux en Egypte, ou que l'or de leurs pendants d'oreilles s'était usé dans l'espace de trois mois, comme les *semelles de leurs sandales.*

Mais, dites-vous, *les Juifs étaient un peuple pauvre.* Nous

---

(1) Les prétentions de l'auteur sur ce point sont fort loin d'être exagérées; cependant on peut les réduire encore à des termes beaucoup moindres.

En effet, la statue devant être portative, il est raisonnable de supposer que son poids ne devait pas dépasser 600 livres, qui forment celui de quatre hommes ordinaires, et l'on est même en droit de le supposer très inférieur. En divisant ce nombre par 150000, on trouve deux grammes d'or par personne; et un gramme et demi seulement en partageant entre 200000. Cette valeur équivaut actuellement à une somme de cinq francs environ. Ainsi il suffirait que dans toute la nation israélite, il se trouvât une *personne sur dix* qui fournit pour cinq francs d'or! Et à ce compte, on pouvait faire un veau non massif de taille ordinaire et d'une épaisseur de un à deux centimètres. Or, il est fort probable que ses dimensions et son poids étaient encore beaucoup au-dessous. L. D.

(2) *En allant au combat.* Il est rapporté, au chapitre VIII du *livre des Juges*, que les Israélites ayant fait présent à Gédéon de tous les bijoux de cette sorte, qu'ils avaient enlevés aux Madianites vaincus, les boucles et pendants d'oreilles seuls se trouvèrent monter à dix-sept cents sicles d'or, c'est-à-dire, selon quelques écrivains, à plus de deux mille cinq cents louis. *Aut.*

ne tarderons pas à vous faire voir qu'ils s'en fallait bien qu'ils le fussent, du moins au point que vous le supposez. Mais je veux qu'ils l'aient été : fallait-il qu'ils fussent fort riches pour qu'il se trouvât, sur plus de deux millions d'âmes, cent cinquante mille personnes qui eussent un bijou d'un gros d'or? Que savez-vous même si la plupart de ces pendants d'oreilles ne faisaient pas partie des effets précieux qu'ils avaient empruntés de leurs anciens maîtres !

Concluons, Monsieur, que cette difficulté ne vaut pas mieux que les précédentes (1).

§ V. *Sur les vingt-trois mille hommes que ces critiques prétendent avoir été égorgés pour avoir adoré le veau d'or.*

L'humanité, dites-vous, *la bonté de cœur, qui trompent ces écrivains, les empêchent de croire que Moïse ait fait égorger vingt-trois mille hommes pour expier ce péché. Ils n'imaginent pas que vingt-trois mille hommes se soient ainsi laissé égorger par des lévites, à moins d'un autre miracle.*

Vos savants ne croient donc pas qu'il y ait eu *vingt-trois mille hommes* tués dans cette rencontre ? ni nous non plus, Monsieur. Mais les raisonnements de ces critiques ne nous en paraissent pas meilleurs. Examinons-les un peu, s'il vous plaît.

L'humanité, la bonté de cœur les empêchent de croire, etc. Vous dites que *cette bonté de cœur les trompe*; vous pourriez bien avoir raison : car enfin ce n'est pas sur les faibles pensées des hommes que Dieu règle ses jugements et ses vengeances. A ne raisonner même que politiquement, savent-ils jusqu'à quel point il était nécessaire que la sévérité

(1) *Précédentes.* Comment tirer une difficulté solide de la quantité d'or qui devait entrer dans une statue dont on ignore les proportions? *Edit.*

fût portée pour maintenir cette multitude indocile dans la soumission au législateur, et dans l'attachement au culte, partie principale et base de toute la législation ? *L'humanité, la bonté de cœur* ne sont pas les seules vertus que doit avoir le chef d'un grand peuple ; il faut encore de la fermeté, de la sévérité, surtout lorsque les prévaricateurs sont nombreux, et la prévarication énorme ; or, celle de ces Hébreux était telle, que tout-à-l'heure vos écrivains ne *pouvaient la concevoir*.

Vingt-trois mille hommes égorgés par des lévites ! A les entendre, ces grands critiques, on dirait que ces *lévites* n'étaient qu'une poignée de prêtres timides. Mais dans le texte c'est tout autre chose : ces lévites ne sont rien moins que *tous les enfants de Lévi*, c'est-à-dire, la tribu de Lévi tout entière, tribu qui n'était, comme vous le savez, ni la moins guerrière des douze (1), ni apparemment la moins attachée à Moïse (2). Supposons même qu'une partie de cette tribu se soit rendue coupable de la prévarication générale, et ne

(1) *La moins guerrière des douze.* Accoutumés à tout confondre, et à juger de tout par le petit cercle d'objets qui les environne, ces savants écrivains se représentent nos lévites d'alors comme les prêtres de leur religion : c'est encore une méprise.

1º Dans le temps dont il est ici question, les lévites n'avaient point encore été consacrés au ministère de l'autel ; ils portaient les armes comme tous les autres Israélites. Cette observation n'aurait pas dû échapper du moins à M. de Voltaire.

2º Depuis même la consécration des lévites au saint ministère on les vit souvent, quoique exempts du service militaire, combattre dans nos armées. Phinées, petit-fils d'Aaron, ne se distingua pas moins par son courage que par son zèle : il se trouva à la bataille, et quelques-uns croient qu'il commandait les Hébreux lorsqu'ils défirent les Madianites. Le prêtre Bananias était un des braves de David, et général des armées de Salomon. On connaît les exploits des Machabées ; et, dans les derniers temps, l'historien Josephe était tout à la fois prêtre, et l'un des plus habiles capitaines de la nation. *Edit.*

(2) *La moins attachée à Moïse.* Moïse était de la tribu de Lévi : c'était donc pour cette tribu une raison particulière d'attachement à ce chef. *Edit.*

mettons qu'à douze ou même qu'à dix mille combattants ceux des lévites qui s'armèrent contre les prévaricateurs. Est-il possible que dix à douze mille hommes en tuent vingt-trois mille? et fallait-il *un miracle* pour que ces dix à douze mille hommes en armes, animés par les ordres du législateur, et par le zèle de la religion, fissent ce massacre parmi un peuple surpris et désarmé, que devaient décourager le remords de son crime et la crainte du châtiment? Combien l'histoire ne nous offre-t-elle pas de faits plus étonnants (1), que personne ne révoque en doute? Les raisonnements de vos écrivains ne sont donc que de faibles arguments, même contre votre *Vulgate*.

Que s'ils ne prouvent rien contre elle, que prouveront-ils contre les anciennes versions, même latines, contre les versions grecque, arabe, syriaque, chaldaïque, etc., qui toutes réduisent ces vingt-trois mille hommes à *trois mille*? Que prouvent-ils surtout contre le texte hébreu (2)? Selon

(1) *Faits plus étonnants.* On y voit des poignées d'hommes tailler en pièces des milliers d'ennemis rangés en bataille. Ici, au contraire, ce sont plusieurs milliers d'hommes armés qui fondent sur une multitude sans armes, et tout occupée de la fête profane qu'elle célébrait; circonstance remarquable, dont la suite du récit de Moïse et un texte précis ne permettent pas de douter. Le voici tel qu'on le lit dans la traduction d'un de vos plus célèbres hébraïsants (le P. Houbigant): «Moïse dit-il, ayant vu que *le peuple était livré à la folle joie de la fête ordonnée par Aaron, et qu'il était aisé de les tailler en pièces, si on les attaquait*, se tint debout à la porte du camp, et s'écria: «Si quelqu'un est au Seigneur, qu'il se joigne à moi; et tous les enfants de Lévi se rassemblèrent autour de lui, et il leur dit, etc.» *Exode*, chapitre XXXII, verset 25.

Ce passage suffit encore pour répondre à ceux qui, s'imaginant, comme l'auteur de la *Philosophie de l'histoire*, que ce massacre fut fait *sans distinction*, croient pouvoir en tirer un sujet de reproche contre Moïse. Il est évident que cette exécution ne tomba que sur ceux qui étaient actuellement occupés au culte de l'idole, et par conséquent sur les prévaricateurs. Avancer le contraire, c'est évidemment entendre mal le texte, ou calomnier grossièrement le législateur. *Aut.*

(2) *Contre le texte hébreu.* Ce texte s'accorde en ce point avec le

ce texte, le seul qui nous intéresse et que nous défendons, il n'y eut qu'*environ trois mille hommes* tués. Est-ce la faute de l'écrivain sacré si vos interprètes ont mis *vingt* au lieu d'*environ*?

Or, ce nombre ainsi réduit, que deviennent, et cette impossibilité que *vingt-trois mille hommes aient été égorgés par des lévites*, et la nécessité *d'un miracle* pour le comprendre, et toutes les vaines déclamations de vos critiques? Avant de les répéter, Monsieur, ces déclamations fondées sur la *Vulgate*, n'aurait-il pas fallu vous assurer si le texte y est exactement traduit? Rien n'était plus facile pour un savant hébraïsant comme vous.

Restent toujours, direz-vous peut-être, trois mille hommes tués; n'est-ce rien?

Voilà enfin, Monsieur, une objection qui peut paraître raisonnable. Si nous ne nous trompons pourtant, cette difficulté se réduit à savoir si, quand les coupables sont au nombre de trois mille, Dieu peut les punir. Si vous le niez, tâchez d'en donner la preuve, nous vous promettons d'y répondre.

§ VI. *Si c'est un fait absolument inconcevable que les Hébreux aient demandé le veau d'or pour l'adorer au pied du mont Sinaï.*

Vos écrivains, Monsieur, ne conçoivent pas que les Juifs aient demandé un veau d'or pour l'adorer, au pied de la montagne où Dieu parlait à Moïse, au milieu des foudres et des éclairs que ce peuple voyait, et au son de la trompette céleste qu'il entendait.

Mais d'abord où ces critiques ont-ils vu que l'appareil éclatant et terrible dans lequel Dieu jugea à propos de se montrer à son peuple, ait duré pendant les quarante jours que le lé-

---

texte samaritain. Le savant Philon ne compte lui-même qu'*environ trois mille hommes* tués, εἰς τρισχιλίους, dit-il. *Édit.*

gislateur resta sur la montagne ? Il est bien dit que quand il monta, elle était couverte d'un nuage épais, et que *la gloire du Seigneur, qui paraissait au sommet, était comme un feu ardent ; mais que les foudres et les éclairs,* que le *son de la trompette,* que le nuage même, et le feu qui en sortait, ait continué jusqu'au retour de Moïse, c'est ce qu'on ne voit ni dans *l'Exode,* ni dans aucun de nos livres.

2° Tandis que vous aggravez le crime de nos pères, en appuyant sur des circonstances ou fausses, ou du moins douteuses (1), pourquoi en taire une que l'auteur sacré rapporte, et qui méritait bien d'être remarquée ?

Oui, Monsieur, nos pères étaient *au pied de la montagne où Dieu parlait à Moïse.* Mais depuis longtemps ils ignoraient, disaient-ils, *ce que Moïse était devenu.* Ils l'avaient vu auparavant monter plusieurs fois sur cette montagne, et en redescendre pour leur rapporter les ordres du Seigneur. Cette fois-ci, au contraire, il n'avait point reparu depuis plus d'un mois. Surpris d'une si longue absence, et ne sachant ce qui lui était arrivé, ils perdirent toute espérance de le revoir, et se crurent, au milieu de ces déserts, sans chef, sans législation et sans culte. Est-il inconcevable qu'en de pareilles conjonctures ces hommes grossiers, livrés à eux-mêmes, et se regardant comme abandonnés de leur Dieu, qu'ils n'entendaient plus, se soient fait un de ces dieux visibles que tant d'autres peuples adoraient ?

---

(1) *Douteuses.* Elles sont regardées comme telles par plusieurs savants chrétiens, et entre autres par le fameux Le Clerc. Selon lui, tout ce grand spectacle avait cessé ; le nuage même ne se voyait plus, sinon peut-être sur quelque hauteur : *Cùm non cerneretur,* dit-il, *ampliùs nubes, nisi forte in aliquo montis jugo.* Mais, quand toutes ces circonstances seraient vraies, qu'en pourrait-on conclure ? Ne sait-on pas que les hommes s'habituent, se familiarisent avec les objets qui leur avaient paru d'abord les plus extraordinaires et les plus redoutables ? Le préjugé qui raisonne mal, la grossièreté qui ne raisonne point, et l'incrédulité qui dispute et chicane sur tout, pouvaient produire cet effet. *Edit.*

3° Qui sait même si, dans leur intention, les honneurs qu'ils rendirent à ce simulacre n'étaient pas relatifs au Dieu leur libérateur, et si tout leur crime ne fut pas de l'adorer, contre ses défenses, sous une image corporelle? C'est à quoi il y a toute apparence : de savants hommes l'ont pensé, et le texte porte assez clairement à le croire. O Israël, s'écrie ce peuple insensé à la vue de l'idole, *voilà ton Dieu qui t'a tiré de l'Egypte*. et Aaron, leur annonçant la fête qu'ils devaient célébrer, leur dit : *Ce sera demain la solennité de Jehovah*.

4° Quoi qu'il en soit, Monsieur, rappelez-vous ce qu'étaient alors les Hébreux, d'où ils sortaient, et quelles idées on avait de l'idolâtrie. Ils quittaient l'Egypte, où ce culte était dominant; ils le voyaient répandu de toutes parts; c'était la religion des états les plus florissants, des nations réputées les plus sages. Ce culte, si extravagant à nos yeux, en imposait par des dehors brillants : l'autorité publique le soutenait, et l'usage en cachait la démence. Vous dites vous-mêmes, et vous le répétez en tant d'endroits, que les Hébreux étaient un peuple *barbare, stupide, superstitieux*.

Faut-il tant d'efforts pour concevoir que des hommes de ce caractère, entraînés par l'exemple de tous les peuples voisins, aient cédé, dans cette rencontre, à leur penchant pour un culte accrédité, qui flattait leur goût par la pompe des cérémonies et par la joie des fêtes, et qu'ils rapportaient probablement à *Jehovah* leur Dieu? Ignorez-vous quels sont, particulièrement sur des âmes grossières, l'ascendant des préjugés, la force de la coutume et l'empire des sens (1) ? Ac-

---

(1) *L'empire des sens*. Nous ne concevons pas la stupidité des Israélites adorant le simulacre qu'ils venaient de jeter en fonte. Mais concevons-nous mieux que les Egyptiens, ce peuple si sage, ces Romains si magnanimes, ces Grecs si polis et si éclairés sur tout autre objet, se soient livrés à un culte aussi insensé? Entraînés par la force de l'exemple et de l'habitude, nos pères ont adoré quelquefois les idoles des nations. Mais si l'idolâtrie est bannie de presque tout l'univers, si elle ne peut plus être regardée que comme une extravagance inconcevable, à qui le doit-on? Ne sont-ce pas nos pères qui ont rétabli et

cordez-vous donc avec vous-mêmes, Monsieur ; avouez que nos pères n'étaient pas tels que vous les représentez, ou convenez qu'ils étaient très capables d'idolâtrer, dans de pareilles circonstances, même au pied du mont Sinaï.

§. VII. *De la prévarication d'Aaron, et de son élévation au sacerdoce.*

Enfin ces critiques *trouvent étrange qu'Aaron, le plus coupable de tous, ait été récompensé du crime dont les autres étaient si horriblement punis, et qu'il ait été fait grand-prêtre, tandis que les cadavres de vingt-trois mille de ses frères sanglants étaient entassés au pied de l'autel où il allait sacrifier.*

La prévarication d'Aaron fut grave, odieuse sans doute ; mais de grâce, critiques fameux, Bolinbroke, Tindal, Collins, etc., considérez en quelles circonstances il se trouve. D'un côté, il ignore, comme les autres Israélites, si son frère n'a pas disparu pour toujours, et si Dieu, qui se tait, daignera encore parler à son peuple. De l'autre côté, on le presse, on exige impérieusement. *Lève-toi*, lui dit-on, *fais-nous des dieux*. En vain il a tâché de calmer les esprits, et de les retenir dans le devoir ; il connaît leur caractère emporté et violent. Philosophes sublimes, vos âmes intrépides et supérieures à la crainte des dangers n'en auraient point été ébranlées peut-être ; mais une âme faible pouvait en être abattue *sans miracle*. Tous les cœurs ne sont pas revêtus du courage inébranlable que donne la philosophie.

Il devait mourir plutôt, dites-vous ailleurs (1). Il le *devait*, qui en doute ? Mais fait-on toujours ce qu'on devrait faire ? et prétendons-nous qu'il fût innocent ?

conservé le vrai culte que tous les autres peuples avaient abandonné ? Édit.

(1) *Dites-vous ailleurs*. Voyez *Philosophie de l'histoire*. Aut. *

* Voyez *Introduction à l'Essai sur les mœurs*, etc., art. Moïse, page 175, tome XVI des *OEuvres*.

Aaron, le plus coupable de tous. Qui vous l'a dit? Avez-vous lu dans son cœur? Savez-vous si la crainte de la violence, le déplaisir d'y céder, l'amertume de ses regrets, ne l'ont pas rendu plus digne d'être épargné?

Il prévarique; mais le repentir suit de près le crime. La sincérité de sa douleur et les prières de son frère désarment le Seigneur, prêt à l'exterminer avec les coupables; il obtient son pardon, et, quelque temps après, il est élevé au sacerdoce. Voilà ce que vos écrivains appellent *être récompensé du crime.* Avouez, Monsieur, que si cette expression a le mérite de l'énergie, elle n'a pas tout-à-fait celui de la justesse.

Tandis que les cadavres de vingt-trois mille de ses frères sanglants, etc. Quelle description, Monsieur! On reconnaît votre pinceau tragique, le tableau est touchant, mais est-il vrai? Au fond, vous saviez aussi bien que nous qu'il n'y eut pas *vingt-trois mille hommes tués.* Quel plaisir trouvez-vous à donner pour vrai ce que vous savez intérieurement être faux, ou du moins douteux?

Et quand vous peigniez *ces cadavres sanglants entassés au pied de l'autel,* ignoriez-vous qu'il y avait plusieurs mois que cette sanglante exécution s'était faite? il est vrai qu'en rapprochant ces objets éloignés, la scène en devient plus touchante: mais moins de pathétique, Monsieur, et plus d'exactitude; la critique n'a pas tous les droits de la poésie.

L'élévation d'Aaron au sacerdoce après sa prévarication n'a donc rien d'étrange. Pour la condamner, comme font vos écrivains, il faudrait prouver que Dieu n'est pas le maître de punir ceux qui pèchent, et de pardonner ceux qui se repentent. Prétendez-vous lui enlever ce droit?

§. VIII. *Que le récit de l'adoration du veau d'or et de la prévarication d'Aaron n'a pu être ajouté aux livres de Moïse.*

Finissons par une réflexion qui doit frapper tout lecteur impartial: c'est qu'il est moralement impossible que ces deux faits aient été *ajoutés aux livres de Moïse*. Qui, par exemple, y aurait inséré la prévarication d'Aaron ? Un écrivain qui n'aurait pas été de l'ordre sacerdotal ? Mais les prêtres, dépositaires de ces livres sacrés, l'auraient-ils souffert ? Un prêtre ? Quoi ! les prêtres auraient falsifié les archives de la religion pour se déshonorer gratuitement eux-mêmes, en déshonorant leur chef et leur père ?

Il en est de même de l'adoration du veau d'or. Si c'est un fait apocryphe, *ajouté aux livres de Moïse*, quand, par qui, comment l'a-t-il été ? Quel étrange intérêt a pu exciter le faussaire à flétrir ainsi ses ancêtres et sa nation ? Comment n'a-t-il pas été découvert ? ou, s'il l'a été, comment n'a-t-on pas crié de toutes parts à l'imposture ? Par quelle incompréhensible insensibilité, ce peuple, si attaché à ses écritures, a-t-il souffert qu'on en altérât la vérité pour y insérer, non plus des merveilles opérées en sa faveur, mais des faits calomnieux, si honteux pour les pères, et si humiliants pour les enfants ? Comment ces faits ont-ils été transmis sans contradiction de bouche en bouche ? Comment ont-ils passé du *Pentateuque* dans les autres livres sacrés (1), et jusque dans les cantiques religieux de la nation (2) ? Concevez-vous cela, Monsieur ? Vos écrivains le conçoivent-ils ?

(1) *Livres sacrés*, etc. « C'est ce culte égyptien, dit M. Fréret, que Moïse désigne dans le cantique qu'il composa peu de temps avant sa mort. *Ils ont irrité le Seigneur*, disait-il, *en sacrifiant à des Dieux que leurs pères n'avaient point adorés*. C'est ce même culte que le prophète Ézéchiel leur reproche comme le plus ancien crime de la nation juive et *la corruption de sa jeunesse*. » Il dit même expressément, chapitre XX, que les Hébreux, *dans le désert*, adorèrent *les Dieux de fiente de l'Égypte*. Édit.

(2) *Cantiques religieux de la nation*. Nous lisons dans l'un des psaumes le détail des prévarications du peuple hébreu. L'adoration du veau d'or n'y est point oubliée. *Ils se sont fait*, dit le psalmiste, *un veau en Horeb, et ils ont adoré le métal qu'ils avaient sculpté. Ils ont changé leur gloire en la ressemblance d'un veau qui paît l'herbe*. L'auteur de la *Philosophie de l'histoire* affirme pourtant qu'aucun prophète n'a parlé de l'histoire du veau d'or. Est-ce qu'il ne met pas le psal-

J'admire ces critiques. L'authenticité des livres de Moïse leur paraît suspecte, parce qu'on y trouve l'adoration du veau d'or et la prévarication d'Aaron. Mais c'est précisément parce que ces faits y sont rapportés que tout homme impartial en conclura que ces livres n'ont jamais souffert d'altération essentielle. Loin de les altérer pour y insérer des faits de cette nature, c'aurait été infailliblement les premiers qu'on en aurait effacés (1). Plus cette double prévarication est odieuse, plus il est inconcevable qu'un faussaire ait pu la supposer, les prêtres la souffrir, et le peuple la croire.

Ainsi, pour reprendre en peu de mots tout ce que nous avons dit sur cette matière, qu'on suppose à nos pères quelque connaissance de chimie, qu'on ne se fasse point de fausses idées des proportions du veau d'or, ou de la perfection du travail ; qu'on se rappelle le caractère des Israélites et les circonstances où ils se trouvaient, surtout qu'on s'en tienne au texte de l'*Ecriture*, qu'on n'y ajoute et qu'on n'y change rien, et toutes ces objections prétendues redoutables tomberont d'elles-mêmes.

Voyez, Monsieur, s'il était difficile d'y répondre ; et convenez que vous mépriseriez bien vos lecteurs, si vous les jugiez capables de s'en laisser éblouir. Avez-vous cru que les noms fameux que vous citez leur en imposeraient ? J'ignore sur ce point les dispositions de vos chrétiens ; mais les Hébreux, avant de croire, pèsent les autorités, et lisent les textes.

Nous sommes, etc.

---

miste au rang des prophètes ? Voilà un chrétien bien instruit de sa religion ! *Aut.*

(1) *Qu'on en aurait effacés.* On en peut juger par le parti qu'a pris l'historien Josèphe. Il ne nie pas le fait ; mais, dans la crainte de déshonorer par ce récit, aux yeux des incirconcis, le premier des pontifes et toute la nation, il n'a pas balancé à le supprimer de son histoire. *Aut.*

LETTRE VI.

On répond à une autre objection sur l'adoration du veau d'or et sur la prévarication d'Aaron.

N'est-il pas singulier, Monsieur, que des écrivains qui calomnient si souvent nos pères, et leur imputent, sans scrupule comme sans fondement, des horreurs dont la pensée fait frémir, se refusent opiniâtrément à la croyance d'un crime trop réel, que le plus ancien de nos livres rapporte, et que tous nos monuments attestent ?

En parcourant quelques nouvelles brochures, nous venons d'y rencontrer encore une objection contre l'adoration du veau d'or et la prévarication d'Aaron. Elle est tirée des miracles éclatants dont les Hébreux avaient été tant de fois les témoins, et Aaron le coopérateur avec son frère.

Cette objection, la seule peut-être qu'on puisse opposer avec quelque vraisemblance à ces deux faits, qui s'étendraient à toutes les prévarications rapportées dans le *Pentateuque*, nous a paru mériter qu'on y répondît avec quelque détail : et c'est ce que nous entreprenons dans cette lettre. Il est humiliant pour des enfants de revenir encore à prouver le crime de leurs pères : mais tout cèdera dans nos cœurs à l'amour de la vérité ; quoi qu'il puisse nous en coûter, nous continuerons de lui rendre ce triste hommage.

Est-il possible, dit-on, *est-il concevable qu'Aaron et les Hébreux, après tous les miracles signalés dont ils venaient d'être, les uns les témoins, l'autre même le coopérateur, aient prostitué leur encens à une vaine idole ?*

Il faut avouer que cette infidélité, comme tant d'autres, dont nos pères se sont rendus coupables, a de quoi surprendre, et qu'elle suppose dans ce peuple une indocilité d'esprit et une dureté de cœur peu communes ! Aussi les livres de

Moïse sont-ils pleins des vifs et amers reproches qu'il ne cessait de leur en faire. Mais sur quoi ces *brochuraires* la regardent-ils comme impossible ?

Ils jugent sans doute de nos pères par eux-mêmes. Mais d'abord ils se font tort : ce sont des hommes polis, des esprits éclairés, et les Hébreux étaient des *ignorants et des barbares*.

D'ailleurs peuvent-ils bien répondre de leur propre cœur ? Ont-ils exactement calculé tous les obstacles qu'y pourraient mettre à l'efficacité des miracles la fragilité naturelle à l'homme, l'emportement des égarements d'une orgueilleuse philosophie qui dispute sur tout et veut tout soumettre à ses faibles lumières ?

Pourquoi la vue de quelques miracles opérerait-elle sur eux ce que n'opèrent point toutes les merveilles dont ils sont chaque jour les témoins ; le grand spectacle de la nature, plus frappant aux yeux des sages, et plus imposant pour eux que la mer entr'ouverte ; l'eau coulant du sein des rochers, et le Sinaï retentissant du son de la trompette et du bruit des tonnerres ? Qu'ils rentrent en eux-mêmes, et qu'ils se demandent si leurs désirs furent toujours purs, et leurs actions innocentes. Quoi ! pleins des idées sublimes de la sainteté de la loi naturelle, et de l'obéissance due au législateur suprême, qui la leur intime au fond du cœur, témoins de ses œuvres, et ne respirant que par ses bienfaits, ils osent enfreindre ses ordres ; et ils ne comprennent pas que les Hébreux aient pu les violer après tant de miracles ! L'un n'est pas plus inconcevable que l'autre ; c'est des deux parts un aveuglement égal.

Non, Monsieur, ni les miracles les plus frappants, ni les plus éclatantes merveilles de la nature ne fixent l'homme invariablement dans le bien. Tout dépend des dispositions de ceux qui en sont spectateurs. Tandis que les âmes droites reconnaissent dans les uns et dans les autres le doigt du Tout-Puissant et les traits évidents de sa sagesse et de sa bonté, combien d'esprits faux et présomptueux n'y veulent voir que charlatanisme et supercherie, hasard aveugle ou combinaisons nécessaires ! Combien d'autres, grossiers et distraits, esclaves de l'habitude et des passions, ne les regardent qu'avec une stupide indifférence, sans en rien conclure pour le règlement de leur vie, ou contredisent tous les jours par leur conduite les conséquences qu'ils en avaient tirées ?

Enfin des écrivains qui regardent les miracles comme autant d'absurdités, et qui en nient non-seulement l'existence, mais la possibilité, ne nous paraissent pas fort capables de décider de leur pouvoir sur le cœur des hommes. Aussi *ces grands opposants à la révélation* sont-ils peu d'accord entre eux sur ce sujet. Si quelques-uns se persuadent que les miracles auraient une force irrésistible, d'autres en jugent tout différemment. *Redresse les boiteux*, dit l'un de ces critiques, *fais parler les muets, ressuscite les morts ; je n'en serai point ébranlé* (1) » Voilà certainement un homme bien persuadé qu'on peut tenir contre les miracles, et qui probablement n'y cèderait pas. Quelle preuve a-t-on que, parmi les Hébreux, il n'y avait point de têtes organisées comme celle de ce *philosophe*, qui, tout en raisonnant mal, se seraient crues, comme lui, *plus sûres de leurs raisonnements que de leurs yeux* ?

Les prodiges opérés pour nos pères et sous leurs yeux, en rendant leurs prévarications plus criminelles, ne les rendaient donc ni impossibles, ni inconcevables. Les miracles, non plus que les merveilles de la nature, ne subjuguent point la volonté ; et pour en avoir vu, ou même en avoir fait, on ne cesse pas d'être homme, c'est-à-dire, faible et pécheur. Faut-il que des Juifs soient obligés de rappeler ces principes à des chrétiens ? Serait-ce à nous à leur apprendre que Dieu peut communiquer sa puissance aux hommes sans leur ôter leur fragilité ?

Nous sommes, Monsieur, etc.

(1) *Ebranlé*. Remarquez la belle harmonie qui règne entre ces Messieurs : *On ne résiste point aux miracles*, dit l'un ; *je n'en serais point ébranlé*, dit l'autre : c'est ainsi que s'accordent ces *sages*. Edit.

LETTRE VII.

S'il est incroyable que les Israélites, auprès du mont Sinaï, aient pu fournir aux dépenses de la construction du tabernacle et des autres ouvrages décrits dans l'Exode.

Comment croire, Monsieur, que la gravure de caractères, et tous les arts, même ceux de première nécessité, aient manqué à nos pères dès leur arrivée au mont Sinaï, si, comme il est rapporté dans *l'Exode*, le tabernacle et les autres ouvrages destinés au culte furent alors exécutés ? Cette difficulté se présente si naturellement à l'esprit, que vos écrivains n'ont pu s'empêcher de se la faire, et d'essayer de la résoudre. Nous allons voir d'abord de quelle manière ils se la proposent : nous examinerons ensuite ce qu'ils y répondent ; et s'il est aussi incroyable, qu'ils le prétendent, que les Israélites aient été alors en état de fournir aux dépenses de tous ces ouvrages.

§. I. *Que l'objection que se font ces critiques porte à faux de la manière qu'ils se la proposent. Leur méprise au sujet des colonnes du tabernacle.*

Vous dites, Monsieur, *que les colonnes du tabernacle étaient d'airain, et les chapiteaux d'argent massif, ils répondent*, etc.

Qu'ils se rassurent, Monsieur ; personne ne leur objectera *que les colonnes du tabernacle étaient d'airain.* Pourquoi ? par une raison toute simple ; c'est qu'elles n'en étaient pas. Non, Monsieur, les colonnes du tabernacle *n'étaient pas d'airain.* Si vos critiques le croient, ils se trompent : elles étaient de bois de Setim (1). Lisez le texte ou telle version

---

(1) *Bois de Setim*, Ce bois de *Setim* ou *sittim* était probablement une espèce d'acacia qui croit communément en Égypte et dans les dé-

qu'il vous plaira, vous pourrez vous en convaincre. Il en est de même de leurs chapiteaux : ils n'étaient pas, comme le disent vos écrivains, *d'argent massif*; ils étaient de bois de Setim, revêtu d'or.

Il est vrai qu'il y avait encore, non dans le tabernacle, Monsieur, mais ce qui n'est pas la même chose, dans le parvis, soixante colonnes (1), destinées à porter les rideaux qui en fermaient l'enceinte. Si c'est de celles-ci que vous vouliez parler, d'abord il fallait vous expliquer plus clairement; et, en second lieu, ces soixante colonnes même n'étaient pas plus d'airain que les précédentes.

J'avoue que votre *Vulgate* semble donner à entendre qu'elles en étaient : mais si elle le dit, elle a tort (2); ce serait une de ces fautes dont vous savez que cette version n'est pas exempte, de l'aveu même des docteurs.

En effet, outre qu'il n'est nullement probable que Moïse eût voulu charger les Israélites, dans leurs marches, du poids de tant de colonnes d'airain, on peut remarquer qu'il n'en est fait aucune mention dans le dénombrement général des ouvrages de ce métal (3). Les aurait-il oubliées, si elles en avaient été ?

Aussi le texte hébreu ne dit-il pas qu'elles en fussent; vos

serts de l'Arabie. Il est d'un beau noir, et ressemble assez à de l'ébène. Voyez Thévenot. *Aut.*

Ces arbres, selon saint Jérôme, ressemblaient à l'épine blanche par la couleur et par les feuilles : ils devenaient si gros, qu'on en faisait des arbres de pressoir. *Edit.*

(1) *Soixante colonnes*, etc. On en comptait cinquante-six dans le pourtour du parvis, et quatre à l'entrée. *Aut.*

(2) *Elle a tort.* On a pu remarquer, par ce que nous avons déjà dit (et l'on aura plus d'une fois l'occasion de faire la même remarque), qu'une des adresses de M. de Voltaire est d'attribuer au texte les fautes de version, et au texte et aux versions les bévues des commentateurs. Mais, quand on est de bonne foi, a-t-on recours à ces petits moyens? *Edit.*

(3) *Ouvrages de ce métal.* Voyez *Exode*, chapitre 38, verset 24, etc. *Aut.*

Guénée. I.

plus habiles interprètes sont sur ce point d'accord avec les nôtres. Ils pensent que ces colonnes, que vous dites *d'airain*, n'étaient que *de bois*. Consultez les versions du docte Le Clerc et du savant père Houbigant, etc., vous verrez que c'est ainsi que le texte y est rendu.

Quant aux *chapiteaux*, que vous faites *d'argent massif*, ce n'étaient pas, Monsieur, des chapiteaux d'ordre dorique, ionique ou corinthien. Moïse construisit probablement son tabernacle (1) et ses colonnes dans le goût égyptien, auquel lui et ses Hébreux étaient accoutumés. Ni les Egyptiens n'étaient point alors, du moins selon vous, de si savants architectes : *ils ne connurent les beautés et la richesse de l'architecture, que du temps des Ptolémées* (2), et il y a un peu loin des Ptolémées à Moïse. Ajoutez que ces chapiteaux n'étaient point destinés à soutenir de vastes édifices, de superbes portiques, des entablements, des frontons, etc.; ils ne devaient porter que des crochets et des rideaux : il n'était donc pas nécessaire qu'ils fussent si solides. Ainsi on pour-

---

(1) *Son tabernacle*, Voyez les *Commentaires* de Le Clerc sur *l'Exode*; Spencer, etc. *Aut.*

(2) *Du temps des Ptolémées.* Avant cette époque, les Egyptiens, selon M. de Voltaire, n'étaient, *malgré ces palais et ces temples dont on a parlé avec tant d'enthousiasme, que de méprisables maçons. Lorsqu'on a voulu faire admirer à ce grand homme ces monuments si vantés, il a levé les épaules de pitié.*

Cependant la plupart des écrivains anciens et modernes les plus instruits, et les voyageurs les plus éclairés, en considérant ces monuments, au lieu de *lever les épaules de pitié*, ont été frappés d'admiration; et nous connaissons encore d'habiles architectes qui parlent avec éloge de l'architecture égyptienne, que M. de Voltaire méprise. Tant les goûts varient! tant les jugements sont opposés!

Apparemment, sans parler d'Hérodote, les Diodore de Sicile, les Strabon, les Tacite, etc., parmi les anciens; les Rollin et les Bossuet, parmi les modernes; les Belon, les Thévenot, les Charles Lebrun, etc.; et tout récemment le consul Maillet, le docteur Pocock, le capitaine Norden, etc., tous ces écrivains, ces voyageurs, ces artistes, et tant d'autres, étaient des *enthousiastes*. M. de Voltaire seul a vu les choses dans le vrai ! *Aut.*

rait absolument concevoir que ces chapiteaux n'auraient pas coûté de grosses sommes, même en les supposant avec vous *d'argent massif*.

Mais le vrai, Monsieur, c'est qu'il n'en étaient pas. En effet, il est marqué dans *l'Exode* (1) qu'on employa aux chapiteaux et autres ornements de ces colonnes dix-sept cent soixante-quinze sicles d'argent, c'est-à-dire moins de deux mille écus. Vous voyez bien que cette somme n'aurait pas suffi pour faire, *en argent massif*, soixante beaux chapiteaux grecs, avec leurs abasques, leurs volutes ou leurs feuilles d'acanthe. Mais ce pouvait être assez pour couvrir le haut de ces colonnes de lames d'argent, et les décorer de quelques cercles ou filets du même métal; et c'est à quoi vos écrivains auraient dû réduire *ces chapiteaux d'argent massif*, qu'ils imaginent et qui les embarrassent. Ils se seraient conformés en cela, non-seulement aux plus savants commentateurs et aux meilleures versions, mais au texte original, qui marque expressément, et plus d'une fois, que les chapiteaux de ces colonnes *furent couverts d'argent*, et qui ne dit nulle part qu'ils aient été *d'argent massif*.

L'objection de ces critiques porte donc à faux, de la manière dont ils se la proposent, et elle donne lieu de croire qu'avant d'écrire sur cette matière, ils ne s'en étaient pas fort sérieusement occupés. Ce n'étaient point ces colonnes qu'ils devaient s'objecter; c'était le tabernacle et tout ce qui en dépendait, l'arche et la table des parfums revêtues d'or, le chandelier à sept branches, le propitiatoire et les chérubins d'or très pur; c'étaient les pierres précieuses, les laines teintes des plus belles couleurs, etc.; en un mot, tous les magnifiques ouvrages que Moïse décrit, et qui nous donnent une si haute idée du progrès des arts dans un siècle où la Grèce était encore barbare. Voilà, Monsieur, de quoi ils au-

---

(1) *Marqué dans l'Exode.* Voyez chapitre XXXVIII. Il paraît que ces 1775 sicles furent, sinon la seule, du moins la principale somme employée à ces ornements. *Édit.*

raient dû parler, s'ils eussent été de meilleure foi ou plus instruits ; et ce qui prouve beaucoup mieux que leurs prétendues *colonnes d'airain et leurs chapiteaux d'argent massif*, que nos pères au pied du mont Sinaï, n'avaient pas perdu tous les arts et tous leurs artistes, et qu'il s'en fallait bien qu'ils fussent réduits à l'indigence où vous les supposez.

§ II. *Fausse réponse de ces écrivains : que les ouvrages dont parle Moïse furent faits dans le désert, et non renvoyés à d'autres temps.*

Vos critiques dites-vous, *répondent que ces ouvrages ont pu être ordonnés dans le désert, mais qu'ils ne furent exécutés que dans des temps plus heureux.*

Que veulent-ils dire, Monsieur ? prétendent-ils seulement qu'une partie de ces ouvrages ne fut pas exécutée dans le désert ? Soit : l'autre du moins y aurait été faite. Mais ne voient-ils pas que cet aveu seul détruirait tout ce qu'ils avancent ! Comment les Israélites auraient-ils pu faire même une partie de ces ouvrages, s'ils avaient *manqué de tout, et qu'ils eussent perdu tous les arts* ?

Disent-ils qu'aucun de ces ouvrages ne fut fait dans le désert, et qu'on les remit tous à des temps plus heureux ? Mais : 1° non-seulement le *Pentateuque*, mais toutes les écritures, toute l'histoire des Juifs, en supposent au moins une partie faite dans le désert. 2° Pourquoi l'*Ecriture* aurait-elle parlé si au long de ces ouvrages sous une époque où ils n'eurent pas lieu, et n'en aurait-elle rien dit au temps où ils furent faits ? 3° S'ils ne le furent point alors, où placez-vous *ces temps heureux dont vous parlez*? Sous Moïse, sous les Juges, sous les Rois ? Ce sont là des questions où vous seriez plus embarrassé que personne, vous, Monsieur, qui croyez que les Juifs, malheureux dans le désert, furent encore plus malheureux sous leurs juges ; que nos plus grands rois, David avec toutes ses richesses, et Salomon avec toute sa gloire, voulant ériger un temple superbe au Dieu de leurs pères, ne purent bâtir qu'une *grange de village*; et que le *temps* le plus *heureux* de la nation fut lorsqu'un Juif devint fermier-général de Ptolémée-Epiphane. Faudrait-il reculer jusque-là la construction du tabernacle, de l'arche et de tous les ouvrages magnifiques qui en dépendaient? Voyez, Monsieur, à quoi vous nous réduisez.

Mais ne nous en tenons point à de simples conjectures. Ouvrons *l'Exode* (1), et nous y verrons non-seulement Moïse recevoir dans le plus grand détail l'ordre de faire tous ces ouvrages, mais l'exécution de cet ordre rapportée dans un pareil détail (2). Nous y verrons ce sage législateur exhorter nos pères à consacrer au Seigneur dans cette occasion ce qu'ils avaient de plus précieux, choisir les plus habiles artistes, donner les dessins, présider au travail, recevoir les riches dons qu'on lui offre à l'envi, et avec tant d'empressement, qu'il est obligé de défendre d'en apporter davantage. Nous y verrons que, quand l'ouvrage est fini, Dieu lui ordonne de dresser le tabernacle, d'y poser l'arche, le chandelier d'or, etc., et que ces ordres s'exécutent le *premier mois de la seconde année* depuis la sortie de l'Egypte. Nous trouverons enfin que toute la suite du *Pentateuque* et toutes nos *Ecritures* annoncent que dès-lors l'arche était faite, ainsi que le tabernacle, et tous les ustensiles nécessaires au culte. Et vos critiques viennent nous dire froidement que ces ouvrages ne furent exécutés que dans des temps prétendus plus heureux, qu'ils imaginent sans pouvoir les désigner. A qui doit-on croire de préférence? à un récit aussi détaillé, aussi positif, ou à des assertions vagues, et dont vous ne produisez aucune preuve?

§ III. *Si les Hébreux, en arrivant au mont Sinaï, étaient un peuple pauvre, à qui tout manquait.*

Mais, disent vos critiques, *les Hébreux dans le désert*

(1) *Ouvrons l'Exode.* Voyez chapitres XXVI, XXVII et XXVIII.
(2) *Dans un pareil détail.* Voyez chapitres XXXVI, XXXVII, XXXVIII et XXXIX.

étaient un peuple pauvre, à qui tout manquait. Est-il croyable qu'ils y aient pu faire tous ces magnifiques ouvrages ?

Ne prenons point le change que ces écrivains voudraient adroitement nous donner. Que nos pères, après avoir erré trente ou quarante ans dans le désert, eussent été hors d'état de fournir aux frais de tant de magnificence, c'est ce qui serait arrivé dans le cours ordinaire des choses ; mais ce n'est pas de quoi il s'agit. La question est de savoir s'ils le furent en arrivant au mont Sinaï, c'est-à-dire trois ou quatre mois après leur sortie d'Egypte.

Or, ce peuple venait d'habiter, pendant deux cents ans, le canton le plus fertile de ce *riche* et *florissant* pays : agriculteurs intelligents, artisans laborieux, négociants actifs, ils y avaient joui longtemps de la faveur des souverains et de la protection du gouvernement. L'oppression même que leur multiplication prodigieuse et leur prospérité leur avaient attirée, ne les avait point empêchés d'exercer, dans les moments de relâche, le commerce et les arts (1), et de vivre dans une sorte d'abondance qu'ils regrettèrent trop souvent (2). Ils avaient enfin quitté l'Egypte ; mais comment ? Après avoir eu le temps de vendre ce qu'ils ne pouvaient transporter, en emmenant leurs troupeaux et leurs bêtes de charge, et en emportant librement tout ce qu'ils avaient de précieux. A leurs propres effets, ils avaient joint ceux de leurs oppresseurs, dont ils avaient emporté quantité de vases d'or, de bijoux, d'étoffes de prix, etc., qu'ils enlevèrent. En un mot, ils étaient partis, selon la promesse faite par le

(1) *D'exercer le commerce et les arts*, etc. Ils les exerçaient sans doute, puisque Moïse trouva parmi les Hébreux des ouvriers en bois, des fondeurs, des orfèvres, des graveurs en pierres fines, etc. *Edit.*

(2) *Trop souvent.* « Nous étions assis, disaient-ils en regrettant l'Egypte, auprès de marmites pleines de viandes ; nous mangions du pain tant que nous voulions..... Nous nous rappelons les poissons que nous mangions pour rien en Egypte ; les concombres, les melons, etc., nous reviennent à l'esprit. » *Exode*, XVI, verset 3, *Nombre* II, verset 5.

Seigneur à Abraham, et réitérés depuis à Moïse, *avec de grands biens* (1), ou comme le Psalmiste, *avec or et argent* (2). Etait-ce là, Monsieur, un peuple pauvre ?

IV. *S'il est incroyable que les Hébreux, en arrivant au mont Sinaï, aient pu faire les frais de divers ouvrages mentionnés dans l'Exode.*

Lorsque l'*Écriture* fait le détail des différentes sommes employées à la construction du tabernacle, et des ouvrages qui en dépendaient, elle ne compte point par sous et par livres, mais *par talents et par sicles*. « Tout l'or, dit-elle, fut de 29 talents et de sept cent trente sicles; l'argent de cent talents et dix-sept cent soixante et quinze sicles; et l'airain de soixante et dix talents et de deux mille quatre cents sicles. »

Pour prouver que le peuple hébreu n'était pas en état de fournir ces sommes, il faudrait donc, avant tout, savoir avec quelque certitude, à peu près à quoi elles peuvent monter; car quelle difficulté raisonnable peut-on faire sur ces *talents* et ces *sicles*, si l'on en ignore la valeur ? Or, vous le savez, Monsieur, c'est sur quoi les plus habiles critiques ne sont point du tout d'accord. Les incertitudes et les variations des savants sur ces évaluations suffiraient donc déjà pour vous répondre.

Mais nous allons plus loin, Monsieur, nous prétendons qu'en évaluant même ces talents et ces sicles au plus haut, il n'est point incroyable que les Hébreux aient pu faire cette dépense. Quelques critiques, tant juifs que chrétiens, pen-

---

(1) *Avec de grands biens.* Voyez Gen., chapitre XXV, verset 14; *Exode*, chapitre III, verset 21. *Id.*

(2) *Avec or et argent,* Voyez Psal. 104. *Et eduxit eos cum argento et auro,* etc. *Id.* Remarquez que dans le récit de Moïse tous les faits sont liés les uns aux autres : la promesse faite à Abraham et renouvelée à Moïse, le long séjour des Israélites dans un pays si riche, la bénédiction du ciel répandue sur leurs travaux, les fléaux qui frappent l'Égypte et lui font désirer le départ des Hébreux, etc., tout se tient. *Edit.*

sent, et cela sur des raisons qui ne sont nullement à mépriser, qu'il s'agit ici de *petits talents*, de *talents de compte* (1); et non de talents de poids et de grands talents : en conséquence, il les estiment à deux ou trois millions en tout. D'autres, avec un de vos plus habiles commentateurs, et avec un de vos écrivains les plus versés dans cette matière (2), les font monter à cinq. Les savants Cumberland et Bernard les mettent plus haut : mais dans leurs calculs même, elles ne passeraient pas sept. Trouverez-vous que ce soit encore trop peu? portons-les à huit, à neuf même, si vous voulez. Assurément, estimer le tabernacle et tout ce qui en dépendait à neuf millions, ce n'est pas mettre les choses au-dessous de leur valeur !

Or, on compte ordinairement, et vous le répétez souvent vous-même, que nos pères sortirent de l'Égypte au nombre de plus de deux millions (3), sans y comprendre les étrangers qui les accompagnèrent dans leur retraite. De ce nombre laissons tous les étrangers et plus de dix-sept cent mille âmes; supposons seulement que trois cent mille Israélites aient consacré à Dieu, dans cette rencontre, le cinquième de leurs biens (il n'y a rien là que la ferveur de leur zèle et la joie de leur délivrance ne pussent leur inspirer), et ne leur donnons à chacun, l'un portant l'autre, que cent cinquante livres, dont soixante-quinze pour ce qui leur appartenait et soixante-

---

(1) *Petits talents*, *talents de compte*, etc. Voyez les *réponses critiques* du savant M. Bullet. *Aut.*

(2) *Dans cette matière*, etc. M. Le Pelletier, de Rouen, et Dom Calmet. *Id.*

(3) *Plus de deux millions*, etc. Il paraît que M. de Voltaire et ses écrivains n'ont pas de calcul bien fixe sur le nombre des Israélites qui sortirent d'Egypte. Ils en comptent tantôt environ deux millions, tantôt deux millions et plus; quelquefois même ils vont jusqu'à près de trois millions, augmentant ou diminuant selon le besoin présent. Ces variations peuvent avoir leur commodité; mais un million de plus ou de moins, sur deux ou trois, n'est pourtant pas une bagatelle! *Edit.*

quinze pour ce qu'ils avaient enlevé aux Egyptiens (1) : ces suppositions n'ont certainement rien d'exorbitant. Or, si vous multipliez 300,000 par 150, vous aurez un total de 45,000,000. Prenez le cinquième, Monsieur, et vous aurez justement neuf millions, c'est-à-dire autant et plus qu'il ne fallait pour faire le tabernacle et tous les ouvrages décrits par Moïse.

§ V. *Réfutation de ce qu'on pourrait objecter contre les calculs précédents.*

Que trouverez-vous à redire, Monsieur, dans les calculs précédents ? Rejetez-vous ces évaluations de Calmet et de Pelletier, parce qu'ils étaient, l'un moine, et tous deux français ? Mais voilà des écrivains qui ne sont ni français ni moines : ce sont deux anglais qu'on vous oppose.

C'étaient de *bonnes gens*, dites-vous (2), que ce *Bernard* et ce *Cumberland* (3). D'accord, Monsieur, mais ces bon-

---

(1) *Enlevé aux Egyptiens.* On aurait pu y ajouter les dépouilles de ces oppresseurs, rejetées par les flots sur le rivage de la mer Rouge, où se trouvaient les Israélites, et celles qu'ils purent enlever aux Amalécites après la victoire qu'ils remportèrent sur eux. L'historien Josèphe fait monter fort haut les unes et les autres.

(2) *Dites-vous*, etc. Voyez *Dictionnaire philosophique*. Bernard anglais, né dans la province de Worcester, fut un des hommes les plus instruits dans toutes les parties des belles-lettres. Il savait le grec, l'hébreu, presque toutes les langues orientales, les mathématiques, l'astronomie; il était versé dans la connaissance de l'antiquité, de la critique, etc. On a de lui divers ouvrages, et entre autres un excellent Traité sur *les poids et mesures des Orientaux* : il se trouve dans le commentaire du docteur Pocock sur le prophète Osée. Mais l'auteur y a fait depuis de grandes augmentations, et l'a publié séparément. *Edit.*

(3) *Cumberland.* Richard Cumberland, docteur de l'université de Cambridge, évêque de Pétesbourg, se distingua de même par une vaste érudition. Il possédait tous les auteurs grecs et latins, la philosophie, les mathématiques et toutes leurs parties, etc. La recherche des origines des anciens peuples, et l'étude du texte et des anciennes versions de l'Ecriture sainte dans les langues originales, furent long-

nes gens étaient d'habiles gens, des savants d'un mérite distingué : ils connaissaient l'antiquité ; ils avaient approfondi la question qu'ils traitent, sur laquelle vos écrivains n'ont probablement que très superficiellement réfléchi.

Quoi qu'il en soit des évaluations de ces savants, nous ne nous y sommes pas bornés, nous y avons ajouté deux millions au moins, et nous sommes sûrs qu'on ne manquerait pas d'ouvriers qui se changeraient volontiers, pour neuf millions, de faire tous les ouvrages mentionnés dans l'*Exode*, pourvu qu'on s'en tînt à la description qu'en fait Moïse, et qu'on ne changeât point, comme font vos critiques, le bois en *airain*, et les ornements légers d'argent, en *argent massif*.

Vous croirez peut-être que c'est mettre trop haut ce que nos pères enlevèrent aux Egyptiens, de l'estimer à *soixante-quinze livres* pour chacun de nos trois cent mille Israélites, pris sur plus de deux millions d'âmes dont ce peuple était composé. Mais, Monsieur, pour faire soixante-quinze livres, faut-il beaucoup de bijou d'or, beaucoup de riches étoffes et de fines toiles? Pensez-vous que nos Hébreux, dans cette rencontre, aient rien négligé auprès des Egyptiens pour en obtenir cette espèce de dédommagement de leurs travaux; ou que les Egyptiens les regardant, après tant de prodiges, comme un peuple spécialement protégé du ciel, les redoutant, souhaitant leur départ (1), et se flattant peut-être de leur retour, ne se soient pas empressés de leur prê-

---

temps ses principales études. On dit qu'il apprit le copte à l'âge de quatre-vingt-trois ans. Il a laissé deux savants traités : l'un sur les *lois naturelles*, l'autre sur *les poids et mesures des Hébreux*. Quand on voit certains beaux esprits, avec leur érudition légère, traiter si cavalièrement des hommes de ce mérite, on a quelque raison d'être choqué. Au reste, les Anglais ne doivent point s'étonner de voir leurs savants compatriotes traités de la sorte : tous les savants français l'ont été de même. *Édit.*

(1) Souhaitant leur départ. *Lætata est Ægyptus in profectione eorum*, dit le psalmiste, *lui*.

ter ce qu'ils demandaient, Dieu surtout y ayant disposé leurs cœurs, et donné pour cet effet *grâce à son peuple* (1).

Aimeriez-vous mieux dire que c'est trop de supposer que, sur plus de deux millions d'hommes, il s'en soit trouvé trois cent mille qui aient possédé, l'un portant l'autre, chacun la valeur de vingt-cinq écus? Mais prenez, Monsieur, dans tel état que vous voudrez, dans ceux même où nous sommes le moins favorablement traités, plus de deux millions de Juifs de toute condition, laboureurs, pâtres, artisans, commerçants, etc.; qu'ils aient le temps de vendre ce qu'ils ne pourraient emporter, et qu'ils partent librement, et avec tous leurs effets; je mets en fait que, de quelque état que vous les tiriez, dans quelque pays que vous les meniez, il s'en trouvera encore au bout de trois mois plus de trois cent mille possédant la valeur de soixante-quinze livres, l'un portant l'autre (2). Vous imaginez-vous que vos ancêtres aient eu

---

(1) *Grâce à son peuple. Petierunt ab Ægyptiis vasa aurea.... vestemque; Dominus autem dedit gratiam ut commodarent eis.* Exod. *Id.*

(2) *L'un portant l'autre.* On peut juger par ce qui est arrivé plus d'une fois à la nation juive dans les derniers siècles. Bannis, quoiqu'en moindre nombre, de divers états, le dérangement du commerce et des finances, occasionné par leur sortie, obligeait bientôt de les rappeler; preuve non équivoque qu'ils n'en avaient pas enlevé des sommes médiocres. Par quelle fatalité cette nation, qui a toujours emporté tant d'argent des pays qu'elle a quittés, ne serait-elle sortie pauvre que de l'Egypte?

Citons seulement l'exemple des Juifs d'Espagne. Après plusieurs persécutions cruelles qui se succédèrent les unes aux autres en assez peu de temps, ils furent chassés de ces royaumes par l'édit de Ferdinand et d'Isabelle. On ne leur donna que quatre mois pour se préparer à leur départ. *On leur retira même,* dit M. de Voltaire (*Essai sur les mœurs,* tome II, chap. CII, tome XVII des *OEuvres*), *la permission qu'on leur avait accordée d'emporter leur or et leurs pierreries,* et ils furent obligés de les échanger contre des marchandises. Cependant tous les écrivains assurent qu'ils en enlevèrent des sommes prodigieuses. Mariana, panégyriste zélé de Ferdinand et d'Isabelle, et qui n'avait par conséquent aucun intérêt de grossir ces sommes, convient qu'elles étaient immenses. Il n'a pu dissimuler que les politiques repro-

moins d'industrie et d'activité que leurs descendants; ou qu'à nos enfants près, qu'on ne noie pas, nous soyons beaucoup plus ménagés qu'eux dans les pays où l'on nous souffre, nous à qui l'on vend si chèrement, presque partout, le peu d'air malsain qu'on nous laisse respirer.

Mais sans parler ni de nous ni de nos pères, quel est le peuple de deux ou trois millions d'âmes, habitant un pays fertile et policé, parmi lequel on ne pourrait trouver trois cent mille hommes possédant la valeur de soixante-quinze livres chacun, ou, ce qui revient au même, en état de fournir, dans une occasion intéressante et dans un transport de zèle, quinze francs par tête? en pourriez-vous nommer un seul? Où est donc l'impossibilité que nos pères aient fait alors ce que pourrait faire, en de semblables conjonctures, tout autre peuple aussi nombreux?

§ VI. Sources des erreurs de ces écrivains sur cette matière.

Ce qui vous trompe, Monsieur, ainsi que vos écrivains, ce

chèrent à Ferdinand d'avoir fait une faute considérable, et porté un coup funeste à ses états par cette expulsion qui enrichit les pays voisins. *Magno utique earum provinciarum compendio ad quas copiarum ac pecuniæ magnam partem, aurum, argentum, gemmas, vestemque pretiosam secum detulere.* Il ne sortit pourtant d'Espagne que cent soixante-dix mille familles, selon quelques écrivains espagnols, et cent vingt mille, selon les Juifs. L'*Essai sur l'histoire générale* les réduit encore à un moindre nombre. Si l'on en croit l'auteur, ils ne montaient qu'à trente mille familles : il est apparemment mieux informé. Or, qu'est-ce que *trente mille familles*, comparées *à un peuple de plus de deux millions d'âmes*.

On dira peut-être que l'Espagne était alors plus riche que l'Égypte, ne le fut du temps de nos pères, et que les Égyptiens ne connaissaient point les mines du Pérou. Non; mais ils en avaient chez eux. Diodore de Sicile, Agatarchides et d'autres anciens nous l'assurent; et il paraît que ces mines furent exploitées longtemps avant l'usage commun du fer, par conséquent dans des temps très reculés; car Strabon rapporte qu'on les rouvrit lorsqu'il était en Égypte, et qu'on y trouva des outils d'*airain* dont les anciens ouvriers s'étaient servis dans leur travail. *Édit.*

sont d'abord vos volontaires et faux préjugés sur l'état des Hébreux en Égypte. Nous venons de le peindre d'après l'écriture, c'est-à-dire d'après les seuls monuments qui puissent nous en instruire. Il vous plaît au contraire de vous le figurer tout autrement, et d'exagérer à l'excès leur misère.

On ne peut nier qu'assujettis aux rois de ce pays, ils n'y aient vécu quelque temps dans l'oppression, et gémi sous un joug dur et tyrannique. Mais, si prenant trop à la lettre les termes de servitude, de captivité, d'esclavage, vous vous représentez nos pères en Égypte comme des esclaves qui travaillaient à la chaîne, comme des rameurs de vos galères, ou les nègres de vos colonies, vous vous trompez, Monsieur, vous devriez mieux connaître la valeur des tropes (1).

Secondement, confondant mal à propos les temps, vous vous figurez les Israélites arrivant au mont Sinaï tels que, sans une providence particulière, ils auraient été au bout de quarante ans passés dans ces déserts. Ne serait-il pas plus raisonnable de distinguer ces deux époques, et de mettre quelque différence entre l'une et l'autre ?

Il est vrai qu'avant même d'arriver au mont Sinaï, ce peuple se trouva sans pain et sans eau. Mais que prouvent ces disettes passagères ? Ne concevez-vous pas qu'on peut, surtout dans des *déserts horribles*, avoir de l'or, de l'argent, et manquer de pain ; des pierreries et des étoffes précieuses, et manquer d'eau ? De riches caravanes, dans les mêmes lieux, ont éprouvé plus d'une fois le même sort : s'est-on

---

(1) *La valeur des tropes.* Ces termes figurés et énergiques de *captivité*, d'*esclavage*, etc., sont encore employés par les Juifs pour exprimer leur état actuel dans les différentes contrées de l'Europe ; en Italie, en Pologne, etc., même en Hollande, où ils sont nombreux et riches, et en Angleterre, où ils se sont vus sur le point d'être naturalisés.

Le savant critique pouvait se rappeler encore que, de son aveu, nos pères, quoique *captifs et esclaves à Babylone, s'y enrichirent.* L'idée de pauvreté et d'indigence n'est donc pas nécessairement attachée à l'état que nous appelons *esclavage*, etc. *Édit.*

avisé d'en conclure, qu'elles étaient pauvres, dans l'indigence, et qu'elles manquaient de tout parce qu'elles manquaient d'eau?

Enfin, Monsieur, vous ne vous faites aucune idée juste de cette grande émigration d'un peuple immense, actif, industrieux, sortant d'un pays riche et fertile; émigration annoncée longtemps auparavant, à laquelle par conséquent ils avaient eu le temps de se préparer. Que de millions de plus vos protestants auraient enlevés, s'ils eussent été de même prévenus de leur sortie, qu'ils eussent tous quitté la France, et qu'ils l'eussent quittée librement, sous un même chef, et avec toutes leurs familles et tous leurs effets! Quoi, Monsieur, vous prétendez que ces réformés, sans comparaison moins nombreux que nos pères, longtemps persécutés comme eux, et contraints de fuir à la hâte, emportèrent de leur intolérante patrie tant de millons (1), et vous croyez que les Hébreux étaient si pauvres en quittant l'Egypte! Est-ce avec les yeux de l'impartialité que vous avez vu tant de richesses d'un côté, et tant d'indigence de l'autre?

Cette indigence extrême, Monsieur, cette *pénurie* où vous supposez le peuple juif au pied du mont Sinaï, n'est donc ni certaine, ni même vraisemblable. C'est une prétention qui n'est appuyée d'aucune preuve, et que démentent des textes formels de l'*Ecriture*. A en juger par ces textes, auxquels vous n'avez rien de raisonnable à opposer, les Israélites devaient être en état de fournir, et au-delà, à toutes les dépenses de la construction du tabernacle: cette construction n'était donc point impossible. Or, ce fait possible en lui-même,

---

(1) *Tant de millions*, etc. Dans le post-scriptum du *Traité de la tolérance**, M. de Voltaire fait dire au comte d'Avaux qu'un seul homme avait offert de découvrir plus de vingt millions qu'ils faisaient sortir de France. Jugez du reste par cette offre, et voyez si le savant critique aurait bonne grâce, après cela, de contester sur les quarante-cinq millions que nous donnons aux Israélites, en y comprenant leurs propres biens, et les dépouilles qu'ils enlevèrent aux Egyptiens. *Edit.*

* Voyez *Politique et Législation*, page 187, tome XXX des *OEuvres*.

se trouve enseigné dans le plus ancien et le plus respecté de leurs livres, supposé dans tous les autres, lié avec tous les évènements qui suivent et qui précédent, soutenu enfin par la tradition la plus constante ; de vaines conjectures ne suffisent pas pour en ébranler la certitude.

Nous sommes, etc.

LETTRE VIII.

Sur les vingt-quatre mille Israélites prétendus massacrés à l'occasion des femmes moabites et du culte de Béelphégor.

Nous venons de voir, Monsieur, vos doctes et judicieux critiques représenter la punition des adorateurs du veau d'or, comme aussi excessive dans sa rigueur qu'impraticable dans son exécution ; et, pour mieux prouver l'un et l'autre, ajouter tout d'un coup contre le cri du texte et le témoignage des meilleures versions, vingt mille hommes aux trois mille qui périrent dans cette rencontre.

C'est avec le même esprit de candeur et d'impartialité qu'ils se récrient encore sur les vingt-quatre mille Israélites *massacrés*, disent-ils, à l'occasion des femmes moabites et du culte de Béelphégor. A les entendre, ces écrivains amis du vrai, *ces vingt-quatre mille hommes furent si horriblement traités pour expier la faute d'un seul et pour une faute qui, après tout, n'était pas un si grand crime*. Deux propositions d'où ils infèrent que ce fait est incroyable, et que le récit qu'on en lit dans le *Pentateuque* ne peut être de Moïse.

Nous allons les examiner, Monsieur : par ce que nous en dirons, on pourra juger du degré de confiance que méritent ces critique et leurs semblables, lors même qu'ils parlent du ton le plus assuré.

§. I. *S'il est vrai que ces vingt-quatre mille hommes furent massacrés pour expier la faute d'un seul.*

Tindal, dites-vous, Collins, etc., qui ne peuvent concevoir que Moïse ait fait égorger vingt-trois mille Israélites pour avoir adoré le veau d'or, font les mêmes difficultés sur les vingt-quatre mille autres massacrés par son ordre pour expier la faute d'un seul, surpris avec une fille moabite (1).

Aux mêmes difficultés, nous pourrions opposer les mêmes réponses. Voyez-les plus haut, Monsieur ; si nous ne nous trompons, elles sont satisfaisantes.

Mais est-il bien sûr que ces vingt-quatre mille hommes aient été innocents, qu'ils aient été massacrés, et qu'ils l'aient été par l'ordre de Moïse pour expier la faute d'un seul ? Ces assertions sont débitées avec confiance. Pour nous assurer si elles sont vraies, consultons le livre des *Nombres*, où ce fait est raconté. Voici ce qu'on y lit, chap. 25.

En ce temps-là Israël était campé en Sittim, et le peuple s'abandonna à la fornication avec les filles de Moab, qui les invitèrent à leurs sacrifices. Ils en mangèrent et adorèrent leurs dieux ; et le peuple fut initié à Béelphégor. Et la colère de l'Eternel s'enflamma contre Israël, et l'Eternel dit à Moïse : Prends avec toi les princes du peuple, et pends-les (coupables) à des potences à la face du soleil, afin que ma colère se détourne de dessus Israël. Et Moïse dit aux juges d'Israël: Que chacun fasse mourir ses proches (ceux de son district) qui ont été initiés à Béelphégor. Et voilà qu'un des enfants d'Israël entra, en présence de ses frères, chez une prostituée du pays de

---

(1) *Une fille moabite.* Cosbi (c'est le nom de cette fille) n'était point moabite ; elle était *madianite* et fille d'un des rois du pays. C'est une légère méprise, que M. de Voltaire a eu l'attention de corriger dans une autre édition, où il épargne cette petite erreur à ces écrivains : il aurait pu leur en épargner beaucoup d'autres. *Edit.*

Madiam, à la vue de Moïse et de toute l'assemblée qui pleuraient devant les portes du tabernacle. Ce que Phinées, fils d'Eléazar, fils d'Aaron, ayant vu, il se leva du milieu de la multitude, et ayant pris un poignard, il entra après l'Israëlite dans le lieu de débauche, et il les perça tous deux, l'homme et la femme, et la plaie cessa de dessus Israël. Or, il y en eut vingt-quatre mille qui moururent de cette plaie. Et l'Eternel parla à Moïse, et lui dit : Phinées a détourné ma colère de dessus les enfants d'Israël, parce qu'il a été animé de zèle au milieu d'eux; et je n'ai point consumé les enfants d'Israël par mon ardeur, etc.

Si vos critiques eussent pris la peine de lire ce passage avec quelque attention, auraient-ils pu répéter, en tant d'endroits, que ces vingt-quatre mille hommes innocents furent *massacrés* par l'ordre de leur barbare conducteur ! On y voit au contraire évidemment que Moïse ne fait qu'exécuter lui-même les ordres du Seigneur. Pour obéir à ces ordres, il donne des juges aux coupables. Quel rapprochement, Monsieur, entre les procédures de ces tribunaux et l'ordre d'un massacre ? Et cette colère de l'Eternel qui s'enflamme contre son peuple, cette plaie qu'il leur envoie et que Moïse et l'assemblée veulent détourner par leurs gémissements et par le châtiment des coupables ; la cessation de cette plaie que le zèle de Phinées arrête : tout cela n'annonce-t-il pas un fléau épidémique plutôt qu'un massacre ? Les termes hébreux dont se sert ici Moïse, comme ceux qu'emploie le psalmiste, en rapportant le même fait dans un des cantiques, loin de contredire ce sens, ne font que l'établir, et tout l'ensemble du passage le confirme. L'historien Josèphe n'y a pas vu autre chose. Où vos écrivains ont-ils donc trouvé, et où avez-vous trouvé vous-même que ces vingt-quatre mille hommes furent *massacrés par l'ordre de Moïse* ?

C'est avec moins de fondement encore que vous prétendez, avec vos critiques, que ces vingt-quatre mille hommes innocents furent punis *pour expier la faute d'un seul.* Non, Monsieur, Zambri ne fut pas *seul* coupable. Il est clair, par le passage que nous venons de citer, que *le peuple*, c'est-à-dire un grand nombre d'Israélites, le furent comme lui. Séduits par ces étrangères, ils se livrent avec elles à un commerce impur ; l'idolâtrie en est bientôt le triste fruit, et c'est par ce double crime qu'ils irritent l'Éternel, et qu'ils s'attirent l'arrêt de leur condamnation. Aussi les exécutions judiciaires et le fléau épidémique commencent-ils avant même que Zambri fût entré chez la Madianite. Si ces vingt-quatre mille hommes eussent été punis pour *cette faute*, la punition aurait-elle été ordonnée et exécutée avant que la faute eût été commise ? Leur mort fut donc la peine de leurs propres crimes, et non l'expiation de *la faute d'un seul.* Mais on voulait peindre Moïse comme un barbare qui massacre sans raison des milliers d'innocents ; il fallait bien justifier ces coupables.

C'est ainsi que vos critiques, pour présenter les faits sous un aspect odieux, les altèrent et les dénaturent : le secret est admirable. Et vous, Monsieur, vous répétez sans scrupule ces grossières faussetés !

§. II. *Si Zambri et ces vingt-quatre mille hommes Israélites n'étaient que légèrement coupables.*

Mais, dites-vous, si Zambri et ces vingt-quatre mille Israélites n'étaient pas tout-à-fait innocents, du moins ils n'étaient pas fort coupables. *On voit tant de rois juifs, et surtout Salomon, épouser impunément des femmes étrangères, que ces critiques ne peuvent admettre que l'alliance avec une Moabite ait été un si grand crime.*

Ainsi les dissolutions de ces Hébreux avec les femmes de Moab et de Madian ; le culte impur de Béelphégor, qui en fut la suite ; l'insolente débauche de Zambri entrant chez la Madianite, au mépris de la loi, du législateur et de tout le peuple assemblé, qui, prosternés et fondant en larmes aux portes du tabernacle, tâchaient de fléchir le Seigneur et d'apaiser sa colère; toutes ces prévarications, l'impiété, le libertinage, la révolte contre l'autorité publique, sont réduites par ces écrivains à *une alliance avec une Moabite.* Avouez, Monsieur, que la qualification est douce, et la dénomination honnête. On reconnaît *la bonté du cœur* de ces critiques.

Tant de rois juifs épousèrent impunément des femmes étrangères ? Eh bien! qu'en peut-on conclure en faveur des Israëlites fornicateurs et adultères? Est-ce la même chose de prendre une épouse, et de s'abandonner à des prostituées ?

Tant de rois ? que ne les nommaient-ils ? Non, Monsieur, le nombre n'en est pas aussi grand que ces écrivains paraissent le croire. Il est peu de ces femmes étrangères, idolâtres et persévérant dans l'idolâtrie, qui soient entrées dans les familles de nos rois sans y apporter avec elles les désordres et les malheurs. Et quand vos critiques citent Salomon, ils comptent apparemment pour rien l'affaiblissement de son autorité dans ses vieux jours, les révoltes de ses sujets, et le royaume d'Israël enlevé pour toujours à son fils et à sa postérité.

Mais quand même quelques-uns de nos rois auraient épousé impunément des femmes idolâtres, une action cesserait-elle d'être criminelle parce qu'elle n'est pas toujours punie d'une manière éclatante ? Quels forfaits ne justifierait-on point par cette manière de raisonner !

Aux exemples de ces deux rois juifs, qui ne prouvent rien, vos écrivains, toujours judicieux, joignent celui de Booz, qui prouve encore moins. Voyons quel tour ils lui donnent.

Ruth, disent-ils, *était moabite, quoique sa famille fût originaire de Bethléem. La Sainte Écriture l'appelle toujours Ruth la Moabite. Cependant elle alla se mettre dans le lit de Booz par le conseil de sa mère : elle l'épousa ensuite et fut aïeule de David.*

Oui, *Ruth était Moabite :* mais la *Sainte Écriture*, qui *l'appelle toujours Ruth la Moabite*, ne dit nulle part que sa *famille fût originaire de Bethléem.* Ce n'était pas la sienne, Monsieur, c'était celle de son mari : vos critiques ne seront-ils jamais exacts ?

Cependant par le conseil de sa mère. Il fallait dire de sa belle mère : car Ruth n'était pas fille, mais bru de Noémi. Vous auriez bien dû, en transcrivant le raisonnement de vos écrivains, y corriger ces petites erreurs.

Elle alla se mettre dans le lit de Booz. Non pas dedans, mais au pied : cette différence, que vous pourrez trouver légère, peut paraître à d'autres mériter d'être remarquée.

Le conseil de Noémi et la démarche de Ruth ont paru sans doute à vos savants un trait qui, sous leur main, pourrait devenir amusant, et c'est là, plus que toute autre chose, ce qui nous a valu la citation assez déplacée de l'histoire de Booz. Ce trait, il est vrai, n'est pas dans nos mœurs modernes : mais, au fond, est-il aussi plaisant que ces écrivains l'ont cru ?

Pour en juger, Monsieur, rappelons-nous que Noémi, en donnant ce conseil à sa bru, connaissait la probité de son vieux parent, la vertu de la jeune veuve, et ses prétentions à la main et aux grands biens de Booz. N'oublions pas surtout que Ruth ne vivait pas au dix-huitième siècle, ni dans la rue Saint-Honoré, mais dans un temps et dans un pays où il n'était pas besoin de trois publications de bans pour rendre un mariage légitime ; où le consentement des parties, surtout dans le cas dont il s'agit, suffisait, sans qu'aucune cérémonie publique eût procédé ; enfin où une veuve sans enfants était en droit d'exiger du plus proche parent de son mari qu'il l'épousât ; de le conduire, en cas de refus, devant les juges, de l'y déchausser, et de le renvoyer pieds nus, après lui avoir craché au visage en présence de tous les assistants. Tout ceci supposé, Monsieur, l'histoire de Ruth peut-elle prêter à rire à d'autres qu'à des libertins ignorants ?

Booz l'épousa ensuite, etc. Outre que Booz put se croire dispensé de la loi qui lui défendait d'épouser des femmes étrangères, par celle qui ordonnait au plus proche parent d'épouser la veuve d'un parent mort sans enfant. Ruth avait quitté la religion de son pays pour embrasser celle de nos pères. Or, la loi qui défendait les mariages avec les étrangères ne regardait que celles qui, restant attachées au culte des idoles, pouvaient y engager leurs maris; c'est le sentiment de nos docteurs. Booz, en épousant Ruth, n'allait donc point contre la loi. Quel rapport y a-t-il entre la conduite de ce vieillard et l'idolâtrie, les adultères, etc., des vingt-quatre mille hommes que vos critiques veulent justifier.

Rahab, ajoutent-ils, *était non seulement étrangère, mais un femme publique. La Vulgate ne lui donne d'autre titre que celui de* meretrix. *Cependant elle épousa Salomon, prince de Juda.*

Le titre de *meretrix* que la *Vulgate* donne à Rahab, Monsieur, n'empêche pas que de savants hommes, même chrétiens, n'aient soutenu qu'elle n'était pas femme publique. Le mot hébreu et le mot grec, qui répondent au mot latin, n'emportent pas nécessairement cette idée (1). Quoi qu'il en soit, Rahab s'était convertie : elle avait quitté le culte des idoles, et adorait le Dieu d'Israël (2); ainsi elle n'était plus dans le cas de la défense.

(1) *N'emportent pas nécessairement cette idée.* Le mot *zonah*, dit Kimchi, signifie hôtesse ou femme publique, selon qu'on le dérive de *zonah* ou de *zoun*. Junius a fait voir que le mot grec πορνη est susceptible de ces deux sens; et le paraphraste Jonathan, qui vivait avant Jésus-Christ, a traduit le mot hébreu par le mot chaldaïque *poundakitha*, qui signifie hôtesse, et ne souffre aucune équivoque. *Chrét.*

(2) *Le Dieu d'Israël!* Un des apôtres du christianisme assure que Rahab fut justifiée par les œuvres : *Rahab meretrix nonne ex operibus justificata est!* M. de Voltaire, dans sa *Philosophie de l'histoire**, se contente de dire « qu'apparemment elle mena depuis une conduite plus honnête, puisqu'elle fut aïeule de David, et même du Sauveur du monde. » Cet *apparemment* d'un chrétien méritait bien d'être remarqué par des Juifs. *Edit.*

* Voyez *Introduction à l'Essai sur les mœurs*, art. des Juifs avant Moïse, page 179, tome XVI des Œuvres.

Bethsabé n'y était pas davantage. Vos écrivains prétendent qu'elle était étrangère. Cela ce pourrait, quoique l'*Écriture* ne le dise pas ; elle nous apprend seulement que son mari était Ethéen. Mais les Ethéens d'alors n'était peut-être que des Hébreux établis dans le pays d'Eth : du moins Urie, quoique Ethéen, servait dans les armées de David ; il adorait le Dieu de son prince, et Bethsabé suivait comme lui la loi d'Israël.

Si vous remontez plus haut, disent encore ces critiques, *le patriarche Juda épousa une Chananéenne.... Ses enfants eurent pour femme Thamar, de la race d'Aram. Cette femme, avec laquelle Juda commit un inceste sans le savoir, n'était pas de la race d'Israël.*

En *remontant si haut*, Monsieur, on pourrait remonter à un temps où la loi qui défendait les mariages avec les femmes étrangères n'existait point encore. Supposez même qu'elle existât du temps du patriarche Juda, tout ce qu'on en pourrait conclure, ce serait que ce patriarche aurait commis une faute grave en y contrevenant. Mais de ce que Juda, ses enfants, Salomon, etc, se seraient rendus coupables, s'ensuivrait-il que ces 24,000 hommes étaient innocents ?

Au reste, quoique ces exemples ne prouvent rien, il faut pourtant convenir qu'ils ne sont point placés ici en pure perte, ni peut-être sans dessein. Ils servent à amener deux réflexions : l'une, que *Rahab, femme publique, est la figure de l'église chrétienne* ; l'autre, que *Jésus daigna naître de cinq étrangères, l'une incestueuse, d'autres prostituées, adultères*, etc. Réflexions pieuses dont nous laisserons les chrétiens s'édifier : ce n'est sans doute que dans cette vue que vous les avez faites ou rapportées !

Nous sommes, avec la plus sincère et la plus haute estime, etc.

LETTRE IX.

Où l'on examine ce qu'ont pensé sur le *Pentateuque* les savants cités dans la Note.

Quand on veut attaquer des opinions communément reçues, et qu'on n'a pas de fortes raisons à y opposer, c'est une ressource que de savoir s'étayer adroitement d'autorités imposantes. A l'ombre de quelques noms illustres, on risque moins de se compromettre, et l'on paraît combattre avec plus d'avantage, du moins pendant un temps et aux yeux de certains lecteurs.

Telles ont, sans doute, été vos vues, Monsieur, en citant dans votre Note cette longue suite d'auteurs célèbres auxquels vous attribuez les raisonnements que vous y faites, et dont vous ne vous donnez que pour le copiste.

Nous n'oserions assurer que vous n'avez jamais lu les ouvrages de ces savants; mais, nous ne craignons pas de le dire, ou vous avez mal connu les sentiments de la plupart d'entre eux, ou vous les déguisez; vous n'en parlez pas du moins avec toute l'exactitude qu'on aurait droit d'attendre d'un écrivain tel que vous. C'est ce que nous nous proposons de vous prouver, Monsieur, et ce que vous ne pourrez vous empêcher de conclure vous-même de l'exposé fidèle que nous allons en faire.

§ I. *Sentiments de Wollaston, nommé mal à propos dans la note Volaston ou Vholaston.*

A la manière seule dont vous estropiez le nom de ce savant, on pouvait juger qu'il vous était peu connu. De tous les écrivains dont vous parlez, c'était celui qui méritait le moins d'entrer dans votre liste. Nous avions lu plus d'une fois son ouvrage sur la religion naturelle, le seul qu'il ait eu le temps de donner au public, et nous ne nous rappelions pas d'y avoir rien vu de tout ce que vous lui faites dire. Dans l'incertitude si c'était oubli de notre part ou erreur de la vôtre, nous venons de le relire encore d'un bout à l'autre : nous pouvons vous assurer qu'il ne s'y trouve aucun des raisonnements qu'on lit dans votre Note, et qu'il n'y est même pas dit un seul mot des questions que vous agitez sur le Pentateuque.

A quoi pensiez-vous donc, Monsieur, quand vous mettiez ce docte et vertueux Anglais au rang des critiques qui trouvent dans les saints livres des contradictions et des absurdités, et que vous le confondiez avec les Bolingbroke, les Tindal et les Collins ? Serait-ce que le titre seul de l'ouvrage de Wollaston vous aurait jeté dans l'erreur où donnèrent quelques-uns de ses compatriotes ? « Lorsque l'ébauche de la *Religion naturelle* parut, dit l'auteur de la *Bibliothèque anglaise*, la cabale libertine crut d'abord que c'était un ouvrage en sa faveur : on triomphait déjà. Mais, ajoute-t-il, la joie fut de courte durée, et la lecture du livre ne tarda pas à désabuser le public. »

Bolingbroke et ses partisans connaissaient mieux que vous cet écrivain, Monsieur : aussi, quoiqu'ils n'aient pu s'empêcher de rendre justice à l'étendue de ses lumières, il a été plus d'une fois l'objet de leurs censures les plus amères; preuves non équivoques qu'il n'a tenu à aucune des opinions qui leur étaient chères.

C'est donc déjà un nom célèbre à effacer de votre catalogue (1) : il faut en effacer de même Abenezra.

§. II. *Sentiments d'Abenezra.*

Abenezra, dites-vous, fut le premier qui crut prouver et qui osa prétendre que le Pentateuque *avait été rédigé du temps des rois.*

---

(1) *A effacer de votre catalogue.* Nous remarquons que, dans les *Nouveaux mélanges,* art. des écrivains qui ont eu le malheur d'é-

Il est vrai que, malgré le préjugé très répandu de son temps parmi nos docteurs, que tout le *Pentateuque*, jusqu'à la moindre syllabe, avait été écrit par Moïse, ce savant critique crut y remarquer quelques endroits qui ne lui paraissaient pas pouvoir être attribués au saint législateur. Il les jugeait d'une main plus récente, et probablement du temps des rois. Mais qu'il en ait conclu que ces livres ne furent *écrits* ni rédigés qu'alors, c'est ce que vous auriez de la peine à prouver. Croire que quelques passage du *Pentateuque* y furent insérés du temps des rois, ou fixer à cette époque la rédaction de tout l'ouvrage, ce n'est pas assurément la même chose!

Pour attribuer à ce savant une opinion si fausse, il faudrait, non de vaines conjectures, mais des textes clairs et formels tirés de ses ouvrages. Si vous en connaissez de tels, Monsieur, nous vous invitons à les produire.

En attendant que vous jugiez à propos de le faire, on peut apprendre du savant Père Simon ce qu'on doit penser de cette imputation, et de quelle source vous l'avez tirée. « Spinosa, dit-il, en impose à Abenezra, en assurant que ce rabbin n'a point cru que Moïse fût l'auteur du *Pentateuque*. Ce qu'il rapporte de ce rabbin (et il en rapporte précisément les mêmes passages que vous) prouve seulement qu'on a inséré quelques additions à certains actes qu'on ne peut nier être de Moïse, ou au moins avoir été écrits de son temps et par son ordre. Le même Spinosa fait encore paraître davantage son *ignorance*, etc. »

Au reste, si, d'après ce que vous dites d'Abenezra, on s'imaginait qu'il ait pensé et raisonné comme les critiques incrédules que vous citez, on se ferait de bien fausses idées de

---

erire contre la religion[*], on compte encore parmi eux *Wollaston*, qu'on y nomme *Voolaston*. L'illustre auteur ne prendra-t-il pas enfin la peine de parcourir le traité de Wollaston? Un coup-d'œil rapide sur cet ouvrage et sur la préface suffirait pour le détromper. *Edit.*

[*] Voyez *Mélanges littéraires*, tome Ier, page 557, tome XLVII des OEuvres.

ses sentiments. Son attachement à la religion de ses pères, la considération dont il a joui dans la synagogue pendant sa vie, et le respect qu'on y conserve encore pour sa mémoire, sont de sûrs garants de son orthodoxie.

Ajoutons que d'habiles critiques ont fait voir que la plupart des passages même que vous citez d'après Abenezra, et qu'il croyait postérieurs à Moïse, peuvent être de la main de ce législateur. Ils en donnent des preuves satisfaisantes, qu'on peut voir dans leurs ouvrages (1). Nous nous contentons de rapporter en peu de mots ce qu'en dit un des écrivains même dont vous réclamez l'autorité, le docte, le fameux Le Clerc.

Abenezra, dites-vous, se fonde sur plusieurs passages. « *Le Chananéen était alors dans ce pays. La Montagne de Moria, appelée la montagne de Dieu* (2). *Le lit d'Og, roi de Bazan, se voit encore en Rabath. Et il appela tout ce pays de Bazan, les villes de Jaïr jusqu'aujourd'hui. Il ne s'est jamais vu de prophète en Israël comme Moïse.* Il prétend que ces passages, où il est parlé de choses arrivées après Moïse, ne peuvent être de Moïse. »

Ainsi raisonnait Abenezra. Mais le fameux Le Clerc nie que dans la plupart de ces passages il s'agisse de choses arrivées après Moïse. Il soutient « que le premier, qu'on a traduit mal à propos par *le Chananéen était alors dans le pays*, peut et doit se traduire par *le Chananéen était dès-lors dans le pays*; ce qui était vrai, même du temps d'Abraham, et

---

(1) *Dans leurs ouvrages.* Voyez Abbadie, du Pin, dans le discours que l'évêque Kidder a mis à la tête de ses notes sur le *Pentateuque*, et dans lequel il traite solidement ce sujet, etc. *Aut.*

(2) *Appelé la montagne de Dieu.* Ici, M. de Voltaire rend assez mal la pensée d'Abenezra. Cette montagne ne fut point nommée, à cause du sacrifice d'Abraham, *montagne de Dieu*, nom commun à toutes les hautes montagnes dans la langue sainte. Elle fut appelée, non comme dit M. de Voltaire, *Moria*, mais comme porte le texte, *Moriah*, c'est-à-dire, *l'Eternel y pourvoira* : dénomination tirée de la parole remarquable d'Abraham à son fils. Toujours occupé d'une foule d'objets, l'illustre écrivain n'a pas le temps de donner son attention à ces menus détails. *Edit.*

lève par conséquent toute la difficulté (1); que le nom de *Moriah*, *l'Eternel y pourvoira*, donné à la montagne où ce patriarche mena son fils pour l'immoler, a pu être en usage peu après ce sacrifice, et longtemps avant Moïse; que ce législateur, écrivant probablement plusieurs mois après la défaite d'Og, a pu dire que l'on conservait encore son lit de fer en Rabath; et que les expressions qui répondent aux mots *encore* et *jusqu'aujourd'hui*, s'emploient quelquefois par les anciens écrivains sacrés et profanes, lors même qu'il n'est question que d'un temps peu éloigné; qu'ainsi il n'y a rien dans ces passages que Moïse n'ait pu écrire. »

Quant à celui où il est parlé des rois d'Edom et d'Israël, et un petit nombre d'autres, il convient qu'ils paraissent ajoutés au texte (2). Mais il prétend « que ces légères additions faites par les prophètes postérieurs à Moïse, ne doivent pas empêcher qu'on ne le regarde comme l'auteur de ces livres, puisqu'il y a d'ailleurs tant de preuves qu'ils sont de lui; de même qu'on ne nie pas que les *Antiquités judaïques* ne soient de Josèphe, quoiqu'il s'y trouve quelques passages insérés par des mains plus récentes (3). » L'opinion d'Abenezra, qui se bornait

---

(1) *Toute la difficulté*. M. Fréret l'entend de même. Il dit : « que dès-lors, dès le temps d'Abraham, les Chananéens avaient chassé les anciens habitants du pays, et s'y étaient établis à leur place. » Voyez les *Mémoires de l'académie des inscriptions*. (Année 1725, tome v, le Mémoire : *Essai sur l'histoire des Assyriens de Ninive*, par Fréret.) Quand, après des solutions si claires, on en revient encore à proposer ces objections surannées, ne donne-t-on pas lieu de croire, ou qu'on est peu instruit, ou qu'on n'agit pas tout-à-fait de bonne foi ? *Chrét.*

(2) *Ajoutés au texte*. D'autres savants ont prouvé que le mot hébreu qu'on a traduit par *roi*, peut l'être par *chef*, *commandant*, etc., et qu'il a même été appliqué à quelques-uns de nos Juges. Voyez Abbadie. Cet excellent écrivain a discuté et résolu cette objection de manière à ne laisser aucun lieu à la réplique; il est étonnant que M. de Voltaire ait pu prendre sur lui de la reproduire. *Edit.*

(3) *Par des mains plus récentes*. Il paraît que Le Clerc avait en vue les trois fameux passages concernant saint Jean-Baptiste, Jésus-Christ et saint Jacques. Mais sans parler de ces trois textes, dont plusieurs

à regarder les textes en question comme postérieurs à Moïse, cette opinion, dis-je, très différente de celle que vous lui attribuez, était donc mal fondée et fausse, même au jugement de docte Le Clerc.

§. III. *Sentiments de Le Clerc.*

Après ce que nous venons de rapporter de ce critique célèbre, il ne nous reste qu'à observer avec lui que si plusieurs savants chrétiens ont soutenu l'authenticité, il s'en trouve quelques autres qui ont été indubitablement ajoutés à Josèphe : tel est entre autres celui que M. l'abbé Mignot fait remarquer dans un de ses savants Mémoires. C'est une parenthèse où le faussaire fait dire à Josèphe, pharisien, précisément tout le contraire de ce que pensaient les pharisiens. Voyez les *Mémoires de l'académie des inscriptions*. — Année 1725, tome XXXI, le Mémoire sur les anciens philosophes de l'Inde, page 295.

On trouve de ces *légères additions* dans presque tous les écrivains de l'antiquité, sans qu'on se croie pour cela en droit de nier qu'ils soient les auteurs des ouvrages qu'on leur attribue communément.

Puisque nous avons l'avantage de parler à un homme de lettres, qui peut prendre quelque plaisir à ces sortes de remarques, nous citerons ici deux exemples de ces additions auxquelles les critiques paraissent avoir fait peu d'attention.

Le premier est de Tite-Live. Dans le livre VI, n°. 40, au milieu du discours d'Appius contre les tribuns, on lit : *De indignitate satis dictum est (et enim dignitas ad homines pertinet) : quid de religionibus... loquar?* Il nous semble que cette parenthèse, peu digne de Tite-Live, ne peut être qu'une glose ridicule et plate, qui a passé de la marge dans le texte. Supprimons-la donc, et lisons : *De indignitate satis dictum est; quid de religionibus.... loquar?*

Le second est de Virgile, livre IX de l'*Enéide*, où le poète, après avoir raconté la mort de Nisus et d'Euryale, décrit l'assaut donné au camp troyen par les Rutules. On lit dans la plupart des éditions :

Quin ipsa arrectis, visu miserabile! in hastis
Præfigunt capita, et multo clamore sequuntur
Euryali et Nisi.
At tuba terribili sonitu, etc.

Dans d'autres éditions, on lit :

Quin ipsa arrectis, visu miserabile! in hastis
Præfigunt capita, et multo clamore sequuntur,
Euryali et Nisi, quantá mox cæde pianda!

lèbre, s'attendrait-on à vous voir le placer, non-seulement au rang, mais à la tête des savants qui prétendent que le *Pentateuque* ne fut rédigé que du temps des rois? c'est pourtant ce que vous faites dans votre Note et dans quelques autres endroits de vos ouvrages.

Nous ne dissimulerons pas que Le Clerc soutient d'abord cette opinion; mais si nous devons cet aveu à la vérité, ne lui deviez-vous pas aussi d'apprendre à vos lecteurs qu'il en changea depuis, et qu'il embrassa hautement, dans un âge plus mûr, le sentiment qu'il avait d'abord combattu dans sa jeunesse? Voyez, Monsieur, la dissertation qu'il a mise à la tête de son *Commentaire sur la Genèse*. Non-seulement il y répond aux difficultés d'Abenezra, comme nous venons de le rapporter; il y résout encore celles qu'il avait proposées lui-même dans ses *Sentiments de quelques Théologiens de Hollande*. Et en rendant compte de ce *Commentaire* dans sa *Bibliothèque choisie*, il répète « qu'on ne peut raisonnablement se refuser à regarder Moïse comme le véritable auteur du

---

At tuba terribili sonitu, etc.

Ces derniers mots, *quantá mox cæde pianda*, sont, dit-on, une addition du P. Vanières, pour achever le vers. On vient de les faire reparaître dans une édition de Virgile, donnée à Rome, avec une traduction nouvelle en vers italiens, par un habile Jésuite. Mais l'ingénieux traducteur et son savant confrère n'auraient-ils pas montré plus de goût, si, au lieu de faire cette ridicule addition au texte, ils en avaient retranché même les mots *Euryali et Nisi*? Car, quoique ces mots se trouvent dans les meilleures éditions, il nous parait clair qu'ils ne sont point de Virgile, mais de quelque glossateur qui les avait mis à la marge. Lisez donc:

Quin ipsa arrectis, visu miserabile! in hastis
Præfigunt capita, et multo clamore sequuntur.
At tuba terribili sonitu procul ære canoro
Increpuit, etc.

Nous croyons cette marche tout autrement digne de ce grand poète. Revenons.

La plupart des additions faites au *Pentateuque* sont de même des parenthèses ou notes explicatives; avec cette différence, que ceux qui firent ces additions utiles pour l'intelligence du texte, avaient caractère et autorité pour les faire. *Aut.*

Pentateuque; que les endroits qui y ont été ajoutés après lui sont en petit nombre; qu'il y en a même de douteux, que quelques savants ont cru plus récents que Moïse, sans en avoir de solides preuves. Jugez, Monsieur, si c'était là un écrivain à mettre, sans restriction, à la tête de ceux *qui prétendent que le* Pentateuque *a été écrit longtemps après Moïse.*

Mais dans le temps même qu'il tenait encore pour son premier sentiment, il n'en croyait pas moins « qu'il n'y a dans nos livres sacrés aucun fait de quelque importance qui ne soit vrai ; que l'histoire qu'on y lit est la plus véritable et la plus sainte qui y ait jamais été publiée, et que toutes les doctrines qui y sont proposées sont véritablement des doctrines célestes. »

Ce n'est donc pas sans raison que vous craindriez *d'accuser d'impiété* ce savant critique. « Rien, dit Chauffepied, ne l'irritait tant que les reproches de déisme, que ses ennemis lui firent quelquefois, et qu'assurément il ne méritait pas. On en peut juger par la conversation qu'il eut avec le célèbre Collins, dans une visite que cet Anglais lui fit en Hollande, accompagné de quelques Français, *libres penseurs* comme lui. Ils s'imaginaient qu'il leur serait facile de gagner un théologien aussi hardi ; mais il tint ferme pour la révélation ; il pressa vivement ces déistes, et leur fit voir qu'ils rompent les plus sûrs liens de l'humanité, qu'ils apprennent à secouer le joug des lois, qu'ils ôtent les motifs les plus pressants à la vertu, et qu'ils enlèvent aux hommes toutes leurs consolations. « Que substituez-vous à la place ? ajouta-t-il. Vous vous figurez sans doute qu'on vous érigera des statues (1) pour les

---

(1) *Qu'on vous érigera des statues.* C'est assurément bien à tort qu'on nous a soupçonnés d'un peu de méchanceté dans la citation de ce passage. Quand nous écrivions cette lettre, il n'avait point encore été question de la *statue* de l'illustre écrivain ; ni même de celle dont il reproche si rudement au citoyen de Genève de s'être cru digne. L'antériorité de notre citation est une bonne preuve que nous n'avions pas dessein de faire des allusions malignes. Pouvions-nous prévoir ce goût de nos philosophes pour les *statues* !

grands services que vous rendez aux hommes ; mais je dois vous déclarer que le rôle que vous jouez vous rend méprisables et odieux à tous les hommes. » Quelles leçons, Monsieur ! Puissent tous les Collins de nos jours en faire leur profit !

§ IV. *Sentiments de Newton.*

Nous ne disons rien des sentiments de Newton sur les auteurs des livres de Josué, des Juges, de Ruth, etc.; c'est une tâche que nous n'avons point embrassée, et nous convenons qu'il est difficile de fixer au juste dans quel temps et par qui ces ouvrages furent écrits.

Quant au *Pentateuque*, ce grand homme pensait que divers faits, tels que l'exemplaire trouvé dans le temple sous Josias, les lévites envoyés par Josaphat avec la loi, pour l'enseigner dans toutes les villes de Juda, l'attachement des dix tribus, et leur respect pour ces livres sacrés, même depuis leur séparation, enfin le culte public établi, dès le temps de Salomon et de David, d'une manière si solennelle et si conforme aux rites prescrits dans le *Pentateuque*, ne permettent pas d'en reculer la rédaction plus loin que le temps de Saül. Il supposait donc que le livre de la loi avait été perdu lorsque les Philistins, vainqueurs des Israélites, s'emparèrent de l'arche; que, pour réparer cette perte, Samuël avait ramassé ce qui restait des écrits de Moïse et des patriarches; et que ce fut sur ces mémoires qu'il rédigea le *Pentateuque* de la manière que nous l'avons aujourd'hui.

Sur quoi nous observerons : 1° que tout ce système porte sur une supposition gratuite et des conjectures vagues. *On ne doit prononcer qu'avec respect le nom du grand Newton*, sans doute; mais ce nom, tout respectable qu'il est, ne peut changer des suppositions en fait des conjectures en preuves.

2° Que ce système, supposant le livre de la loi écrit, et des mémoires laissés par Moïse et par les patriarches, coniredit toutes les vaines idées et les faux raisonnements dont la première partie de votre Note est remplie.

3° Qu'encore que Newton ait cru le *Pentateuque* rédigé par Samuël, il était bien éloigné d'accuser d'absurdité les récits qu'il contient, comme l'ont osé faire vos critiques incrédules. On sait quel respect ce savant conserva toute sa vie pour ces divines écritures. « Ce grand homme, dit M. de Fontenelle, ne s'en tenait pas à la religion naturelle, il était persuadé de la révélation ; et parmi les livres de toute espèce qu'il avait sans cesse entre les mains, celui qu'il lisait le plus assidument était la Bible. Il l'étudiait, la commentait même, et travaillait à en éclaircir les difficultés, loin de chercher à l'exposer à la dérision des profanes.

Que voulez-vous donc qu'on pense, Monsieur, de la manière dont vous parlez de cet illustre écrivain, ainsi que du savant Le Clerc, dans votre *Philosophie de l'histoire* ? « A Dieu ne plaise, dites-vous, que nous osions accuser d'impiété les Le Clerc, les Newton, *etc. Nous sommes convaincus que si les livres de Moïse, de Josué, etc., ne leur paraissaient pas de la main de ces héros israélites, ils n'en ont pas moins été persuadés que ces livres sont inspirés. Ils reconnaissent le doigt de Dieu à chaque ligne dans la *Genèse*, dans Josué, etc. L'écrivain juif n'a été que le secrétaire de Dieu ; c'est Dieu qui a tout dicté ! Newton sans doute n'a pu penser autrement ; on le sent assez. » On sent ce que veut dire ce ton ironique. *A Dieu ne plaise que nous osions* vous accuser de calomnier ces grands hommes ! mais, nous vous l'avouerons, Monsieur, si quelque chose pouvait jamais affaiblir l'idée que nous nous sommes faite de votre droiture, ce seraient les soupçons odieux que vous essayez de jeter sur la leur.

§ V. *Sentiments de Shaftesbury et de Bolingbroke.*

Tous les savants dont nous avons parlé dans les articles

---

*Voyez *Introduction à l'Essai sur les mœurs*, art. Moïse, page 177, tome XVI des *Œuvres*.

précédents, quelles qu'aient été leurs opinions sur l'auteur du *Pentateuque*, et sur le temps où ces livres furent écrits, n'en croyaient pas moins les faits indubitablement vrais, les dogmes célestes, la morale pure, les lois sages, et l'écrivain instruit et dirigé par l'esprit de Dieu. Disons maintenant quelque chose de ceux qui ne contestent cet ouvrage à Moïse et n'y relèvent des prétendues absurdités que pour affaiblir les preuves de la révélation et pour la combattre ; il ne faut pas confondre ni mettre au même niveau des critiques dont les idées ont été si différentes et les vues si opposées.

Shaftesbury, si nous en croyons quelques savants, ses compatriotes, était ennemi de la révélation, et un ennemi d'autant plus dangereux, que tous les traits qu'il lance partent d'une main qui feint d'être respectueuse (1). Ce n'est jamais de front, ni par des raisonnements sérieux qu'il la combat, mais par des railleries et des réflexions ironiques, échappées comme au hasard, protestant sans cesse qu'il *croit fermement tous les faits et tous les dogmes qu'elle propose; qu'il est persuadé que notre religion est divine, et nos écritures inspirées ; qu'elles méritent la soumission et le respect de tout entendement humain, et qu'il n'y a que des libertins et des profanes qui puissent nier absolument ou contester l'autorité de la moindre ligne ou syllabe de ces*

(1) *Qui feint d'être respectueuse.* L'illustre écrivain que nous combattons dit, dans ses *nouveaux mélanges* (Mélanges littéraires, t. 1er, p. 346, t. XLVII des OEuvres) que *Shaftesbury surpassa de bien loin Herbert et Hobbes pour l'audace et pour le style.* Pour le *style*, cela est vrai, mais pour l'*audace*, l'auteur des *Mélanges* est le seul qui le dise. Comment connaît-il si mal un écrivain à qui il a plus d'une obligation ! Shaftesbury, en combattant la révélation, use de tant de circonspection, s'enveloppe, se cache avec tant d'adresse, que quelques savants ont reproché au docteur Léland, comme une injustice, de l'avoir mis au nombre des écrivains déistes. Voyez les *Deistical Writers* de ce docteur, ouvrage excellent, où il fait connaître les déistes anglais beaucoup mieux que l'auteur des *Mélanges*. Il y fait l'extrait de leurs ouvrages, répond en peu de mots à leurs difficultés, et cite les écrivains qui les ont réfutés plus au long. *Édit.*

livres sacrés. Ce genre d'attaque, où il entre plus de finesse que de candeur, plus de ruse que de vrai savoir, il le tenait des incrédules qui l'ont précédé, et de quelques libres penseurs modernes qui l'ont tellement goûté, comme vous le savez, Monsieur, qu'on le retrouve à chaque page de leurs écrits (1). Mais ces stratagèmes usés, ces tours de vieille guerre n'en imposent plus à personne. On est las de voir toujours combattre sous le masque, et l'on trouverait une attaque ouverte désormais plus honnête.

On peut donc penser que Shaftesburi, malgré toutes ses protestations, ne croyait pas que le *Pentateuque* fût l'ouvrage de Moïse ni d'aucun écrivain inspiré. Mais, ce qui est certain, ce que nous pouvons assurer, après avoir relu plus d'une fois et avec attention tous ces traités, c'est qu'encore qu'on y reconnaisse divers traits qui vous ont pu servir au moins de modèles sur d'autres matières, à peine en remarque-t-on un seul qui ait quelque rapport aux raisonnements qu'on lit dans votre Note, sur l'impossibilité où vos écrivains s'imaginent que Moïse était d'écrire cet ouvrage, et sur la prétendue absurdité des faits qu'il raconte. Comment avez-vous donc pu les lui attribuer? Pourquoi citer quand on n'est pas sûr? On peut en imposer à quelques lecteurs indifférents ou distraits; mais on ne fait point illusion à ceux qui prennent la peine de remonter aux sources.

Passons à Bolingbroke. Ce n'était point, comme Shaftesburi, un railleur agréable, et un ennemi caché de la révélation faite à nos pères. Plus sérieux et plus franc, il l'attaque à force ouverte, et sans retenue comme sans déguisement. Il parle quelquefois de la révélation chrétienne avec une apparence de respect; mais dès qu'il est question de la judaïque,

---

(1) *A chaque page de leurs écrits.* De ceux, par exemple, de M. de Voltaire. Ce grand homme, en s'appropriant les objections et les railleries de Shaftesburi, ne dédaigne pas d'imiter aussi ses petites ruses.

Chrét.

et surtout des livres de Moïse, il ne ménage rien (1) ; les invectives les plus indécentes coulent de sa plume avec les raisonnements les plus faux.

En lisant ses ouvrages, on s'aperçoit bien que cette source ne vous était point inconnue, et que vous n'avez pas craint d'y puiser quelquefois. Mais peut-on s'empêcher d'être surpris, quand on voit qu'à une courte réflexion près, il ne s'y trouve rien de ce que vous lui faites dire dans votre Note ? et n'est-on pas en droit d'en conclure, que c'est mal à propos que vous mettez sous son nom, comme sous celui de Shaftesburi, ce tas d'assertions fausses dont vous l'avez remplie ?

§ VI. *Sentiments de Collins et de Tindal.*

Collins et Tindal sont donc, au vrai, de tous les écrivains que vous citez, les seuls garants qui vous restent ; encore ne savons-nous pas si on ne pourrait point vous les disputer.

Nous avons parcouru autrefois les ouvrages de Collins, et nous ne nous souvenons pas d'y avoir vu les raisonnements que vous lui attribuez ; nous ne voyons pas même quel rapport ils pourraient avoir aux questions qu'il traite. Mais notre mémoire peut nous tromper, ainsi que nos conjectures.

Quoi qu'il en soit, cet écrivain n'est point une autorité que nous ne puissions vous abandonner sans regret. Nous savons combien de fois ses compatriotes lui ont reproché, preuves en main (2), « d'altérer les textes, d'y ajouter, et d'en retrancher ce qu'il lui plaît, d'en rapprocher les parties ainsi

---

(2) *Il ne ménage rien*, etc. M. de Voltaire dit lui même, dans ses *Nouveaux Mélanges* (voyez *Mélanges littéraires*, tome 1er, page 554, t. XLVII des OEuvres) que Bolingbroke est un écrivain audacieux ; que ses ouvrages sont violents ; qil avait la religion chrétienne en horreur. Mettez ces expressions et ces aveux à côté de la *Défense de milord Bolinbroke* par M. de Voltaire. Voyez *Philosophie*, tome II, tome XXXIII des OEuvres, Chrét.

(1) *Preuves en main*. Voyez surtout ce qu'a écrit contre Collins, l'é-

défigurées pour y trouver des sens tout contraires à ceux des auteurs qu'il cite, de ne parler jamais plus affirmativement que quand il sent qu'il a tort, de ne répondre aux plus fortes raisons que par des chicanes et de mauvaises plaisanteries, etc. » Ces traits, par lesquels il ne ressemble que trop à plus d'un écrivain du même parti, sont-ils ceux d'un critique honnête, qui cherche sincèrement à connaître lui-même la vérité, et à la faire connaître aux autres?

De tous les ouvrages de Tindal, nous n'avons pu lire que son *Christianisme aussi ancien que le monde*; cet écrivain y combat également la révélation chrétienne et la judaïque; il y attaque divers endroits de nos livres saints; mais, nous pouvons vous en répondre, il n'y fait aucune des difficultés proposées dans votre Note. Nous avons encore remarqué qu'il conserve dans tout cet ouvrage un ton de modération dont nous devons lui savoir quelque gré. Il ne s'y permet en aucun endroit ces termes injurieux, ces sorties outrageantes auxquelles d'autres écrivains se livrent, et qui décèlent toujours des âmes passionnées et des caractères violents.

Nous ne connaissons les autres écrits de ce *libre penseur* que par l'extrait et la réfutation qu'en a donnés le docteur Léland. Puisque ce savant ne réfute aucune des objections que vous attribuez à Tindal dans votre Note, on pourrait croire, avec quelque fondement, que ce philosophe ne les a jamais faites. Si vous étiez sûr qu'elles sont de lui, vous auriez bien dû, pour l'instruction de ceux qui vous lisent, nommer *le livre et la page*. Vous déclarez quelque part que *vous n'aimez pas ces citations si précises*: vous avez vos raisons sans doute. Ces citations pourtant ne sont pas sans utilité: elles épargnent aux lecteurs des recherches pénibles, et forcent les écrivains à être exacts. Il nous semble, Monsieur, que

---

vêque de Winchester, et les savantes remarques du docteur Bentley sur le *Discours de la liberté de penser*: elles ont été traduites en français, par M. de La Chapelle, sous le titre de: *Friponnerie laïque des prétendus esprits forts d'Angleterre*. Édit.

vous en faites trop peu d'usage. Il est vrai que pour être justes elles demanderaient de l'attention et des soins, et vous avez autre chose à faire qu'à confronter des passages : nous le voyons bien.

Tels ont été, Monsieur, les sentiments des écrivains cités dans votre Note. Jugez si vous les aviez exposés avec l'exactitude d'un critique instruit, et s'il était de votre impartialité d'imputer aux uns des opinions qu'ils n'ont point eues, de taire le changement des autres ; de jeter des soupçons sur la sincérité de ceux-ci, de mettre sur le compte de ceux-là des raisonnements qu'ils ne firent jamais, etc. Ces raisonnements, faux en eux-mêmes, ne sont donc appuyés d'aucune autorité satisfaisante ; et l'authenticité des livres de Moïse, ainsi que la vérité des faits que vous avez voulu combattre, n'en restent pas moins solidement établies.

Lorsque les savants et les ignorants, les princes et les bergers paraîtront, après cette courte vie, devant le maître de l'éternité, chacun de nous voudra alors avoir été *juste, compatissant, généreux.* Vous avez raison, Monsieur, les lumières ne seront rien sans la pratique des vertus, ni la croyance des dogmes sans l'observation des devoirs. *Nul ne se vantera d'avoir su précisément en quelle année le Pentateuque fut écrit.* Aussi ne mit-on jamais au rang de nos obligations de le savoir. *Dieu ne nous demandera pas si nous avons pris parti pour les Massorètes ou pour le Talmud, si nous n'avons jamais pris un* caph *pour un* beth, *un* iod *pour un* vau, *etc.* Non ; et ce n'est pas tout-à-fait de quoi il s'agit dans votre Note* : vous vous écartez de la question, ou vous voulez la faire perdre de vue à vos lecteurs. *Il nous jugera sur nos actions, et non sur l'intelligence de la langue hébraïque.* Qui en doute ? Mais si un écrivain, avec une connaissance superficielle de cette langue et de l'histoire du peuple de Dieu, avait la *témérité* de s'élever contre ses

---

* Il s'agit de la Note rapportée à la page 42 et suivantes.

oracles, et de calomnier sa parole; s'il représentait les livres où elle est écrite comme une compilation informe de faits faux, de récits absurdes, d'actions barbares, etc.; s'il abusait des plus rares talents pour arracher du cœur des hommes l'obéissance qu'ils doivent à ses lois, serait-il innocent à ses yeux? C'est une question que nous craignons d'autant moins de vous proposer, que nous n'imaginons pas qu'elle vous regarde. Tous vos écrits sont pleins de protestations de votre soumission et de votre respect pour la révélation, nous ne devons pas douter qu'elles ne soient aussi sincères qu'elles nous paraissent édifiantes.

Nous sommes avec respect, etc.

LETTRE X.

Sur le reproche que fait l'auteur aux anciens Juifs, que certains crimes horribles étaient communs parmi eux.

Ce n'est plus d'après les opinions réelles ou supposées de quelques écrivains célèbres, mais d'après vos propres idées (1), que vous parlez dans la dernière partie de votre prétendue *Note utile*. Sans autre vue que de décrier à tout propos un peuple que vous haïssez, vous passez brusquement à un texte du *Lévitique*, qui n'a nul rapport aux questions que vous venez de traiter. Vous en prenez occasion de reprocher à nos pères des turpitudes dont la pensée seule fait horreur, et vous assurez que ces infamies étaient non-seulement connues, mais *communes parmi eux*; accusation qui, si elle était fon-

(1) *D'après vos propres idées*, etc. M. de Voltaire ne cite point ici Bolingbroke : il y a pourtant quelque apparence qu'il doit à cet écrivain l'idée de l'imputation qu'il fait à nos pères. Quoi qu'il en soit, Bolingbroke était plus modéré; il n'osait reprocher aux anciens Hébreux qu'un penchant, *a proneness*, à ce vice. L'écrivain français n'a pas cette retenue. *Edit.*

dée, devrait les faire regarder comme une des plus abominables nations qui aient jamais existé sur la terre.

Plus une imputation est atroce, plus on est en droit d'en exiger des preuves convaincantes. Si les vôtres sont telles, Monsieur, nous consentons, pour nous et pour nos pères, que leur mémoire soit flétrie aux yeux de tout l'univers, et que la honte des ancêtres retombe sur leurs descendants. Mais tout lecteur impartial ne peut que les trouver insuffisantes ou fausses, c'est à votre équité que nous en appelons ; jugez vous-même de ce que vous devez à toute une nation si cruellement et si injustement outragée.

§ I. *Si l'auteur a pu prouver, par le* Lévitique, *que le crime en question était commun parmi nos pères.*

Le Lévitique, dites-vous, Monsieur, *ordonne aux Juifs, de ne plus adorer les velus, les boucs.* C'est sur ce passage que vous vous appuyez d'abord. Mais de bonne foi, vous paraît-il assez clair, assez formel, pour fonder une accusation si grave ? Est-il bien certain qu'il faut l'entendre dans le sens que vous lui donnez, et qu'il ne peut en avoir d'autre ? C'était, ce me semble, de quoi vous deviez-vous assurer avant tout.

Or, je vois que le mot hébreu, que vous traduisez par les *velus*, n'a pas dans la langue sainte une signification bien déterminée ; que plusieurs anciennes versions, la grecque, la vulgate, la chaldéenne, etc., et plusieurs savants interprètes et commentateurs lui donnent des acceptions différentes ; que les uns le traduisent par les *malfaisants* et les *démons*, les autres par les *vanités* et les *idoles*, etc. Il n'est donc point incontestable qu'il signifie uniquement les *velus*.

Mais quand cette signification serait la plus vraisemblable, ou même la seule vraie, serait-ce une preuve suffisante qu'il s'agit dans ce texte du culte des boucs (1) ? et ne pourrait-on

---

(1) Culte des boucs. *Par les velus*, dit M. de Voltaire, dans sa *Défense*

pas dire avec autant de probabilité que c'est le culte des singes, des chiens, des chats, etc.; en un mot, des animaux à poil en général, et peut-être en particulier celui du *bœuf Apis* que les Hébreux venaient adorer?

C'est déjà quelques raisons de douter; mais ce n'est pas tout : l'expression hébraïque, qui signifie simplement *avec lesquels ils ont forniqué*, et que vous traduisez par cette phrase, *avec lesquels même ils ont commis des abominations infâmes*; cette expression, dis-je, est prise par une grande partie des plus savants interprètes dans un sens purement métaphorique, et ne signifie, selon eux, ici comme en plusieurs autres endroits de l'*Écriture*, que fornication spirituelle, l'infidélité des âmes inconstantes, qui abandonnaient le culte du Seigneur pour celui des faux dieux, ou qui faisaient de l'un et de l'autre une union sacrilége (1). L'autorité de ces habiles gens ne pourrait-elle pas contrebalancer un peu la vôtre?

Ajoutons que ce sens métaphorique paraît mieux lié que le sens littéral, avec ce qui précède. Dieu, dans ce passage, défend aux Israélites d'immoler leurs victimes ailleurs que devant le tabernacle; *afin*, dit le texte, *qu'ils offrent à Jehovah les sacrifices qu'ils faisaient sur la face de la campagne. Ils amèneront leurs victimes au prêtre, à la porte*

---

de mon oncle (voyez *Mélanges historiques*, tome 1er; Défense de mon oncle, page 207, tome XXVIII des OEuvres,) *il faut absolument entendre les boucs*. Absolument! nous ne voyons pas que cela soit nécessaire; et, comme on vient de le voir, plusieurs savants en ont douté; il nous paraît seulement que cela est assez vraisemblable. Mais ce sens même n'autorise point le reproche que l'illustre écrivain fait aux anciens Juifs. Edit.

(1) *Union sacrilége*. M. de Voltaire lui-même, en parlant des apostasies de Jérusalem et de Samarie (Voyez *Introduction à l'Essai sur les mœurs*, art. Juifs, page 196, tome XVI des OEuvres.), dit que *ces apostasies étaient souvent représentées comme une fornication, comme un adultère*. Aut.

du tabernacle, et le prêtre en répandra le sang sur l'autel de Jéhovah, et les enfants d'Israël n'offriront plus leurs sacrifices aux démons, aux idoles, ou même si vous voulez, *aux velus*, que ce peuple infidèle adorait. Ce passage ainsi rendu présente un sens naturel et complet ; les sacrifices que les Hébreux offriraient désormais à Jéhovah devant le tabernacle sont opposés à ceux qu'ils avaient offerts aux démons ou aux *velus* sur la face de la campagne, au lieu que rien n'exige ni n'amène le sens que vous jugez à propos d'y substituer, et que les anciens interprètes n'ont point connu.

Nous convenons que quelques savants commentateurs ont entendu ce passage comme vous (1) ; mais puisque d'autres, non moins savants, plus anciens et en plus grand nombre, l'entendent autrement, il aurait été juste, ce me semble, de laisser du moins apercevoir cette différence de sentiments. Si votre preuve en eût paru moins forte, votre critique en aurait été jugée plus impartiale.

Du reste, aucun de ces savants n'a inféré de ce texte que ces abominations fussent *communes* (2) parmi les Hébreux : il vous était réservé d'en tirer cette conclusion, qui n'est assurément pas renfermée dans les prémisses.

§. II. *Si la coutume des sorciers d'adorer un bouc, etc., vient des anciens Juifs.*

Nous venons de voir, Monsieur, que votre première preuve, appuyée sur un texte obscur, et sur des termes susceptibles

---

(1) *Comme vous*. Quelques commentateurs ont eu des idées bizarres ; ces opinions particulières sont toujours celles que le critique embrasse, et qu'il présente comme le sentiment général. C'est un moyen de jeter du ridicule sur le texte, qu'il ne manque guère de saisir avidement. Petite adresse ! *Edit.*

(2) *Fussent communes*. Selon M. de Voltaire (*Défense de mon oncle*), son oncle prétendait que ce cas avait été *très rare* dans le désert. (Voyez *Mélanges historiques*, tome 1er, Défense de mon oncle, page 206, tome XXVII des Œuvres.) Selon lui, dans sa Note, il était *commun*. Comment accorder l'oncle avec le neveu ? *Edit.*

de plus d'un sens, n'est rien moins que certaine. Cependant, comme si elle était incontestable, vous recherchez déjà l'origine de ce culte infâme que vous attribuez à nos pères; et il ne tient pas à vous qu'on ne les en regarde comme les auteurs.

On ne sait, dites-vous (1), *si cet étrange culte venait de l'Egypte, patrie de la superstition et du sortilége; mais*, etc.

On sait, Monsieur, que le canton de l'Egypte, habité par les Juifs, n'était pas éloigné du nome ou canton de Mendès, et que les peuples de ce nome adoraient les boucs. Plutarque, Strabon, Pindare, etc., qui nous l'apprennent, ne nous ont pas laissé ignorer les infamies dont ce culte était quelquefois accompagné. *On sait* donc, ou du moins on pourrait soupçonner que, si quelques-uns des Hébreux se livrèrent à ces détestables superstitions, ils peuvent y avoir été entraînés par l'exemple des Egyptiens, et que ce pouvait être d'eux que *leur était venu cet étrange culte*.

(1) *On ne sait, dites-vous*. M. de Voltaire nous dit ici *qu'on ne sait si cet étrange culte venait d'Egypte*; et, dans sa *Défense de mon oncle* (Voyez MÉLANGES HISTORIQUES, Défense de mon oncle, page 207, tome XXVII des OEuvres), il assure, comme *un fait certain*, que *cette coutume d'adorer un bouc*, etc., *vient des Hébreux, qui la tenaient des Egyptiens*. Ainsi *on ne sait pas*, et pourtant *on est certain*! Le critique a l'art de réunir sur le même objet la certitude et le doute!

La raison qu'il apporte pour prouver que les Juifs tenaient cette coutume des Egyptiens est curieuse; c'est dit-il, *que les Juifs n'ont jamais rien inventé*. Nous ne disputons point à l'Egypte la gloire de pareilles inventions; mais nous souhaiterions sincèrement que M. de Voltaire fût un peu plus d'accord avec lui-même, ou, comme disent les anglais, un peu moins *inconsistent*.

A propos de ce mot anglais, M. de Voltaire le traduit par *impossible*. (Voyez PHILOSOPHIE, tome II, Défense de milord Bolingbroke, tome XXXIII des OEuvres.) C'est une petite méprise : *inconsistent* ne signifie point *impossible*; il signifie un homme *qui se contredit*, ou des propositions *contradictoires*. Edit.

Voyez aussi *Poème du désastre de Lisbonne*, tome XII des OEuvres, où l'auteur cite dans les notes un passage des *Caractéristiques* de Shaftesburi, et fait la même méprise. *Chrét*.

Mais on croit que la coutume de nos prétendus sorciers d'aller au sabbat, d'y adorer un bouc, et de s'abandonner à des turpitudes inconcevables, dont l'idée fait horreur, est venue des anciens Juifs.

On croit! Voilà de vos preuves, Monsieur : On croit! Libre à vous de le croire tant qu'il vous plaira ; mais aussi libre à d'autres d'en douter.

La coutume de nos prétendus sorciers. Si ce sont de *prétendus sorciers*, ce doit être aussi un prétendu sabbat, une prétendue adoration du bouc; tout est prétendu, et rien n'est réel. Le beau fondement pour une accusation si grave !

D'ailleurs *les anciens Juifs*, à ce que vous assurez en plus d'un endroit, *ne connaissaient ni bons ni mauvais anges*, par conséquent point de Satan, point de diable. Comment donc la coutume d'adorer le diable sous la figure d'un bouc, serait-elle d'eux? *Certainement des hommes qui ne connaissent point de diable ne peuvent adorer le diable. Ces reproches absurdes sont intolérables* (1).

Mais, dites-vous, *ce furent eux qui enseignèrent dans une partie de l'Europe la sorcellerie.*

Quoi! les anciens Juifs, ces Juifs qui ne *connaissaient pas le diable*, ont enseigné la sorcellerie?

Ce ne pouvaient être tout au plus que les Juifs hellénistes, instruits des opinions des Grecs, et qui adorèrent le diable

---

(1) *Sont intolérables.* C'est en ces termes, un peu durs, que M. de Voltaire justifie les brachmanes contre le grand Rousseau. Voyez *Addition* à l'*Histoire générale.* — Les Additions à l'Histoire générale sont les Remarques de l'*Essai sur les mœurs*, tome XIX des OEuvres.

Il ajoute qu'on n'a jamais adoré le diable en aucun pays du monde. (Voyez *Essai sur les mœurs*, tome Ier, chap. IV, page 290, tome XVI des OEuvres.) Comment concilie-t-il cette assertion avec ce qu'il dit des anciens Juifs, qui, selon lui, *ne croyaient point de diable, et qui pourtant adoraient le diable*? Il nous semble que quelques lecteurs pourront croire qu'il donne ici dans *l'absurdité* qu'il reproche à son rival, et qu'il n'a sur lui que l'avantage de se contredire un peu plus formellement. ÉDIT.

un peu avant le règne d'Hérode (1). Mais que prouvent contre les anciens Juifs les superstitions de ces Juifs hellénistes, beaucoup plus récents ?

Au reste, s'il est vrai que quelques-uns de ces Juifs modernes *se soient donnés pour sorciers, et qu'ils aient enseigné dans l'Europe ces arts absurdes*, ils ont eu cela de commun avec beaucoup d'autres peuples, avec les Babyloniens, les Égyptiens, les Perses, etc., et même avec quelques philosophes ; car la philosophie a eu aussi ses docteurs en magie, ses Maximin et ses Jamblique, qui croyaient aux enchantements, et donnaient des formules pour évoquer les démons.

Quel peuple! une si étrange infamie semblait mériter un châtiment pareil à celui que le veau d'or leur attira ; et pourtant le législateur se contenta de leur en faire une simple défense. On ne rapporte ce fait que pour faire connaître la nation juive.

Mais lisez donc, Monsieur, ce que Moïse prescrit sur ce sujet dans le même livre. Il ordonne, chap. XII, v. 9, que quiconque commettra quelqu'une de ces abominations, *périsse du milieu de son peuple*, et chap. XV, v. 15, *qu'ils meurent sans rémission, et que leur sang retombe sur eux*. Est-ce là une simple défense ?

Une si étrange infamie semblait mériter, etc. Vous dites trop peu, Monsieur, elle le méritait certainement. Puis donc qu'ils n'éprouvèrent rien de pareil, c'est une preuve que ces abominations ne se virent jamais parmi eux, ou du

(1) *Avant le règne d'Hérode.* Voyez Dictionnaire philosophique, tome Ier, article Anges, tome XXXVII des Œuvres. Il dit ailleurs (Philosophie de l'histoire, voyez Introduction à l'Essai sur les mœurs, art. Anges, page 213, tome XXXVII des Œuvres) : « Les Juifs ne reconnurent point le diable *jusque vers leur captivité de Babylone* ; ils puisèrent cette doctrine chez les Perses. Il n'y a que *l'ignorance et le fanatisme* qui puissent nier tous ces faits. » Quand cet écrivain se serait proposé d'avancer exprès les propositions les plus contradictoires, pourrait-il mieux y réussir ? *Édit.*

moins qu'elles y furent toujours rares. Voilà tout ce qu'on en peut légitimement inférer; et vous, Monsieur, vous allez en conclure que ces désordres y étaient *communs*?

Si l'on citait d'après vous le fait des bergers de Calabre, et qu'on s'écriât : *Quel peuple que ces Calabrais ! On ne rapporte ce fait que pour faire connaître la nation calabraise;* trouveriez-vous ce raisonnement fort juste? A-t-on jamais jugé d'une nation par les dérèglements de quelques particuliers, surtout lorsque les lois les condamnent?

§ III. *Si la loi qui défendait ces crimes chez les Juifs, prouve qu'ils fussent communs parmi eux.*

Il faut bien, dites-vous, *que ces crimes aient été communs chez les Juifs, puisque c'est la seule nation connue chez qui les lois aient été forcées de prohiber des dérèglements qui n'ont été soupçonnés ailleurs par aucun législateur.*

Non, Monsieur, il ne fallait pas que ces dérèglements monstrueux fussent *communs* chez les Juifs, pour que Moïse les défendît. Il suffisait qu'ils fussent répandus parmi les peuples auxquels ils allaient succéder dans la possession de la terre promise pour que le législateur crût devoir les prémunir contre ces désordres par des lois formelles et par des châtiments sévères. Or, tel est le motif qu'il apporte lui-même de ses défenses.

Ne vous souillez point, leur dit-il de la part du Seigneur, *par ces abominations, comme ont fait tous les peuples que je vais chasser de devant vous. Je vais les punir avec éclat de ces crimes exécrables, par lesquels ils ont souillé cette terre, et elle les vomira avec horreur hors de son sein. Gardez mes commandements et mes ordonnances, et ne commettez aucune de ces infamies, ni vous, ni l'étranger qui habite parmi vous. Les peuples qui ont habité cette terre avant vous l'ont souillée par ces abominations : pre-*

nez garde de suivre leurs exemples, de crainte qu'elle ne vous vomisse de son sein comme elle les en va vomir. Quiconque aura commis quelqu'une de ces abominations périra du milieu de mon peuple. Observez mes commandements ; ne faites point ce qu'ont fait ceux qui vous ont précédés, et ne vous souillez point par ces actions détestables. Lévit. chap. XVIII, v. 24, etc.

Et plus bas : *N'imitez point les nations que je vais chasser de devant vous ; elles ont commis ces abominations, et c'est pour cela que je les ai eues en horreur.* Chap. XX, v. 22, etc.

N'est-il pas évident que le législateur, loin de supposer que ce crime fût *commun*, ou même connu parmi les Hébreux, n'annonce d'autres vues que de les préserver des exemples qu'ils allaient voir sous les yeux ; et que quand il aurait prévu vos imputations, il n'aurait pu s'expliquer plus clairement pour les prévenir ?

Vous ajoutez *que les Juifs sont la seule nation connue chez qui les lois aient été forcées de prohiber ce crime.*

Mais : 1° avez-vous, Monsieur, des connaissances fort étendues de la législation des anciens peuples ? En est-il beaucoup dont toutes les lois soient parvenues jusqu'à nous ? A peine nous reste-t-il quelques débris épars même de celles de la Grèce. Quelle induction pouvez-vous donc tirer de tous ces codes qui n'existent plus ? Combien même de nations modernes dont les lois vous sont peu connues !

2° On ne peut ignorer que ce crime était répandu dans la Palestine ; on sait de plusieurs anciens historiens qu'il n'était pas inconnu dans les Indes, et, qu'à la honte de l'humanité, il était en quelque sorte consacré par la religion dans l'Egypte, etc. Si les lois de ces peuples le prohibaient, la nation juive n'était pas la seule chez qui le législateur l'eût défendu ; si elles ne le prohibaient pas, je le demande, quelles lois étaient les plus sages, celles qui se taisaient sur un désordre qui outrage la nature, et qu'elles n'ignoraient pas, ou celles qui voulaient le prévenir, en le défendant sous les peines les plus rigoureuses !

3° Le *Védam* des Indiens le met au rang des plus grands crimes ; et il était expressément prohibé par les lois romaines du temps des empereurs.

4° Mais ne sortons ni de votre religion, ni de votre pays. Si je jette les yeux sur vos traités du droit criminel, j'y trouve des décisions et des règles, des formes de procédure et des arrêts sur cette matière, et la maxime généralement établie que ce crime doit être puni par le plus cruel des supplices usités parmi vous : tout cela ne vaut-il pas bien la loi que vous nous reprochez !

Que si, de vos traités de jurisprudence civile, je passe à vos livres de jurisprudence ecclésiastique, je vois qu'il en est question partout, et dans vos Canons pénitentiaux, et dans ces listes de péchés que vous appelez *Examen de conscience*, et dans vos jurisconsultes, vos casuistes, vos théologiens moraux, etc., depuis la Lettre de Basile à Amphilochius jusqu'aux lois ecclésiastiques de d'Héricourt, et depuis le texte de la chancellerie romaine jusqu'aux *Casus reservati*, imprimés dans vos plus nouveaux formulaires abrégés de prières. Et vous venez nous dire, vous Français, vous Chrétiens, que la nation juive est la seule chez qui ce crime ait été prohibé ! En vérité, vous connaissez bien la double jurisprudence de votre pays !

De ce que nous venons de rapporter, nous n'avons garde de conclure, comme vous le faites par rapport à nos pères, que ce crime est donc *commun* parmi vous. Non, nous sentons que cette conséquence serait peu juste, et qu'une loi qui prohibe un crime abominable n'est point du tout une preuve que ce crime soit *commun* parmi le peuple à qui cette prohibition est faite. Tirer cette conclusion de la défense faite aux Juifs, c'est montrer une partialité d'autant plus odieuse, que dans cette défense même le législateur paraît assez clairement justifier sa nation et n'accuser que les peuples voisins.

§ IV. *Si le séjour des Hébreux dans le désert a pu occasionner le penchant que l'auteur leur attribue pour ces désordres. Que la loi qui excepte des massacres les filles nubiles ne prouve point qu'ils aient manqué de filles dans le désert.*

Il est à croire, dites-vous, *que dans les fatigues et dans la pénurie que les Juifs avaient essuyées dans les déserts de Pharan, d'Oreb et de Cadès-Barné, l'espèce féminine avait succombé. Il faut bien qu'en effet les Juifs manquassent de filles, puisqu'il leur est toujours ordonné de tout tuer, excepté les filles nubiles. Les Arabes, qui habitent encore une partie de ces déserts, stipulent toujours, dans les traités qu'ils font avec les caravanes, qu'on leur donnera des filles nubiles?*

Il est à croire! Ainsi, sur un fait qui demanderait les plus fortes preuves, vous voilà réduit aux probabilités et aux vraisemblances; et quelles vraisemblances encore!

Nous ne nierons pas que nos pères n'aient essuyé dans le désert des fatigues et des besoins dont ils murmurèrent plus d'une fois. Mais, nous l'avons déjà remarqué, ces fatigues qu'il vous plaît tant d'exagérer, se réduisirent pourtant à faire quatre à cinq cents lieues en quarante ans. Etait-ce là de quoi faire succomber *l'espèce féminine?*

Quant à la *pénurie* et aux besoins qu'ils éprouvèrent, l'Ecriture nous apprend qu'aussitôt que ces besoins devenaient pressants, Dieu y subvenait avec une bonté paternelle; que sa providence pourvut à tout ce qui leur était nécessaire; qu'ils *ne manquèrent ni de vêtements ni de nourriture;* en un mot de rien, *nihil illis defuit,* dit votre *Vulgate.* Où est donc cette *pénurie* meurtrière et destructive dont vous faites tant de bruit!

Il faut bien qu'en effet les Juifs manquassent de filles, puisqu'il leur était toujours ordonné de réserver, etc. Il ne nous est pas donné de voir la justesse de cette conséquence. S'il était toujours *ordonné* aux Juifs de *réserver les filles nubiles*, ce n'est pas qu'ils manquassent de filles, c'est qu'on n'en a jamais trop où la polygamie est permise, comme elle l'était à nos pères.

L'exemple des Arabes que vous produisez en votre faveur, prouve, ce me semble, directement contre vous. Est-ce que les Arabes, Monsieur, n'ont point de filles, ou que *les fatigues et la pénurie du désert ont fait succomber parmi eux l'espèce féminine*, toutes les fois qu'*ils stipulent qu'on leur donnera des filles nubiles?* Non sans doute; mais la pluralité des femmes, que leur loi autorise, rend parmi eux en tout temps l'espèce féminine précieuse.

C'est par la même raison que la permission accordée aux Israélites de *réserver les filles nubiles*, ne se bornait pas à leur séjour dans le désert, mais s'étendait à tous les temps, quoiqu'ils ne dussent pas apparemment *manquer de filles en tout temps, à cause des fatigues et de la pénurie du désert*.

Et quand vous dites qu'il était *toujours ordonné aux Israélites de tuer tout, excepté les filles nubiles*, vous vous trompez encore, ou vous donnez sciemment à vos lecteurs une fausse idée de nos lois. Non, Monsieur, ces sanglantes exécutions ne nous étaient pas *toujours ordonnées*. Nous aurons bientôt occasion de vous le prouver (1); et, lors même qu'il nous fut commandé en quelques rencontres de tout tuer, hors les filles, *les filles nubiles* n'étaient pas les seules exceptées de ces massacres : l'exception renfermait, à compter dès le plus bas âge, *toutes les filles vierges*. Ces termes ne sont

---

(1) *De vous le prouver.* Voyez plus bas nos Lettres sur le droit divin des Juifs. *Toujours ordonné de tuer tout, excepté les filles nubiles!* Nous ne comprenons point M. de Voltaire. Comment un homme qui *aime la vérité* peut-il avancer froidement et répéter tant de fois des assertions si fausses? *Edit.*

point synonymes : l'un a plus d'étendue que l'autre, et il eût été mieux de ne pas les confondre (1).

Ainsi des faits au moins douteux, un texte obscur, et qui, loin de prouver que ces dérèglements fussent *communs* parmi les Hébreux, en annonce à peine l'existence ; enfin une prohibition dont le motif, clairement exprimé dans la loi, contredit ce que vous voudriez en conclure : voilà sur quoi vous établissez une accusation atroce.

Vous n'avez pu sans doute vous dissimuler le faux de ces imputations ; vous l'auriez senti mieux que personne. Mais n'importe : les Juifs sont odieux, il faut les décrier sous les plus légers prétextes ! les calomnier, c'est un jeu et l'amusement de votre douce philosophie. Eh ! Monsieur, quel plaisir peut trouver une âme sensible à outrager un peuple malheureux ! O apôtre de la tolérance et de l'humanité, est-ce ainsi que vous mettez en pratique la bienveillance universelle que vous prêchez !

Il est temps, dites-vous affectueusement à vos compatriotes (2), *il est temps que nous quittions l'indigne usage de calomnier toutes les sectes et d'insulter à toutes les nations*. Nous espérons, Monsieur, que vous voudrez bien leur en donner l'exemple dans votre nouvelle édition ; et que plus

---

(1) *Il eût été mieux de ne pas les confondre.* Oui, mais l'illustre écrivain avait quelque intérêt de le faire. Il voulait donner à entendre que nos pères étaient des *barbares* ; et la preuve est bien plus forte en restreignant *aux filles nubiles* les personnes qu'ils épargnaient dans les villes prises d'assaut. La restriction est fausse, démentie par nos écritures et par ses propres aveux ; mais, vrai ou faux, tout est bon quand il s'agit de déclamer contre les Juifs. *Édit.*

Il est plaisant de voir après cela M. de Voltaire (*Dictionnaire philosophique*), reprocher à M..... d'avoir confondu les filles *nubiles* avec les filles *vierges*. Que ne se faisait-il ce reproche à lui-même ? *Chrét.*

(2) *A vos compatriotes.* Voyez les *Additions à l'histoire générale*, page 12. *Aut.* — Les Additions à l'Histoire générale ont été refondues dans le texte. Voyez *Essai sur les mœurs*, tome XVI à XIX des *Œuvres*.

instruit ou moins prévenu, *vous rendrez gloire à la vérité que vous aimez.*

Nous sommes, avec les sentiments les plus respectueux, etc.

P. S. Pour ne point laisser en blanc cette demi-page et le verso, nous l'emploierons à dire un mot d'une réflexion qu'on lit à la fin de votre Note, et que nous avons négligée.

Il reste maintenant à savoir, dites-vous, *s'il y a quelque fondement aux anciens contes des satyres, des faunes, des centaures, des minotaures. L'histoire le dit : la physique ne nous a point encore éclairés sur cet article monstrueux.*

N'est-ce pas la fable, Monsieur, plutôt que l'histoire, qui parle de *centaures*? Ces prétendus monstres, moitié homme et moitié cheval, n'étaient pas une *histoire* : c'était une allégorie, par laquelle on désignait le peuple de la Grèce qui sut le premier monter les chevaux, et les employer à la course et aux combats. *La physique* dit que les monstres ne se reproduisent pas : ainsi ce n'est que dans la fable qu'on en peut voir des armées combattre contre des héros.

Il en est de même du *minotaure*. La *physique* n'admet point ici de réalités. Ce monstre, demi-homme et demi-taureau, n'est qu'une fiction allégorique de quelque officier du roi Minos.

Quant aux *satyres*, aux *faunes*, aux *égipans*, il y a toute apparence que s'il y eut quelque réalité dans ces *contes*, ces animaux réputés monstres n'étaient que des *orangs-outans*, etc. : les vrais monstres ne se voient pas en troupes.

Nous croyons, Monsieur, qu'après avoir mis souvent la fable dans l'histoire, vous avez un peu confondu l'histoire avec la fable.

LETTRES
DE
QUELQUES JUIFS
ALLEMANDS ET POLONAIS
A M. DE VOLTAIRE.

SECONDE PARTIE.

Observations sur les deux chapitres du TRAITÉ DE LA TOLÉRANCE, qui concernent les Juifs*.

LETTRE PREMIÈRE.

DESSEIN DE CETTE SECONDE PARTIE.

Monsieur,

S'il est quelqu'un sur la terre qui doive souhaiter la tolérance, c'est sans doute un peuple malheureux, que la religion qu'il professe expose depuis tant de siècles aux plus accablants mépris et aux plus cruelles persécutions. Egyptiens, Perses, Grecs, Romains, chrétiens, mahométans, tous les peuples, toutes les sectes se sont élevés successivement contre nous : du Nil à la Vistule, du Tage à l'Euphrate,

---

* Voyez *Politique et législation*, tome II, Traité de la tolérance, pages 122 et suivantes, tome XXX des OEuvres.

il n'est aucun pays qui n'ait été le théâtre sanglant de nos désastres. Pourrions-nous ne pas détester les fureurs de la superstition, après en avoir été tant de fois les tristes victimes?

Nous sommes donc bien éloignés, Monsieur, de combattre les principes de bienveillance universelle répandus dans votre *Traité*. Ce sont, au contraire, ces principes, cet esprit d'indulgence qui y règne, et ces conseils de douceur que vous y donnez aux gouvernements, qui nous le rendent cher, et qui nous attachent avec plaisir à sa lecture, malgré les traits que vous y lancez encore contre nos pères et contre nous.

Nous ne serons point injustes parce que vos préjugés sont violents et votre haine opiniâtre. Nous avouerons sans peine qu'on reconnaît de temps en temps dans cet ouvrage le coloris d'un grand maître et les vues sages d'un philosophe ami de l'humanité. Qui pourrait y lire sans attendrissement la fatale aventure qui vous en a fait naître l'idée (1)? ou voir sans frémir les tableaux que vous y tracez du fanatisme : tant d'assassinats, de massacres, de guerres sanglantes que ce monstre a causés dans votre patrie et dans le reste de l'univers? Quel dommage qu'un sujet si intéressant ne se présente à l'esprit des lecteurs qu'accompagné d'une foule de réflexions étrangères, de faits hasardés, d'idées confuses et d'erreurs grossières, qu'on a de la peine à s'empêcher de regarder comme volontaires.

Nous laissons aux gens de lettres et aux chrétiens le soin de relever celles qu'on y trouve sur les Égyptiens, les Grecs, les Romains, les chrétiens et leurs martyrs, sur l'histoire même de votre pays, etc.

---

(1) *Naître l'idée*. La famille innocente et malheureuse dont il est ici question, trouvant un appui dans M. de Voltaire, soutenue par son crédit, et défendue par ses éloquents écrits, est un trait admirable dans la vie de cet illustre auteur : c'est le plus beau de ses triomphes. Personne n'applaudit plus sincèrement que nous à la gloire qu'il s'est acquise en élevant le premier la voix en faveur de l'innocence. *Aut.*

Mais on y voit deux chapitres, qui, sans être à beaucoup près les meilleurs de l'ouvrage, méritaient de notre part une attention particulière; ce sont ceux où vous voulez prouver la tolérance par l'exemple de la nation juive. Nous y avons trouvé tant de méprises, ou plutôt, le mot nous échappe, tant de faussetés de toute espèce sur des objets auxquels nous ne pouvions être indifférents, que nous nous sommes crus dans l'obligation de les réfuter : c'est ce qui va faire le sujet de cette seconde partie de nos lettres.

Nous ne pouvons trop le répéter : ennemis de la persécution, non-seulement par intérêt, mais par caractère et par principes, nous n'attaquons point la tolérance ; nous nous bornons à vous montrer que vous la prouvez mal. Voilà notre premier objet.

Mais, pour peu qu'on lise avec attention vos deux chapitres, on ne tarde pas de s'apercevoir qu'outre le dessein que vous annoncez hautement, vous en avez un autre qui, bien que le moins apparent, n'est pas le moins réel. C'est d'y ramener, comme vous pouvez, un tas de petites difficultés contre nos livres saints, que vous y encadrez tant bien que mal. Comme ces petites critiques, recueillies de Bolingbroke, de Morgan, de Tindal, etc., qui eux-mêmes les répétaient d'après d'autres, ne sont pas ce qui vous occupe le moins, nous nous y attacherons aussi particulièrement. Puisqu'on ne se lasse point de les répéter, il faut ne point se lasser d'y répondre. C'est le second objet que nous nous proposons (1).

Nous le disons avec sincérité, Monsieur, il en coûte à

---

(1) *Que nous nous proposons*, etc. Les deux chapitres de M. de Voltaire sur la tolérance étant trop longs pour être rapportés en entier, nous ne pouvons qu'exhorter nos lecteurs à les parcourir dans l'ouvrage même. Ils y remarqueront que nous ne dissimulons aucune de ses difficultés, et ils en saisiront mieux l'ensemble de nos réponses. Si l'on a trouvé qu'à propos de tolérance nous parlons de choses qui n'y ont guère de relation, on verra que ce n'est point à nous qu'il faut imputer ces disparates. *Aut.*

notre cœur de combattre un écrivain que nous ne voudrions qu'admirer : mais la supériorité même de vos talents est une raison de ne pas nous taire. Nous n'avons que trop éprouvé combien le nom d'un grand homme peut accréditer l'erreur et fortifier les préjugés.

Nous sommes, avec les sentiments les plus distingués de respect, d'estime, etc.

LETTRE II.

Considérations sur les lois rituelles des Juifs.

Sous prétexte de procéder avec plus de méthode dans vos deux chapitres, vous entrez en matière, Monsieur, par quelques réflexions préliminaire sur votre droit divin ; c'est une occasion que vous vous ménagez adroitement de le censurer : nous en profiterons pour le défendre. Par ce que nous allons en dire, vous pourrez juger combien vos critiques sont justes.

§ I. *S'il est inconcevable que Dieu ait commandé plus de choses à Moïse qu'à Abraham, et plus à Abraham qu'à Noé.*

Dans le dessein de jeter d'abord un doute général sur la divinité de notre législation, vous débutez par une de ces ironies que vous regardez comme des preuves victorieuses ; « *Gardons-nous*, dites-vous, *de rechercher ici pourquoi Dieu a substitué une loi nouvelle à celle qu'il avait donnée à Moïse, et pourquoi il avait commandé à Moïse plus de choses qu'au patriarche Abraham, et plus à Abraham qu'à Noé. Il semble qu'il daigne se proportionner au temps et à la population du genre humain : c'est une gradation paternelle.*

Mais ces abîmes sont trop profonds pour notre débile vue ; tenons-nous dans les bornes de notre sujet. »

Vous auriez bien fait de *vous y tenir*, Monsieur ; il était intéressant, digne de toute l'attention de vos lecteurs : pourquoi le leur faire perdre de vue par des réflexions qui n'y ont aucun rapport ?

Vous n'attendez pas de nous sans doute que nous entreprenions de prouver qu'une loi nouvelle a été substituée à la loi mosaïque ; ce n'est pas un des points de notre croyance. Trop contents de voir qu'un chrétien, aussi instruit que vous l'êtes, révoque en doute cette substitution, nous nous bornons à dire un mot de l'étonnement où vous paraissez être que Dieu ait *commandé plus de choses à Moïse qu'à Abraham, et plus à Abraham qu'à Noé.*

Si vous en êtes surpris, Monsieur, c'est que vous ne faites point assez attention que les conjonctures où se trouvait Abraham, différaient beaucoup de celles où se trouva Noé, et que la situation de Moïse n'était pas celle d'Abraham ; que Noé et ses enfants, sauvés seuls des eaux du déluge, n'avaient pas besoin d'un rite particulier qui les distinguât des autres hommes qui n'étaient plus ; et que Moïse, qui n'avait pas, comme Abraham, une seule famille, mais un peuple immense à gouverner, avait nécessairement besoin de plus de lois. Est-il donc si difficile de comprendre que de nouvelles circonstances demandaient de nouvelles lois, et que de nouveaux besoins exigeaient de nouveaux secours ? Fallait-il, pour que Dieu vous parût agir raisonnablement, qu'il commandât à Noé un rite, signe de son alliance avec Abraham, et qu'il donnât à Abraham les lois destinées à conduire un peuple qui n'existait pas ? Si ce sont là les *abîmes où votre débile vue se perd*, elle est *débile* en effet.

Vous prétendez peut-être que Dieu ne peut rien commander, ou qu'en commandant il ne peut se proportionner aux temps et aux besoins de ses créatures ; que, quand il déclare ses volontés, il est obligé de les déclarer toutes ; qu'il n'est pas libre de se réserver, pour de nouvelles conjonctures, de nouvelles espérances à donner, et de nouveaux commandements à faire ; et qu'il ne peut prescrire ou défendre des choses qui, indifférentes en elles-mêmes, seraient devenues utiles ou dangereuses par les circonstances ! Ces assertions, contraires à la créance commune du genre humain, avant d'être crues, auraient besoin d'être prouvées ; et des dérisions ne sont pas des preuves.

Essayez, Monsieur, d'en donner quelques-unes ; nous nous engageons à y répondre : mais, nous vous en avertissons, n'allez pas répéter celles de Tindal. Les vains raisonnements de ce déiste, étalés d'abord avec tant de confiance, ont été complètement réfutés par ses savants compatriotes, Foster, Léland, Conibeare, etc. Il faut désormais quelque chose de plus solide.

§ II. *Fausse idée que le savant critique voudrait donner du droit divin des Juifs.*

Mais, direz-vous, si Dieu, après avoir donné des lois, peut y en ajouter de nouvelles, du moins ne peut-il y en ajouter que de dignes de lui. Or, ce qu'on nomme le droit divin des Juifs est-il digne de Dieu ? l'est-il d'un législateur sage ?

On pourrait en douter, si l'on en jugeait d'après l'idée que vous vous en faites, ou plutôt que vous voudriez en donner à vos lecteurs. Mais cette idée est-elle juste ?

« On appelle, je crois, dites-vous, droit divin, les préceptes que Dieu a donnés lui-même. Il voulut que les Juifs mangeassent un agneau cuit avec des laitues, et que les convives le mangeassent debout, un bâton à la main, en commémoration du Phasé. Il ordonna que la consécration du grand-prêtre se ferait en mettant du sang à son oreille droite, à sa main droite et à son pied droit ; coutumes extraordinaires pour nous, mais non pas pour l'antiquité. Il défendit que l'on se nourrît de poissons sans écailles, de porcs, de lièvres, de hérissons, de griffons, d'ixions, etc. Il institua les fêtes, les cérémonies. Toutes ces choses, qui semblaient arbitraires aux autres nations, et soumises au droit positif, à l'usage, étant commandées par Dieu même, devenaient un droit divin pour les Juifs (1) ; comme tout ce que Jésus-Christ, fils de Marie, fils de Dieu, nous a commandé, est de droit divin pour nous. »

C'est ainsi, Monsieur, que vous représentez notre droit divin. Toute cette législation, respectée pendant tant de siècles, n'est, selon vous, qu'un ramas d'observances vaines et de pratiques superstitieuses. Tel est le portrait que vous en faites : semblable en ce point à ces peintres malins, qui n'emploient l'art du profil que pour présenter du côté le moins favorable l'objet qui leur déplaît.

Mais ces lois rituelles, que vous citez seules, sont-elles donc le droit divin des Juifs, en sont-elles la principale et la plus essentielle partie ? Nos prophètes disent partout le contraire. Le Décalogue, cet abrégé le plus parfait de la morale, et tant d'autres préceptes admirables sur les devoirs de l'homme envers Dieu, envers soi-même, et envers ses semblables, voilà le fondement et la première partie de ce droit; et tous les sages règlements qu'on y voit sur le culte extérieur, et sur tout ce qui le concerne, sur l'autorité des magistrats, sur les héritages, les contestations, les jugements, sur la ma-

(1) *Droit divin pour les Juifs.* M. de Voltaire paraît opposer le droit divin au droit positif : ce serait une méprise. Le droit divin des Juifs se distingue en droit divin naturel qui comprend les lois morales fondées dans la nature des choses, et en droit divin positif, qui renferme les lois cérémonielles, les lois de police, etc., fondées sur la volonté seule et le bon plaisir de Dieu. Il paraît encore confondre, comme Tindal, les lois positives avec les lois arbitraires, et entendre comme lui par lois arbitraires des lois de pur caprice, et qui n'ont aucun motif, aucun objet raisonnable. En ce cas, il se trompe comme Tindal. Les lois positives sont celles qui ordonnent ou défendent des choses indifférentes de leur nature. Mais des choses indifférentes en elles-mêmes peuvent être ordonnées ou défendues dans certaines circonstances, par des vues sages et des motifs raisonnables. *Édit.*

nière de faire la paix et la guerre, etc., en un mot sur toute l'administration ecclésiastique, civile et politique, c'en est la seconde. Le borner, comme vous faites, à des cérémonies et à des rites, c'est en donner une idée incomplète, et par conséquent fausse ; c'est dire que se baigner, ou faire répandre de l'eau sur sa tête est le droit divin des chrétiens, ou, pour désigner M. de Voltaire, nommer l'auteur, non de la Henriade et de Zaïre, mais de Zulime ou d'Olympie. Si nous en agissions de cette manière, Monsieur, notre procédé vous paraîtrait-il impartial ? et n'y trouveriez-vous pas plus de malignité que de candeur ?

§ III. *Vains efforts du critique pour rendre ridicules les lois rituelles des Juifs. Manducation de l'agneau pascal; consécration du grand-prêtre.*

Il ne vous suffit pas de donner de notre droit divin une idée fausse, vous essayez d'y jeter du ridicule.

Nos rites sont des *coutumes extraordinaires pour vous*. Êtes-vous donc de ces hommes simples qui, n'étant jamais sortis de leur pays, trouvent bizarres tous les usages étrangers ; ou qui, concentrés dans leur siècle, ne jugent raisonnable que ce qu'ils voient ? L'usage de manger tous les ans l'agneau pascal debout, un bâton à la main, est étrange à vos yeux ; mais en était-il un plus propre à rappeler aux Hébreux leur départ de l'Egypte, et les merveilles qui l'accompagnèrent (1) ? Qu'importe, s'il vous plaît, que l'on consacre un grand-prêtre *en mettant du sang à son oreille droite*, ou en versant de l'huile sur ses mains ! Tous les rites au fond sont égaux : ils n'ont d'auguste que la sainteté que la religion y attache. Se choquer de ces usages d'un peuple ancien, trouver

(1) *Qui l'accompagnèrent.* Ce rite, particulier à la nation juive et dont l'institution remonte au temps même de ce départ, est une preuve incontestable des faits dont il rappelait le souvenir. L'institution de cet usage fut donc un trait de sagesse de la part du législateur. *Aut.*

ces coutumes bizarres, c'est imiter l'enfant qui a peur, ou le petit-maître qui sourit avec dédain à la vue d'un habit étranger.

§ IV. *Animaux interdits aux Juifs : motifs de ces défenses.*

« Dieu, dites-vous d'un ton railleur, défendit qu'on se nourrît de poissons sans écailles, de porcs, de lièvres, de hérissons, de hiboux, etc. »

Eh bien ! Monsieur, où est le ridicule que des nourritures malsaines aient été interdites par des lois sages ; et que d'autres, qui peuvent paraître agréables à quelques peuples, aient été prohibées pour des raisons particulières, qu'on ne peut condamner quand on les ignore ?

La loi nous défendait de manger *les hérissons*, *les hiboux*, *les oiseaux de proie* : ajoutez-y *diverses espèces de sauterelles*, *les rats*, *les lézards*, *les serpents*, *etc*. Vous êtes surpris, Monsieur, de ces défenses ; vous le seriez moins, sans doute, si vous vouliez bien vous rappeler qu'alors on mangeait dans ce pays, comme on y mange encore, certaines espèces de sauterelles (1) ; mais que, du temps de nos pères,

---

(1) *Certaines espèces de sauterelles.* Les sauterelles ne pourraient guère servir d'aliment en Europe, elles y sont trop petites et trop maigres. Celles d'Orient, plus grosses, peuvent fournir une meilleure nourriture. Dans la Palestine, l'Arabie et les pays voisins, on en mange encore différentes espèces, qu'on sale et que l'on conserve. On les sert frites ou en ragoût. Le docteur Shaw rapporte, dans ses *voyages*, qu'il en mangea de frites en Barbarie, et qu'elles avaient à peu près le goût des écrevisses. En 1093, il en parut des nuées en Allemagne, qui ravagèrent divers cantons. Un Juif ayant assuré le célèbre Ludolph qu'elles ressemblaient à celles de Judée, ce savant se hasarda d'en manger avec toute sa famille ; il leur trouva le même goût que Shaw.

Les sauterelles étaient une nourriture connue anciennement, et d'un usage commun chez les Éthiopiens, les Lybiens, les Parthes et les autres nations de l'Orient, dont les Juifs étaient environnés. Les témoignages de Diodore de Sicile, d'Aristote, de Pline, etc., ne permettent pas d'en douter. Saint Jean-Baptiste en vivait dans le désert. Voyez *Chais*, etc. *Aut.*

quelques peuples demi-barbares les mangeaient toutes sans distinction; que les animaux même qui vivent de charogne, les lézards, certains rats de campagne (1), etc., leur servaient quelquefois d'aliments; que non-seulement les Psylles, mais d'autres Arabes, mangeaient et mangent encore les serpents et les vipères (2); et qu'en quelques pays même de l'Europe très-policés, le corbeau, la couleuvre, etc., ne sont pas des nourritures tout-à-fait hors d'usage (3). Quoi! Monsieur, vous faites un reproche à notre législateur d'avoir défendu à son peuple ces dangereux et vils aliments, et de lui en avoir prescrit de plus convenables et de plus sains?

§ V. *Des ixions et des griffons.*

Parmi les oiseaux de proie qui nous sont interdits, vous nommez *les ixions* et *les griffons*, dont Moïse ne parle point. Serait-ce pour faire confondre des oiseaux réels (4) etc., avec des animaux fantastiques, qui n'existent que dans l'imagination des peintres et des poètes? L'heureux moyen de rendre notre droit divin ridicule! Nous doutons pourtant qu'il vous réussisse, du moins auprès des lecteurs éclairés; ils savent trop ce qu'on doit penser de ces railleries fondées

---

(1) *Les lézards, certains rats de campagne*, etc. Ces aliments sont encore d'usage en Arabie. Voyez les *Voyages d'Hasselquist*, de Shaw, etc. *Édit.*

(2) *Les serpents et les vipères.* Voyez les *Voyages d'Hasselquist*. *Aut.*

(3) *Tout-à-fait hors d'usage.* On dit qu'on en mange en quelques provinces de France. *Aut.*

(4) *Oiseaux réels.* Il est très clair que Moïse ne parle point ici d'êtres imaginaires, mais d'oiseaux de proie très connus de son temps. Néanmoins il ne serait pas aisé de dire précisément quelles espèces d'oiseaux de proie il faut entendre par les mots hébreux *raa et perés*, qu'on lit dans le *Lévitique*. Il en est de même d'une grande partie des quadrupèdes et des reptiles dont il est question dans le même chapitre. Nous croyons que le *raa* et le *perés* sont le milan et l'orfraie; d'autres prétendent que c'est l'épervier et une espèce d'aigle à bec recourbé qu'on nomme *griffon*. *Édit.*

uniquement sur l'obscurité des termes et l'ignorance des anciens usages.

Vous aurez beau dire que *les griffons et les ixions des Juifs doivent être mis au rang des monstres, que c'étaient des serpents ailés avec des ailes d'aigles* ; on vous demandera dans quel endroit de l'Ecriture vous avez trouvé cette belle description ; on vous priera de citer le passage ; et quand vous le produirez, Monsieur, il étonnera bien des savants.

§ VI. *Autres animaux défendus.*

Si les poissons sans écailles étaient interdits à nos pères, il nous semble qu'ils ne devaient pas les regretter beaucoup. On sait qu'en Orient surtout ils ne sont ni les plus propres ni les plus sains ; qu'ils vivent presque toujours dans une vase échauffée, et que leur chair mollasse et visqueuse n'y est rien moins que facile à digérer (1).

Vous n'approuverez pas non plus que le *lièvre* nous ait été défendu : vous l'aimez apparemment ; d'autres ne l'aiment point : il ne faut pas disputer des goûts. Mais ignorez-vous que les viandes les plus exquises et les plus recherchées dans quelques pays ne le sont pas également partout ? Qui vous a dit que, dans les pays chauds, le lièvre a ce fumet qui vous flatte ? Sa chair, qui doit y être plus noire et plus pesante, pouvait fort bien n'être pas du goût des habitants de la Palestine et des pays voisins. On a d'autant plus lieu de le croire, qu'encore aujourd'hui les Egyptiens et les Arabes en font peu de cas, au rapport d'Hasselquist (2). *Ils laissent en paix,*

---

(1) *Facile à digérer.* Quelques anciens assurent que les *Egyptiens ne mangeaient point de poissons sans écailles* ; et Grotius observe que Numa avait défendu d'en servir dans les repas qu'on donnait en l'honneur des dieux. Voyez les notes de ce savant sur le *Lévitique.* Edit.

(2) *Au rapport d'Hasselquist.* Voyez ses *voyages.* On a remarqué de même que les anciens Bretons ne mangeaient point de lièvre : *Leporem fas non putant*, dit César (*de Bello gallico*, lib. 5.) C'est une obser-

dit ce savant voyageur, *ces animaux si persécutés en tant d'autres pays.* Ce n'était donc qu'un aliment dédaigné que notre législateur nous interdisait : y a-t-il là de quoi vous surprendre ?

Il se peut encore que vous trouviez le *porc* excellent et sain; mais bien des gens, même parmi les chrétiens, en jugent autrement, et le regardent comme une nourriture indigeste. Ce n'est pas tout, cet animal est sujet à une maladie contagieuse, autrefois très commune dans la Palestine et dans les environs ; ce fut même par cette considération que vos pères, ayant rapporté la lèpre de leurs expéditions de la Terre-Sainte, défendirent d'exposer en vente la chair de porc, à moins que l'animal n'eût été visité par les experts établis à cet effet (1). Enfin la saleté seule de ce quadrupède suffisait pour en dégoûter. Aussi les Egyptiens, les Arabes, presque toutes les nations, depuis l'Ethiopie jusqu'à l'Inde, l'avaient en horreur (2). Combien plus devait-il être détesté par un peuple auquel sa loi recommande, avec tant de soin, la propreté et la pureté même extérieure ! En un mot, le porc est indigeste, il est sujet à la lèpre, c'est de tous les animaux le plus sale ; il nous semble que c'étaient trois raisons assez fortes de le bannir de nos tables (3).

vation du savant Spencer, dans son *Traité des lois rituelles des Hébreux. Aut.*

(1) *Experts établis à cet effet.* On dit que ces experts, dont les offices existent encore, furent créés sous le titre de *conseillers du roi langueyeurs de porcs.* En effet, c'est à la langue qu'on visite ces animaux. Lorsqu'on y remarque des ulcères ou des pustules blanches, on les juge ladres, et on n'en permet pas la vente. Voyez le *Traité de la police* par le commissaire Lamare. *Aut.*

(2) *L'avaient en horreur.* L'aversion des Egyptiens pour le porc allait si loin, au rapport d'Hérodote, que si quelqu'un avait touché, même par hasard, un de ces animaux, il allait aussitôt se plonger dans le Nil tout habillé. La plupart de ces peuples égyptiens, arabes, indiens, conservent encore la même répugnance. Mahomet n'a défendu qu'assez faiblement la chair du pourceau ; cependant les mahométans en ont partout la plus grande horreur. Voyez *Chais. Aut.*

(3) *Le bannir de nos tables.* « Dans l'Arabie, etc. ; dit M. de Boulain-

Il en est à peu près de même de tous les autres animaux qui nous sont interdits, ils étaient regardés alors, et le sont même encore aujourd'hui dans presque tout l'Orient, comme des aliments malsains ou grossiers, indignes de paraître sur les tables de gens qui se piquent d'honnêteté.

§ VII. *Deux autres motifs de l'interdiction de tous ces animaux.*

La grossièreté ou la délicatesse, le danger ou la salubrité de certaines nourritures, étaient sans doute, pour un législateur sage, des motifs suffisants de les ordonner ou de les défendre ; mais Moïse en eut d'autres plus importants et plus relatifs au but qu'il se proposait dans l'établissement de sa législation.

La plupart des peuples s'abstenaient alors ou se permettaient de manger divers aliments, encore moins par barbarie et par rudesse de mœurs que par préjugés religieux et par vaines superstitions. Ainsi les Syriens, ou du moins leurs prêtres, ne mangeaient point de poissons (1) ; ceux d'Egypte,

villiers, la salure des eaux et des aliments rend le peuple très susceptible des maladies de la peau. C'était une loi très bonne pour ces pays, que de défendre de manger du porc. Sanctorius a observé que la chair du cochon que l'on mange se transpire peu, et que même cette nourriture empêche beaucoup la transpiration des autres aliments ; il a trouvé que la diminution allait à un tiers : on sait d'ailleurs que le défaut de transpiration forme ou aigrit les maladies de la peau. La nourriture de cochon doit donc être défendue dans les climats où l'on est sujet à ces maladies, comme celui de la Palestine, de l'Arabie, de l'Egypte, de la Lybie, etc. » Cette remarque est de M. de Montesquieu. Voyez *l'Esprit des lois.* tome II., livre XXIV, chapitre XXV. *Aut.*

M. de Voltaire dit lui-même que la Palestine est un pays de lépreux, où le cochon est presque un aliment mortel. Et il est surpris qu'il nous soit interdit. Voyez *Dictionnaire philosophique*, art. *Montesquieu.* Edit. — *Dictionnaire philosophique,* t. v, Esprit des Lois, tome XLI des OEuvres. Edit.

(1) *De poissons.* Quelques-uns de ces peuples adoraient leurs dieux sous cette forme. *Aut.*

ni poissons, ni oiseaux de proie, ni aucuns quadrupèdes qui n'avaient point la corne du pied fendue ; et les Phéniciens, ni pigeons, ni colombes (1). Les anciens Zabiens s'abstenaient de même de divers animaux, parce qu'ils les croyaient spécialement consacrés aux différents astres, objets de leur culte, et qu'ils s'en servaient dans leurs divinations (2). Ce sont ces abus que Moïse voulut prévenir parmi nous, en établissant sur d'autres principes la distinction des aliments.

L'abstinence de certains animaux étant, chez la plupart de ces peuples, un signe qu'on s'était consacré à telle ou telle divinité, ce sage législateur voulait encore, par cette distinction, rappeler sans cesse aux Hébreux leur consécration particulière au Seigneur, et (permettez-nous cette vanité, elle est fondée) leur supériorité, du moins quant au culte, sur tous les peuples d'alors. Ce dessein n'est pas douteux ; il est expressément marqué dans la loi : *Je vous ai séparés de toutes les nations de la terre, pour être spécialement mon peuple,* dit le Seigneur, *séparez donc aussi le pur d'avec l'impur ; ne vous souillez point en mangeant les animaux que j'ai déclarés immondes* (3) ; *abstenez-vous de la chair de ceux qui seront morts d'eux-mêmes ou qui auront été déchirés par les bêtes, laissez-les aux étrangers ou aux chiens ; mais pour vous, soyez saints parce que je suis saint* (4). Comme s'il leur disait, selon la remarque d'un habile commentateur (5) : « Vous êtes un peuple choisi, une

(1) *Ni colombes.* Ils croyaient que leur déesse avait paru sous la forme d'une colombe. *Aut.*

(2) *Dans leurs divinations.* C'est à cause de ces vues superstitieuses des païens dans la distinction des viandes, qu'un des apôtres du christianisme appelle cette distinction *une doctrine diabolique.* Edit.

(3) *Que j'ai déclarés immondes.* Voyez *Lévitique,* XX.

(4) *Parce que je suis saint.* Voyez *Exod.* XXXII.

(5) *D'un habile commentateur.* C'est de M. Chais que nous parlons. Ce savant ministre a réuni dans son *Commentaire* tout ce que les écrivains anglais ont dit de mieux sur le *Pentateuque.* Nous en avons souvent profité dans cette lettre. *Aut.*

nation toute consacrée à ma gloire, n'usez que de nourritures assorties à votre dignité. Sentez vous-mêmes, et faites sentir à tous les peuples, par la pureté et l'honnêteté de vos aliments, que vous appartenez au Dieu saint et pur. »

Il nous semble, Monsieur, que ces motifs n'ont rien qui dégrade la nation, ou qui démente la prudence divine de son législateur.

§ VIII. *De quelques autres lois rituelles, et de leurs motifs.*

Quand après tant de siècles on ignorerait les motifs de toutes nos lois rituelles, la sagesse admirable de notre législateur, prouvée par tant de traits, suffirait pour persuader qu'il ne les a données que par des raisons très fortes, dignes de lui et de l'esprit de Dieu qui le dirigeait.

Mais nous n'en sommes pas réduits à ce point sur la plupart de ces lois. Divers savants, tant juifs que chrétiens, en ont fait connaître le but et l'utilité, par rapport au temps et aux lieux où se trouvaient nos pères. Les unes étaient des condescendances que le Seigneur daignait avoir pour un peuple longtemps habitué aux usages de l'Egypte : de là cet appareil majestueux du tabernacle, ces sacrifices multipliés, ces cérémonies pompeuses, inconnues à nos patriarches, et qui firent partie de notre culte. Les autres avaient pour objet d'inspirer aux Hébreux une horreur invincible pour les pratiques barbares, les superstitions abominables de leurs voisins ; et de là ces défenses de passer leurs enfants par le feu (1), de se stigmatiser (2), de se taillader le corps (3), de couper leurs

---

(1) *Enfants par le feu.* C'était l'usage des adorateurs du Molock. On passait aussi par le feu en l'honneur d'Apollon. *Apollo*, dit Aruns dans l'Enéide :

    Quem primi colimus, cui pineus ardor acervo
    Pascitur, et medium, freti pietate, per ignem
    Cultores multâ premimus vestigia prunâ. EDIT.

(2) *De se stigmatiser.* C'était la coutume de quelques idolâtres, de s'imprimer sur la peau diverses figures ou caractères en l'honneur de leurs dieux. Voyez, sur toutes ces défenses. *Lévit.* XIX, 26, etc. *Aut.*

(3) *De se tailtader le corps.* Les prêtres de Cybèle se mutilaient;

cheveux d'une certaine manière (1), de manger auprès du sang (2), d'adorer sur les hauts lieux, de planter des bocages auprès du tabernacle (3), etc. Celles-ci étaient destinées à leur retracer les merveilles opérées pour eux par l'Eternel, à perpétuer de race en race la mémoire de ces grands évènements, et à en attester jusqu'à nos jours la vérité à toute la terre ; et ce fut le motif de l'institution du rachat des premiers-nés, de l'oblation des prémices, de la plupart de nos fêtes, etc. Celles-là, comme autant d'emblêmes et de paraboles utiles, cachaient un fonds admirable d'instruction ; et c'est ainsi que la nécessité de tant de précautions contre les souillures légales, de tant d'ablutions et de purifications extérieures, leur annonçait l'obligation encore plus étroite de la pureté du cœur.

D'autres furent l'effet d'une sage politique du législateur, qui voulait attacher les Hébreux à la terre que Dieu leur avait

ceux de Baal, de Bellone, d'Isis, etc., se mettaient tout en sang à coups de couteau. Dans les funérailles, soit pour apaiser les dieux infernaux, soit pour faire honneur aux mort, en témoignant une douleur plus vive, les femmes surtout se déchiraient, se déchiquetaient la peau du visage et du sein. Ces marques insensées de douleur furent proscrites à Athènes et à Rome par des lois expresses : *Mulieres genas ne radunt*, dit la loi des douze tables. *Edit.*

(1) *D'une certaine manière.* En rond. C'était un autre usage superstitieux de quelques peuples voisins de la Palestine. *Aut.*

(2) *Auprès du sang.* Maimonides assure que les anciens Zabiens mangeaient la chair des victimes auprès des fosses où ils recueillaient leur sang pour s'en servir dans quelques opérations magiques. Voyez son Traité intitulé : *More nevochim*. *Aut.*

(3) *Bocages auprès du tabernacle.* Les temples des idolâtres étaient d'ordinaire placés sur des hauteurs, et entourés de bocages ; ce qui donnait lieu à une multitude de superstitions et de désordres que le législateur voulait prévenir par ses défenses.

C'est par cette raison que plusieurs rois pieux sont blâmés, dans nos Ecritures, de n'avoir pas détruit *les hauts lieux et les bocages.* Quoique ces hauts lieux fussent consacrés au Seigneur, les Israélites s'y livraient souvent aux superstitions et aux désordres qui accompagnent les cultes idolâtriques. *Edit.*

donnée, leur en faire aimer les productions, et leur ôter pour toujours le désir de retourner en Egypte ; et de là les lois qui leur prescrivaient, dans les sacrifices, l'usage de l'huile, que l'Egypte ne produisait point, et du vin, que les Egyptiens avaient en horreur (1) ; de là les défenses de manger de l'agneau ou du chevreau cuit dans le lait, comme faisaient les peuples qui manquaient d'huile, etc. (2).

Il en est même qui paraissent avoir été spécialement destinées à servir de preuves subsistantes et palpables d'une providence continuelle de Dieu sur son peuple, et de la mission divine de son premier conducteur. Telle fut, entre autres, la loi du repos de toutes les terres pendant l'année sabbatique : loi singulière, unique, et qui naturellement ne devait venir à l'esprit d'aucun législateur Cette loi ne put être fondée que sur la certitude que dut avoir le nôtre, que chaque sixième année produirait abondamment pour trois ; sans cela Moïse courait risque de faire périr ses concitoyens de famine, et d'attirer sur sa mémoire la malédiction publique. Or, cette certitude, de qui pouvait-elle lui venir, sinon de Dieu (3) ? Conçoit-on qu'il eût osé porté une pareille loi, s'il n'eût été qu'un législateur ordinaire ? Mais ce qui aurait été le comble de la folie, dans un politique qui n'aurait eu que des ressour-

---

(1) *Avaient en horreur.* Voyez dans les *Mémoires de l'Académie* de Gottingue une dissertation curieuse de M. Michaélis, intitulée : *De legibus Palestinam populo israelitico caram facturis.* Aut.

(2) *Manquaient d'huile.* Le docteur Pocock a retrouvé chez les Arabes la coutume de manger l'agneau et le chevreau bouillis dans de l'eau et du lait aigri, que Moïse défend dans cette loi.

Nous remarquerons que cette loi était conçue en ces termes : *Tu ne mangeras point le chevreau ou l'agneau dans le lait de sa mère.* Ainsi c'était tout à la fois un trait de politique et une leçon d'humanité. Aut.

(3) *Sinon de Dieu.* Elle était fondée sur une promesse. «Faites ce que
» je vous demande, *dit le Seigneur.* Que si vous dites : Que mange-
» rons-nous la septième année, si nous ne semons pas et si nous ne re-
» cueillons pas ? Je vous donnerai ma bénédiction la sixième année, et
» cette année produira pour trois.» *Lévitique* XXV, 18, 21.

ces humaines, est une démonstration qu'il en avait d'autres; et que le Dieu dont il se disait le ministre, l'assistait effectivement, et veillait sans cesse sur Israël (1).

Nos lois rituelles, ces lois que vous jugez si bizarres; ne devaient donc point leur naissance au caprice. Quoique *positives* (2), elles avaient chacune leurs motifs particuliers, bien que tant de siècles écoulés ne nous permettent pas de les connaître tous.

§ IX. *Motif général de toutes les lois rituelles.*

Mais à ces motifs particuliers s'en joint un général, qui suffirait seul pour justifier la sagesse de ces institutions *extraordinaires* : c'est qu'elles tendaient toutes à un but commun, digne d'un grand législateur. Ce but de Moïse était d'assurer, contre toutes les révolutions des temps, la durée de sa nation, et la pureté du culte qu'il venait de lui donner.

Dans cette vue, il fallait attacher fortement les Hébreux à leur religion : et c'est ce qu'il opère de la manière la plus efficace, par cette multitude d'observances qu'il leur impose. Car, comme le remarque judicieusement l'auteur de l'*Esprit des lois* (Esprit des lois, livre XXV, chapitre II) : « Une religion chargée de beaucoup de pratique attache plus à elle qu'une autre qui l'est moins. On tient beaucoup aux choses dont on est continuellement occupé ; de là, dit-il, l'*obstination tenace* des Juifs. » Vue très philosophique que Moïse avait eue avant lui, et que nous sommes surpris qu'un homme tel que vous, Monsieur, n'ait point aperçue.

Pour parvenir plus sûrement à ce but, il fallait encore tenir tous les individus de la nation étroitement unis entre eux, et séparés de tous les autres peuples. Or, quoi de plus capa-

---

(1) *Veillait sans cesse sur Israël.* C'est une remarque du docteur Léland contre Tindal.

(2) *Quoique positives.* Voyez plus haut, l. I. Idem. — Voyez *Esprit des Lois*, livre XXV, chapitre II.

ble de produire cet effet que ces observances singulières, et toutes ces pratiques différentes de celles des autres nations, ou diamétralement opposées à leurs usages ? Ce fut, au jugement même des païens, le signe qui nous distingua d'eux, et la barrière qui nous en sépara dans tous les temps (1).

Oui, Monsieur, si la persévérance du peuple juif dans le même culte, si son existence, après tant de révolutions et de catastrophes, peut s'expliquer humainement, c'est à ces institutions qu'elle est due. C'est par les observations que les Hébreux ont faites, qu'ils font encore, et qu'ils feront jusqu'à l'accomplissement des oracles, une nation à part ; et que, malgré leurs captivités, leurs dispersions et leurs malheurs, ils triomphent de la durée des siècles, tandis que les peuples les plus puissants, et regardés comme les plus sages, ont disparu de la surface de la terre.

Voilà le but et l'unité générale de ces observances que vous condamnez si légèrement. Sont-ce là des vues ridicules, une politique absurde, et des projets mal conçus ? Le législateur juif connaissait mieux que vous, Monsieur, le cœur humain, et le besoin qu'ont toutes les sociétés religieuses et civiles de liens extérieurs qui les unissent. A ne parler de lui qu'humainement, et à juger de vous par vos critiques, tout

---

(1) *Sépara dans tous les temps*. Les législateurs anciens, surtout ceux d'Égypte, regardaient la communication trop libre de leurs peuples avec les étrangers comme une des principales causes de la corruption des mœurs, et du peu d'attachement aux usages et aux lois du pays. Des rites particuliers, l'abstinence de divers animaux, etc., pouvaient empêcher cette communication ; et l'empêchaient en effet. « Comment pourrais-je vivre avec toi, dit un militaire à un Égyptien, dans un comique grec, tu adores le bœuf, et je le mange ; l'anguille est ta divinité, et c'est mon mets favori ; tu ne manges pas de cochon, et il n'y a rien que j'aime tant ! » Peut-être Moïse emprunta-t-il d'eux cette politique dont il fit un meilleur usage, et qu'il tourna vers un meilleur but : elle lui a réussi ; on le voit encore tous les jours.

La séparation d'avec *les étrangers*, dit l'auteur de l'*Esprit des lois*, est *la conservation des mœurs*. Il paraît que ce magistrat célèbre avait plus réfléchi sur les législations que M. de Voltaire. *Édit.*

grand philosophe, tout beau génie que vous êtes, vous n'eussiez été, à la place de ce grand homme, qu'un faible politique et un très petit législateur. Depuis longtemps votre peuple, votre religion et vos lois auraient cessé d'être (1).

Nous sommes, avec les sentiments les plus respectueux, etc.

LETTRE III.

Que l'intolérance des cultes étrangers était de droit divin dans le judaïsme. Que la loi juive était intolérante, qu'elle ne l'était pas seule, et qu'elle l'était plus sagement que les lois des anciens peuples.

Il est temps, Monsieur, de passer à ce qui fait, ou plutôt à ce qui devrait faire votre principal objet dans vos deux chapitres. Vous vous proposez, dites-vous, de traiter deux questions : la première, si l'intolérance était de droit divin dans le judaïsme ; la seconde, si elle y fut toujours mise en pratique. Nous suivrons ici le même ordre, et nous examinerons successivement ce que vous dites de l'une et de l'autre de ces questions.

Commençons par la première, et voyons non-seulement si la loi juive était intolérante ; mais pourquoi elle l'était ; si elle l'était seule, et comment elle l'était. Ces objets, qui nous ont paru intéressants, feront la matière et le sujet de cette lettre. Puisse-t-elle vous faire passer quelques moments agréables !

§ I. *Que la loi juive était intolérante sur le culte.*

A votre début, Monsieur, nous avions cru que vous alliez

---

(1) *Auraient cessé d'être.* Nous croyons que les auteurs de ces Lettres ont solidement prouvé la sagesse des lois rituelles de Moïse ; mais l'immutabilité, ou, comme parlent quelques rabbins, l'éternité de ces lois, n'est pas une suite nécessaire de leur sagesse. On traitera dans la suite cette matière plus au long. *Chrét.*

essayer d'autoriser la tolérance par quelque texte du code juif expliqué à votre manière. Mais non : convenez franchement qu'on y trouve des lois sévères sur le culte, et des châtiments plus sévères encore. Rien de plus vrai.

Non-seulement il y est prescrit de n'adorer que le Seigneur, il y est encore expressément ordonné que *quiconque sacrifiera à d'autres dieux qu'à l'Éternel, soit mis à mort sans rémission* (1). A quoi le *Deutéronome* ajoute : *S'il se trouve au milieu de toi, dans quelques-unes des villes que l'Éternel va te donner, homme ou femme qui fasse ce qui déplaît à l'Éternel, en transgressant son alliance, et qui serve d'autres dieux, et se prosterne devant eux, soit devant le soleil ou devant la lune, ou devant l'armée du ciel, et que cela t'ait été rapporté, tu t'en enquerras soigneusement; et, si tu découvres que ce qu'on t'a dit soit véritable, et qu'il soit certain qu'une telle abomination ait été faite en Israël, tu conduiras vers tes portes l'homme et la femme coupables, tu les lapideras et ils mourront* (2).

La loi traite avec la même rigueur ceux qui détourneraient leurs frères du vrai culte. Prétendus prophètes, amis, parents, elle veut *qu'on les dénonce, qu'on les lapide et qu'ils meurent, parce qu'ils ont parlé de révolte contre Jehovah*. Que si l'on apprend qu'une des villes Israélites, à la sollicitation de quelques-uns de ses habitants, a quitté le Seigneur pour servir d'autres dieux, elle ordonne « *qu'il soit fait des informations exactes, et une enquête juridique, et que, si le crime est trouvé certain, et le peuple endurci dans*

---

(1) *Sans rémission.* Exode XXIX, 20. Les chrétiens, dit Spencer, ont tort de conclure de cette loi qu'ils aient droit ou qu'ils soient obligés de mettre à mort les idolâtres, ou ceux qui pensent autrement qu'eux sur la religion. Dieu donna cette loi aux Hébreux, non comme Dieu maître souverain de l'univers, mais comme chef politique du gouvernement établi dans le pays qu'il leur avait donné : *Non quatenùs Jehovah,* dit le savant Anglais, *sed quatenùs Jehovah stator*. Elle n'oblige pas même les Juifs dans leur dispersion. *Chrét.*

(2) *Ils mourront.* Voyez Deut. XII. *Aut.*

son apostasie, cette ville soit détruite avec tout ce qui s'y trouvera, en sorte qu'elle demeure ensevelie sous ses ruines sans qu'on la relève jamais (1).

Des exemples d'une sévérité rigoureuse confirment ces ordonnances. Les adorateurs du veau d'or sont égorgés sans miséricorde, le culte du dieu de Madian est puni par la mort des coupables; et dès que les tribus d'au-delà du Jourdain sont soupçonnées d'élever des autels aux dieux étrangers, tout Israël s'arme pour les combattre, etc. (2).

Il n'est donc pas douteux que le droit divin des Juifs ne fût intolérant et sévère sur le culte. Il l'était même nécessairement, et ne pouvait pas ne pas l'être. Pourquoi? C'est ce que vous n'avez pas assez compris, Monsieur, ou n'avez pas voulu apprendre à vos lecteurs. Tâchons de l'éclaircir.

§ II. *Pourquoi la loi juive était si sévère et si intolérante sur le culte.*

L'intolérance et la sévérité de nos lois sur le culte vous surprennent et vous révoltent. Vous vous figurez sans doute que l'adoration des dieux étrangers était pour les Hébreux une faute légère. Erreur, Monsieur : ce n'était pas seulement un péché grave contre la conscience, une coupable infraction d'une des premières lois naturelles, c'était encore un délit public, et le délit public le plus digne de châtiment.

Sortez enfin du cercle étroit des objets qui vous entourent, et ne jugez pas toujours de notre gouvernement par les vôtres. La république des Hébreux n'était ni une simple institution religieuse, ni une administration purement civile : c'était tout à la fois l'une et l'autre ; et, au lieu que dans vos gouvernements l'état et la religion sont deux choses séparées, dans le nôtre, comme nous l'avons déjà dit, ils n'en font qu'une. Tout culte étranger, attaquant la religion dans son

(1) *Qu'on la relève jamais.* Voyez Deut. XII. *Aut.*
(2) *Les combattre*, etc. Voyez Exode, XXII; Nombre XXV.

principe fondamental, attaquait par là même la constitution de l'état, et l'attaquait dans ce qu'elle avait de plus important, de plus précieux et de plus essentiel. Le but, le grand objet du gouvernement hébreu était de préserver la nation de l'idolâtrie et des crimes dont elle était la source, et de perpétuer parmi nous la connaissance et le culte du vrai Dieu. C'est sur ce culte que tout portait dans l'état ; c'était le centre où tout aboutissait, le lien puissant qui unissait entre eux tous les membres de la république, et même, aux yeux d'une saine philosophie, le grand titre de prééminence et de supériorité du peuple hébreu sur tous les peuples de la terre. A la persévérance dans ce culte étaient attachées, par le contrat original passé entre le Seigneur et son peuple, la possession de la terre qu'il leur avait donnée, la sûreté des particuliers et la prospérité de l'empire (1). Donc embrasser, conseiller des cultes étrangers, c'était troubler l'ordre public, jeter des semences funestes de divisions (2), attenter à la majesté de l'état, et lui arracher sa gloire, l'espérance de son bonheur et de sa durée. Etait-ce là un manquement léger ?

Dans ce gouvernement, Jehovah était non-seulement l'objet du culte religieux, comme seul vrai Dieu, il y était encore le premier magistrat civil et le chef politique de l'état. Il avait choisi les Hébreux pour ses sujets comme pour ses adorateurs ; et les Hébreux l'avaient reconnu pour leur roi, comme pour leur Dieu. L'adoration de Jehovah seul, l'attachement inviolable à son culte, avaient été la première condition et la base de son alliance avec son peuple : *Tu adoreras le Seigneur ton Dieu, et tu ne serviras que lui.* Adorer les dieux étrangers était donc une violation de son alliance, une révolte contre le souverain, en un mot, un crime d'état au premier chef. Dans quel gouvernement sage les crimes d'état peuvent-ils être tolérés par les lois ?

(1) *La prospérité de l'empire.* Voyez sur tous les points l'*Exode*, chapitre XIX, et le *Deut.* V, VII, etc. *Aut.*

(2) *Funestes de divisions.* Voyez plus haut, Lettre III. *Aut.*

Ne nous étonnons donc plus de l'intolérance et de la sévérité de nos lois sur le culte. Elles traitaient et devaient traiter les adorateurs des dieux étrangers, comme les lois de tous les peuples d'alors traitaient les traîtres à la patrie (1) et les sujets révoltés contre leur prince. Notre législation même devait être d'autant plus sévère que nos Hébreux étaient des cœurs durs et des esprits indociles, leur penchant à l'idolâtrie violent, et l'exemple de tous les autres peuples une séduction puissante.

§ III. *Que l'intolérance sur le culte n'était point particulière à la loi juive.*

Mais l'intolérance, plus essentielle au gouvernement juif, ne lui était point particulière : non, Monsieur. Quoi que vous en puissiez dire, c'était un principe de législation, une maxime de politique reçue chez les peuples anciens, même les plus vantés. En effet, quand on voit Abraham persécuté pour sa religion dans la Chaldée (2), et le célèbre Zoroastre, le fer et le feu à la main, persécutant dans le royaume de Touran ; quand on voit les Hébreux n'oser offrir des sacrifices

---

(1) *Les traîtres à la patrie.* Dans ces anciens temps, où des mœurs dures exigeaient des lois sévères, les crimes d'état étaient punis chez tous les peuples avec la dernière rigueur. Le crime d'un particulier entraînait presque toujours la destruction entière de sa famille. Les villes coupables étaient renversées de fond en comble, et leurs habitants passés, sans distinction, au fil de l'épée. L'histoire fournit plus d'un exemple de cette sévérité, non-seulement en Orient, mais chez les Grecs et les Romains, même dans les derniers temps de la république.

Les lois des peuples modernes usent de la plus grande rigueur contre les crimes de haute trahison, de révolte, de conspiration contre l'état, etc. Elles obligent de révéler les amis même et les parents, et punissent du dernier supplice pour ne l'avoir pas fait. *salus populi suprema lex.* Edit.

(2) *Dans la Chaldée.* C'est une tradition des Arabes. On peut opposer ces traditions arabes à M. de Voltaire qui les cite. *Edit.*

et immoler des victimes dans l'Egypte, de peur d'irriter le peuple contre eux ; les Perses, qui n'admettaient point de statues dans leurs temples, briser celles des dieux de l'Egypte et de la Grèce ; et les différents nomes égyptiens s'armer tantôt contre les vainqueurs, tantôt les uns contre les autres (1), pour défendre ou venger leurs dieux, il nous semble qu'on peut bien ne pas les regarder comme particulières à notre nation.

Quoi qu'il en soit de ces peuples dont l'histoire et la législation nous sont moins connues, on ne peut nier que les lois des Grecs et des Romains n'aient été décidément intolérantes sur le culte.

Ne citons point ici les villes du Péloponèse et leur sévérité contre l'athéisme (2) ; les Ephésiens poursuivant Héraclite

---

(1) *Les uns contre les autres.* On en voit un exemple dans Juvénal, Satire XV, où ce poète décrit le combat sanglant que se livrèrent les Ombes et les Tentyrites par ce motif. La fureur fut portée au point que les vainqueurs y déchirèrent et dévorèrent les membres palpitants des vaincus.

                         Summus utrinquè
Indè furor vulgo, quòd numina vicinorum
Odit uterque locus ; quùm solos credat habendos
Esse deos, quos ipse colit.

« Ce trait, qui n'est pas le seul de ce genre dans l'histoire ancienne, prouve bien, dit le traducteur des *Remarques de Bentley* sur le Discours de la liberté de penser, que ce n'est pas seulement entre les sectes chrétiennes que la religion a causé des haines violentes et des guerres cruelles. »

Le nouveau traducteur de Juvénal a fait la même remarque. « Ce passage, dit-il, peut servir à prouver que l'intolérance religieuse est plus ancienne que l'ont cru des auteurs fameux. » Faut-il que M. de Voltaire soit du nombre ! Ce grand homme prétend que les guerres religieuses n'ont été connues que parmi les chrétiens. Il l'a dit et redit, *legentis ad fastidium*. Quel plaisir peut-il trouver à répéter sans cesse à ses lecteurs des faussetés répétées tant de fois avant lui, et tant de fois réfutées ? *Edit.*

(2) *Contre l'athéisme.* A l'exemple et à l'invitation des Athéniens, ces villes proscrivirent l'athée Diagoras. *Edit.*

comme impie (1) ; les Grecs armés les uns contre les autres par le zèle de la religion, dans la guerre des Amphyctions. Ne parlons ni des affreuses cruautés que trois successeurs d'Alexandre (2) exercèrent contre les Juifs, pour les forcer d'abandonner leur culte, ni d'Antiochus chassant les philosophes de ses états (3) ni des Epicuriens bannis de plusieurs villes grecques, parce qu'ils corrompaient les mœurs des citoyens par leurs maximes et leurs exemples.

Ne cherchons point des preuves d'intolérance si loin : Athènes, la polie et savante Athènes, nous en fournira assez de preuves. Tout citoyen y faisait un serment public et solennel de se conformer à la religion du pays, de la défendre et de la faire respecter. Une loi expresse y punissait sévèrement tout discours contre les dieux, et un décret rigoureux ordonnait de dénoncer quiconque oserait nier leur existence.

La pratique y répondait à la sévérité de la législation. Les procédures commencées contre Protagore ; la tête de Diagoras mise à prix ; le danger d'Alcibiade ; Aristote obligé de fuir ; Stilpon banni ; Anaxagore échappant avec peine à la mort ; Phryné accusée ; Aspasie ne devant son salut qu'à l'éloquence et aux larmes de Périclès ; Périclès lui-même, après tant de service rendus à la patrie et tant de gloire acquise, contraint de paraître devant les tribunaux, et de s'y défendre (4) ; des poètes même de théâtre, malgré la passion des Athéniens pour ces spectacles ; le peuple murmurant contre l'un, et sa pièce interrompue jusqu'à ce qu'il se fût justifié ;

---

(1) *Comme impie.* Héraclite leur reprochait leurs dieux de pierre, etc. *Edit.*

(2) *D'Alexandre.* Antiochus Ephiphane, Eupator et Démétrius. Voyez le livre des Machabées et l'historien Josèphe. Ptolémée-Philopator forma de même le projet de faire mettre à mort tous ceux d'entre les Juifs qui refuseraient d'embrasser la religion et les pratiques des Grecs. *Id.*

(3) *De ses états.* Voyez sur tous ces faits Bentley et les auteurs cités ci-dessous. *Id.*

(4) *Et de s'y défendre.* Périclès, disciple et ami d'Anaxagore, devint suspect d'athéisme pour avoir pris la défense de ce philosophe. *Id.*

l'autre jugé, traîné au supplice, et près d'être lapidé, lorsqu'il fut heureusement délivré par son frère (1) : tous ces philosophes, ces femmes célèbres par leur esprit et par leurs charmes, ces poètes, ces hommes d'état, poursuivis juridiquement pour avoir écrit ou parlé contre les dieux; une prêtresse exécutée pour en avoir introduit d'étrangers ; Socrate condamné et buvant la ciguë, parce qu'on lui imputait de ne point reconnaître ceux du pays, etc. ; ce sont des faits qui annoncent assez que la faveur, la dignité, le mérite, les talents même les plus applaudis n'y furent pas pour l'irréligion un abri sûr et tranquille. Ils attestent trop hautement l'intolérance sur le culte, même chez le peuple le plus humain et le plus éclairé de la Grèce, pour qu'on puisse la révoquer en doute (2).

Les lois de Rome n'étaient ni moins expresses, ni moins sévères. Il suffit de lire les textes que vous citez vous-même, pour en être convaincu. On n'adorera point de dieux étrangers, *deos peregrinos ne colunto*, disent-elles formellement. Est-ce ainsi que s'exprimerait une législation tolérante ?

L'intolérance des cultes étrangers n'était donc pas nouvelle chez les Romains, puisqu'elle remontait aux lois des douze

---

(1) *Par son frère.* C'est Eschyle. Son frère le sauva en se dépouillant le bras, et montrant avec larmes aux Athéniens qu'il avait perdu la main en combattant pour eux. L'autre poète est Euripide : tous deux accusés d'avoir parlé des dieux avec irrévérence. *Edit.*

(2) *révoquer en doute.* Ces faits sont rapportés par Cicéron, Diogène de Laërce, Athénagore, Clément d'Alexandrie, etc. Ils sont cités par Josèphe au sophiste Apollonius, qui reprochait alors aux Juifs, comme M. de Voltaire le fait aujourd'hui, leur intolérance sur le culte. Si ce savant critique avait lu Josèphe, il est à croire qu'il n'aurait pas renouvelé ce reproche, ou qu'il aurait pris la peine de prouver la fausseté des faits que l'historien juif oppose à son adversaire. Mais probablement l'illustre auteur n'a pas été puiser dans une source si ancienne ; il a pour garants des écrivains récents, Tindal, Woollaston, Collins, durement, mais solidement et complètement réfutés sur cet objet même par le savant Bentley. M. de Voltaire apparemment n'a pas lu non plus cette réfutation. *Edit.*

tables, et même à celle des rois. Mais ce n'est pas tout : suivez l'histoire de ce peuple fameux, vous y verrez les mêmes défenses portées par le sénat, l'an de Rome 325 (1), et les édiles chargés de veiller à leur exécution; ces défenses renouvelées l'an 529 (2); les édiles vivement réprimandés pour avoir négligé d'y tenir la main, et des magistrats supérieurs nommés pour les faire observer plus sûrement. Vous y verrez le culte de Sérapis et d'Isis, qui s'était introduit sourdement dans cette capitale, interdit, et les oratoires de ces nouvelles divinités démolis par les consuls, l'an 536 (3); des décrets des pontifes, et des sénatus-consultes *sans nombre*, comme les religions étrangères, cités au sénat l'an 566 (4), et un nouveau culte proscrit l'an 623 (5). Cette intolérance ne discontinua point sous les empereurs, témoin les conseils de Mé-

(1) *L'an de Rome* 325. Voyez Tit.-Liv., lib. IX, n. 30. *Nec corpora modò*, dit-il, *affecta tabe, sed animos quoque multiplex religio et pleraque externa invassit; donec publicus jam pudor ad primores civitatis pervenit....... Datum indè negotium ædilibus, ut animadverterent ne qui, nisi romani dii, neque alio more, quàm patrio, colerentur.* Aut.

(2) *L'an* 529. Voyez Tit.-liv., lib. 25, n. 1. *Incusati graviter ab senatu ædiles triumvirique capitales, quòd non prohiberent.... Ubi potentius jam esse id malum apparuit, quàm ut minores per magistratus sedaretur, Marco Attilio prætori urbi negotium ab senatu datum est.* Id.

(3) *L'an* 536. Voyez Max., lib. IV. *Id.*

(4) *L'an* 566. Voyez Tit.-Liv., lib. XXXIX, n° 16. Après avoir cité ces décrets des pontifes et des sénatus-consultes sans nombre, *innumerabilia decreta pontificum, senatus-consulta*, l'historien ajoute : *Quoties patrum avorumque ætate negotium hoc magistratibus datum, ut sacra externa fieri vetarent, omnémque disciplinam sacrificandi præterquam more romano abolerent.* Édit.

(5) *L'an* 628. Le culte de Jupiter Sabatius. C'est au sujet de ce culte que le sage Rollin remarque « qu'on voit dans tous les temps des preuves de cette attention des Romains à éloigner les nouvelles superstitions »; et M. de Voltaire assure froidement et sans réserve, en vingt endroits, *que les romains tolérèrent et permirent tous les cultes* ? Aut.

cène à Auguste (1), non seulement contre les athées et les impies, mais contre ceux qui introduisaient ou honoraient, dans Rome, d'autres dieux que ceux de l'empire; témoin les superstitions égyptiennes proscrites sous cet empereur (2); les dieux étrangers que le relâchement de la discipline avait introduits, chassés sous Claude; les Juifs bannis, s'ils ne voulaient pas renoncer à leur religion (3), sous Tibère; mais témoin surtout les chrétiens exilés, dépouillés de leurs biens, et livrés, si longtemps et en si grand nombre, aux plus cruels supplices, non pour leurs crimes, mais pour leur religion (4), sous les Néron, les Domitien, les Maximin, les Dioclétien, etc., et même sous les empereurs les plus humains, sous Trajan, sous Marc-Aurèle, etc.

(1) *Les conseils de Mécène à Auguste.* Voyez Dion Cassius, lib. XLII. Nous croyons devoir rapporter ici en entier le passage de cet historien; nous le traduirons littéralement d'après le texte grec. « Honorez vous-même, dit Mécène à Auguste, honorez soigneusement les dieux, selon les usages de nos pères, et *forcez* les autres de les honorer. *Haïssez ceux qui innovent dans la religion, et punissez-les,* non-seulement à cause des dieux (qui les méprise ne respecte rien); mais parce que ceux qui introduisent des dieux nouveaux engagent plusieurs personnes à suivre des lois étrangères, et que de là naissent des *unions* par *serment,* des *ligues,* des associations, toutes choses dangereuses dans la monarchie. Ne souffrez point les athées ni les magiciens, etc. » Nous invitons M. de Voltaire à consulter l'original, et à juger si cette traduction n'est pas exacte, au moins dans l'essentiel. *Édit.*

(2) *Sous cet empereur.* Ce fut Agrippa qui les proscrivit. Voyez Dion Cassius, lib. LIV. Les consuls Gabinius et Pison avaient déjà abattu, quelques années auparavant, les autels élevés dans le Capitole aux dieux de l'Égypte.

(3) *Renoncer à leur religion.* C'est Tacite qui nous l'apprend. *Cederent Italiâ, nisi certam ante diem profanos ritus exuissent.* Voyez *Ann.,* lib. II, no 86. *Aut.*

(4) *Pour leur religion.* Voyez la fameuse lettre de Pline à Trajan citée par un de nos frères, et le portrait des premiers chrétiens tracé par la main de ce Juif. Comparez ce portrait avec ceux qu'en ont tracé quelques célèbres auteurs soi-disant chrétiens; et jugez où sont l'équité et la modération. *Aut.*

Que dis-je? les lois même que les philosophes d'Athènes et de Rome écrivirent pour les républiques imaginaires, sont intolérantes. Platon ne laisse pas aux citoyens la liberté du culte, et Cicéron leur défend expressément d'avoir d'autres dieux que ceux de l'état. « Que personne, dit-il, n'ait des dieux à part, qu'on n'en adore point de nouveaux ni d'étrangers, même en particulier, à moins qu'ils n'aient reçu la sanction publique. *Separatim nemo habessit deos neve novos, sed nec advenas, nisi publice adscitos, colunto.* »

Enfin, Monsieur, rappelez-vous ce que vous avez dit tant de fois (1) du secret des mystères, dont le grand dogme, à vous entendre, était l'unité de Dieu, créateur et gouverneur du monde, et de la double doctrine des philosophes, l'une extérieure et publique, l'autre intérieure; et qu'ils ne communiquaient qu'à leurs plus chers disciples, sur les matières qui pouvaient intéresser la religion du pays. « C'était, selon vous, une nécessité de cacher le dogme de l'unité de Dieu à des peuples entêtés du polythéisme. Il fallait la plus grande discrétion pour ne pas choquer les préjugés de la multitude. Il aurait été trop dangereux de la vouloir détromper tout d'un coup. On aurait bientôt vu cette multitude en fureur demander la condamnation de quiconque l'aurait osé. » Cette *nécessité* de cacher un dogme contraire à la religion dominante, ce *danger extrême*, ces craintes si bien fondées, *que la multitude en fureur ne demandât la condamnation de quiconque aurait osé l'instruire*, ne prouvent-elles pas évidemment l'intolérance des lois où il fallait prendre tant de précaution, et user de tant de secret?

Nous croyons, Monsieur, que quiconque n'a point oublié tous ces traits de l'histoire ancienne, a quelque lieu d'être surpris en vous voyant avancer, sans restriction, que de tous

---

(1) *Vous avez dit tant de fois.* Voyez surtout *Philosophie de l'histoire*, art. Mystères, etc. — Voyez *Introduction à l'Essai sur les mœurs*, art. Mystères, pag. 105 et 106, tome XVI des OEuvres. *Aut.*

les anciens peuples, aucun n'a gêné la liberté de penser ; que chez les Grecs, il n'y eut que le seul Socrate persécuté pour ses opinions ; que les Romains permirent tous les cultes, et qu'ils regardèrent la tolérance comme la loi la plus sacrée du droit des gens (1).

La surprise augmente, quand on vous entend assurer « que les Romains, plus sages que les Grecs, n'ont *jamais persécuté aucun philosophe pour ses sentiments* (2). » Car vous dites ailleurs, que *chez les Romains il n'y a pas un seul exemple, depuis Romulus jusqu'à Domitien, qu'on ait persécuté personne pour sa manière de penser* (3). Domitien au moins persécuta donc *pour la manière de penser* : et qui ? les chrétiens ou les philosophes. Mais vous avez nié cent fois que les Romains aient jamais persécuté les chrétiens *pour leurs sentiments*. Il persécuta donc les philosophes.

Que si les philosophes ne furent point persécutés sous Domitien pour *leur manière de penser*, pourquoi le furent-ils donc (4) ? Pourquoi les voit-on chassés de Rome par cet empereur, comme ils l'avaient été par Néron ? Encore s'ils ne l'eussent été que par ces deux tyrans, ennemis de toutes vertus, ce serait peut-être une gloire pour la philosophie : mais ils le furent même sous le gouvernement doux et modéré

(1) *Du droit des gens.* Voyez *Traité de la tolérance*, art. *si les Romains ont été tolérants.* — Voyez *Politique et Législation*, tome II-*Traité de la tolérance*, pages 89 et 91, tome XXX des *OEuvres*. *Aut.*

(2) *Pour ses sentiments.* Voyez *Lettres sur Vanini*, dans les Nouveaux Mélanges. — Voyez *Mélanges littéraires*, tome 1ᵉʳ, Lettres sur Vanini, pages 343 et suivantes, tome XLVII des *OEuvres*. *Aut.*

(3) *Pour sa manière de penser.* Voyez *Philosophie de l'histoire.* — Voyez *Introduction à l'Essai sur les mœurs*, art. *des Romains*, etc., page 228 ; tome XVI des *OEuvres*.

(4) *Pourquoi le furent-ils donc ?* Serait-ce, pour user des termes d'un éloquent magistrat, que « cette philosophie audacieuse faisait « cabale, et que ses sectateurs ne cherchaient qu'à soulever les peuples, « sous prétexte de les éclairer ? » *Aut.*

de Vespasien. « Ils furent les seuls, dit un écrivain moderne (1), qui le contraignirent d'user à leur égard d'une sévérité opposée à son inclination. Les maximes orgueilleuses du stoïcisme leur inspirant un amour de la liberté, fort voisin de la révolte, ces docteurs de sédition faisaient des leçons publiques d'indépendance. Ils abusèrent longtemps de la bonté du prince, pour saper les fondements d'une autorité qu'ils auraient dû chérir et respecter ; et leurs déclamations ne cessèrent que quand ils eurent été, les uns exilés, les autres renfermés dans des îles, quelques-uns même battus de verges et mis à mort. »

Il y a plus : ces empereurs, en chassant les philosophes, *ne faisaient*, dit Suétone, *que se conformer à d'anciennes lois portées contre eux*. Il a raison ; car dès l'an 160 avant l'ère vulgaire, ils avaient été bannis de Rome par un décret du sénat (2), et le préteur, M. Pomponius, chargé de veiller à ce qu'il n'en restât aucun dans la ville. Pourquoi ? parce qu'on les regardait, disent les historiens, comme des discoureurs

---

(1) *Un écrivain moderne.* Voyez *l'Histoire romaine* de M. Crévier, savant estimable, quoique maltraité par M. de Voltaire. Que penser, après cela, quand on voit un écrivain aussi instruit avancer froidement que « l'histoire n'offre pas un seul exemple « de philosophe » qui se soit opposé aux volontés du prince et du gouvernement ? » On ne peut que rire de cette confiance, fruit de l'enthousiasme philosophique.

Nous avons omis beaucoup d'autres faits, qui prouveraient bien le contraire de ce que M. de Voltaire avance ici avec tant d'assurance, entre autres les livres du philosophe Cremutius Cordus brûlés par l'ordre du *sage* sénat romain, etc. *Aut.*

(2) *Par un décret du sénat.* C'est Suétone lui-même qui nous l'apprend dans son livre des célèbres Rhéteurs, où il rapporte ce décret. *Quòd verba facta sunt de philosophis, de eâ re censuerunt (patres conscripti) ut M. Pomponius prætor animadverteret curaretque ut nulli Romæ essent.* Puisqu'on abuse de tout, même de la philosophie comme de la religion, il n'est pas moins d'un gouvernement sage de réprimer le fanatisme philosophique que le fanatisme religieux ; l'un a ses dangers aussi bien que l'autre. *Edit.*

dangereux, qui, en raisonnant sur la vertu, en renversaient les fondements, et comme capables, par leurs sophismes, d'altérer la simplicité des mœurs anciennes, et de répandre, parmi la jeunesse, des opinions funestes à la patrie. Ce fut sur les mêmes principes et par les mêmes raisons que le vieux Caton fit congédier promptement trois ambassadeurs philosophes. Les *sages* Romains ne croyaient pas que *les philosophes ne peuvent jamais nuire*. Que n'étiez-vous là, Monsieur, pour le leur apprendre ?

Par ces réflexions, nous ne prétendons ni aigrir les esprits contre la philosophie, nous savons qu'elle peut être utile aux particuliers et aux états : ni justifier l'intolérance des anciens peuples ; nous croyons qu'elle a été sous plus d'un aspect et en plus d'une rencontre, très condamnable, et nous la condamnons autant et peut-être plus que vous. Nous voulons seulement vous convaincre qu'il s'en faut de beaucoup que chez ces peuples la liberté de penser ait été aussi entière que vous le dites, et que vos assertions sur leur tolérance auraient eu besoin, pour être vraies, de plusieurs restrictions que vous n'y avez pas mises ; que si la tolérance absolue de toutes les opinions philosophiques et religieuses est la marque caractéristique d'un gouvernement sage, vos *sages* Romains ne l'ont pas plus été que les Grecs ; que les uns et les autres ont été intolérants sur le culte ; qu'ils l'ont été même à l'égard des philosophes ; en un mot, qu'ils ont persécuté ; et que, pour le faire, ils n'avaient qu'à suivre les dispositions de leurs lois.

§ IV. *Comment la loi juive était intolérante. Comparaison de cette intolérance avec celle de quelques autres peuples.*

C'est donc, Monsieur, un fait certain, que la loi juive n'était pas la seule intolérante ; reste à voir comment elle l'était.

1° Elle l'était pour la vérité ; celle des autres peuples l'étaient pour l'erreur. Par l'intolérance de leurs législations, ces peuples voulaient maintenir des dogmes absurdes, des cultes qui déshonoraient l'humanité et faisaient rougir la vertu. L'intolérance de la nôtre avait pour but de conserver la seule vraie croyance, et le seul culte avoué de la raison.

2° Cette intolérance avait des bornes que d'autres législations n'ont point connues. Elles ne permettaient point aux Hébreux de souffrir les dieux étrangers, ni leurs adorateurs obstinés; mais où ? *Dans les villes que l'Eternel nous avait données.* Elles ne s'étendait donc pas au-delà du pays ; et quoiqu'en aient pu dire quelques écrivains pour nous rendre odieux, jamais nos pères ne se crurent chargés par leur foi d'aller, le fer et feu à la main, exterminer l'idolâtrie par toute la terre (1). Feindre d'avoir une telle commission, ce fut le crime de l'imposteur qui séduisit et désola l'Orient.

3° Loin que cette tolérance portât nos pères à haïr les autres peuples, ils avaient des alliances et faisaient des traités avec eux. Ils faisaient plus, ils priaient pour les rois étrangers leurs bienfaiteurs ou leurs maîtres, et offraient des sacrifices pour leur conservation, de quelque religion qu'ils fussent.

4° Reconnaître un Dieu maître souverain de l'univers, n'adorer que lui, et respecter notre législateur et nos lois, c'était tout ce que la loi exigeait de l'étranger, pour qu'il pût vivre parmi nous, et avoir même quelque accès dans notre temple, et quelque part à nos solennités (2).

Quant au citoyen, l'intolérance se bornait à quelques points,

---

(1) *Par toute la terre.* On verra dans la suite que cette imputation est démontrée fausse par tout l'ensemble de notre législation. *Aut.*

(2) *Quelque part à nos solennités.* Les prosélytes de domicile, qui adoraient le Dieu d'Israël, mais qui n'étant point circoncis et n'avaient point embrassé notre loi, comme les prosélytes de justice, pouvaient entrer dans la première enceinte du temple, et y offrir leurs holocaustes. On les nommait les hommes pieux d'entre les gentils : ils pouvaient habiter parmi nous, et y jouir de divers priviléges. *Edit.*

en petit nombre, qui n'étaient pas *des distinctions métaphysiques*, mais des erreurs capitales et pernicieuses, ou des actes extérieurs et des faits palpables, l'athéisme, l'idolâtrie, le blasphème, le mépris insolent de la religion et de ses lois, etc. Elle n'obligeait donc point à *exterminer pour des paradoxes, à plonger dans des cachots, à pendre, rouer, brûler, massacrer des citoyens pour des distinctions, des lemmes et des antilemmes théologiques, etc.* : excès que des chrétiens ont reprochés au christianisme (1).

Concluons, Monsieur : la loi juive était intolérante ; elle l'était nécessairement ; elle ne l'était pas seule, et elle l'était avec plus de sagesse que les législations des anciens peuples; ces considérations doivent suffire pour vous calmer sur cette intolérance qui vous choque. Comment a-t-elle pu donner tant d'humeur un philosophe qui fait profession de croire un Dieu, et qupose pour principe, que, *quand la religion est devenue lo de l'état, il faut se soumettre à cette loi* ? Si cette soumission est nécessaire, sans doute, c'est surtout lorsque la loi est fondamentale, les dogmes vrais et le cœur pur.

Nous sommes avec respect, etc.

(1) *Au Christiaisme*. Ces Chrétiens ne sont pas de bonne foi, ou connaissent mal lur religion. Nous pouvons les assurer, nous Juifs, que la religion chrétienne n'oblige point à *s'exterminer pour des paradoxes*, pas même pour ses dogmes les plus importants. Le véritable esprit de cette religion ne respire que douceur, et c'est la calomnier que de lui imputer les fureurs d'un fanatisme aveugle et les forfaits d'une noire politique : elle condamne également l'un et l'autre. Ces chrétiens confondent le christianisme avec les abus qu'on en a faits. Quand plaira-t-il ces génies de raisonner enfin avec justesse ? *Aut.*

LETTRE IV.

Vains efforts de l'illustre écrivain pour prouver la pratique d'une tolérance universelle sous le gouvernement de Moïse. Assertions singulières qu'il avance. Méprises dans lesquelles il donne.

S'il n'est pas douteux que les lois des anciens peuples, et particulièrement celles des Grecs et des Romains, ont été intolérantes sur le culte, il est certain aussi qu'on n'en pressait pas toujours l'exécution à la rigueur. Le polythéisme, que la plupart de ces peuples professaient, n'excluant de sa nature aucune divinité ni aucun culte, c'était un principe de politique, surtout chez les Romains, d'adopter les dieux des nations amies ou vaincues.

Lors même qu'on ne leur donnait point la sanction publique, on fermait souvent les yeux sur leurs cultes, et l'attention des magistrats ne se réveillait guère sur cet objet que quand des désordres réels ou imaginaires, des préventions bien ou mal fondées, des imputations vraies ou fausses, paraissaient exiger la suppression de ces religions nouvelles et l'observation rigoureuse des lois toujours subsistantes contre les cultes étrangers. C'est-à-dire, qu'on faisait alors à peu près ce qu'on fait encore dans plusieurs états, où l'on associe quelque sectes aux priviléges de la religion dominante; et où l'on tolère les autres, tant qu'elles ne donnent point d'ombrage au gouvernement : politique peut-être nécessaire dans les grands empires, dans les républiques commerçantes et chez les peuples conquérants ; politique du moins douce et modérée que les Juifs, toujours plus persécutés que persécuteurs, ne sont point dans le cas de condamner (1).

(1) *De condamner*. Encore moins les Juifs de Hollande, tels que nos auteurs. *Edit.*

L'intolérance ne fut donc pas toujours mise en pratique chez les anciens peuples ; le fut-elle chez les Juifs ? C'est votre seconde question, sur laquelle vous vous décidez pour la négative. « Si les lois des Juifs, dites-vous, étaient sévères sur le culte, par une heureuse contradiction la pratique en était douce. Du nuage de cette barbarie si affreuse et si longue, il s'échappe toujours des rayons d'une tolérance universelle ; on en voit des exemples sous Moïse, sous les Juges, et les écrits des prophètes, l'opposition des sentiments, la diversité des sectes, en fournissent des exemples incontestables. »

Nous ne prétendons point, Monsieur, que nos lois sur le culte aient toujours été exactement observées ; nous savons le contraire, et nous en faisons l'aveu. Mais nous croyons qu'en voulant prouver la tolérance par l'exemple de nos pères, sous ces différentes époques, vous donnez, presque sur chaque article, dans des erreurs que vous nous saurez peut-être gré de vous faire remarquer. Nous commencerons par ce que vous dites de la tolérance sous Moïse. Ce sont des assertions toutes neuves. Vous jugerez vous-même si elles sont vraies.

§ I. *Qu'il n'est pas vrai que, sous le gouvernement de Moïse, les Israélites eurent une liberté entière sur le culte.*

Si l'on vous en croit, Monsieur, ce législateur, qu'on a peint si cruel, et à qui l'on a tant de fois reproché une *sévérité barbare*, *porta la tolérance au point de laisser à son peuple une liberté entière sur le culte.*

Mais comment concilier cette liberté avec les récits du *Pentateuque* ? Comment la concilier surtout avec le châtiment sévère que le culte du veau d'or attira aux Hébreux prévaricateurs ?

Vous dites « que ce massacre même fit comprendre à Moïse qu'on ne gagnait rien par la rigueur. » Il le comprit mal apparemment, puisqu'on le voit, quelques années après, user de la même sévérité contre les adorateurs de Béelphégor.

Ces deux faits arrivés l'un à l'entrée des Israélites dans le désert, l'autre à leur sortie, ne s'accordent guère avec une *liberté entière sur le culte.*

Vous l'avez senti ; et c'est sans doute par ce motif que vous avez fait tant d'efforts pour en rendre la vérité suspecte. On a vu plus haut (1) avec quel succès vous l'avez combattue, et combien vos objections étaient solides.

§ II. *Que c'est à tort que M. de Voltaire prétend que les Hébreux ne reconnurent que des dieux étrangers dans le désert, et qu'ils n'adorèrent Adonaï qu'après qu'ils en furent sortis. Passages d'Amos et de Jérémie. Qu'ils ne contredisent point ceux de Moïse.*

Comme une erreur mène à une autre, vous ne vous en tenez point à l'assertion précédente ; vous y en ajoutez de plus singulières encore :

« Plusieurs commentateurs, dites-vous, ont de la peine à concilier les récits de Moïse avec les passages d'Amos et de Jérémie, et avec le célèbre discours de saint Etienne, rapporté dans les Actes. » Et vous nous apprenez ce qui cause l'embarras de ces commentateurs et le vôtre. C'est qu'Amos dit *que les Juifs adorèrent toujours dans le désert Moloch, Rempham et Kium* ; et que Jérémie dit expressément *que Dieu ne demanda aucun sacrifice à leurs pères quand ils sortirent d'Egypte.*

On aurait peut-être en effet quelque peine à concilier Amos avec Moïse, si Amos avait dit que les Juifs dans le désert adorèrent *toujours* ces dieux étrangers. Mais ce *toujours*, Monsieur, n'est pas du prophète, il est de vous ; et ce mot de plus dans une phrase en change un peu le sens.

Nous ne comprenions pas d'abord ce que voulait dire cette addition ; mais vous vous en expliquez plus clairement dans

---

(1) *Plus haut.* Lettres v et viii, partie 1re. *Aut.*

votre *Philosophie de l'histoire* (voyez *Introduction à l'Essai sur les mœurs*, tome XVI des *Œuvres*), où, revenant sur ces passages, vous déclarez que Jérémie, Amos, etc., assurent « que dans le désert les Juifs ne reconnurent que Moloch, Rempham et Kium ; qu'ils ne firent aucun sacrifice au seigneur Adonaï (1), qu'ils adorèrent depuis. » Mais de bonne foi, Monsieur, à qui croyez-vous pouvoir prouver ces étranges assertions par Amos et par Jérémie ?

Voici le passage d'Amos : *Je hais vos solennités, dit le Seigneur, je les abhorre et je ne puis souffrir l'odeur de vos fêtes. En vain vous m'offrirez vos holocaustes et vos présents, je ne les recevrai point; et quand vous me sacrifierez les victimes les plus grasses pour acquitter vos vœux, je ne les regarderai pas. Mes jugements fondront sur vous comme une eau qui se dérobe, et ma justice comme un torrent impétueux. M'avez-vous offert des hosties et des sacrifices pendant quarante ans dans le désert, ô maison d'Israël? Vous avez porté le tabernacle de votre Moloch, et l'image de vos idoles, l'astre de vos dieux, de ces dieux que vous vous êtes faits ; et je vous transporterai au-delà de Damas* (2).

Nous avouons qu'il y a quelque difficulté à déterminer la vraie signification des termes qu'Amos emploie dans ce passage; que les critiques se partagent là-dessus en divers sentiments (3), et qu'on ne sait pas certainement si le prophète veut parler ici d'une, de deux ou même de trois fausses divinités.

(1) *Au Seigneur Adonaï.* Expression ingénieuse. C'était comme si l'on disait, *au seigneur Seigneur*. Il n'y a pas tant d'esprit que cela dans le texte hébreu. *Aut.*

(2) *Au-delà de Damas.* Voyez *Amos*, chapitre V, 26. *Aut.*

(3) *Divers sentiments.* Quelques-uns, par exemple, croient que *Kium* signifie *image*; quelques autres le traduisent par *gâteaux sacrés* : d'autres en font le nom d'un dieu, qu'ils croient être le *Chronos* des Grecs et le *Saturne* des Latins. *Edit.*

Quand M. de Voltaire fait dire à Amos que les Juifs dans le désert

Mais quelque sens qu'on veuille donner à ces mots, de quelques divinités qu'on doive les entendre, il est clair qu'Amos ne dit ici, ni que les Israélites dans le désert *adorèrent toujours des dieux étrangers*, ni qu'ils *n'y reconnurent qu'eux*, ni qu'ils *n'adorèrent Adonaï que depuis*. Par cette interrogation, *m'avez-vous offert*, *etc.*, le prophète ne veut pas leur reprocher de n'avoir jamais offert de sacrifice au Seigneur pendant les quarante ans qu'ils passèrent dans le désert; mais de n'avoir pas été fidèles à n'en offrir qu'à lui, et de l'avoir au contraire abandonné pour adorer les dieux qu'ils s'étaient faits; ce qui ne contredit point Moïse. Ce n'est donc pas ce qu'Amos dit, mais ce que vous lui faites dire, qu'on *aurait de la peine à concilier avec les récits du* Pentateuque.

Quant à Jérémie, si au lieu de citer, comme vous faites, un passage isolé, vous y eussiez joint ce qui précède et ce qui suit, la prétendue contradiction entre le *Pentateuque* et ce prophète, aurait bientôt disparu.

Dans ce beau chapitre que nous vous invitons à relire, Monsieur, le prophète se propose de faire voir aux Juifs que les cérémonies et les sacrifices dans lesquels ils mettaient leur confiance n'étaient d'aucune valeur aux yeux de Dieu, sans l'observation de la loi morale. *Vos mains*, leur dit-il, *sont pleines de rapines, vous commettez des adultères, vous faites de faux serments, et vous venez dans mon temple? Retirez-vous, gardez vos victimes et mangez vos holocaustes; car*, ajoute-t-il pour leur prouver qu'il préfère la prati-

---

adorèrent Rempham *et* Kium (il eût été mieux d'écrire Kiun), c'est une de ces petites méprises qui lui sont assez ordinaires. Amos ne parle point de Rempham, mais seulement de Kium que les Septante ont traduit par Rempham. Ainsi Rempham et Kium ne sont pas, comme il paraît le croire, deux fausses divinités. Ce sont deux noms d'un même dieu, l'un hébreu et l'autre égyptien. On sent que l'illustre écrivain, en parlant de ce passage d'Amos, n'avait pas sous les yeux le texte original, et que vraisemblablement ce texte ne lui est pas aussi familier qu'il devrait l'être. *Édit.*

que de ses commandements à tous les sacrifices, *au jour que j'ai tiré vos pères de l'Egypte, je ne leur ai point demandé d'holocauste ni de victimes, mais voici ce que je leur ai commandé: Ecoutez ma voix, leur ai-je dit, et je serai votre Dieu, et vous serez mon peuple. Marchez dans toutes les voies que je vous ai prescrites, afin que vous soyez heureux* (1).

Tindal citait, comme vous, ce passage ; et avec sa bonne foi ordinaire, il en supprimait aussi la fin, parce qu'il sentait qu'elle en donne l'explication, et qu'elle en détermine le véritable sens. Qui ne voit en effet que l'intention de Jérémie n'est pas de nier que Dieu avait demandé de nos pères des sacrifices dans le désert, et qu'ils lui en avaient offert ; mais qu'il ne veut pas faire comprendre que c'est l'obéissance à sa loi qu'il leur avait demandée avant tout, et par préférence à tous les holocaustes ?

Avant Jérémie, Isaïe avait déjà introduit le Seigneur parlant à peu près de même à son peuple : *Qu'ai-je besoin, leur dit-il, de cette multitude de victimes dont vous chargez mon autel ? J'en suis rassasié. Je ne veux ni de vos holocaustes, ni du sang de vos béliers. Ne m'offrez pas vos vains sacrifices, je les ai en horreur.* Mais, ajoute-t-il (remarquons ceci, Monsieur, cette philosophie juive vaut bien sans doute la philosophie moderne), *purifiez votre cœur, réformez vos pensées injustes, secourez le malheureux qu'on opprime, rendez justice à l'orphelin, défendez la veuve, etc., et venez vous plaindre de moi* (2) ! Isaïe voulait-il dire à nos pères que Dieu ne demandait plus de sacrifices ? Non, sans doute ; le prophète en offrait lui-même, et la loi les ordonnait. Mais il voulait leur apprendre que la justice et la bienfaisance sont plus agréables au Seigneur que les plus somptueux holocaustes.

(1) *Que vous soyez heureux.* Voyez Jérémie, chapitre VII, 20. *Aut.*
(2) *Venez vous plaindre de moi.* Voyez Isaïe, chapitre I, 2.

C'est dans le même sens encore qu'un autre prophète disait : *Je veux la miséricorde, et non le sacrifice :* c'est-à-dire, je préfère l'une à l'autre. Rien n'est plus commun dans nos Ecritures que cette manière d'exprimer la préférence qu'on donne à une chose sur une autre; s'en prévaloir, comme veut faire Tindal, c'est montrer qu'on est ou peu versé dans notre langue, ou peu sincère. A quel guide vous vous abandonnez, Monsieur ! Etiez-vous fait pour marcher si aveuglément sur ses traces et pour répéter sans examen ses plus frivoles objections ?

Mais quand les deux textes que vous citez seraient obscurs, pourrait-on raisonnablement les opposer à cette foule de passages si précis et si formels, qui attestent que les Israélites adorèrent Jehovah dans le désert, et que dès lors ils lui offrirent des sacrifices ? Faire dire le contraire à ces deux prophètes, c'est aller visiblement contre leur intention, et les mettre en contradiction, non-seulement avec Moïse, mais avec eux-mêmes ; car dans Amos, l'Eternel rappelle aux Juifs qu'*il les a retirés de l'Egypte et conduits dans le désert pendant quarante ans* (1); et dans Jérémie, il leur reproche qu'*il les a délivrés de la servitude de l'Egypte ; qu'il leur a donné ses commandements et fait alliance avec eux, et que ce peuple infidèle l'a abandonné pour adorer des dieux étrangers* (2). L'Eternel les a-t-il conduits dans le désert et fait alliance avec eux sans qu'ils l'*aient reconnu* ? Ils le quittent pour d'autres dieux ; ils l'avaient donc *adoré* avant ces nouvelles divinités.

§ III. *Qu'il est faux qu'il ne soit parlé ni de prière publique, ni de fêtes, ni d'aucun acte religieux du peuple juif dans le désert.*

« Mais, dites-vous, quelques critiques prétendent que

(1) *Pendant quarante ans.* Voyez Amos, II, v, 10. *Aut.*
(2) *Des dieux étrangers.* Voyez Jérémie, 30, 32, etc. *Aut.*

n'est parlé d'aucun acte religieux du peuple dans le désert, point de Pâque célébrée, point de Pentecôte, nulle mention qu'on ait célébré la fête des tabernacles, nulle prière publique établie; enfin la circoncision, ce sceau de l'alliance de Dieu avec Abraham, ne fut point pratiquée.

Il serait difficile de rassembler plus de méprises en moins de mots. Reprenons.

La circoncision ne fut point pratiquée dans le désert. Cela est vrai, et vous auriez dû vous en souvenir, Monsieur, vous n'auriez pas avancé tout le contraire dans un autre endroit (1).

Point de prière publique établie. Les heures n'en étaient peut-être point fixées, ni les formules déterminées, comme elles furent depuis (2); mais assurément les Israélites ne restèrent pas quarante ans dans le désert sans prières publiques. Et que voit-on plus fréquemment dans le *Pentateuque* que le peuple assemblé devant le Seigneur pour l'adorer, invoquer son secours, ou fléchir sa colère? N'étaient-ce pas là des prières publiques? Ces critiques se croient en droit d'en nier l'établissement, parce qu'il ne se trouve point en termes formels dans les livres de Moïse; mais il ne se trouve pas non plus dans celui de Josué, ni dans celui des Juges. Pensent-ils que durant tout cet espace de temps les Juifs n'eurent point *de prière publique?* Il ne se trouve pas même dans les livres d'Esdras, que vous dites avoir *établi la prière publique*.

Point de pentecôte : nulle mention de la fête du tabernacle. Non, mais ces critiques devaient-ils en être surpris? Est-ce qu'ils n'ont point lu que ces fêtes ne devaient se célébrer par les Israélites, celle-là qu'*après la moisson des*

---

(1) *Dans un autre endroit.* Voyez le *Dictionnaire philosophique*, tome III, art. *Circoncision*, pages 17 et 18, tome XXXIX des Œuvres. Aut.

(2) *Elles le furent depuis.* Elles ne furent point fixées par la loi, qui n'a rien déterminé à cet égard, mais seulement par l'usage. Edit.

grains qu'ils auraient semés aux champs ; celle-ci *qu'après la récolte des autres fruits de leur travail* (1) ; ou qu'ils n'ont pas réfléchi que nos pères ne *semaient* ni ne *recueillaient* dans le désert ? Une des cérémonies prescrites pour la fête des tabernacles, était de dresser des tentes ou berceaux de feuillages, pour se rappeler qu'ils avaient passé quarante ans sous les tentes dans les désert : n'était-il pas naturel d'attendre qu'il n'y fussent plus pour observer ces cérémonies ? Aussi par la loi même de leur institution, ces deux fêtes ne devaient avoir lieu qu'après l'entrée des Israélites dans la terre promise. *Cum ingressi fueritis terram quam ego dabo vobis.* Levit. XXIII (2). Rien ne doit donc nous surprendre ici que l'étonnement de ces écrivains si confiants et si mal instruits.

Point de pâque célébrée. Voilà ce qu'ils assurent, et voici ce que l'Ecriture rapporte. *Le premier mois de la seconde année (depuis la sortie d'Egypte), le Seigneur parla à Moïse dans le désert de Sinaï, et il lui dit : Que les Israélites fassent la pâque le quatorze de ce mois, selon qu'il est prescrit. Et Moïse ordonna aux enfants d'Israël de faire la pâque, et ils la firent le quatorze du mois au soir, ainsi qu'il est ordonné.*

Il est vrai qu'il n'est point dit dans l'Ecriture que les Juifs aient célébré d'autre pâque dans le désert. Mais est-ce que nos pères ne célébrèrent de pâque que celles dont il est parlé dans les livres saints ? Si cela était, il faudrait croire qu'ils ne firent la pâque qu'une ou deux fois depuis Moïse jusqu'à Josias ; ce qu'apparemment ces critiques ne prétendent pas. D'ailleurs est-il bien sûr que la célébration de la pâque ait été de précepte dans le désert ? D'habiles gens le nient (3).

---

(1) *De leur travail.* Voyez *Exode* XX, v. 1, 16.

(2) *Lévitique* XXIII. Un des motifs de l'institution et de la célébration de ces fêtes, était de rendre grâces à Dieu de ses dons, en lui offrant les prémices des blés, du vin et de l'huile qu'on avait recueillis. *Aut.*

(3) *D'habiles gens le nient.* Nous faisons observer pourtant que le Lé-

et l'incirconcision des Israélites nés dans le désert prouve assez ce sentiment, du moins pour la plus grande partie de la nation, pendant les dernières années qu'ils y séjournèrent.

L'Écriture, disent enfin vos critiques, *ne parle d'aucun acte religieux du peuple dans le désert*. Mais elle parle de la construction, de l'érection et de la consécration du tabernacle et de l'autel, de celle d'Aaron et de ses enfants, de celle des vases sacrés, etc. Elle nous montre un pontife, des prêtres, une tribu tout entière consacrée au ministère de l'autel. Les Hébreux auraient-ils eu tout ce qui était nécessaire au culte, sans en faire jamais aucun acte ? Elle parle du feu sacré entretenu sur l'autel des holocaustes, de l'encens qu'on brûlait sur l'autel des parfums, etc. Ne sont-ce pas là autant d'actes religieux ? Elle nous fait voir Aaron, l'encensoir à la main, invoquant le nom du Tout-Puissant sur Israël ; ses enfants punis de mort pour avoir offert devant le Seigneur un feu étranger ; et Coré, avec ses partisans, disputant au frère de Moïse les fonctions du sacerdoce, etc. Tous ces faits arrivés dans le désert n'y supposent-ils *aucun acte de religion* ?

L'acte de religion le plus solennel, c'est le sacrifice ; et c'est sans doute de celui-ci particulièrement que ces critiques ont voulu parler. Mais comment peuvent-ils dire qu'il n'est jamais fait mention de sacrifices offerts par les Israélites dans le désert ? Ils n'ont donc pas lu le chapitre XXIV de l'*Exode*, où nous apprenons que *Moïse érigea un autel au pied du mont Sinaï, et que des Israélites choisis y offrirent des holocaustes et des victimes pacifiques*. Ils n'ont pas lu le livre des *Nombres*, où il est rapporté (ch. IX.) qu'à la consécration du tabernacle les chefs des tribus présentèrent à

---

vitique, en mettant les fêtes de la Pentecôte et des Tabernacles au nombre de celles qui ne devaient être célébrées que dans la terre promise, ne dit rien de la pâque. Mais si elle fut de précepte dans le désert, ce ne put être que pour les Israélites circoncis. *Aut.*

Moïse trente-six bœufs, soixante-douze béliers et autant d'agneaux, pour être immolés au Seigneur. Ils n'ont lu ni le chapitre VIII du *Lévitique*, où Moïse consacrant Aaron, offre un sacrifice d'expiation et un holocauste ; ni le chapitre IX, où Aaron ayant offert divers sacrifices pour lui-même et pour le peuple, un feu envoyé par le Seigneur consume en un moment les chairs des victimes posées sur l'autel ; ni le chapitre XVI, où le sacrifice du bouc émissaire est ordonné, et il est ajouté qu'*Aaron fit ce que Moïse avait prescrit*.

Non, ils n'ont rien lu, du moins avec attention : ces Ecritures qu'ils critiquent leur sont tout-à-fait étrangères, ou très superficiellement connues ; car, les avoir étudiées, les connaître, et annoncer hardiment qu'il n'y est parlé d'aucun acte religieux dans le désert, ce serait porter la mauvaise foi trop loin.

§ IV. *Pourquoi le* Pentateuque *ne parle d'aucun acte religieux du peuple dans le désert, pendant l'espace de trente-huit ans. Comment les écrivains sacrés ont pu dire que les Hébreux servirent quarante ans des dieux étrangers.*

Nous ne devons pourtant pas dissimuler que, dans l'histoire des évènements arrivés aux Israélites durant ces quarante années, il se trouve un intervalle de trente-huit ans pendant lequel le *Pentateuque* ne fait mention ni de sacrifices, ni d'aucun autre acte religieux. Mais pourquoi ? La raison en est simple, et vous auriez pu l'apercevoir, si vous eussiez donné un peu plus d'attention à la lecture des saints livres : c'est que le *Pentateuque* omet absolument le détail de ce qui se passa durant tout cet espace de temps. Prenez-y garde, Monsieur ; vous verrez que le récit que Moïse fait de ces évènements se termine vers la fin de la seconde année, pour ne recommencer qu'au premier mois de la quarantième.

C'est sans doute dans cet intervalle qu'il faut placer ces longues et fréquentes rechutes dans l'idolâtrie, que Moïse, Josué, Amos leur reprochent, et que nous ne nions pas. Cet abandon tant de fois répété du culte de Jehovah, ces odieuses apostasies devenues si communes, jointes à celle de la première année où ils avaient adoré le veau d'or, et de la quatrième où *ils se joignirent à Béelphégor*, suffisaient bien pour que nos prophètes pussent dire oratoirement que ce peuple infidèle *avait servi des dieux étrangers pendant quarante ans dans le désert.* Ces saints hommes parlaient conformément au génie de leur langue et de leur siècle ; ils ne vétillaient pas sur les mots : presser aujourd'hui puérilement leurs expressions pour les mettre en contradiction avec le législateur, c'est recourir à une faible ressource, Monsieur, et chicaner d'une manière peu digne d'un écrivain de votre réputation et de votre savoir.

§ V. *Dieux étrangers adorés par les Israélites dans le désert. S'ils furent tolérés par Moïse. Passage du livre de Josué, v. 20.*

Vos critiques se prévalent d'un passage de Josué. Ce conquérant dit aux Hébreux : « L'option vous est donnée ; choisissez quel parti il vous plaira, ou d'adorer les dieux que vous avez servis dans le pays des Amorrhéens, ou ceux que vous avez reconnus en Mésopotamie. Il n'en sera pas ainsi, répondirent-ils : nous servirons Adonaï. Vous avez choisi vous-mêmes, répliqua Josué ; ôtez donc du milieu de vous les dieux étrangers. » D'où ils concluent que *les Juifs avaient donc incontestablement d'autres dieux qu'Adonaï, sous Moïse.* Eh ! qui le nie ? l'Ecriture le dit en cent endroits. Mais de ce qu'ils avaient eu d'autres dieux qu'Adonaï dans le désert, s'ensuit-il qu'ils ne l'y aient jamais adoré, et qu'ils ne l'aient reconnu qu'après en être sortis ?

Ces dieux, dites-vous, *furent donc tolérés par Moïse.* Remarquons 1° que tolérer des désordres qu'on voudrait, mais qu'on ne peut empêcher, ce n'est pas accorder une *liberté entière* de les commettre. 2° Quand la plus grande partie de la nation abandonnait le Seigneur pour des dieux étrangers, comment Moïse n'aurait-il pas toléré les prévaricateurs ? ils secouaient le joug de l'obéissance en même temps que celui de la religion, et joignaient la révolte à l'idolâtrie, Il aurait donc fallu des miracles pour les punir. Dieu seul le pouvait : aussi les punit-il. L'Ecriture, qui nous apprend que les Juifs, pendant les trente-huit années dont l'histoire est omise dans le *Pentateuque*, adorèrent la milice du ciel, Moloch, etc., nous apprend en même temps qu'ils périrent tous dans le désert, sous la main de Jehovah ; c'est tout ce que vos critiques peuvent en savoir : l'Ecriture se tait sur le reste. Vous ignorez ce qui s'est passé durant cet intervalle, et vous le proposez pour modèle de conduite à vos gouvernements : les voilà bien éclairés !

§ VI. *Passage du* Deutéronome ; *faux sens que le critique lui donne.*

Vous citez encore le passage du *Deutéronome*, où il est dit : *Quand vous serez dans la terre de Chanaan, vous ne ferez point comme nous faisons aujourd'hui, où chacun fait ce qui lui semble bon :* vous en inférez, avec vos critiques, que Moïse laissait *nos pères entièrement libres sur le culte ;* et que sous son gouvernement, ils pouvaient adorer à leur choix tous les dieux qu'ils jugeaient à propos.

Mais quels critiques que ceux qui en tirent cette conséquence ? Il suffit de jeter les yeux sur cet endroit du *Deutéronome* pour se convaincre que la liberté dont il y est question se bornait à offrir des sacrifices, tantôt dans un lieu tantôt dans un autre, parce qu'ils n'en avaient point de fixe. *Vous ne vous conduirez pas*, dit Moïse *à l'égard de votre Dieu comme les nations à l'égard des leurs ; vous n'offrirez pas vos sacrifices sur les hauteurs, à l'ombre des bois, etc., mais* dans le lieu que le Seigneur aura choisi; vous ne ferez pas alors comme aujourd'hui, où chacun fait ce qui lui semble bon, parce que vous n'êtes point entrés dans l'héritage que le Seigneur votre Dieu doit vous donner; mais lorsque vous serez en possession, vous apporterez vos holocaustes dans le lieu que le Seigneur aura choisi. On pourrait peut-être encore étendre cette liberté à l'inobservation de quelques autres rites, tels que la circoncision, diverses oblations et purifications, etc., que les Israélites ne pouvaient guère pratiquer régulièrement pendant leur voyage. Mais pour trouver dans ce passage que Moïse avait laissé aux Hébreux une *liberté entière* d'adorer tous les dieux qu'ils voulaient, il ne fallait rien moins que l'œil impartial de vos critiques.

§. VII. *Si Moïse transgressa la loi qu'il avait donnée de ne faire aucun simulacre. Serpent d'airain. Bœufs de Salomon.*

Mais voici quelque chose de mieux. « C'est Moïse lui-même qui semble bientôt transgresser la loi qu'il avait donnée. Il a défendu tout simulacre ; cependant il érige le serpent d'airain. Salomon fait sculpter douze bœufs, etc. »

Vous pouviez ajouter, pour fortifier cette petite objection, que le législateur fit brocher et broder (1) des figures de chéru-

(1) *Fit brocher et broder.* Nos pères avaient appris ces arts en Egypte. Ce trait du *Pentateuque* s'accorde avec ce que les auteurs profanes nous rapportent, que les Egyptiens, *peuple,* selon vous, *de tout temps méprisable,* avaient inventé l'art de brocher les étoffes, et porté à un haut point de perfection celui de les broder, qu'ils tenaient, dit-on, des Babyloniens.

Le savant comte de Caylus, dans les *Nouveaux mémoires de l'Académie des inscriptions,* parle de deux figures d'une porcelaine égyptienne égale à celle du Japon, et qui porte toutes les marques de la plus haute antiquité. Nouvelle preuve que ce *peuple méprisable* n'avait point de chimie ni de connaissances chimiques. *Aut.*

bins (1) sur les voiles du tabernacle et du sanctuaire ; qu'il fit placer sur l'arche même des chérubins d'or qui la couvraient de leurs ailes, etc., il ne *transgressa* pourtant point la loi *qu'il avait donnée*. Cette loi ne défend pas absolument de faire aucune image, aucun simulacre, mais d'en faire *pour les adorer*. C'est ainsi que nos pères, que Josèphe même et surtout le savant Maïmonide (2) l'ont entendue. Or, Moïse ne fit point le serpent d'airain, ni les chérubins, pour être adorés. *Les savants Juifs ne leur rendirent*, de votre aveu, *aucun hommage*, et lorsque dans la suite on commença de rendre quelque culte au serpent d'airain, un pieux roi le fit détruire. La conduite de Moïse ne contredit donc point sa loi, mais le sens qu'il plaît de lui donner.

Telles sont, Monsieur, les réflexions que nous avons faites en parcourant ce que vous dites de la tolérance sous le gouvernement de Moïse. Ce grand homme eut sans doute toute l'indulgence d'un législateur sage et humain, qui ne sévit qu'à regret, quand la sévérité devient indispensable et qu'elle peut être utile. Voilà ce que vous pouviez prouver par les écrits du *Pentateuque*, et en quoi la conduite de Moïse peut être proposée pour modèle aux hommes chargés du gouvernement des peuples. Mais l'accuser d'une indifférence

(1) *Figures de chérubins*, etc. Ces chérubins, si l'on en juge par ceux qu'Ezéchiel décrit, et par ce qu'en dit M. de Voltaire, étaient des figures composées de plusieurs parties de différents animaux ; c'était une sorte d'hiéroglyphes ou d'arabesques emblématiques, que Spencer, Marsham, etc., croient imitée d'après les Egyptiens qui en ornaient leurs temples. *Chrét.*

(2) *Le savant Maïmonide.* «Cette loi, dit-il, ne nous défend pas indistinctement toutes sortes de figures et d'images, celles du soleil, de la lune et des étoiles, si elles sont en relief : pour les figures d'animaux, d'arbres, de plantes, elles ne nous sont pas interdites, même en relief. » Voyez son *Traité de l'idolâtrie*. Ce fut donc dans un excès de zèle que Josèphe fit abattre le palais qu'Hérode avait à Tibériade, parce qu'il était décoré de figures d'animaux. La captivité de Babylone et les persécutions d'Antiochus portèrent à un point excessif l'aversion des Juifs pour toutes les images et les figures en général. *Chrét.*

absolue sur le culte, prétendre qu'il laissa aux Hébreux une *liberté entière* sur un objet si important aux yeux de tout législateur sage, et pour confirmer ces idées, pour mettre ridiculement le *Pentateuque* en contradiction avec les prophètes, ajouter que ces écrivains sacrés assurent *que nos pères ne reconnurent que des dieux étrangers dans le désert, qu'ils n'y firent aucun acte de religion, et qu'ils n'adorèrent Jehovah que depuis*, c'est démentir sans vraisemblance le caractère connu de ce grand homme, et contredire, sans fruit comme sans raison, non-seulement le *Pentateuque* et nos prophètes, mais toutes nos Ecritures et toute notre tradition. Il nous semble que ces assertions fausses et inutiles au succès de votre ouvrage, n'auraient pas dû y trouver place, ou qu'elles ne devraient point y rester.

Nous sommes avec respect, etc.

LETTRE V.

Si M. de Voltaire prouve mieux la pratique d'une tolérance universelle dans le judaïsme par l'histoire des juges. Explication de divers passages de l'Écriture.

Vous essayez encore, Monsieur, d'appuyer vos idées de tolérance sur l'histoire de nos juges. Vous en citez plusieurs faits. Voyons avec quelle exactitude vous les rapportez, et avec quelle justesse vous en faites l'application.

§ I. *D'un passage du livre des juges, où Jephté parle de Chamos.*

Vous produisez d'abord un passage du livre des juges, chapitre XI, où Jephté dit aux Ammonites : « Ce que votre dieu Chamos vous a donné ne vous appartient-il pas de droit ? souffrez donc aussi que nous prenions la terre que notre Dieu nous a donnée. » Cette déclaration est précise, dites-vous ; elle peut mener bien loin ; mais au moins elle est une preuve évidente que Dieu tolérait Chamos ; car la sainte Ecriture ne dit point : Vous pensez avoir droit sur les terres que vous dites vous avoir été données par le dieu Chamos ; elle dit positivement ; « Vous avez droit, *tibi jure debentur :* ce qui est le vrai sens de ses paroles hébraïques, *otho tirasch.* »

Dieu tolérait Chamos hors du judaïsme : donc l'intolérance ne fut pas toujours mise en pratique dans le judaïsme. Nous l'avouons, Monsieur, il ne nous est pas donné de sentir toute la justesse de cette conséquence.

Dieu tolérait Chamos, comme il tolérait tous les dieux des idolâtres. A quoi cela revient-il ? et *où cela peut-il mener ?*

D'autres écrivains, Tindal, par exemple, qui ont cité avant vous ce passage, en concluaient ce que vous voudriez aussi en faire conclure (Dict. phil. et Phil. de l'hist. *), que *Jephté reconnaissait Chamos pour véritable Dieu.* Comme si tous les jours on ne raisonnait pas contre quelqu'un d'après ses principes, en les supposant vrais pour un moment, quoiqu'on les croie faux. C'est ce que fait ici Jephté ; et certainement *cela ne peut pas mener bien loin.*

La savante citation des mots hébreux *otho tirasch, tibi jure debentur,* peut éblouir quelques liseuses ; mais elle ne détruit point notre réponse.

Quand on dit à un musulman : « Vous devez obéir à la loi de votre *prophète ;* vous ne devez donc pas boire de vin ; » regarde-t-on l'obéissance à la loi de Mahomet comme une obligation réelle, et l'imposteur comme un prophète ?

---

*La *Philosophie de l'histoire* porte le titre d'*Introduction à l'Essai sur les mœurs*, et fait le tome XVI des OEuvres.

§ II. *De Michas, et des six cents hommes de la tribu de Dan.*

Mais voici une difficulté qui paraîtrait plus réelle, si vous n'en affaiblissiez vous-même la force. C'est l'histoire de Michas et des Danites, rapportée aux dix-septième et dix-huitième chapitres du livre des Juges.

« La mère de Michas, dites-vous, avait perdu onze cents pièces d'argent; son fils les lui rendit; elle voua cet argent au Seigneur et en fit faire des idoles. Elle bâtit une petite chapelle; un lévite desservit la chapelle, et Michas s'écria: « C'est maintenant que le Seigneur me fera du bien, puisque j'ai chez moi un prêtre de la tribu du Lévi. » Cependant, six cents hommes de la tribu de Dan, qui cherchaient à s'emparer de quelque *village*, n'ayant point de prêtres lévites avec eux, et en ayant besoin pour que Dieu favorisât leur entreprise, allèrent chez Michas et prirent son éphode, ses idoles et le lévite; alors ils allèrent avec assurance attaquer le *village* nommé Laïs, et y mirent tout à feu et à sang. Ils donnèrent le nom de Dan à Laïs, en mémoire de leur victoire: ils placèrent l'idole de Michas sur un autel, et, ce qui est bien plus remarquable, Jonathan, petit-fils de Moïse, fut le grand prêtre de ce temple, où l'on adorait le Dieu d'Israël et l'idole de Michas. »

Michas eut des *idoles*; soit: mais dans quel temps ? Dans un temps, dit le livre des Juges, *où il n'y avait point de chef en Israël, et où chacun faisait ce qui lui semblait bon.* C'est une remarque que l'Écriture fait jusqu'à trois fois dans ce chapitre: elle n'aurait pas dû vous échapper. Serait-il étonnant que, dans ce temps d'anarchie, un particulier eût commis impunément quelque désordre ? et qu'en pourriez-vous conclure ? Est-ce sur ce qui se passe dans un temps de trouble que doivent se régler des gouvernements sages ?

Vous direz peut-être que les Danites persévérèrent plus

longtemps dans ce culte. Nous en convenons : mais que savez-vous si ce culte fut assez public pour avoir été connu dans Israël ? Du moins, il s'en faut bien qu'il ait eu tout l'éclat et la célébrité que vous lui supposez. Vous donnez aux Danites *un temple, un grand-prêtre* ; mais ce *temple*, c'est votre imagination qui l'a bâti, comme c'est à votre imagination qu'est dû le titre de *grand-prêtre* dont vous décorez Jonathan. Ces exagérations ne nous surprennent point : il est de la même impartialité de mettre un grand-prêtre et un temple dans un *village*, et de traiter de *grange de village* le temple de Jérusalem.

Il se peut que le prêtre de Dan ait été *petit-fils de Moïse*. Les hommes les plus religieux (on ne le voit que trop) n'ont pas toujours des descendants qui leur ressemblent. Cependant, Monsieur, si la *Vulgate* fait Jonathan petit-fils du législateur, le Paraphraste chaldaïque, les Septante, le texte hébreu, etc., lui donnent Gerson pour père, et Manassé pour aïeul : ainsi ce que vous regardez comme très remarquable pourrait bien être très faux ; au moins est-il fort douteux.

Quoi qu'il en soit, si Laïs (1), si Dan était un *village*, ne pouvait-il pas se faire qu'on ignorât en Israël ce qui se passait dans un *village* à l'extrémité du pays ?

Allons plus loin. Est-il bien sûr que Michas et les Danites aient *adoré les idoles* ? D'habiles critiques le nient, et tout récemment un savant anglais vient d'entreprendre de les justifier. Il le fait d'une manière, ce semble, très plausible (2) ; si ses raisons ne sont point démonstratives, il en

---

(1) *Si Laïs*, etc. C'était une ville habitée par les Sidoniens ; elle était située au pied du mont Liban, près des sources du Jourdain. *Aut.*

(2) *Très plausible*. Il prétend que la mère de Michas, habitant loin de Siloh, où résidait alors le tabernacle, se voyant privée par là de la consolation d'y aller souvent adorer le Seigneur, voulut remédier à cet inconvénient ; que ce fut dans cette idée qu'elle consacra l'argent

résulte au moins que l'idolâtrie de Michas et des Danites n'est pas aussi incontestable que vous la supposez.

Mais n'adoptons pas cette conjecture, quoique ingénieuse, quoique appuyée de l'autorité du savant Grotius; avouons, avec la plupart des commentateurs, que les Danites, contre la défense expresse de la loi, adoraient le Seigneur sous la figure de l'idole enlevée à Michas. Pour autoriser la tolérance, autant que vous le prétendez faire par l'exemple de ce culte, il faudrait toujours avant tout en fixer l'époque et la durée. Or, c'est sur quoi vous n'avez ni ne pouvez avoir aucune certitude. Si quelques critiques en font remonter l'origine à la mort de Josué et des anciens qui lui servaient de conseil, d'autres soutiennent, et, à ce qu'il nous semble, avec quelque fondement, qu'il ne commença qu'après la mort de Samson, et qu'il finit au temps où l'arche fut prise,

que son fils lui avait rendu à bâtir, pour sa famille et pour le voisinage, une chapelle ou maison de prière : qu'il y avait de ces lieux de prières (*proseuchæ*) répandus dans le pays dès les premiers temps de la république juive; que les mots du texte, que la *Vulgate* traduit par *sculptilia et conflatilia*, et même ces expressions latines ne signifient pas seulement et exclusivement des idoles, mais toutes sortes d'ouvrages sculptés et jetés en fonte, tels que pouvaient être un autel portatif, des chandeliers et autres ustensiles dont on se servait dans cette chapelle, à l'imitation de ce qui se pratiquait dans le tabernacle; qu'encore que cet oratoire soit appelé dans quelques versions *maison des dieux*, on peut rendre, et quelques interprètes ont rendu le texte par *maison de Dieu*; que les *elohim* (les dieux) que Michas avait fait faire, et qu'il redemandait à grands cris, pouvaient bien n'être que les ustensiles employés au culte, ce que l'auteur prouve par divers passages de l'Écriture, etc. Ainsi la faute de Michas n'aurait pas été d'avoir eu des idoles, mais d'avoir imité dans son oratoire le culte rendu à Dieu dans son tabernacle; de s'être cru par-là dispensé, et d'avoir détourné ses voisins d'aller l'adorer à Siloh. En effet, il n'est pas aisé de concevoir comment la mère de Michas aurait pu *consacrer au Seigneur* ses onze cents pièces d'argent pour en faire des idoles, et comment Michas et les Danites se seraient flattés, comme ils le faisaient, d'une protection spéciale du Seigneur, *parce qu'ils avaient avec eux des idoles*. Aut.

et les Danites dépossédés de leurs conquêtes par les Philistins victorieux. De ces deux opinions, l'une est au moins incertaine ; dans l'autre, qui nous paraît assez probable, ce culte n'aurait été toléré que durant un temps d'anarchie, et sous un gouvernement faible et malheureux.

Nous croyons, Monsieur, qu'un exemple d'idolâtrie si incertain, pris dans des temps si fâcheux, ou d'une époque si peu assurée, ne prouve pas beaucoup, s'il prouve quelque chose (1).

§ III. *Culte de Baal-Berith.*

Si quelques savants ont douté que Michas et les Danites aient adoré des idoles, personne ne conteste que nos pères n'aient rendu un culte idolâtrique à Baal-Berith (2) ; mais vos idées sur ce culte ne paraissent pas fort exactes.

« Les Hébreux, dites-vous, après la mort de Gédéon, adorèrent Baal-Berith pendant près de vingt ans, et ils renoncèrent au culte d'Adonaï sans qu'aucun chef, aucun juge, aucun prêtre criât vengeance. Leur crime était grand, je l'avoue ; mais si cette idolâtrie fut tolérée, combien plus les différences dans le vrai culte ont-elles dû l'être ! »

Mais d'où savez-vous, Monsieur, que les Hébreux adorèrent Baal-Berith *pendant près de vingt ans !* L'Écriture, en

---

(1) *S'il prouve quelque chose.* Cette preuve serait d'autant plus faible, que, contre l'institution de Moïse, les Hébreux, après Josué, négligèrent longtemps de se donner des chefs qui eussent, comme lui, une autorité générale sur tout Israël ; que la plupart des juges qui lui succédèrent ne furent reconnus que par leur tribu particulière ; et qu'aucun d'eux, peut-être jusqu'à Samuël, n'eut le pouvoir nécessaire pour faire régner partout la vraie religion. Il ne serait donc pas étonnant que, dans un temps où l'autorité du gouvernement était si faible, et où les Chananéens étaient encore les maîtres d'une partie du pays, un culte idolâtrique se fût maintenu impunément chez quelques Danites établis sur les frontières. Voyez *Chais*, sur le livre des *Juges*. Édit.

(2) *A Baal-Berith.* Voyez *Juges*, VIII, 33. Aut.

parlant de ce culte, n'en fixe point la durée. Qui vous a dit que cette idolâtrie, qui commença après la mort de Gédéon, ne finit point à la judicature de Thola ? Nous croyons avoir lieu de le conclure de ce que dit l'écrivain sacré, que Dieu, touché sans doute du repentir de son peuple, *lui suscita un libérateur* dans la personne de ce juge. Avez-vous quelque preuve du contraire ?

Il est fâcheux que l'Écriture ne marque point que *quelque prêtre ait crié vengeance*. C'eût été pour certains écrivains une belle occasion de déclamer contre les prêtres.

Mais devriez-vous vous étonner qu'*aucun chef, aucun juge ne se soit récrié contre ces désordres, etc.* ? Eh ! Monsieur, quel juge le pouvait faire dans un temps où il n'y avait point de juges ? Car, apparemment vous ne comptez pas Abimélech au nombre des juges, et ce n'était pas d'un tel monstre qu'on devait attendre quelque zèle de religion ou quelque amour de l'ordre.

Si cette idolâtrie fut tolérée, etc. Est-il étonnant qu'elle l'ait été dans un temps de confusion, de tyrannie ? Quoi ! Monsieur, c'est un tyran tel qu'Abimelech, c'est ce qui se passa sous le gouvernement odieux et mal assuré de cet usurpateur, que vous proposez pour modèle à vos souverains ? En vérité, vous choisissez bien vos exemples !

§ IV. *Des Bethsamites frappés de mort au retour de l'arche. Réflexions du critique sur ce sujet.*

Si l'on vous en croit, Monsieur, quelques-uns donnent pour preuve d'intolérance la sévérité dont le Seigneur usa à l'égard des Bethsamites (1), et, il faut en convenir, vous réfutez victorieusement cette idée. Il n'y a qu'une chose à dire, c'est que cette idée n'est jamais venue à personne.

Non, personne n'a raisonné si mal ; c'est une supposition

(1) *Des Bethsamites*. Voyez Rois, livre I, chapitre VI, v. 19. *Aut.*

toute gratuite de votre part. Vous ne l'ignorez pas ; mais vous vouliez amener ce trait de notre histoire, et vous ne trouviez pas d'autre moyen de le faire. Le tour n'est pas heureux ; voyons du moins si les réflexions sont justes.

« Le Seigneur, dites-vous, fit périr cinquante mille soixante-dix hommes de son peuple, uniquement parce qu'ils avaient regardé son arche, qu'ils ne devaient pas regarder ; tant, ajoutez-vous, les lois, les mœurs de ce temps, l'économie judaïque, diffèrent de tout ce que nous connaissons ! tant les voies inscrutables de Dieu sont au-dessus des nôtres ! La rigueur exercée, *dit le judicieux dom Calmet*, contre ce grand nombre d'hommes, ne paraîtra excessive qu'à ceux qui n'ont pas compris jusqu'à quel point Dieu voulait être craint et respecté parmi son peuple, et qui ne jugent des vues et des desseins de Dieu qu'en suivant les faibles lumières de leur raison. » Telles sont, Monsieur, les réflexions très étrangères à votre sujet, que vous avez cru devoir insérer dans votre traité ; tant vous craignez apparemment de ne les pas communiquer assez tôt au public !

Quoique la réponse du savant religieux ne nous paraisse pas, à beaucoup près, telle que vous voudriez le persuader (1), nous lui en préférons une autre, plus faite pour un

---

(1) *Le persuader.* Quand le nombre de ces téméraires, punis de mort, aurait été aussi considérable que le suppose ici dom Calmet ; quand il serait certain, ce qui ne l'est assurément pas, qu'il faudrait s'en tenir à l'opinion commune des interprètes, y aurait-il donc là de quoi tant révolter la raison ?

Que les gouvernements humains sacrifient au maintien des lois et à la gloire de l'état des milliers d'hommes, on vante leur sagesse ; et l'on ne concevrait pas que Dieu eût immolé cinquante mille coupables pour venger ses lois enfreintes et sa majesté outragée ! « Maître absolu de notre vie, Dieu, dit un écrivain célèbre (Grotius), peut, sans aucun sujet, et en tout temps, ôter à chacun, toutes fois et quantes que bon lui semble, ce présent de sa libéralité. » Ne nous étonnons point qu'il l'ôte à des sacrilèges qui, selon sa loi, méritaient de la perdre. Quelque rigoureux que ce châtiment puisse paraître, serait-il comparable

homme versé comme vous dans la langue hébraïque, et qui peut consulter les manuscrits et vérifier les textes : c'est qu'il n'est rien moins que certain qu'il y ait eu *cinquante mille soixante-dix hommes* frappés de mort en cette rencontre.

En effet, est-il bien probable que cinquante mille soixante-dix hommes aient été regarder dans l'arche ? et conçoit-on aisément que tant de personnes se soient permis une curiosité si punissable ?

Aussi les auteurs des versions arabes et syriaques paraissent-ils n'avoir lu dans leurs manuscrits que *cinq mille hommes du peuple*. Josèphe va plus loin. Ce prêtre historien, qui sans doute avait des manuscrits exacts, ne compte que soixante et dix personnes punies de mort; et le savant Kennicott vient d'apprendre au public qu'il n'en a pas trouvé davantage dans deux manuscrits anciens qu'il a collationnés.

Ces variations dans les nombres portent déjà naturellement à soupçonner quelque altération dans ce texte. Le soupçon se confirme quand on considère que le texte hébreu, tel qu'il est dans les bibles imprimées, et dans la plupart des manuscrits, étant pris à la rigueur de la lettre, signifierait que Dieu frappa *soixante et dix hommes cinquante mille hommes*, ce qui ne fait aucun sens.

Enfin l'altération faite dans ce passage, supposé qu'il y en ait une, ne serait pas du nombre de ces méprises qui n'échappent que difficilement à des copistes habiles : il ne s'agirait que d'une particule, d'une seule lettre omise (1).

à ces fléaux terribles que sa main vengeresse répand de temps en temps sur la terre pour punir les peuples ?

Prenons-y garde : l'amour-propre n'est point un juge impartial; un retour secret sur nous-mêmes nous met à la place des coupables; et parce que nous nous croyons quelque chose, nous ne craignons pas d'accuser Dieu d'injustice. O homme! vapeur légère, qui parais aujourd'hui pour disparaître demain, estimes-tu ta vie un objet si important aux yeux de l'Eternel, et oublies-tu jusqu'à ce point ton néant et sa grandeur ? *Chrét.*

(1) *Une seule lettre omise*. L'm des Hébreux. C'est une particule

Mais, que dis-je? il n'est pas nécessaire d'admettre ici une altération dans le texte. Qu'on suppose seulement, avec les savants Bochart, Le Clerc, etc., cette particule sous-entendue (ce que permet le génie de la langue hébraïque, et ce que font tous les interprètes dans un grand nombre d'autres passages), on pourra traduire d'une manière très simple et très naturelle : *Dieu frappa soixante-dix hommes de* où *sur cinquante mille hommes;* traduction qui les réduit au même nombre que Josèphe et les deux manuscrits du docteur Kennicott. Il n'est donc pas certain qu'il ait péri *cinquante mille soixante-dix hommes* dans cette occasion : ce n'est, très vraisemblablement que, dans un texte altéré, ou plutôt mal entendu et mal traduit, qu'on en trouve un si grand nombre.

En vain, après avoir porté le nombre de ces Bethsamites très probablement beaucoup au-delà du vrai, vous dites, pour atténuer leur faute, que *Dieu les fit périr uniquement parce qu'ils avaient regardé son arche qu'ils ne devaient pas regarder* : on ne peut douter qu'ils n'aient été très coupables. Ils ne pouvaient ignorer que, par une loi expresse, il était défendu, même aux lévites, sous peine de mort, de toucher à l'arche, et de la regarder à découvert. Cependant, au mépris de ces défenses, les Bethsamites osent s'en approcher, y arrêter des regards téméraires, et, selon le texte hébreu, la découvrir et *regarder dedans* (1). Quelle difficulté peut-il y avoir que Dieu ait puni cette désobéissance publique et volontaire, cette curiosité soupçonneuse et sacrilége, par la mort de *soixante-dix coupables*; et qu'en rendant miraculeusement à son peuple l'arche de son alliance, il ait fait sur

qui répond à l'*à*, ou *è*, *ex*, *de*, des Latins. On la joint aux noms, ainsi que plusieurs autres particules hébraïques. M. de Voltaire, qui, dit-on, sait l'hébreu, et qui le cite comme si c'était sa langue naturelle, sentira mieux que personne la vérité de cette réflexion. *Edit.*

(1) *Regarder dedans.* C'est le sens du texte, et c'est ainsi que plusieurs savants interprètes l'entendent. *Aut.*

ces téméraires un exemple de sévérité capable de contenir tous les autres dans le respect qu'ils lui devaient? En un mot, la faute des Bethsamites, par la loi, méritait la mort, et le nombre de ceux qui périrent n'a rien d'incroyable. Appréciez maintenant vos sarcasmes.

Vos réflexions tombent donc sur un fait contesté. Quelque parti qu'on prenne sur ce fait, elles sont fausses, elles n'ont, de votre aveu, aucun rapport à votre objet. Pourquoi surcharger de ce vain fatras un traité où vous auriez dû ne rien mettre que de certain et d'utile?

Résumons. Pour autoriser la tolérance, par l'histoire de nos juges, vous citez quatre faits. De ces faits, le premier et le quatrième sont, de votre aveu, hors de la question; le troisième ne prouve la tolérance que dans un temps d'anarchie et de trouble, et il n'est pas sûr que le second prouve quelque chose. Ne voilà-t-il pas des raisonnements bien solides, et des exemples bien concluants?

Nous sommes avec respect, etc.

LETTRE VI.

Des faits que le savant critique tire de l'histoire des rois pour prouver la pratique d'une tolérance universelle dans le judaïsme. Que ces faits et toute cette histoire prouvent précisément tout le contraire.

Vous voulez tirer, Monsieur, de la conduite de quelques-uns de nos rois, des preuves de tolérance; mais, en vérité, vous ne le faites pas fort adroitement.

« Salomon, dites-vous, est paisiblement idolâtre. Jéroboam fait ériger des veaux d'or, et règne vingt ans. Le petit royaume de Juda dresse, sous Roboam, des autels étrangers et des statues. Le saint roi Aza ne détruit point les hauts lieux. Le grand-prêtre Urias érige dans le temple, à la place de l'autel des holocaustes, un autel du roi de Syrie. On ne voit, en un mot, aucune contrainte sur la religion. »

On voit, Monsieur, et très clairement, que vous écrivez fort à la hâte, et que notre histoire vous est fort peu connue. Reprenons.

§ I. *Idolâtrie de Salomon, de Roboam, de Jéroboam, etc. Quelle preuve en faveur de la tolérance.*

Salomon fut idolâtre; mais le fut-il *paisiblement*? Nous l'avons déjà dit, Monsieur, les temps de son apostasie ne furent pas les temps heureux de son règne. Les liens de la religion une fois rompus, les cœurs des sujets se détachèrent peu à peu du monarque; son autorité s'affaiblit; et Dieu, qui seul pouvait le juger et le punir, ne tarda pas de lui dénoncer ses vengeances, et d'appesantir sur lui-même le bras qui devait frapper sur sa maison de si terribles coups (1).

Mais quand Salomon aurait été *paisiblement idolâtre*, serait-ce une preuve si convaincante en faveur de vos idées sur la tolérance ? Qu'y aurait-il d'étonnant que des sujets accoutumés depuis longtemps à obéir eussent fermé les yeux, par respect ou même par crainte, sur les écarts d'un roi qui les avait gouvernés d'abord avec tant de sagesse et tant de gloire ? Et s'agit-il dans votre traité de savoir si les sujets doivent tolérer leurs souverains, ou si les souverains doivent tolérer leurs sujets, lorsqu'ils professent un culte différent de celui de l'état ? Salomon idolâtre, mais Salomon roi, et roi malheureux, n'était donc pas un exemple à citer avec tant de confiance.

Jéroboam et Roboam (2) *érigèrent des idoles.* Oui, Monsieur, et plusieurs de nos rois imitèrent leur impiété. Mais,

---

(1) *De si terribles coups.* Voyez, sur l'idolâtrie de Salomon et sur ses suites, Rois, III, chapitre XI, etc.

(2) *Jéroboam et Roboam.* Rois, III, chap. XII, XIV, etc.

dans ces grandes défections où les peuples, entraînés par l'exemple de leurs rois, abandonnaient le culte de leurs pères pour adorer des dieux étrangers, le petit nombre des Israélites fidèles pouvaient-ils ne pas tolérer la foule des prévaricateurs ? Qui doute que les religions opprimées doivent tolérer la dominante !

§ II. *Du grand-prêtre Urias.*

Urias, dites-vous, *érigé un autel du roi de Syrie*. Qu'appelez-vous, Monsieur, *un autel du roi de Syrie* ? Qu'entendez-vous par là ? Votre style, toujours intelligible et clair, est assez obscur.

Pressé par Téglat-Phalazar, devenu, de son allié, son vainqueur et son maître, Achaz veut l'apaiser par ses présents. Faute d'autre ressource, il prend le parti de consacrer à cet objet tout l'airain du magnifique autel des holocaustes, construit par Salomon, et d'en faire ériger un plus simple, dans le goût de celui de Damas, où il était allé au devant du monarque assyrien. Il en envoie le modèle au grand-prêtre *Urias*, avec ordre de substituer ce nouvel autel à l'ancien, qu'il se réservait pour en vendre le métal (1). Urias obéit : c'est là ce que vous appelez *ériger un autel du roi de Syrie* ? Soit; nous ne disputerons pas sur les termes.

Mais, Monsieur, cet acte d'obéissance est-il un acte d'idolâtrie ? Depuis quand est-ce une impiété, dans un prêtre, de sacrifier les ustensiles précieux d'un culte aux besoins pressants du prince et de la patrie ? Et qu'est-ce que tout cela prouve en faveur de la tolérance ?

Il est vrai que dans la suite Achaz, après avoir longtemps mêlé les pratiques des idolâtres au culte du Seigneur, l'abandonna entièrement; et se livra à l'idolâtrie avec une grande partie de son peuple. Puisque vous n'en dites rien, vous n'a-

(1) *Pour en vendre le métal*, etc. Voyez *Rois*, IV, ch. XVI. *Aut.*

vez pas cru, sans doute, que ce fût une preuve à alléguer : vous avez raison, l'idolâtrie de ce prince ne prouverait pas plus que celle de Roboam, Jéroboam, etc.

Au reste, Monsieur, Dieu, qui dans la théocratie judaïque, s'était réservé la vengeance de ces grandes apostasies, punit promptement et sévèrement celle d'Achaz et de ses sujets (1).

§ III. *Conduite d'Aza et autres rois. S'ils furent tolérants. Maladresse du savant écrivain.*

Le saint roi Aza, dites-vous encore, *ne détruit point les hauts lieux.* 1° Le culte des hauts lieux, quoique illégitime, n'était point idolâtrique. C'était donc imperfection, prudence timide de le souffrir ; mais ce n'était point tolérance, dans le sens que vous l'entendez.

2° Quoi qu'il en soit, Aza, après avoir fait tant de choses pour rétablir le vrai culte dans ses états, pouvait craindre d'aigrir les esprits en allant plus loin ; il crut devoir céder à la nécessité, et nous ne pensons pas que votre dessein soit d'apprendre à vos souverains qu'il faut souffrir ce qu'on ne peut empêcher. Personne ne l'ignore.

3° Notre histoire représente ce saint roi *ôtant de ses états toutes les abominations*, punissant l'idolâtrie jusque dans sa mère, jurant avec tout son peuple de *mettre à mort quiconque d'entre eux ne chercherait pas de tout son cœur le Dieu de leurs pères* (2) ; et vous le mettez au nombre des rois tolérants !

Quand on voit ce religieux monarque, et, à son exemple, Josaphat, Ezéchias, Manassès, Josias, etc., briser les idoles,

---

(1) *D'Achaz et de ses sujets.* « Nos pères ont péché, *dit le pieux Ezéchias à son fils*, et la colère de l'Eternel a éclaté contre eux ; ils ont été livrés à la mort et à l'opprobre ; ils ont péri par le glaive, et nos femmes, et nos enfants ont été emmenés en captivité, etc. » (*Paral.* II, chapitre XXIX, v. 6.) *Aut.*

(2) *Le Dieu de leurs pères.* Voyez *Paralip.* II, chapitre XV. *Aut.*

renverser leurs temples, chasser du pays leurs adorateurs et leurs prêtres, comment se persuader qu'il n'y ait eu sous nos rois *aucune contrainte sur la religion* ?

Y pensiez-vous donc, Monsieur, quand vous proposiez le saint roi Aza pour modèle de tolérance à vos gouvernements? S'ils l'imitaient, sectaires, déistes, philosophes, Juifs, etc., nous crierions tous à la persécution. Avocat imprudent, vous trahissez la cause que vous croyez défendre.

Il ne vous manquerait plus que de citer Jézabel égorgeant les prophètes du Seigneur; Jéhu massacrant en un seul jour tous les prêtres de Baal; Manassès, avant son retour au Seigneur, inondant Jérusalem du sang des fidèles qui refusaient d'adorer ses idoles, etc. Ce seraient d'admirables modèles de tolérance, et d'excellentes preuves qu'il n'y eut sous nos rois *aucune contrainte sur la religion.*

Nous sommes avec respect, etc.

LETTRE VII.

Preuves d'une tolérance universelle dans le judaïsme, tirées des prophètes.

Vous ne réussissez pas mieux, Monsieur, à prouver la pratique d'une tolérance universelle par la conduite et les écrits de nos prophètes.

§. I. *Sévérité d'Elie et d'Elisée.*

Vous commencez par citer deux traits de sévérité: l'un d'Elie, l'autre d'Elisée. Ce n'est pas une preuve en faveur de la tolérance, vous en convenez; c'est une objection que vous feignez de résoudre, pour avoir occasion de censurer la conduite de ces deux prophètes (1).

(1) *Censurer la conduite de ces deux prophètes.* Ces deux faits ont

« Elie, dites-vous, fit descendre le feu céleste pour consumer les prêtres de Baal. Elisée fit venir des ours pour dévorer quarante-deux petits enfants qui l'avaient appelé tête chauve. Mais ces exemples sont rares, et ce sont des faits qu'il serait un peu dur de vouloir imiter. »

Ne craignez point, Monsieur, qu'on les *imite* ; les hommes qui d'un mot font sortir les ours des forêts, et descendre le feu du ciel, seront toujours *rares* sur la terre ; et quand il s'en trouvera quelques-uns revêtus de ce pouvoir, on pourra croire qu'ils n'agiront que par de justes motifs.

Remarquons en passant que ce ne fut point *pour consumer les prêtres de Baal* qu'Elie fit descendre le feu du ciel, mais pour punir les satellites d'Achab, qui lui portaient de la part de ce prince impie l'ordre de se rendre à la cour, et qui s'avançaient pour l'y contraindre, sans respect pour son ministère. Ce sont deux faits différents, qu'un homme versé comme vous dans notre histoire n'aurait pas dû confondre. Vous avez mal lu, Monsieur, le troisième livres des *Rois*, que vous citez. *Mais la nature de l'homme est si faible, et l'on a tant d'affaires dans la vie...* que ces petites méprises ne doivent point étonner.

§ II. *Si Elisée permit à Naaman d'adorer les idoles.*

« Mais, ajoutez-vous, lorsque Naaman l'idolâtre, demanda à Elisée s'il lui était permis de suivre son roi dans le tem-

---

été cités par Tindal, de même que ceux de Josué, de Michas, des Bethsamites, et presque tous ceux dont il a été et dont il sera question dans cette Lettre. M. de Voltaire ne fait que répéter ce qu'avait dit avant lui le déiste anglais. Loin qu'il ait, dans toutes ces petites critiques, la gloire de l'invention, il n'a pas même celle d'en faire une application heureuse. S'est-il flatté qu'on ne lirait jamais Tindal, ou qu'on ignorerait toujours les savantes réponses qu'on lui a faites ? Quel rôle pour les oracles de la philosophie, pour ces génies supérieurs qui se croient destinés à éclairer l'univers, de se faire ainsi, à tous propos les faibles copistes d'un faible écrivain ! *Aut.*

ple de Remmon, et d'y adorer avec lui, ce même Elisée, qui avait fait dévorer les enfants par les ours (1), ne lui répondit-il pas : Allez en paix ? »

Naaman l'idolâtre ! Naaman, guéri par Elisée, avait embrassé le culte du Dieu d'Israël; il n'était donc plus *idolâtre*. La question même qu'il fait au prophète en est la preuve : c'est une sorte de cas de conscience qu'il lui propose. Il venait de déclarer qu'*il n'offrirait plus d'holocauste ni de victimes aux dieux étrangers, et qu'il n'adorerait que le Seigneur*. Résolu de tenir cet engagement, il veut savoir d'Elisée,

(1) *Dévorer les enfants par les ours.* A ce qu'on a dit plus haut sur cet évènement, nous ajouterons une observation du docte Léland : c'est que ces enfants étaient de Béthel, siége principal de l'idolâtrie qui régnait alors dans Israël. Est-il inconcevable qu'un évènement qui pouvait arriver naturellement, ait été ménagé par la Providence pour venger son prophète outragé dans le temps qu'il commençait sa mission, et pour punir les pères idolâtres dans leurs enfants idolâtres et impies comme eux?

Il ne faut pas s'imaginer que ces *petits enfants* fussent des enfants qui n'avaient pas encore atteint l'âge de raison. Les mots du texte n'ont pas nécessairement cette signification. Aussi sont-ils appliqués à la jeune Israélite emmenée prisonnière de guerre à Damas, et qui conseilla à Naaman de s'adresser au prophète Elisée. (ROIS, livre IV.) Ils sont appliqués à Salomon, après son élévation au trône et son mariage avec la fille de Pharaon (ROIS, livre III.), et même à Benjamin, déjà père de plusieurs enfants. (GEN. XLIV.) *Ego puer parvulus, anochi naarkaton*, disait Salomon dans sa prière. Voyez les deux autres passages que nous venons de citer. On peut donc et on devrait traduire des *jeunes gens*, et non des *petits enfants*, ces derniers mots n'ayant pas dans la langue française la même étendue que les mots hébreux *naarim natonim*.

Tindal faisait encore une autre objection contre ce fait : nous sommes surpris que M. de Voltaire l'ait négligée; elle était aussi digne que plusieurs autres de trouver place dans ses deux chapitres. Tindal donc disait qu'il est impossible que deux ours mangent quarante-deux enfants. Mais on répondait à Tindal que le terme hébreu signifie *déchirer, mettre en pièces*, aussi bien que *dévorer*. Nous avons cru devoir rapporter cette objection du déiste anglais, parce qu'elle peut servir à faire juger du caractère de l'écrivain. *Edit.*

non s'il peut adorer l'idole de Remnon (c'eût été démentir dans l'instant la protestation qu'il venait de faire); mais s'il peut continuer de remplir auprès de son maître les fonctions de sa charge dans le temple de l'idole, de l'y accompagner, de lui donner le bras, et de s'y incliner même, s'il était nécessaire pour le service du prince. Voilà tout ce qu'il demande, et tout ce qu'Elisée lui permet.

Les termes d'y *adorer avec lui* par lesquels vous rendez le texte, sont une petite adresse qui ne peut en imposer qu'à ceux qui n'entendent ni le mot hébreux, ni le latin qui y répond. Ces termes ne signifiaient pas nécessairement *adorer*, dans le sens que les Français attachent d'ordinaire à cette expression: ils peuvent signifier aussi se *baisser*, *s'incliner*, etc.

De bonne foi, si nous ne trouvons pas que cette permission, demandée par l'étranger Naaman, soit une preuve fort convaincante (1) que la tolérance fut toujours mise en pratique dans le judaïsme, est-ce notre faute?

§ III. *Rois idolâtres appelés par les prophètes les serviteurs de Dieu.*

Est-ce notre faute encore si nous n'apercevons pas le plus léger rapport entre la question que vous traitez et ce que vous dites ici?

« Nabuchodonosor est appelé dans *Jérémie* le serviteur de Dieu. Le Kir, ou Koresch, ou Kosroès, que nous appelons Cyrus, n'est pas moins favorisé. Dieu, dans Isaïe, l'appelle son Christ, son oint, quoiqu'il ne fût pas oint selon la signi-

---

(1) *Preuve fort convaincante.* Elle le serait encore moins en admettant l'explication que le savant Bochart donne de ce passage. Ce n'est pas, selon lui, une permission que Naaman demande pour l'avenir; c'est un humble aveu du passé, l'expression de son vif repentir; et la réponse du prophète, *allez en paix*, n'a d'autre but que de rassurer une conscience alarmée. Bochart prétend que le texte original est susceptible de ce sens, et nous le croyons comme lui. M. de Voltaire aime-t-il mieux cette explication? *Edit.*

fication commune de ce mot, et qu'il suivit la religion de Zoroastre ; il l'appelle son pasteur, quoiqu'il fût usurpateur aux yeux des hommes. Il n'y a pas dans toute la sainte Écriture une plus grande marque de prédilection. »

Que d'érudition en pure perte ! *Le Kir*, *Koresche ou Kosroès*, etc. : poudre jetée aux yeux des ignorants.

Dieu l'appelle son oint, quoiqu'il ne fût pas oint, selon la signification commune de ce mot. Qu'y a-t-il d'étonnant ? Ne peut-on prendre les mots que dans leur signification commune ? La belle réflexion !

Quoiqu'il suivît la religion de Zoroastre, etc. Vous êtes surpris que cette religion n'ait pas mis un obstacle aux faveurs de Dieu; et vous dites ailleurs (Voyez *Introduction à l'Essai sur les mœurs*, art. Babyloniens devenus Persans, page 50 et suivantes, tome XVI des Œuvres) que ces sectateurs *n'adoraient que l'Être-Suprême, et qu'ils lui rendaient un culte pur !*

Il l'appelle son pasteur, quoiqu'il fût usurpateur aux yeux des hommes, etc. Quoique *usurpateur aux yeux des hommes*, Cyrus n'en exécutait pas moins les conseils de Dieu sur son peuple. Voilà pourquoi il l'appelle *son pasteur*.

Mais laissons ces observations ; venons au fait. Nos prophètes appellent Nabuchodonosor *serviteur de Dieu*, et Cyrus *son oint*, *son christ*, *son pasteur*. Oui, Monsieur, et c'est ce qui prouve que le Dieu qu'adoraient nos pères n'était pas comme l'ont prétendu quelques *libres penseurs*, un Dieu particulier, une divinité locale (1), mais le Dieu de l'univers, dont la providence conduit tous les évènements et s'étend sur tous les empires. Les rois, les conquérants sont à ses ordres, et n'exécutent que ses volontés. Ils sont dans sa main des instruments de miséricorde ou de vengeance. C'est donc à juste titre que nos prophètes les appellent ses *servi-*

(1) *Une divinité locale.* C'est ainsi que M. de Voltaire représente, en plus d'un endroit, le Dieu des Juifs. *Aut.*

teurs et ses ministres. Mais de ce que les rois et les conquérants idolâtres sont en ce sens les serviteurs de Dieu, s'ensuit-il que la tolérance était pratiquée dans le judaïsme? La justesse de cette conséquence n'est assurément pas évidente; c'est tout ce que nous nous permettons d'en dire.

§ IV. *Passage de Malachie.*

« On voit dans Malachie, dites-vous, que, du levant au couchant, le nom du Seigneur est grand parmi les nations, et qu'on lui offre partout des oblations pures. »

Mais le culte idolâtrique étant répandu chez presque tous les peuples du monde, du temps de Malachie, le prophète n'a ni pu ni voulu dire qu'alors on offrait partout des oblations pures au Seigneur. Ce texte n'est donc qu'une prédiction de ce qui doit arriver au jour où tous les peuples retourneront au vrai Dieu. Aussi le savant Kimchi traduit ce passage par le futur: *On m'offrira,* dit-il, *en tout lieu des oblations pures quand je l'ordonnerai.* Or, quel rapport cette prédiction a-t-elle avec vos questions sur la tolérance?

§ V. *Des Ninivites, de Melchisédech, de Balaam, etc.*

De Malachie vous passez brusquement aux Ninivites et à Melchisédech, etc.

« Dieu, dites-vous, prend soin des Ninivites idolâtres, il les menace, il leur pardonne. Melchisédech, qui n'était pas Juif, était sacrificateur de Dieu; Balaam idolâtre était prophète. L'Ecriture nous apprend donc que non-seulement Dieu tolérait tous les autres peuples, mais qu'il en prend un soin paternel; et nous osons être intolérants! »

Que voulez-vous dire, Monsieur, et à quoi tout cela revient-il? L'exemple de *Melchisédech,* qui, sans être Juif, était adorateur et sacrificateur du vrai Dieu, prouve-t-il que Dieu tolérait les idolâtres, ou que l'intolérance ne fut pas toujours mise en pratique dans le Judaïsme?

Mais *il prend soin des Ninivites idolâtres.* C'est qu'il est le Dieu de tous les peuples. *Il leur pardonne.* C'est qu'ils font pénitence. Mais, encore un coup, qu'est-ce que tout cela prouve en faveur de la question que vous traitez (1) ?

Balaam idolâtre. En êtes-vous bien sûr ? Ignorez-vous que c'est une question très indécise ? Vous la tranchez fort légèrement.

Balaam idolâtre était prophète. Ceux qui croient que Balaam était idolâtre, ne le regardent pas comme un prophète, mais comme un magicien, un imposteur ; et ceux qui le croient prophète, ne le regardent point comme idolâtre, mais comme avare et corrompu.

---

(1) A l'occasion des Ninivites et quoique l'auteur ne s'occupe pas de cette question, nous croyons devoir ajouter ici une remarque au sujet de la ville de Ninive, dont l'auteur du *livre de Jonas,* dit qu'elle était si grande, qu'il fallait trois jours de marche pour aller d'un bout à l'autre. Ce texte a été taxé d'exagération ridicule. Cependant, on aurait pu s'en rapporter aux auteurs profanes, à Strabon en particulier, qui connaissait ces ruines et affirme d'après leur étendue que Ninive était beaucoup plus grande que Babylone. Or, le témoignage des historiens grecs, contemporains d'Alexandre, et qui avaient cette dernière ville pour ainsi dire sous les yeux, met hors de doute que l'enceinte de Babylone avait un périmètre de vingt-quatre de nos lieues. Aristote la compare au Péloponnèse, qu'on aurait entouré de murs. Ninive pouvait donc, d'après le témoignage de Strabon, avoir une trentaine de lieues de circuit ; et dès-lors ce n'était pas trop de trois journées pour en faire le tour, car tel est le sens qu'on peut donner au texte dont il s'agit.

Mais on sait de plus que l'emplacement et les ruines de Ninive ont été récemment retrouvées dans la plaine de Khorsabad, près de Mossoul, sur la rive droite du Tigre ; déjà nos musées se sont enrichis d'une collection considérable d'œuvres d'art, arrachées à ses débris. Or ces ruines s'étendent à *six lieues* au moins à partir du fleuve. En supposant, ce qui est au moins vraisemblable, que la ville s'étendit en longueur sur la rive au moins autant que sur son épaisseur, son périmètre eût été de vingt-quatre lieues ; mais il est possible, il est même probable que son étendue le long du fleuve était plus considérable que la dimension transversale ; ce qui vérifierait le témoignage de Strabon.   L. D.

Quoi qu'il en soit, Balaam ne tarde pas de porter la peine due à ses crimes : une mort malheureuse en est le prix. C'est ainsi que Dieu le *tolère*.

Dieu tolère les idolâtres : et nous osons être intolérants! Admirable manière de raisonner ! Mais Dieu tolère les scélérats ; en conclurez-vous que les gouvernements humains doivent les tolérer ?

§ VI. *Passages d'Ezéchiel.*

Vous donnez enfin, Monsieur, comme une forte preuve de tolérance dans le judaïsme, que le livre d'Ezéchiel, qui, selon vous, *annonce aux Juifs tout le contraire de ce que Moïse avait annoncé*, ait été inséré dans le canon des auteurs inspirés de Dieu.

« Moïse, dites-vous, déclare plusieurs fois aux Juifs que Dieu punit les pères dans les enfants, jusqu'à la quatrième génération. Cependant, malgré cette déclaration expresse de Dieu, Ezéchiel leur dit que le fils ne portera point l'iniquité de son père ; il va même jusqu'à faire dire à Dieu qu'il leur avait donné des préceptes qui n'étaient pas bons. Son livre n'en fut pas moins reçu, malgré sa contradiction formelle avec Moïse. »

Pour que cette preuve fût solide, Monsieur, il faudrait que la contradiction prétendue fût réelle, et que les anciens Juifs l'eussent reconnue. Or, ni l'un ni l'autre.

Moïse dit que les pères coupables seront punis jusqu'à la quatrième génération dans leurs enfants coupables comme eux. Ezéchias assure que les enfants innocents ne seront point punis pour leurs pères coupables. Y a-t-il là quelque contradiction ?

Les Juifs, captifs à Babylone, prétendaient qu'ils n'étaient punis que pour les crimes de leurs pères : *Les pères*, disaient-ils, *ont mangé le raisin avant qu'il fût mûr, et les enfants en ont les dents agacées.* C'est pour leur fermer la bouche qu'Ezéchiel leur assure, de la manière la plus positive, et dans les termes les plus forts, que s'ils cessent de suivre les exemples de leurs pères, et d'imiter leurs crimes, ils n'en porteront point la peine. *Si un homme*, dit-il, ch. XVIII, *a un fils, qui, considérant les crimes que son père a commis, craint d'en commettre de pareils, et n'imite point ses injustices et ses désordres, il ne mourra point pour les crimes de son père, mais il vivra parce qu'il a pratiqué la justice, et qu'il a observé mes commandements.* Ezéchiel ne contredit donc point Moïse qui ne parle que des enfants qui imitent les désordres de leurs pères, et que Dieu punit en même temps pour les crimes de leurs pères et pour les leurs propres.

C'est ainsi qu'un savant Anglais expliquait ces passages, en répondant à Tindal, qui proposait la même difficulté; et cette explication n'est pas nouvelle. Non-seulement c'est celle de nos rabbins modernes les plus célèbres, celle d'Abenezra, de Salomon, Jarchi, des talmudistes dans Ghémare; c'est encore celle qu'avait adoptée longtemps avant eux le Paraphraste chaldéen. Tous entendent le texte de Moïse, *des enfants rebelles qui marchent dans la voie perverse de leurs pères*. Les Juifs anciens, non plus que les modernes, n'ont donc point reconnu cette prétendue contradiction formelle que vous croyez voir entre ces passages, et qui n'y est pas.

Quant à ce que vous ajoutez, qu'Ezéchiel va jusqu'à faire dire à Dieu *qu'il avait donné à son peuple des préceptes qui n'étaient pas bons;* si le prophète avait entendu par là les préceptes que Moïse appelle *excellents, admirables*, la contradiction serait formelle sans doute. Mais j'ouvre le vingtième chapitre d'*Ezéchiel*, d'où vous tirez cette objection, et j'y lis ces paroles : *Je les ai délivrés d'Egypte* (dit le Seigneur en parlant aux Juifs), *je les ai conduits dans le désert, et je leur ai donné mes préceptes et fait connaître mes jugements, dont l'observation fait vivre ceux qui les pratiquent. Je leur ai donné aussi mes sabbats pour être un signe entre eux et moi, afin qu'ils sussent que c'est moi qui les* sanctifie. Mais ils m'ont irrité dans le désert : ils n'ont point marché dans mes préceptes, et ils ont rejeté mes jugements, dont l'observation fait vivre *ceux qui les pratiquent*. J'étais prêt à répandre sur eux ma fureur ; et à les exterminer dans la solitude : mais mon œil les a épargnés, et j'ai retenu ma colère, pour ne point leur ôter à tous la vie.

J'ai dit ensuite à leurs enfants dans le désert : Ne marchez point dans les préceptes de vos pères ; ne gardez pas leurs jugements et ne vous souillez point avec leurs idoles. Je suis le Seigneur votre Dieu ; marchez dans mes préceptes, gardez mes jugements, et observez-les. Mais les enfants m'ont irrité comme avaient fait leurs pères ; et ils n'ont point marché dans mes préceptes dont l'observation fait vivre *ceux qui les pratiquent*.

Ezéchiel ne nie donc point l'excellence des préceptes que Dieu donna aux Israélites dans le désert, et dont Moïse vante la bonté. Au contraire, il reconnaît et répète jusqu'à trois fois que *ces préceptes étaient bons, et leur observation vivifiante*. Il est donc jusqu'ici parfaitement d'accord avec Moïse.

Mais il ajoute en continuant de faire parler le Seigneur : j'ai donc levé ma main sur eux (c'est-à-dire je leur ai juré) que je les répandrais parmi les nations, et que je les disperserais en divers climats, parce qu'ils ont rejeté mes préceptes, et tourné leurs yeux vers les idoles de leurs pères. C'est pourquoi je leur ai donné des préceptes qui ne sont pas bons, et des jugements par lesquels ils ne vivront point ; et pour les désoler, pour leur apprendre que je suis l'Éternel, je les ai souillés dans leurs offrandes, dans ces sacrifices impurs où ils faisaient passer par le feu tous leurs premiers-nés.

Comme s'il disait, parce qu'ils ont rejeté mes statuts et mes préceptes, dont l'observation devait les faire vivre et les rendre heureux, *je leur ai donné*, c'est-à-dire, je les ai laissés suivre (1) *des statuts et des préceptes* tout différents. Quels statuts et quels préceptes! Les rites cruels, et les pratiques détestables des peuples idolâtres (2), des adorateurs de Baal-Péor, de Moloch, etc., qui brûlaient leurs enfants, et se livraient à mille impuretés en l'honneur de ces faux dieux. Voilà *les préceptes qui n'étaient pas bons*, les honteuses et funestes observances auxquelles Dieu avait abandonné les Israélites prévaricateurs, et par lesquelles il les laissait se souiller pour les punir.

Nous savons que quelques critiques ont imaginé d'autres explications de ce texte, et nous ne prétendons ni les réfuter ni les exclure. Mais, quelque sens qu'on veuille donner à ce passage, il est clair qu'Ezéchiel n'a pas voulu contredire Moïse, avec lequel il est d'accord; et qu'il ne pouvait le contredire qu'en se contredisant lui-même; ce qu'apparemment vous ne prétendez pas qu'il ait fait.

Cette *contradiction* prétendue *formelle*, entre Ezéchiel et Moïse, n'est donc qu'une vaine chicane; et l'argument en faveur de la tolérance que vous en tirez s'évanouit avec elle.

Voilà, Monsieur, toutes les preuves de tolérance que vous ont pu fournir l'histoire de nos juges et de nos rois, la conduite et les écrits de nos prophètes, nous n'en avons omis aucune. Sérieusement, les croyez-vous encore fort solides, et bien capables de la persuader à vos gouvernements? Nous en doutons; et, pour vous le dire confidemment, nous qui la

---

(1) Je les ai laissés suivre. *Je leur ai donné*, pour je les ai laissés suivre; *je les ai souillés*, au lieu de je les ai laissés se souiller; *qui n'étaient pas bons*, c'est-à-dire, détestables; toutes ces façons de parler sont si communes dans l'Ecriture, qu'elles ne peuvent arrêter que ceux qui n'auraient aucune connaissance de la langue hébraïque. M. de Voltaire, sans doute, n'est point dans ce cas. *Aut.*

(2) *Des peuples idolâtres*. Nous nous arrêtons à cette explication comme à la plus vraisemblable et à la plus conforme au texte. Elle est suivie par le paraphraste chaldéen, Louth, Wels, le savant Vitringa, etc.; c'est celle que Waterland propose en répondant à Tindal. *Aut.*

souhaitons, nous à qui elle est nécessaire, nous la croyons jusqu'ici fort mal prouvée dans vos deux chapitres. Eh ! Monsieur, n'aviez-vous rien de mieux à dire ? Il nous semble que vous n'êtes point assez délicat sur le choix des preuves. Prenez-y garde : les mauvaises raisons nuisent aux bonnes.

Nous sommes avec la plus haute estime, etc.

LETTRE VIII.

Des différentes sectes juives. Si elles prouvent la pratique d'une tolérance extrême dans le judaïsme. Méprises et contradictions du savant critique.

Vous trouvez donc, Monsieur, quelque chose à louer dans les anciens Hébreux, vous croyez même pouvoir les proposer pour modèles aux nations polies de l'Europe. *Cette horde barbare, ce peuple intolérant, et le plus intolérant de toute l'antiquité* (1), était non-seulement *tolérant, mais d'une tolérance extrême*. L'éloge pourra paraître contradictoire à quelques lecteurs ; il est donc à propos de voir jusqu'à quel point nos pères le méritent.

Vous le fondez sur l'extrême opposition des sectes qu'ils toléraient. Pour sentir toute la force, toute la solidité de cette preuve, il faut examiner d'abord si vous exposez fidèlement les opinions de ces sectes ; en second lieu, si en supposant votre exposé vrai, elles ne pouvaient se tolérer sans une *ex-*

(1) *De toute l'antiquité.* Si M. de Voltaire nous reproche d'avoir été *le peuple le plus intolérant de toute l'antiquité*, nous pouvons nous consoler : il reproche bien aux chrétiens d'avoir été *jusqu'ici les plus intolérants des hommes*. C'est à cette prétendue tolérance qu'il attribue les cruelles et sanglantes persécutions que les chrétiens souffrirent sous les Néron, les Domitien, les Maximin, les Dèce, etc., empereurs romains tout-à-fait tolérants. Qui ne connaît point leur humanité et leur douceur ! *Aut.*

trême tolérance; enfin, si elles se tolérèrent en effet. Telle est, Monsieur, l'objet de cette lettre. Il serait assez singulier qu'après avoir tant de fois outragé nos ancêtres sans sujet, vous les eussiez loués sans raison.

§ I. Des Pharisiens.

Si l'on vous en croit, Monsieur, les pharisiens sont nouveaux, et leur secte *n'est pas beaucoup antérieure à votre ère vulgaire* (1). Vous allez encore plus loin dans un autre endroit; vous fixez l'époque de leur origine, et vous dites qu'ils *ne commencèrent que très peu de temps avant Jésus-Christ* (2).

Cette assertion, Monsieur, ne paraît pas aisée à concilier avec les écrits de Josèphe, qui les représente comme redoutables aux souverains, dès le temps du grand-prêtre Hircan, environ cent vingt ans avant Jésus-Christ. Il peut y avoir quelque difficulté à concevoir qu'une secte redoutée des souverains, *cent vingt ans avant Jésus-Christ*, et qui dès-lors, selon vous-même, voulait condamner le grand-prêtre à la prison et au fouet (3), n'ait commencé que *très peu de temps avant Jésus-Christ*.

Vous ajoutez que les *pharisiens ne commencèrent que sous Hillel*. Or, on fait vivre Hillel sous Hérode-le-Grand; et vous le faites vous-même contemporain de Gamaliel, dont Paul fut le disciple (4). Pensez-vous, Monsieur, qu'il soit si

(1) *Ere vulgaire.* Voyez Dictionnaire philosophique, tome 1er, art. Ame, tome XXXVII des OEuvres, *et philosophie de l'histoire* : voyez Introduct. *à l'Essai sur les mœurs*, art. Anges, etc., tome XVI des OEuvres.

(2) *Avant Jésus-Christ.* Voyez Dictionnaire philosophique, tome VII, art. Résurrection, page 56, tome XLIII des OEuvres. Aut.

(3) *Et au fouet.* Voyez Philosophie de l'histoire, art. des Juifs depuis Saül. Aut. — Voyez Introduct. *à l'Essai sur les mœurs*, art. des Juifs depuis Saül, page 185, tome XVI des OEuvres.

(4) *Fut le disciple.* Voyez Dictionnaire philosophique, tome VII, art. Résurrection, page 98, tome XLIII des OEuvres. Aut.

facile de comprendre qu'une secte nombreuse et puissante, *cent vingt ans avant Jésus-Christ*, ait eu pour fondateur un homme qui vivait sous Hérode-le-Grand, un *contemporain du maître de Paul?* Apparemment Hillel fonda cette secte lorsqu'il était encore en nourrice, ou ce Nestor des Hébreux vécut beaucoup plus longtemps que celui des Grecs.

Mais laissons-là ces petites contradictions sur l'origine des pharisiens, que Casaubon juge antérieure de plus de deux cents ans à votre ère vulgaire, que Scaliger place sous les Machabées (1), que d'autres font remonter jusqu'au temps d'Esdras; en un mot, dont tous les savants ne parlent qu'avec incertitude, et que vous fixez avec tant de certitude et tant de confiance (2).

Passons à l'exposé que vous faites de leur doctrine. Vous dites, dans votre texte, qu'*ils croyaient à la fatalité et à la métempsycose*, et vous ajoutez en note : *Le dogme de la fatalité est ancien et universel* (universel, c'est beaucoup dire); *on le trouve toujours dans Homère; il était soutenu par les*

---

(1) *Sous les Machabées.* Scaliger, Serarius et Drusius, sans oser rien déterminer, ont cru que les pharisiens ont pu tirer leur origine de cette société de Juifs qui, du temps des Machabées, se retirèrent dans les déserts pour éviter la persécution. On les nomma d'abord asidéens, et ensuite pharisiens, c'est-à-dire, *séparés*, parce qu'ils l'étaient en effet, d'abord par leur demeure, et ensuite par leur attachement aux traditions, par leurs habits, leurs austérités, etc.

D'autres ont cru que le nom de pharisiens vient du mot *paras*, c'est-à-dire récompense; parce qu'ils servaient Dieu dans la vue de la récompense, et qu'ils soutenaient contre les Sadducéens les peines et les récompenses d'une autre vie. *Aut.*

(2) *Tant de confiance.* On ne connaît point, dit Basnage, l'origine des pharisiens, ni le temps auquel ils ont commencé de paraître..... « Il vaut mieux avouer qu'on ignore la véritable origine de cette secte que de la chercher inutilement. » Voyez l'*Histoire des Juifs*, livre II, chapitre 10. *Aut.*

Un rabbin, qui écrivait dans le douzième siècle, les jugeait plus anciens. Il croyait pouvoir prouver l'ancienneté des pharisiens par une succession suivie depuis Adam jusqu'à son temps. *Chrét.*

philosophes. Vous voulez apparemment faire confondre le système des pharisiens avec celui d'Homère et ceux des philosophes. Il y a pourtant entre ces opinions des différences qu'il eût été bon de faire observer à vos lecteurs.

La *fatalité* d'Homère est supérieure à Jupiter même : le destin ordonne, Jupiter ne peut qu'obéir. Celle des philosophes, ou du moins de quelques philosophes, est un enchaînement de causes et d'effets sans première cause, ou, selon d'autres, un enchaînement de causes et d'effets, nécessaire et physique; système dont l'un est un absurde athéisme, et dont l'autre ôte ou semble ôter à Dieu sa providence, et à l'homme sa liberté.

Les pharisiens, au contraire, mettaient en sûreté la liberté de l'homme et la providence de Dieu. Leur *fatalité*, si l'on peut user de ce terme pour exprimer leur sentiment, est la providence même et ses décrets. « Les pharisiens, dit Josèphe, pharisien lui-même, et par conséquent bien instruit de leurs opinions, croient que les décrets de la providence règlent tous les évènements naturels ; mais ils n'ôtent point à l'homme la liberté de se déterminer. Ils pensent que la providence, qui agit d'une manière absolue dans les évènements de la nature, modère son pouvoir dans les actes du vice et de la vertu, afin qu'ils soient libres et dignes de châtiment ou de récompense. »

Voilà, Monsieur, quelle était la fatalité des pharisiens. Ce n'est pas là le destin d'Homère, ni la fatalité de quelques philosophes : ce n'est pas même la vôtre (1). Celle des

---

(1) *même la vôtre.* Voyez en effet les art. *Chaîne des évènements, Destinée, Liberté*, etc., du *Dictionnaire philosophique.* (Voyez *Dictionnaire philosophique*, tome II, III, IV, XXXVIII, XXXIX et XC des OEuvres.) L'auteur y soutient la fatalité absolue; il y prétend que tout est nécessaire dans le moral comme dans le physique; que l'homme n'a pas plus de liberté que son chien ; que nous voulons *nécessairement*, en conséquence des idées qui se présentent *nécessairement à nous*, etc. Et si vous voulez savoir ce que deviendra la liberté, il ré-

pharisiens n'a, ce nous semble, rien de répréhensible (2).

La *métempsycose* des pharisiens n'est pas non plus celle de l'admirable quinzième livre des *Métamorphoses d'Ovide*. Les pharisiens croyaient que les âmes des justes passaient dans un lieu de délices, d'où elles pouvaient revenir sur la terre animer d'autres corps humains, mais en même temps ils tenaient pour certain que les âmes des méchants, renfermées pour toujours dans des cachots ténébreux, y souffraient éternellement des peines proportionnées à leurs crimes. Ces idées, si nous ne nous trompons, ne sont pas tout-à-fait la même chose que la métempsycose *apportée des Indes par Pythagore, et chantée par Ovide*.

Quoi qu'il en soit, les opinions des pharisiens ne contredisant en rien la loi de Moïse, nous ne voyons pas que pour les tolérer, il fût besoin d'une *tolérance extrême*.

§ II. Des Esséniens.

Il en était moins besoin encore pour les Esséniens ; car c'était moins une secte d'hérétiques qu'une espèce d'ordre religieux, une association d'hommes pieux et zélés, que le désir d'une plus haute perfection avait réunis. Occupés de

pond qu'il ne vous entend pas, et si vous lui demandez comment la justice divine peut punir des crimes commis *nécessairement*, il dit qu'il y a des gens qui le savent, mais que ce n'est pas lui ; et si vous insistez, il ajoute : « J'ai *nécessairement* la passion d'écrire ceci, et toi tu as la passion de me condamner : nous sommes tous deux également sots, également les jouets de la destinée. Ta nature est de faire du mal ; la mienne est d'aimer la vérité, et de la publier malgré toi. » Doctrine lumineuse, digne des oracles de la philosophie moderne! Voilà le consolant résultat de leurs recherches, et l'heureux fruit de leurs travaux ! Quels ignorants et grossiers philosophes que nos pharisiens, en comparaison de ces *messieurs !* Auf.

(1) *rien de répréhensible*. C'était, selon Josèphe, un de leurs principes, que l'homme, pour faire le bien, a besoin du secours de la destinée, c'est-à-dire de la Providence et de sa grâce. Pouvaient-ils s'expliquer d'une façon plus orthodoxe ? *Edit.*

la contemplation, ou de l'agriculture et autres arts utiles, ils menaient dans la retraite une vie innocente et pure ; et, fidèles adorateurs du Dieu de nos pères, *s'ils n'offraient point de sacrifices dans le temple,* ils y envoyaient leurs oblations. Pleins de respect pour le législateur, son nom était ce qu'il y avait pour eux de plus vénérable. Ils regardaient comme des blasphémateurs ceux qui osaient en parler mal ; et (ce n'était pas là de la tolérance) ils les mettaient impitoyablement à mort.

Ils pensaient, à la vérité, qu'au sortir de cette vie les âmes des justes étaient transportées au-delà de l'Océan, dans un séjour délicieux, où ni les froids rigoureux de l'hiver ni les chaleurs brûlantes de l'été ne se faisaient jamais sentir, et que les âmes des méchants étaient renfermées sous la terre, dans un antre ténébreux et glacé, où ils souffraient d'éternels tourments. Mais cette opinion, quoique assez semblable à celle des Grecs, ne s'éloignait pas de celle des pharisiens et de la plupart des Juifs. D'accord avec eux sur le fond du dogme, c'est-à-dire, sur les récompenses et les peines d'une autre vie, les Esséniens convenaient de la chose, et ne différaient que sur le lieu. Cette légère différence ne pouvait-elle pas être tolérée, surtout en des hommes qui honoraient la nation par des vertus (1) admirées même des païens (2) !

(1) *La nation par des vertus.* Voyez ce qu'en ont dit Josèphe, et Philon avant lui. Quelques chrétiens en ont été si frappés, qu'ils ont voulu en faire honneur à leur église naissante. *Édit.*

(2) *Des païens.* Voyez Solin, chapitre XXXVIII, et *Pline*, liv. v. Pline remarque, comme Philon, et peut-être d'après lui, que les Esséniens se distinguaient par leur continence et par leur désintéressement ; que ce peuple singulier vivait sans argent, et se perpétuait sans mariages, ceux qui mouraient se trouvant remplacés par les nouveaux disciples, que le dégoût du monde et le désir de mener une vie plus tranquille et plus vertueuse leur amenait de toutes parts. *Esseni, gens sola et in toto orbe præter cæteras mira, sine ullâ feminâ ; omni Venere abdicatâ, sine pecuniâ. In diem convenarum turba renas-*

Vos théologiens, Monsieur, ne sont pas toujours d'accord sur le séjour des peines et des récompenses (1) de l'autre vie ; ils se tolèrent néanmoins les uns les autres ; et le poète célèbre qui parmi vous s'est avisé de mettre l'enfer *par-delà le soleil, dans un globe uniquement destiné à cet usage*, n'a point été inquiété, que nous sachions, pour une opinion si singulière. Croyez-vous, Monsieur, qu'il ait fallu pour cela *une extrême tolérance* ?

En un mot, dire : Les Esséniens ont été tolérés par les Juifs, donc les Juifs étaient d'une *tolérance extrême*, ce n'est certainement pas faire un raisonnement sans réplique. On en sent encore mieux le faible, lorsqu'on le rapproche des magnifiques éloges donnés aux Esséniens par Philon et Josèphe. Ces deux savants Juifs auraient-ils tant vanté une secte hérétique ?

§. IV. *Des Sadducéens.*

La tolérance dont jouirent les Sadducéens aurait de quoi surprendre davantage ; mais vous avez l'art de diminuer l'étonnement, précisément en voulant l'augmenter.

« Lorsque l'immortalité de l'âme, dites-vous, fut un dogme reçu, ce qui probablement avait commencé dès le temps de la captivité de Babylone, la secte des Sadducéens per-

---

citur, largè frequentabimus, quos vitâ fessos ad mores eorum fortunæ fluctus agitat. Ita (incredibile dictu !) gens æterna est, in quâ nemo nascitur ; tam fecunda illis aliorum vitæ pœnitentia est ! Edit.

(1) *Des peines et des récompenses.* « Les théologiens, dit M. de Voltaire, n'ont point encore décidé, comme un article de foi, que l'enfer fût au centre de la terre, ainsi qu'il l'était dans la théologie païenne. Quelques-uns (un Anglais) l'ont placé dans le soleil, etc. Sur quoi nous observerons, en passant, qu'il nous paraît étonnant qu'un chrétien aussi instruit que M. de Voltaire, s'imagine que dans sa religion les théologiens décident des articles de foi. *Edit.*

sista toujours à croire qu'il n'y avait ni peines ni récompenses après la mort. » Avant vous, Monsieur, le déiste Morgan avait déjà prétendu que les Sadducéens n'étaient que les restes des anciens Juifs, et qu'ils n'avaient fait que persister dans les sentiments de leurs pères, en refusant d'adopter la nouvelle doctrine de l'immortalité de l'âme, et d'une vie à venir, qu'enseignaient les Babyloniens, et que les Juifs, dit-il, avaient apprise d'eux pendant la captivité. Si vous n'embrassez pas ouvertement ici, comme ailleurs, l'opinion de ce critique, on sent assez que par ces mots, *la secte des Sadducéens persista toujours, etc.*, vous voulez donner à entendre que cette secte était bien antérieure à la captivité de Babylone. Mais cette ancienneté des Sadducéens et de leurs dogmes vous paraît-elle une preuve qu'on ne devait pas les tolérer ? Il nous semble, Monsieur, qu'elle pourrait prouver tout le contraire.

Vous ajoutez qu'ils *différaient beaucoup plus des autres Juifs que les protestants ne diffèrent des catholiques.* C'est, si nous ne nous trompons, ce qu'il serait peut-être difficile de prouver, surtout dans vos principes. Autant que nous en pouvons juger, des points essentiels, des articles fondamentaux divisent les protestants d'avec les catholiques; et, ce qui fait encore plus d'impression sur le commun des hommes et contribue davantage à éterniser les schismes, des rites différents et qui tiennent à la croyance séparent les uns d'avec les autres. Mais rien de semblable ne distinguait les Sadducéens des Pharisiens et des autres Juifs; ils priaient dans le même temple; ils observaient les mêmes rites, et suivaient les mêmes usages; ils croyaient, comme les autres, un Dieu, sa providence, sa justice vengeresse, etc.

Il est vrai qu'ils n'admettaient point de peines et de récompenses après la mort; mais ne vous souvient-il plus qu'*il est très certain et indubitable que Moïse ne proposa aux Juifs, en aucun endroit, les peines et récompenses d'une autre vie; que le grand Arnaud le dit nettement et avec force* dans son apologie de *Port-Royal* (1) ; *que le savant évêque de Worchester l'a prouvé évidemment dans sa divine législation de Moïse* (2)? Du moins ne devriez-vous pas oublier ce que vous avez dit vous-même et répété cent fois que *Moïse ne dit pas un mot qui puisse avoir le moindre rapport avec les châtiments d'une autre vie* (3) ; *que la croyance des esprits et la permanence des âmes étaient des dogmes inconnus aux anciens Juifs ; que ces dogmes étaient ceux des Égyptiens, des Babyloniens, des Perses, etc, et qu'ils ne constituaient nullement la religion des Juifs* (4).

« Les Sadducéens, dites-vous, demeurèrent dans la communion de leurs frères ; on vit même des grands prêtres de leur secte. » Qu'y a-t-il là d'étonnant dans vos principes ? Si les dogmes que niaient les Sadducéens étaient *nouveaux*, s'il n'en est pas dit *un mot dans la loi, si ces dogmes ne constituaient nullement la religion des Juifs*, ce n'étaient donc pas des articles essentiels de leur croyance ; les Sadducéens *ne différaient donc pas des autres Juifs beaucoup plus que les protestants ne diffèrent des catholiques* ; et ils pouvaient, sans une tolérance extrême, rester dans la communion de leurs frères, et avoir des grands-prêtres de leur secte.

Comme vous raisonnez, Monsieur ! Vous voulez prouver *l'extrême tolérance* des Juifs parce qu'ils tolèrent les Sadducéens, et vous ne cessez de dire que les dogmes qu'ils rejetaient *ne constituaient point la religion juive* ! Vous

(1) *De Port-Royal.* Voyez *Traité de la tolérance*, art. *De l'extrême tolérance des Juifs.* Aut. — Voyez *Politique et Législation*, tome II, pages 144 et 145, tome XXX des OEuvres.
(2) *Législation de Moïse.* Voyez *Dictionnaire philosophique*, tome VII, art. Religion, page 71, tome LIII des OEuvres. Aut.
(3) *D'une autre vie.* Voyez *Dictionnaire philosophique*, tome IV, art. Enfer, tome XL des OEuvres. Aut.
(4) *Nullement la religion des Juifs.* Voyez *Philosoph. de l'hist.* — Voyez *Introduction à l'Essai sur les mœurs*, art. Moïse, chef de la nation, pages 175 et 176, tome XVI des OEuvres. Aut.

voulez qu'on s'étonne de voir des grands-prêtres de leur secte, et vous répétez qu'on *n'était alors grand-prêtre que les armes à la main, et qu'on n'arrivait au sanctuaire que sur les cadavres de ses rivaux* (1)! La violence prouve-t-elle le droit et le consentement?

Pour nous, Monsieur, nous pensons, et nous avons nos preuves, que les Sadducéens et leurs dogmes étaient nouveaux; que leur secte, loin d'être antérieure à la captivité de Babylone, ne commença qu'environ trois cents ans après, sous le pontificat d'Onias; qu'Antigonus et Sadoc en furent les fondateurs, et que celui-ci lui donna son nom; qu'égarés par des principes de spiritualité et de pur amour mal entendus (2), les Sadducéens errèrent sur des points importants, et nièrent des vérités dont la croyance utile et salutaire aux hommes nous avait été transmise au moins par des traditions respectables, et remontant à l'origine de la nation.

Que si vous nous demandez comment, avec ces erreurs, ils restèrent dans la communion de leurs frères, comment on en vit même quelques-uns grands-prêtres, nous vous dirons :

1° Que s'il y a une tolérance de consentement et d'approbation, il y en a une de ménagement et de nécessité; et que n'ayant jamais eu, et ne pouvant avoir l'une, il n'est pas aussi surprenant que vous le pensez, que nous ayons eu l'autre;

2° Que ces matérialistes, plus raisonnables et moins dangereux que ceux de nos jours, respectaient au moins les grands dogmes de la religion dominante; que des deux barrières qui arrêtent la corruption humaine, les châtiments de la vie

---

(1) *De ses rivaux.* Voyez *Philosophie de l'histoire*, art. *Des Juifs depuis Saül.* Aut. — Voyez *Introduction à l'Essai sur les mœurs*, art. des Juifs depuis Saül, page 185, tome XVI des *OEuvres.*

(2) *De pur amour mal entendu.* Antigonus avait pour maxime, qu'on doit servir Dieu par pur amour, et non par intérêt et dans la vue des récompenses. Le croirait-on? c'est d'un principe si épuré que partirent ses disciples pour nier les récompenses de l'autre vie et l'immortalité de l'âme. Voyez BASNAGE, *Histoire des Juifs.* Aut

présente et les peines de la vie future, s'ils avaient abattu l'une, ils avaient du moins conservé l'autre; et que c'était toujours un grand frein mis aux passions, que la crainte des châtiments présents, et l'espérance des biens que, selon eux, Dieu distribue toujours ici-bas à ceux qui le servent;

3° Que, dépendants des rois de Syrie, puis des Romains, nous n'avions pas toujours la liberté d'élever au pontificat ou d'en exclure qui bon nous semblait;

4° Qu'il y eut un temps où les Sadducéens étaient trop puissants pous n'être pas tolérés; que, devenus dans la suite moins nombreux et moins unis, ils dissimulaient avec art leurs sentiments; que, ne différant en rien à l'extérieur de tous les autres Juifs, et contents de séduire en secret les ils grands et les riches qu'ils délivraient du joug des traditions, ne dogmatisaient point dans les cafés de Jérusalem; que, plus circonspects et plus retenus que les matérialistes modernes, ils n'attaquaient point les oppinions communes par des écrits scandaleux; ou qu'ils avaient peut-être aussi l'art de les publier sous les noms empruntés d'auteurs phéniciens et arabes et de les attribuer à d'illustres morts mêmes connus pour avoir pensé tout autrement qu'eux, qu'ainsi il eût peut-être été difficile de les convaincre légalement;

5° Enfin, que les droits d'aller au temple, d'y offrir leurs sacrifices, de parvenir au sacerdoce et au pontificat, droits autant civils qu'ecclésiastiques, ne pouvaient leur être ôtés, surtout dans ces temps de dépendance, qu'en vertu d'une loi expresse; et qu'encore que les vérités qu'ils niaient fussent crues de tout temps dans la nation, et visiblement supposées dans tous les livres de la loi, elles n'y sont pourtant en aucun endroit formellement énoncées, et qu'il n'y est nulle part expressément ordonné de les croire, sous peine de retranchement.

§ IV. *Si ces sectes se tolérèrent.*

Mais ces sectes qui, dans vos principes surtout, pouvaient

et devaient se tolérer, se tolérèrent-elles en effet. Vous le croyez, Monsieur, vous l'assurez ; mais tous les monuments de notre histoire déposent unanimement le contraire.

Dès la naissance des deux principales, les disputes et divisions éclatent. Leurs partisans s'insinuent alternativement à la cour, et s'appuient de l'autorité du gouvernement pour opprimer leurs adversaires. Hircan, gagné par les Sadducéens, poursuit les Pharisiens sans relâche, emprisonne les uns, fait mourir les autres, force la plus grande partie à se réfugier dans les déserts, et défend, sous peine de mort, de suivre leurs institutions. Aristobule, fils d'Hircan, héritier de sa haine pour eux, leur fait, comme lui, une guerre cruelle ; et Alexandre, frère d'Aristobule, les persécute jusqu'à la mort.

La veuve d'Alexandre change de parti par son conseil : aussitôt les Pharisiens, devenus maîtres sous le nouveau règne, persécutent à leur tour les Sadducéens, et leur rendent tous les maux qu'ils en avaient reçus. Le Sadducéisme est alors si odieux, que ses sectateurs, forcés de plier, abandonnent les affaires, ou n'osent plus décider dans les jugements et les conseils que ce qui plaît à leurs adversaires.

Enfin, tour-à-tour oppresseurs et opprimés, ces sectaires ne cessent point de se poursuivre avec acharnement ; et les haines se perpétuent jusqu'à la ruine entière de l'état, qu'elles accélèrent. « Cette multiplicité de sectes, dit un savant protestant qui les connaissait, et que vous n'accuserez point d'intolérance (1), fut une des principales causes des malheurs de la Judée. La haine, qui devait se ralentir par la durée des siècles et par la misère, subsista ; la guerre même ne réunit point les esprits ; et l'on aima mieux périr par la division que de se sauver en combattant de concert contre l'ennemi. »

C'est ainsi, Monsieur, que ces sectes se tolèrent. Est-ce là ce que vous proposez à l'imitation de vos peuples modernes,

---

(1) *D'intolérance.* A. Basnage, *Histoire des Juifs.* Aut.

et est-ce sur cette conduite que vous fondez ces éloges de tolérance extrême que vous donnez à nos pères? Vous le voyez : aussi peu juste dans vos louanges que dans vos critiques, vous blâmez la loi qui, bien que sévère, était sage, et vous louez la pratique qui ne l'était guère.

CONCLUSION.

Eh bien ! Monsieur, croyez-vous encore que les exemples que vous apportez en faveur de la tolérance, soient fort propres à la faire goûter de vos gouvernements? Pour la leur persuader, vous leur proposez pour modèles les anciens peuples, les Egyptiens, les Grecs, les Romains, etc.; et les anciens peuples, selon vous, si tolérants, furent, selon vous-même, si peu tolérants, que les philosophes et les initiés étaient partout dans la *nécessité* de cacher leurs opinions et leurs dogmes *avec la plus grande circonspection*; et les Egyptiens tolérants se faisaient, par intolérance religieuse, des guerres barbares; et les Grecs, *qui*, dites-vous, *ne persécutent que le seul Socrate*, bannissaient, proscrivaient, mettaient à mort ceux qui, dans leurs discours et dans leurs écrits, attaquaient le culte reçu, ou cherchaient à en introduire de nouveaux; et les Romains, qui, selon vous, *ne persécutèrent personne et adoptèrent tous les dieux*, défendaient d'adorer des dieux étrangers, démolissaient leurs temples, chassaient leurs adorateurs, battaient de verges les philosophes, reléguaient les Juifs, et inondaient l'empire du sang des chrétiens, etc.

De ces peuples vous passez aux Juifs. Mais quels faits citez-vous? Des faits incertains, ou faux, ou présentés sous de faux aspects; des faits étrangers à la question, qui ne prouvent rien ou qui prouvent contre vous; des faits arrivés dans des temps de troubles, d'anarchie, de dépendance, et qui, loin d'avoir eu des suites heureuses pour l'état, n'ont fait qu'en précipiter la ruine. En vérité, sont-ce là des preuves? Et ne dirait-on pas, qu'au lieu d'inviter vos gouvernements à la tolérance, vous cherchez à la leur faire redouter?

Eh! Monsieur, laissez là les anciens peuples; laissez les Egyptiens, les Grecs, les Romains, etc. Ils eurent tous des principes d'intolérance; tous, soit par fanatisme de religion, soit par des vues politiques, furent intolérants dans l'occasion.

Mais surtout laissez les Juifs, ou apprenez mieux leur histoire. Déjà les étrangers (1) et vos compatriotes (2) vous ont reproché plus d'une fois de n'en avoir pas une connaissance fort profonde. Etudiez-la enfin, ou n'en parlez plus.

Nous l'avons déjà dit et nous le répétons en finissant: tolérés à peine dans la plupart des états, nous n'avons pas eu dessein de combattre la tolérance. Nous avons voulu seulement vous montrer que vous la prouvez mal dans vos deux chapitres. N'avons-nous pas rempli notre objet? Nous vous en faisons juge.

Nous sommes, avec les sentiments les plus distingués, etc.

LETTRE

De Joseph Ben-Jonathan à David Wincker, sur le Petit Commentaire qui suit.

Voici, mon cher David, les extraits de l'ouvrage de notre ami Aaron, que tu m'avais envoyés; je les ai traduits et mis en ordre. Prends la peine de les lire avec attention, et après y avoir fait les changements que tu jugeras con-

(1) *Déjà les étrangers.* Voyez Warburton, et tout récemment les savants auteurs de Monthly Review, etc. Edit.

(2) *Et vos compatriotes.* Voyez Défense des livres de l'ancien Testament; Réfutation de quelques articles du Dictionnaire philosophique; Supplément à la Philosophie de l'histoire, etc. Edit.

venables, fais tenir le tout à nos frères Benjamin Groot, etc.

J'ai distribué ces Extraits, selon les matières, à la fin de chaque volume, où je les place après nos lettres, sous la forme de commentaire. Cette forme paraît ne t'avoir pas déplu : elle a effectivement ses avantages. Outre qu'elle fait variété, elle offre, d'une manière plus distincte, les difficultés exposées dans les propres termes de leur auteur. Les réponses suivent, et si elles sont solides, on les saisit plus aisément.

D'ailleurs, comme je te le disais, la mode des commentaires revient, avec cette différence pourtant que les commentateurs de notre temps ne sont rien moin qu'idolâtres de leur texte. Si Aaron ne l'est pas du sien, on n'en sera donc pas surpris : c'est le ton du jour. Si l'on s'en plaignait, il pourrait se justifier par de grands exemples (tu m'entends), et, ce qui vaut mieux encore, par de bonnes raisons.

Adieu : présente à notre respectable ami les vœux que je fais pour sa conservation, et crois-moi sincèrement et tendrement, etc.

Petit Commentaire

EXTRAIT D'UN PLUS GRAND,

À L'USAGE DE M. DE VOLTAIRE ET DE CEUX QUI LISENT SES ŒUVRES.

Vous êtes né, Monsieur, comme tous les grands hommes, pour donner le ton à votre siècle, et pour en réformer tous les préjugés. Le titre de commentateur était devenu le dernier de la littérature (1), vous l'avez daigné prendre ; il est

---

(1) *Le dernier de la littérature.* Ainsi en jugeait Pope. « D'auteur,

ennobli : de toutes parts on s'empresse de le porter après vous. Heureux qui le soutiendrait avec les mêmes talents et avec les mêmes succès !

En commentant le grand Corneille, l'estimable auteur des délits et des peines, etc., vous avez fait honneur et ajouté un nouveau prix à leurs ouvrages. En commentant les vôtres, aurions-nous le bonheur de contribuer à leur perfection ? C'est du moins le désir qui nous anime toujours, et, après la défense de nos saints livres, le principal objet qui nous occupe.

Aussi ne nous attacherons-nous point ici à relever les beautés dont vos écrits étincellent partout : malheur à ceux qui ne pourraient les apercevoir qu'à l'aide d'un commentaire ! Nous croyons travailler plus utilement à votre gloire, en vous mettant sous les yeux les petites inadvertances qui vous sont échappées sur des matières qui nous intéressent, et dont vous parlez quelquefois sans les avoir assez approfondies.

Nous espérons, Monsieur, que vous ne désapprouverez point notre zèle. Vous aimez trop la vérité pour vous irriter contre ceux qui vous la montrent avec le respect et les égards qui vous sont dus.

Nous commencerons, si vous voulez bien, par la réfutation d'un article de vos questions sur l'Encyclopédie.

PREMIER EXTRAIT.

Réfutation de l'article *Fonte*, tiré des Questions sur l'Encyclopédie[*].
Que le veau d'or a pu être jeté en fonte en moins de six mois.

Vous nous avez donc fait l'honneur de nous lire, Monsieur ?

disait-il, je suis devenu traducteur ; de traducteur je deviens commentateur ; bientôt je ne serai plus rien. »

[*] Voyez *Dictionnaire philosophique*, tome IV, art. *Fonte*, tome XVI des Œuvres.

et pendant que vous gardez un profond et morne silence sur tant de savants ouvrages, où les chrétiens de toutes les sectes, quakers, protestants, catholiques romains, etc., ont combattu, comme nous, et plus vivement que nous, vos préjugés et vos erreurs, vous daignez nous répondre.

Ce n'est pas que nos lettres vous aient paru plus fortement et plus solidement écrites, que nous y traitions des sujets plus importants, ou que nous les présentions d'une manière plus intéressante; non. Vous n'avez pas de nos essais une idée si avantageuse; et nous savons mieux les apprécier.

Mais de pauvres et *malheureux Juifs* allemands, des étrangers, qui savent à peine votre langue, vous ont paru des adversaires moins redoutables. Telle est la générosité philosophique! Elle ménage l'ennemi qu'elle croit en état de se défendre, et s'attaque au faible, dont elle se promet un triomphe aisé.

Nous sentons toute notre infériorité, Monsieur. Des partisans nombreux, des protecteurs puissants, une réputation brillante et méritée, l'étendue du savoir, les agréments du style, etc., tous les avantages sont de votre côté; mais la vérité est du nôtre. Avec elle, on est toujours fort, quelque adversaire qu'on ait à combattre.

C'est dans la confiance qu'elle nous inspire, que nous entreprenons d'examiner ici la *Réponse* dont vous nous avez honorés.

§ I. *Observations sur le titre de la réponse de M. de Voltaire à deux de nos lettres.*

On ne peut douter, Monsieur, que vous n'ayez voulu mettre beaucoup d'esprit dans cette *réponse* : il y en a jusque dans le titre. Le voici :

Texte. « *Fonte.* L'art de jeter en fonte des figures considérables d'or ou de bronze; réponse à un homme qui est d'un autre métier » (*Dictionnaire philosophique*, art. *Fonte*).

COMMENTAIRE. Ce titre est tout plein d'esprit, Monsieur, nous en convenons; mais n'eût-il pas été plus ingénieux encore, et en même temps plus vrai, si vous eussiez dit; « Art de jeter en fonte des figures considérables... *d'environ trois pieds;* réponse à un homme qui est d'un autre métier..... par un homme *qui est du métier?*

Ces expressions, *figures considérables.... d'environ trois pieds,* feraient un contraste heureux; elles surprendraient agréablement le lecteur.

Et rien de plus vrai que ces autres mots, *par un homme qui est du métier;* car vous en êtes assurément, Monsieur; on s'en aperçoit d'abord.

§ II. *Petite ruse du savant fondeur.*

Mais, puisque vous êtes du *métier,* Monsieur, puisque vous possédez si parfaitement *l'art de jeter en fonte,* pourquoi recourir aux petites finesses des disputeurs de mauvaise foi?

Vous débutez par changer l'état de la question.

TEXTE. « Il s'agissait de savoir si on peut, sans miracle, fondre une figure d'or en une seule nuit. »

COMMENT. Il ne *s'agissait* point du tout de cela, Monsieur; ni *l'Exode* n'a rapporté, ni nous n'avons prétendu qu'Aaron ne mit qu'*une seule nuit* à jeter le veau d'or en fonte. Faux exposé par conséquent, et petite finesse.

Dans l'endroit que nous réfutions, vous parliez *d'un seul jour,* et dans votre réponse vous parlez *d'une seule nuit.* Quel avantage trouvez-vous, Monsieur, à changer le jour en nuit? Votre assertion n'en deviendra pas plus vraie. Nous vous l'avons niée, nous vous la nions encore.

Oui, Monsieur (vous nous obligez de prendre un ton qui nous déplaît), oui, il est faux, très-faux, absolument faux, que l'*Exode,* ni aucun de nos livres saints ait dit, ou que nous ayons prétendu en aucun endroit qu'Aaron ne mit qu'*un seul jour* ou qu'*une seule nuit* à jeter en fonte le veau d'or.

Vous le supposiez sans en donner des preuves ; vous nous répondez sans en produire aucune ; vous n'en produirez jamais ; nous vous en défierions, s'il était honnête de donner un défi à quelqu'un qu'on respecte.

§ III. *Autre petite ruse.*

Ce n'est point assez de changer l'état de la question ; vous usez d'une autre petite adresse. Vous nous faites dire tout le contraire de ce que nous avons dit.

TEXTE. « On a prétendu que rien n'est plus aisé que de jeter en fonte en trois jours une statue qui puisse être aisément aperçue de deux ou trois millions d'hommes. »

COMMENT. Vous voulez dire, Monsieur, de *deux ou trois millions d'hommes* à la fois sans doute ; car la plus petite statue pourrait être aisément aperçue de *deux ou trois millions d'hommes* successivement.

Mais où avez-vous trouvé qu'il soit question, dans notre lettre, d'*une statue qui puisse être aisément aperçue de deux ou trois millions d'hommes* à la fois ? Citez l'endroit, Monsieur, ou convenez que vous nous imputez sciemment une absurdité que nous n'avons point dite.

Une statue *qui pourrait être aisément aperçue de deux ou trois millions d'hommes* à la fois, serait nécessairement une statue *considérable*. Or, loin d'avoir dit ou d'avoir cru que le veau d'or fût une statue *considérable*, nous vous disions qu'une de vos méprises était de vous le figurer comme le *groupe de la place des Victoires*, ou le *Laocoon de Marly*. Nous vous faisions remarquer qu'il fût fait pour être porté à la tête de l'armée, et qu'une statue *portative* ne peut pas être *une statue considérable*.

Vous nous faites donc dire précisément tout le contraire de ce que nous avons dit. Noble et franche manière de se défendre ! Preuve nouvelle et convaincante de la sincérité et de l'amour du vrai qui vous conduisent dans vos écrits !

§ IV. *Faux reproches qu'il nous fait.*

Vous continuez avec la même candeur et vous dites :

Texte. « On a écrit contre nous et contre tous les sculpteurs anciens et modernes, faute d'avoir consulté les ateliers. On oppose l'autorité des commentateurs à celle des artistes. Ce n'est pas ainsi que les arts se traitent. »

Comment. *On a écrit contre nous*, etc. Ecrire *contre vous*, Monsieur, *et contre tous les sculpteurs* ! Le ciel nous en préserve ! Nous avons trop de respect pour vous et trop d'estime pour eux.

Il est vrai que, par zèle pour votre gloire, et dans le désir de contribuer, s'il nous était possible, à la perfection de vos écrits, nous avons pris la liberté de vous avertir de quelques méprises qui vous y sont échappées. Mais, si nous ne nous trompons, ce n'est pas là écrire *contre vous*. Identifiez-vous, Monsieur, tant qu'il vous plaira avec vos préjugés, vos fausses assertions et vos erreurs, nous nous ferons toujours un devoir de vous distinguer avec soin.

Nous nous garderons surtout d'attribuer *à tous les sculpteurs anciens et modernes* les idées d'un artiste tel que vous. Nous sentons trop combien ce procédé serait injuste, et quel tort ce serait vous faire.

Faute d'avoir consulté les ateliers et les artistes. Nous les avons *consultés*, soyez-en sûr, Monsieur. Nous pourrions vous en nommer plus d'un, s'il était nécessaire ; et nous n'avons point *opposé à leur autorité celle des commentateurs*. C'est ainsi que les arts se traitent : est-ce ainsi que vous les avez toujours traités ?

§ V. *De quelques beaux secrets inventés par l'habile artiste.*

Vous prenez le ton railleur, et vous dites très plaisamment :

Texte. « Il ne s'agit que d'une affaire de fondeur ; il ne faut pas consulter Artapan, Berose, Manethon, pour savoir comment on fait une statue qui puisse être vue (de toute l'armée de Xerxès en marche. »

COMMENT. *Il ne faut pas consulter Artapan*, etc. Vous nous faites trop d'honneur, Monsieur. C'est à vous qu'il appartient de *consulter Artapan, Berose, Manethom*. Leurs noms se lisent en plusieurs endroits de vos ouvrages; ils ne se trouvent nulle part dans les nôtres. Il serait beau vraiment que de *francs ignorants*, comme nous, s'avisassent, à propos de statues, de citer *Artapan et Manethon*.

Quand nous voudrons apprendre, ce qu'il serait en effet très curieux de savoir, comment on fait *une statue qui puisse être vue à la fois d'une armée* d'un million d'hommes *en marche*, telle qu'on a dit qu'était celle de Xerxès, nous n'irons pas consulter les anciens auteurs de l'Egypte et de la Chaldée; nous nous adresserons à un écrivain plus récent, autrement instruit dans l'art de fondre; à vous, Monsieur, qui êtes *du métier*, et qui en connaissez tous les secrets.

Non, il n'y a qu'un fondeur tel que vous, et d'une imagination vive, féconde, poétique, comme la vôtre, qui soit capable de concevoir et d'exécuter *une statue qui puisse être vue de toute l'armée de Xerxès en marche*.

Dans le vrai, ce n'est pas là une opération aisée. Une armée d'un million, ou même, si vous voulez d'un demi-million d'hommes en marche, devait occuper un terrain un peu vaste; et vous ne supposez pas apparemment que tous les soldats de Xerxès portaient sur eux des télescopes *à la Dollond*. Savez-vous bien, Monsieur, que, sans de bons télescopes, il eût été difficile qu'une telle armée en marche (et encore plus, un peuple de deux millions cinq cent mille âmes) pût apercevoir à la fois une statue, même de grandeur naturelle? Il en aurait fallu, sans contredit, une plus haute; par exemple, le colosse d'Arone (1), monté peut-être sur la colonne

---

(1) *Le colosse d'Arone.* C'est une grande statue colossale élevée au saint archevêque de Milan, Charles Borromée, dans Arone, sa patrie. **Chrét.**

trajane. Or le colosse d'Arone faisant corps avec la colonne trajane, et jeté en fonte avec elle, surtout d'un seul jet, serait assurément une assez jolie petite pièce de fonte.

Vous savez, Monsieur, comment il faut s'y prendre pour exécuter un pareil morceau ! Et comme vous n'êtes pas moins fameux mécanicien qu'habile fondeur, vous savez ce que les Vaucanson, les Laurent, les Loriot ignorent, par quelle invention de mécanique on pouvait porter une pareille machine à la tête d'une armée ! Vraiment, Monsieur, vous possédez là de beaux secrets ! Les envierez-vous longtemps au public ?

§ VI. *Raisons qu'allègue l'illustre écrivain pour prouver qu'on ne peut jeter en fonte, en moins de six mois, sans miracle, un veau d'or, de trois pieds, travaillé grossièrement.*

Mauvaise plaisanterie, dites-vous. Soit, laissons là votre armée de Xerxès en marche, et notre colonne d'Arone. Ne parlons que d'une statue de *trois pieds*. Combien faut-il de temps pour jeter en fonte un veau d'or de trois pieds, grossièrement travaillé ?

TEXTE. « Six mois au moins. »

COMMENT. *Six mois*, Monsieur, c'est beaucoup. Si vous le prouviez bien, vous nous forceriez presque d'abandonner le récit du *Pentateuque*, et de recourir au miracle. Voyons donc quelles sont vos preuves.

La première est une description, en vingt articles, des procédés qu'on suit maintenant pour jeter en fonte des figures *considérables* de bronze.

TEXTE. « Voici comme on fond une statue d'environ trois pieds seulement. 1° On fait un modèle en terre grasse. 2° On couvre ce modèle d'un moule en plâtre, en ajustant les fragments du plâtre les uns aux autres, etc., etc., etc. »

COMMENT. Nous convenons que cette description, qui vous

a été fournie probablement par quelque artiste, est, à quelques omissions près, assez exacte, et qu'elle peut être fort intelligible pour les gens *du métier.* Quant à ceux qui n'en sont pas, ils feront bien d'y joindre les mots *fonte* de l'Encyclopédie, et du *Dictionnaire des beaux arts* de M. Lacombe. A l'aide de ce double commentaire, ils pourront entendre quelques endroits qui n'y sont pas assez clairement exprimés pour eux, à commencer par le second article, le cinquième, etc., etc.

Nous convenons encore qu'on suit maintenant cette méthode dans la fonte des statues de bronze *considérables*; telles, par exemple, que celles de vos places publiques, et même quelquefois lorsqu'on veut jeter en fonte des statues *de bronze de trois pieds*, d'une élégance recherchée, des chefs-d'œuvres de l'art, destinés à orner les cabinets des riches curieux.

Mais cette méthode est-elle ancienne, remonte-t-elle au temps de Moïse? tous ces procédés sont-ils indispensablement nécessaires, n'en peut-on omettre aucun (1)? N'a-t-on pu, ne peut-on encore leur en substituer de plus expéditifs et de plus prompts? En un mot, n'y avait-il pas autrefois, n'y a-t-il pas même aujourd'hui d'autres manières de jeter en fonte une statue *d'or de trois pieds* en moins de six mois? Voilà, Monsieur, ce que vous ne prouvez pas, et ce qu'il aurait pourtant fallu prouver, sans quoi toute votre savante description est en pure perte. On vous accordera qu'il y a des procédés qui peuvent demander six mois; et on vous niera qu'il n'y en ait point qui demandent moins de temps.

A cette première preuve, qui, comme vous voyez, n'est pas fort concluante, vous en ajoutez une autre: c'est l'autorité d'un de vos plus célèbres artistes.

---

(1) *En omettre aucun.* Ne peut-on, par exemple, et n'a-t-on jamais pu jeter en fonte une statue de deux ou trois pieds sans *eau grasse sortie de la composition d'une terre rouge et de fiente de cheval macérée pendant une année entière?* Aut.

Texte. « J'ai demandé à M. Pigal combien il lui faudrait de temps pour faire en bronze un cheval de trois pieds de haut seulement. » Il me répondit par écrit : *Je demande six mois au moins.* J'ai sa déclaration datée du 3 juin 1770.

Comment. Une *déclaration* par écrit n'est pas nécessaire, Monsieur. Nous ne doutons point de ce fait dès que vous l'assurez; mais qu'en pouvez-vous conclure? M. Pigal, artiste célèbre, riche, très occupé, demande *six mois au moins* pour jeter en bronze un cheval de trois pieds : donc un artiste moins occupé en demanderait autant! M. Pigal, jaloux de sa réputation, et qui ne veut laisser sortir de ses mains que des chefs-d'œuvre, emploierait des procédés savants, recherchés: donc il n'y en a point de plus simples! Il faut à M. Pigal six mois au moins pour jeter *en bronze* une figure de trois pieds, travaillée avec le soin, l'élégance, la perfection qu'il donne à tous ses ouvrages, donc on n'en peut mettre moins à faire en or une figure travaillée grossièrement!

Il nous semble, Monsieur, que sans *prétendre en savoir plus que M. Pigal sur l'art de fondre*, on peut juger ces conséquences mal déduites, et que les nier, ce n'est pas tout-à-fait *nier des vérités*.

§ VII. *Si, et comment on pourrait jeter en fonte un veau d'or de trois pieds, non-seulement en moins de six mois, mais en quinze jours, et même en huit.*

Avant d'aller plus loin, permettez-nous d'observer ici que, pour justifier le récit de l'*Exode*, il suffirait, à la rigueur, qu'on pût jeter en fonte un veau d'or en trois semaines, et même en un mois : car l'Ecriture n'ayant déterminé ni le temps qu'Aaron mit à faire le veau d'or, ni le moment où les Israélites commencèrent à murmurer de l'absence de leur chef, on pourrait supposer qu'accoutumés à voir Moïse monter tous les jours sur la montagne, et en redescendre, ils s'ennuyèrent de son absence au bout de vingt, de quinze, ou même de dix jours. Ainsi Aaron pourrait avoir eu trois semaines, et même un mois pour faire le veau d'or. Or qu'on puisse sans miracle faire un veau d'or, fût-il de trois pieds, en un mois ou en trois semaines, c'est sur quoi il nous semble, quoi que vous en disiez, qu'il ne saurait y avoir aucun doute.

Mais pourrait-on jeter en fonte un veau d'or de trois pieds en quinze jours, et même en huit ? Nous avons prétendu que oui, et nous le prétendons encore.

Vous dites :

TEXTE. « Si l'on s'était adressé à M. Pigal ou à M. Lemoine, on aurait un peu changé d'avis. »

COMMENT. Nous l'avouons, Monsieur, nous ne nous sommes point adressés aux *Lemoine* et aux *Pigal* : pour faire une statue de trois pieds, grossièrement travaillée, il n'est pas nécessaire de recourir *aux Phidias de la France*.

Mais quand nous les aurions consultés, nous n'aurions probablement pas changé d'avis : dès que nous leur aurions parlé d'une statue d'or, et que nous leur aurions dit que nous cherchions la célérité de l'exécution plutôt que la perfection de l'ouvrage, ces hommes célèbres auraient eu l'honnêteté (1) de nous indiquer eux-mêmes des artistes qui suivent une méthode plus aisée, et des procédés plus prompts.

Il en est de tels, Monsieur, il est, même de notre temps, une manière de jeter en fonte beaucoup plus abrégée que celle dont vous nous donnez une si longue description. Vous ne l'ignorez pas apparemment, quoique vous l'ayez longtemps dissimulée ; car vous ajoutez d'un ton de triomphe :

TEXTE. « On n'a consulté que des fondeurs d'assiettes d'étain, ou d'autres petits ouvrages qui se jettent en sable. »

(1) *Auraient eu l'honnêteté*, etc. Cette honnêteté, on l'a eue en effet pour nous. Depuis la réponse dont M. Voltaire nous a honorés, nous avons eu occasion de consulter M. Guyand, digne élève de l'immortel Bouchardon, et né pour remplacer son maître. Ce savant artiste nous a adressés à un orfèvre de ses amis, qui ne nous a demandé que huit jours. *Aut.*

Comment. Le mot enfin vous échappe ! *On jette en sable.* Oui, Monsieur, *on jette en sable*, et on y jette non seulement *des assiettes d'étain, et d'autres petits ouvrages*, mais des candélabres, des vases, des figures de cuivre, d'or et d'argent, d'un, de deux, de trois pieds de haut, même quelquefois au-delà. Adressez-vous, Monsieur, non *aux fondeurs d'assiettes d'étain*, mais aux fondeurs en cuivre, aux orfèvres qui travaillent pour vos églises, et soyez sûr qu'ils vous jetteront en sable, quand vous voudrez, un cheval de cuivre, un veau d'or, de trois pieds et plus, *en moins de six mois, et même en moins de trois semaines, sans miracle.*

Voilà les *ateliers et les artistes* que nous avons consultés, et que vous auriez dû consulter vous-même, puisqu'il s'agissait de jeter en fonte, par le procédé le plus court, une statue *portative*. C'est là que nous nous sommes assurés par nos yeux, et que vous auriez pu vous assurer par les vôtres, que la manière de jeter en fonte des figures de *trois pieds*, qu'on vous a décrites en vingt articles, n'est pas la seule en usage, même de votre temps; qu'on peut y suppléer par une opération plus simple; en un mot, qu'il est très possible, *sans miracle*, *de jeter en fonte une statue de trois pieds*, non-seulement en moins de *six mois*, mais en moins de *quinze jours.*

Vous nous demanderez peut-être où nous avons trouvé des artistes qui nous aient offert de nous faire une statue d'or ou de cuivre de cette grandeur, en quinze jours, et même en huit. Où, Monsieur? à Roterdam, à Bruxelles, à Anvers, à Paris, rue Guérin-Boisseau, rue des Arcis, au Pont-au-Change, sur le quai des orfèvres, etc. Mais, comme nous vous l'avons dit, nous leur avions promis la matière, des ouvriers, s'il en fallait, et même le modèle à ceux qui ne nous ont demandé (1) que *trois jours.* Nous leur laissions la liberté de la

---

(1) *Que trois jours.* On nous a fait observer que les ouvriers de Paris sont un peu sujets à manquer de parole, et qu'en faisant marché avec eux, il est bon d'y mettre des dédits considérables, si l'ouvrage

faire d'un ou de plusieurs jets (1) ; et nous leur avions bien expliqué que nous ne demandions point une statue délicatement travaillée, *réparée*, brunie, etc., et que, quand elle serait faite de manière qu'on pût prendre *la tête de veau pour une tête d'âne*, nous n'en serions pas mécontents.

§ VIII. *Moyens que peut prendre l'illustre écrivain pour lever tous ses doutes sur cette matière.*

Vous reste-t-il encore quelques doutes, Monsieur ? Voici un moyen facile de les lever tous.

Déposez chez un notaire cent marcs d'or en barre, et cent mille livres en argent comptant. Engagez-vous publiquement et en bonne forme à donner le tout au fondeur qui vous fera dans le moins de temps une figure telle que nous l'avons demandée.

S'il ne s'en trouve aucun qui l'exécute en *huit jours*, nous vous promettons de nous rétracter et de faire hautement l'aveu de notre *ignorance*.

Puisque vous êtes sûr qu'*on ne peut, sans miracle, jeter*

n'est point fait au temps convenu. Nous avouons ingénument que nous n'avons point pris cette précaution avec ceux qui ne nous ont demandé que trois jours; mais nous n'avons pas oublié de la prendre avec ceux qui n'en demandaient que huit. *Aut.*

(1) *De plusieurs jets.* C'est une remarque de Pline l'ancien, que les artistes égyptiens étaient si savants dans les proportions, qu'on distribuait les divers membres d'une statue à différents ouvriers, qui les exécutaient séparément. C'était assez qu'ils sussent la hauteur de la statue, pour que tous ses membres se trouvassent exactement proportionnés. Il n'était plus question que de les réunir; et l'on sait que les soudures en or et en argent sont plus aisées qu'en cuivre.

Les ouvriers employés par Aaron n'étaient peut-être pas si savants, mais ne purent-ils pas recourir à ce procédé et faire leur statue de plusieurs jets? On sait que dans l'antiquité on employait ce moyen; non-seulement dans l'exécution des grands ouvrages, tels que le colosse de Rhodes, le cheval de Marc-Aurèle, etc., mais pour tous ceux qu'on n'aurait pas pu faire commodément d'un seul jet. *Aut.*

en fonte un *veau d'or de trois pieds seulement en moins de six mois*, vous ne risquez rien. Et quand vous courriez quelque risque, qu'est-ce que cent marcs d'or et cent mille francs pour un homme riche et philosophe ?

Acceptez donc la proposition, Monsieur : ce n'est point acheter trop cher le triple plaisir de vous instruire, d'éclairer le public, et de nous confondre. Si vous la refusez, nous aurons quelque lieu de vous croire passablement réfuté, et de nous regarder comme dispensés de vous répondre, quelque chose que vous disiez désormais sur *l'art de jeter en fonte*.

Mais s'il est certain qu'on peut faire en moins d'un mois, de trois semaines, et même de huit jours, un veau d'or de trois pieds (1), à plus forte raison peut-on faire dans le même temps celui d'Aaron qui peut-être n'avait pas trois pieds. Nous l'avons bien voulu supposer tel ; mais au vrai, l'Ecriture n'en détermine point la hauteur ; elle dit seulement qu'il devait être portatif, par conséquent qu'il ne pouvait être fort grand (2).

IIe EXTRAIT.

Réfutation de l'article Fonte, tiré des *Questions sur l'Encyclopédie*: suite. Fonte du veau d'or. Or potable.

Il nous paraît, Monsieur, que nous vous avons assez soli-

(1) *Un veau d'or de trois pieds.* Il est bon d'observer ici que, de tous les métaux, l'or est celui qui, non-seulement se soude le plus aisément, mais se fond le plus vite. C'est le premier qu'on a su travailler : l'argent vint ensuite ; l'airain, après : le fer fut le dernier. On croit que c'est ce qui a donné lieu aux poètes de désigner leurs quatre âges du monde par les noms de ces quatre métaux. *Aut.*

(2) *Ne pouvait être fort grand.* Les aigles romaines qu'on portait à la tête des armées, et auxquelles on offrait des sacrifices, n'avaient pas trois pieds. *Edit.*

dement répliqué sur *l'art de jeter les statues en fonte.* Mais pourrons-nous nous défendre de même sur la chimie ?

C'est là surtout que vous montrez toute la profondeur et l'étendue de vos connaissances. Qui pourrait ne pas s'en former la plus haute idée, en pensant à vos admirables procédés chimiques ?

§ I. *Savants procédés connus par l'habile chimiste.*

Vous voulez bien nous les apprendre, Monsieur. Vous nous dites :

TEXTE. « J'ai réduit l'or en pâte avec du mercure..... Je l'ai dissous avec de l'eau régale..... L'extrême violence du feu liquéfie l'or, mais il ne calcine point. » (*Diction. philosophique*, art. Fonte).

COMMENT. Vous connaissez, Monsieur, ces savants procédés ! vous avez fait ces curieuses expériences, ces sublimes et rares découvertes ! Quel chimiste vous êtes ? O Sthal, ô Beker, Geoffroi, Lémeri, Lavoisier, Baumé, Cadet, chimistes nationaux, chimistes étrangers, baissez le front, reconnaissez votre maître. *Il réduit l'or en pâte avec du mercure, il le dissout avec l'eau régale*, etc. ! Les merveilleux secrets !

Quelle gloire pour nous, qu'un chimiste aussi profond n'ait à nous opposer que de petits procédés de charlatan !

§ II. *Il change encore l'état de la question.*

Oui, Monsieur, c'est encore en changeant l'état de la question que vous nous combattez sur la chimie.

TEXTE. « Il s'agissait de savoir si une figure d'or, fondue en une seule nuit, peut, sans miracle, être réduite en poudre le lendemain. »

COMMENT. *Le lendemain.* Précisément *le lendemain* ? En un seul jour ? Non, Monsieur : il ne s'agissait pas de savoir si une statue d'or peut être réduite en poudre *en un seul jour.* On vous défie de produire aucun passage où nos livres saints aient dit, et où nous ayons prétendu que Moïse réduisit en poudre le veau d'or *en un seul jour.* Quoi, toujours du faux!

TEXTE. « Il s'agissait de savoir si on peut réduire en poudre une figure d'or, en la jetant au feu. C'est de quoi il est question. »

COMMENT. C'est de quoi il n'était nullement question. Vous aviez avancé *qu'il est impossible, même à la plus savante chimie, de réduire l'or en poudre qu'on puisse avaler.* Cette assertion est générale, sans restriction; et nous l'avions niée, parce qu'elle est fausse, dans sa généralité. Vous vous apercevez enfin de la méprise, et, pour vous tirer d'affaire, vous ajoutez subtilement ces mots : *en la jetant au feu.*

Mais ces mots ne se trouvaient ni dans la Note que nous réfutions, ni dans trois ou quatre autres endroits de vos écrits que nous avions alors sous les yeux.

Dire maintenant qu'il s'agissait de savoir si l'on peut réduire en poudre une figure d'or en un seul jour, *en la jetant au feu*, n'est-ce pas visiblement changer l'état de la question? Petit stratagème que vous auriez dû laisser à ces hommes vains et faux, qui, sentant qu'ils se sont trompés, ont la faiblesse de n'oser en convenir.

§ III. *Il nous fait dire ce que nous n'avons point dit.*

Vous continuez de vous défendre sur la chimie, comme vous l'avez fait sur l'art de jeter en fonte.

TEXTE. « On prétend que réduire l'or en poudre en le brûlant, pour le rendre potable, est la chose la plus ordinaire en chimie. »

COMMENT. *On prétend!* grand homme, *vous n'avez pas menti, vous avez dit la chose qui n'est point.* (1). Non : on ne le *prétend point.*

(1) *Qui n'est point.* Voyez *Lettre d'un quaker.* Édit. — Voyez *Facéties*, Lettre d'un quaker, page 168, tome XLVI des Œuvres.

Nous avons prétendu, et nous prétendons encore, que réduire l'or en poudre au point de le rendre potable est une chose très aisée et très ordinaire en chimie. Mais nous n'avons dit nulle part que ce soit en le *brûlant*.

On prétend! et pour prouver qu'on le prétend, vous citez de nos lettres un long passage où nous ne le prétendons pas. La preuve est excellente!

Non, Monsieur; nous n'avons parlé de brûler l'or, de le calciner, ni dans ce passage, ni dans aucun endroit de nos lettres. On y lit, à la vérité, le mot de *fusion*; mais *fusion* n'est pas *calcination*. Savant chimiste, auriez-vous pris l'un pour l'autre, et confondu des idées si disparates?

Vous ne nous répondez donc qu'en nous faisant dire ce que nous n'avions point dit. Le procédé peut être adroit; nous vous laissons à juger s'il est honnête.

Vous ajoutez sans *vous fâcher*, mais pourtant avec un peu d'humeur :

TEXTE. « Si l'on vous a dit que M. Rouelle calcine de l'or au feu, on s'est moqué de vous, ou bien on vous a dit une sottise que vous ne deviez pas répéter, non plus que toutes celles que vous transcrivez sur l'or potable. »

COMMENT. *Si on vous a dit!* Ni on ne nous a dit, ni nous ne vous avons dit que M. Rouelle calcinait de l'or au feu.

Quand donc vous nous faites dire et *répéter cette sottise*, vous nous calomniez grossièrement, Monsieur, ce qui est mal; et *vous vous moquez* ouvertement *de vos lecteurs*, ce qui n'est pas bien.

Il nous semble encore qu'en *transcrivant ce que nous avons dit de l'or potable*, nous n'avons pas *transcrit des sottises*. Nous avons transcrit ce qu'en ont enseigné Sthal et Sénac, qui n'étaient pas des sots, et qui n'écrivaient pas des *sottises*.

Quoi! Monsieur, vous ne pouvez nous réfuter qu'en *traitant de sots* tous les chimistes? Ne voyez-vous pas que notre cause va devenir la leur?

GUÉNÉE. I.

§ IV. Or potable de M. de Voltaire.

Nous vous parlions de l'*or potable* des chimistes ; et vous nous objectez celui *des charlatans*. Vous en donnez la recette. C'est le seul *or potable* que vous connaissiez en chimie : tant vous êtes profond chimiste !

Texte. L'or potable est une charlatanerie ; c'est une friponnerie d'imposteur qui trompe le peuple...... Ceux qui vendent leur or potable à des imbéciles ne font pas entrer deux grains d'or dans leur liqueur ; ou, s'ils en mettent un peu, ils l'ont dissous dans de l'eau régale, et ils vous jurent que c'est de l'or potable sans acide. Ils dépouillent l'or autant qu'ils le peuvent, de son eau régale ; ils le chargent d'huile de romarin. Ces préparations sont très dangereuses ; ce sont de véritables poisons ; et ceux qui en vendent méritent d'être réprimés. »

Comment. *L'or potable est une friponnerie d'imposteur.* Oui, l'or potable dont vous donnez la recette, l'or potable des *charlatans*, prétendus spécifiques et *véritable poison*.

Mais l'or potable dont nous vous parlions n'est point une charlatanerie, Monsieur ; il n'est ni *poison*, ni *spécifique*.

Vous nous adressez néanmoins la parole, et vous nous dites :

Texte. « Voilà ce que c'est que votre or potable, dont vous parlez un peu au hasard, comme de tout le reste. »

Comment. Eh ! non, Monsieur, ce n'est pas là *notre or potable* : c'est le vôtre, c'est l'or potable *des charlatans*. Le nôtre est celui de Sthal, de Sénac, de tous les chimistes ; et nous n'en avons point *parlé au hasard*, *non plus que de tout le reste*.

§ V. Or potable des Chimistes.

Comment, Monsieur, vous connaissez si bien l'or potable

des charlatans, et vous n'avez aucune idée de celui des chimistes? Nous vous en avions pourtant indiqué le procédé. Puisque vous n'y avez pas fait attention, apparemment parce que nous vous le proposions en peu de mots, il faut vous le mettre sous les yeux tout au long, tel qu'on le lit dans la chimie de M. Sénac.

« Pour rendre l'or potable, dit le savant médecin, Moïse n'a pu employer *la calcination simple*, ni l'amalgame, ni la cémentation. Mais M. Sthal a levé toutes les difficultés qu'on pouvait faire là-dessus. Le moyen dont il croit que Moïse s'est servi est très simple. Le voici :

Or potable de M. Sthal. « Prenez trois parties de sel de tartre, et deux parties de soufre, que vous ferez fondre dans un creuset. Jetez-y une partie d'or, il s'y fondra parfaitement. Après la fusion, retirez la matière du feu, vous trouverez un *hepar salphuris*, qui se pulvérisera. Mettez cet *hepar salphuris* dans l'eau, il s'y fondra facilement. Filtrez l'eau, elle est rouge et chargée d'or. C'est un or potable qui est d'un mauvais goût, approchant de celui du magistère de soufre. »

C'est à peu près de la même manière que s'exprimait M. Grosse, de l'Académie des Sciences, dans son mémoire donné en 1733, page 215.

« Le procédé, dit-il, indiqué par M. Sthal, est de faire un *hepar* avec le soufre et un alcali fixe. Cet *hepar* étant en fonte au feu, si l'on y jette de l'or, il le divise tellement, et le retient si fort que, quand on résout ce mélange par de l'eau, l'or passe avec la solution de *l'hepar* au travers du papier à filtrer. »

Qu'en pensez-vous, Monsieur? Un or qui passe au travers du papier à filtrer n'est-il pas un or réduit en parties assez fines *pour qu'on les puisse avaler* ?

Tel est l'or potable des chimistes et le nôtre ; vous voyez qu'on n'y fait point entrer, comme dans celui des charlatans, *d'eau régale* ni *l'huile de romarin*. Vous semble-t-il encore que nous en ayons *parlé au hasard* ? et pensez-vous qu'ayant cité M. Sénac, comme nous l'avions fait, nous ayons pu dire ou croire que la chimie rend l'or potable *en le brûlant* (1) ?

§ VI. *De feu M. Rouelle, et du cas qu'il faisait de la chimie de M. de Voltaire.*

A propos de votre chimie, nous avions cité M. Rouelle, que votre académie des sciences a perdu depuis. Vous nous faites l'honneur de rapporter notre pasage d'après l'édition de 1769, *chez Laurent Prault*, dites-vous, *avec approbation et privilége du roi* (en effet nous n'imprimons rien sans *approbation.........*); mais, en le rapportant, vous vous permettez deux petites infidélités.

Vous y ajoutez quelques mots que nous avions supprimés de cette édition, dans la crainte qu'ils ne vous déplussent, et vous en retranchez quelques expressions flatteuses dont nous usions à votre égard. C'est sans doute par modestie que vous faites l'un et l'autre ?

---

(1) La question nous paraît mal posée entre les deux adversaires, et le charlatanisme n'a rien à faire ici.

L'auteur donne une recette pour faire l'or potable, c'est-à-dire pour dissoudre l'or dans un liquide qui donne la possibilité de le boire. Ce liquide est un sulfure alcalin qui a réellement cette propriété ; mais toutes les dissolutions chimiques de l'or sont dans le même cas. Qu'on dissolve le métal dans un sulfure de potassium, ou dans de l'eau régale, ou dans du mercure, cela revient tout-à-fait au même, et l'emploi de l'eau régale en particulier est tout aussi chimique que le procédé de Sthal, la seule différence, c'est qu'il est plus répandu, et d'un emploi plus commode. Si les charlatans voulaient employer le procédé de Sthal, préférablement à tout autre, cela n'en changerait pas la nature. L'emploi du mercure qui réduit aussi l'or dans un grand état de division, pouvait aussi fixer le choix de Moïse. En un mot, voilà plusieurs procédés tout aussi chimiques les uns que les autres, autant les uns que les autres à l'abri du reproche de charlatanisme; et également propres à opérer la division du métal. Seulement, je le répète, on peut contester l'emploi des moyens chimiques, qui ne paraissent guère indiqués par le texte.   L. D.

Mais, de grâce, Monsieur, quand vous nous citez, moins de modestie et plus de fidélité. Sourtout, nous vous en supplions, ayez l'honnêteté de ne pas nous faire dire ce que nous n'avons point dit, et même tout le contraire de ce que nous avons dit.

Revenons à M. Rouelle.

Texte. « Il y eut un M. Rouelle, savant, chimiste, et apothicaire de sa Majesté, qui accompagna un garde du trésor royal en 1753, à Colmar, où j'ai un petit bien. Il venait faire l'essai d'une terre qu'un chimiste des Deux-Ponts changeait en salpêtre..... Je dis à M. Rouelle qu'il ne ferait point de salpêtre, il me demanda pourquoi ? C'est, lui dis-je, que je ne crois pas aux transmutateurs, qu'il n'y a point de transmutations, que Dieu a tout fait, et que les hommes ne peuvent qu'assembler et désunir. »

Comment. *Vous avez un petit bien à Colmar :* nous en sommes enchantés, Monsieur, vous n'en aurez jamais autant que nous vous en souhaitons. Nous apprenons que la bienfaisance et la générosité dirigent l'usage que vous en faites ; nous saisissons l'occasion d'y applaudir en passant ! Puissent tous les riches employer, comme vous, leur fortune à soulager l'indigence, et à faire des heureux !

Vous ne croyez point aux transmutateurs ; vous avez raison : bien des gens se sont repentis d'y avoir trop cru. On dépense avec eux beaucoup d'argent, et on n'est pas sûr de faire de l'or ; vous faites sagement de ne pas leur confier le vôtre.

Au reste, nous doutons que les *transmutateurs* se laissent ébranler par le petit raisonnement que vous leur opposez. En vous accordant que *Dieu a tout fait,* ils peuvent vous répondre que dans leurs transmutations ils ne prétendent ni *créer,* ni *faire,* mais *assembler et désunir;* qu'aucun transmutateur ne se propose de *créer,* de *faire* de la matière, mais de changer la configuration et l'arrangement de ses parties ; ce qui n'est pas la même chose.

Nous doutons encore que M. Rouelle, que vous appelez *sçavant chimiste*, et qui l'est en effet, ait eu besoin de vos leçons, et qu'il ait fallu que vous lui prouvassiez qu'*il ne ferait point de salpêtre*.

Quoi qu'il en soit, le M. Rouelle que nous citions, n'est pas celui dont vous parlez; c'était son frère aîné, M. Rouelle, de l'académie des sciences.

Texte. « J'ignore si M. Rouelle se met en colère quand on n'est pas de son opinion. »

Comment. M. Rouelle aimait la chimie de passion et avec enthousiasme ; les mauvais raisonnements sur cette matière le mettaient, dit-on, dans des impatiences singulières, et quelquefois fort plaisantes.

C'était un petit défaut compensé par d'excellentes qualités. Il faut bien, Monsieur, passer quelque chose aux grands hommes. C'est une de nos maximes : elle ne doit pas vous déplaire.

Lorsque pour l'impatienter, on lui opposait votre autorité : « M. de Voltaire, répandait-il vivement, M. de Voltaire est un beau parleur ; mais, avec tout son beau *parlage*, il ne parle pas fort correctement quand il se mêle de parler de la chimie. » Ceux qui ont connu M. Rouelle le reconnaîtront à ces expressions : on le reconnaîtra encore mieux, si nous ajoutons qu'en prononçant ces mots, et avant de les avoir finis, il s'était assis, levé, rassis quatre ou cinq fois, et que sa chaise avait autant de fois changé de place.

Au reste, M. Rouelle était un homme judicieux. Il distinguait en vous, Monsieur, le chimiste et le poète. S'il n'admirait pas l'un, il aimait beaucoup l'autre.

Vous finissez en nous disant :

Texte. « Si M. Rouelle est fâché contre moi, si vous êtes fâché, j'en suis fâché pour vous et pour lui ; mais je ne crois point qu'il soit si colère que vous le dites. »

Comment. *Si M. Rouelle est fâché contre moi*, etc. M. Rouelle se fâchait quelquefois contre votre chimie ; mais il n'était point *fâché contre vous* ; et le ton sur lequel nous vous répliquons, Monsieur, n'est pas, ce nous semble, le ton de la fâcherie : ainsi ne soyez pas *fâché*.

Je ne crois pas qu'il soit si colère. Hélas ! Monsieur, M. Rouelle est mort, c'est tout ce qui nous *fâche :* laissons ses cendres en paix, et ne jetons que des fleurs sur son tombeau.

Nous remarquerons seulement que nos Lettres ont paru avant sa mort; et nous n'avons point appris qu'elles lui aient déplu.

Reprenons en peu de mots ce que nous venons de dire de votre chimie.

Vous aviez avancé, Monsieur, sans restriction, que *la chimie la plus savante ne peut réduire l'or en poudre qu'on puisse avaler*. Depuis nos Lettres vous vous êtes aperçu de la méprise : rien n'était si simple que d'en convenir. Après la gloire de ne pas se méprendre, la seule digne d'un grand homme est d'avouer qu'il s'est mépris.

Au lieu de faire un aveu honorable, vous aimez mieux soutenir une assertion fausse ; et pour la justifier vous la dénaturez, vous changez l'état de la question ; vous nous faites dire ce que nous n'avons pas dit, etc. En vérité, Monsieur, cette manière de vous défendre pourra bien ne paraître pas des plus victorieuses !

Ce n'est pas tout : vous nous querellez sur notre or *réduit en poudre qu'on peut avaler*. En vain nous vous avions cité Sthal, Sénac, Le Fèvre, les Mémoires de l'Académie des sciences, et tous les chimistes ; vous ne voulez reconnaître d'autre or potable que celui des charlatans. Avions-nous tort de dire avec M. Rouelle que *la chimie n'est pas votre fort!*

Non, Monsieur, elle ne l'est pas, convenez-en. Vous étiez allé chercher des armes dans les laboratoires des chimistes, et vous vous êtes perdu dans les creusets et les matras.

IIIe EXTRAIT.

Réfutation d'un article tiré des Questions sur l'Encyclopédie : suite. De l'écriture gravée sur la pierre. De la prétendue pauvreté des Hébreux, etc.

§ I. *De l'écriture gravée sur la pierre.*

Vous revenez encore sur cette matière, Monsieur? on ne s'y serait point attendu. C'est à peu près la douzième fois que vous en parlez ; ce sera peut-être enfin la dernière : voyons donc, pour la dernière fois, ce que vous allez en dire. Vous nous adressez la parole, et vous nous dites obligeamment :

TEXTE. « Vous vous connaissez en métal comme en écriture. (*Dictionnaire philosophique*, art. *Fonte*).

COMMENT. Ne pourrions-nous pas vous répondre, avec quelque fondement, que *vous vous connaissez en écriture comme en métal* ?

TEXTE. « On avait dit que dans l'antiquité on n'écrivait que sur la pierre, *sur la brique et sur le bois*. »

COMMENT. Vous aviez dit tantôt qu'on *n'écrivait que sur la pierre* ; tantôt qu'*on n'écrivait que sur la pierre et le métal* ; tantôt qu'*on écrivait sur la pierre, sur la brique et sur le bois*. Eh ! de grâce, Monsieur, daignez nous dire une fois pour toutes à quoi vous vous en tenez.

TEXTE. « Vous oubliez le bois et vous faites de bien mauvaises difficultés sur la pierre. »

COMMENT. Nous *oublions le bois !* Nous l'avons si peu *oublié*, que nous en avons parlé jusqu'à huit fois, et que nous y avons suppléé à peu près autant de fois par des *etc.*, dans une seule Lettre. Combien de fois faut-il donc parler d'une chose pour ne pas vous paraître *l'avoir oubliée !*

Quand à *nos difficultés sur la pierre*, nous comptions

fort que vous ne les trouveriez pas *bien bonnes*. Mais voyez, Monsieur, la différence des goûts, beaucoup de gens *un peu instruits* ne les ont pas trouvées *mauvaises*.

Et puis, si elles sont si *mauvaises*, pourquoi ne pas y répondre ? Il n'en était que plus aisé de les réfuter. Mais non, vous ne les réfuterez pas. Elles n'en valent pas la peine ? Cela s'entend.

Texte. « Vous oubliez surtout que le *Deutéronome* fut écrit sur du mortier. »

Comment. Nous *n'oublions* point, Monsieur, que dans la Note que nous réfutons, il n'était point du tout question *du Deutéronome écrit sur du mortier*. Vous n'aviez point encore fait cette curieuse et savante observation. Pouvions-nous deviner que vous la feriez un jour ? vous nous reprochez donc de n'avoir pas répondu à une difficulté que vous n'aviez pas proposée (1) ! Le reproche est singulier !

Texte. « Il y a là un peu de méprise, et même, si vous me pardonnez, un peu de mauvaise foi. »

Comment. « Il y a *un peu* de l'une et de l'autre, assurément. Mais il est aisé de voir de quel côté.

§ II. *De la prétendue pauvreté des Hébreux dans le désert.*

Pour vous défendre sur cette prétendue *pauvreté* vous transportez la scène en Ethiopie, et vous appelez à votre secours *Lycophron* et *Théopompe*, *Jupiter Ammon*, et *Actisan* avec ses *nez coupés* (2), etc. Après les gentillesses de ce joli prélude, vous employez vos armes ordinaires. Vous assaisonnez de quelques mots que vous croyez plaisants, une

(1) *Pas proposée*. Nous y répondrons dans la suite. *Aut.*

(2) *Nez coupés*. C'était une horde de voleurs auxquels Actisan fit couper le nez et les oreilles, et que M. de Voltaire prétend confondre avec les Hébreux. Prétention sage et solidement fondée ! *Edit*.

petite objection; vous nous y faites répondre ridiculen
et vous chantez victoire.

Texte. « Où ces pauvres gens, qui n'avaient pas de chau
ses, avaient-ils trouvé tant d'or ? »

Comment. *Ces pauvres gens* n'étaient pas pauvres, Monsieur ; on vous l'a dit, on vous l'a prouvé. Il aurait fallu démontrer le contraire. De bonnes raisons eussent mieux valu que de mauvaises plaisanteries.

Telle est votre objection. Au lieu de la réponse que nous vous avions donnée, vous nous en prêtez une qui n'est pas tout-à-fait la même.

Texte. « Comment, Monsieur, dit le savant, oubliez-vous qu'ils avaient volé de quoi acheter toute l'Afrique, et que les pendants d'oreilles de leurs filles valaient seuls neuf millions cinq cent mille livres au cours de ce jour ? »

Comment. A merveille, Monsieur : on ne peut mieux. Ces voleurs *au nez coupé*, cette *Afrique qu'ils achètent*, et ces pendants d'oreilles de leurs filles, qui *valaient seuls neuf millions cinq cent mille livres*, etc.; tout cela est admirable, excellent pour les lecteurs qui veulent bien se laisser payer en lazzis, et se contenter de cette petite monnaie. Mais probablement elle n'aura pas *cours* auprès des lecteurs qui savent que prêter à ses adversaires un raisonnement ridicule qu'ils n'ont pas fait, ce n'est pas les réfuter, et que ricaner n'est pas répondre.

§ III. *Jugement porté sur nos Lettres par l'illustre écrivain.*

Nos Lettres, Monsieur, n'ont pas eu le bonheur de vous plaire. En vain nous y avons pris le ton le plus modéré, en vain nous y avons tempéré partout la plus douce critique par les éloges les plus flatteurs. Vous les avez jugées *hardies, malhonnêtes, bonnes seulement pour des critiques sans goût.*

Telles qu'elles sont pourtant, vous ne nous croyez pas en état de les avoir écrites. Soit plaisanterie, soit persuasion, vous supposez que quelqu'un nous a prêté sa plume; et piqué contre notre écrivain, vous le traitez de :

TEXTE. « Secrétaire des Juifs. »

COMMENT. Mais, Monsieur, quel mal ou quel déshonneur y aurait-il qu'un chrétien, dans une cause commune aux Juifs et aux chrétiens, eût bien voulu nous aider et être pour quelque temps le secrétaire de la synagogue? Vous-vous en êtes bien fait le *prédicateur* ?

Vous ajoutez d'un ton fâché :

TEXTE. « Je ne le prierai jamais d'être mon secrétaire. »

COMMENT. *Jamais* ! cela est cruel. Ainsi il perd à *jamais* l'honneur d'appartenir à un homme illustre, accrédité, généreux ; et ce qu'il doit regretter encore davantage, la satisfaction flatteuse de se voir à la source de tant de belles choses, et de pouvoir se former en écrivant sous la dictée d'un si grand maître. Qu'il est à plaindre !

Nous ne voyons rien qui puisse l'en consoler, si ce n'est peut-être la pensée que dans ces boutades d'humeur ou de gaîté qui vous prennent parfois, il pourrait avoir à écrire des choses auxquelles sa plume se refuserait. Tout le monde n'a pas l'apathie nécessaire pour être votre secrétaire.

A tout prendre, Monsieur, vous feriez bien pour vous et pour lui, de ne pas le *prier* de le devenir. Il aime la vérité, et vous n'aimez pas la contradiction, vous auriez de la peine à vivre ensemble.

TEXTE. « Attendu qu'il fait parler ses maîtres en francs ignorants. »

COMMENT. Encore des injures ! Les injures, Monsieur, ne sont pas des raisons ; elles ne prouvent rien, sinon que qui les dit a tort.

Si vous n'êtes pas content de la manière dont *il nous fait parler*, nous ne croyons pas avoir lieu de nous en plaindre. Nous aurions bien souhaité pouvoir en dire autant de votre manière de prêcher. Entre nous, Monsieur le *prédicateur*, la synagogue n'a pas été fort contente de vos *sermons*, pas plus que l'église chrétienne de vos *homélies*.

Quant aux Lettres, il nous semble qu'elles ont eu quelque succès. Des savants qui vous aiment, et dont le suffrage par-là même nous devient plus précieux, n'ont pas fait difficulté d'écrire que *les Juifs auteurs ne manquent ni d'esprit, ni de littérature;* qu'il se trouve dans leurs Lettres *de bonnes observations*, des *recherches*, etc. (1). Et d'autres y ont vu (ce qui nous flatte beaucoup plus), non-seulement de *la modération* (2), mais de l'*honnêteté* et de la *politesse*. Par quelle fatalité, Monsieur, y avez-vous aperçu précisément tout le contraire ?

TEXTE. « Si je n'étais le plus tolérant des hommes, je vous dirais que vous êtes les plus hardis des hommes et les moins honnêtes. »

COMMENT. *O le plus tolérant des hommes!* votre tolérance est connue; elle éclate à chaque page de vos écrits.

Je vous dirais, etc. Vous avez dit tant de choses obligeantes à tant d'honnêtes chrétiens ! vous pourriez bien dire aussi quelques douceurs à de malheureux Juifs !

Les plus hardis des hommes, etc. En effet, après avoir osé dire à M. de Voltaire qu'il s'est un peu trompé sur les Madianites et sur leur pays, etc., etc., cela est bien *hardi*; l'avoir prouvé, cela est bien *malhonnête*.

Mais imputer sciemment à ses adversaires des absurdités qu'ils n'ont point dites; les traiter de gens *poussés par l'esprit de parti, d'emportés, de francs ignorants*, etc., c'est le comble de l'honnêteté !

TEXTE. « Vous oubliez dans quel siècle vous écrivez. Votre

---

(1) *Des recherches*. Voyez le *Mercure* et le *Journal encyclopédique*, année 1769. *Aut.*

(2) *De la modération*. Voyez le *Mercure*, les *Journaux des Beaux-Arts*, de *Verdun*, des *Savants*, le *Monthley Review*, etc. *Aut.*

petite satire ne vaut rien du tout pour les honnêtes gens un peu instruits.

COMMENT. Nous avons répondu à vos *petites* critiques, Monsieur, sans faire de *petites satires*. Rien n'est plus éloigné de notre caractère et de nos vues que la *satire*.

D'honnêtes gens un peu instruits, et plus qu'*un peu*, vous le savez, ont honoré nos lettres de leurs suffrages; et il faut bien que vous ne les ayez pas jugées vous-même tout à fait mauvaises, puisque vous les avez honorées d'une réponse.

Nous *oublions dans quel siècle nous écrivons !* Ne l'oubliez-vous pas plus que personne, vous, Monsieur, qui, dans le dix-neuvième siècle, voudriez faire accroire à vos contemporains, que du temps de Moïse les archives des villes de Phénicie, les registres de leurs marchands, les livres de leurs écrivains, ceux de Sanchoniaton, de Job, de Thaut, etc., étaient écrits *sur la pierre*, sans doute pour la commodité des lecteurs et la facilité du transport; vous qui vous dites *du métier*, et qui prétendez que de tous les fondeurs et de tous les orfèvres du dix-huitième siècle, il n'en est aucun qui puisse faire *sans miracle, en moins de six mois*, un veau d'or de trois pieds, grossièrement travaillé? qui, pour le prouver, détaillez les procédés qu'on suit lorsqu'on jette en fonte les chefs-d'œuvre de l'art, les statues de vos places publiques, et qui croyez vos contemporains assez dupes pour se laisser éblouir par cet étalage? vous qui faites le chimiste, et qui, en 1771, ne connaissez en chimie d'autre *or potable* que l'*or potable des charlatans*; qui, en 1771, tant d'années après Sthal, ignorez, ou vous flattez de pouvoir cacher à vos lecteurs le procédé chimique qu'il découvrit, et qu'aucun chimiste, aucun écolier de chimie n'ignore? vous....

Si c'est pour votre siècle que vous écrivez toutes ces belles choses, quelle idée, Monsieur, vous faites-vous donc de votre siècle?

Vous vous êtes dit apparemment à vous-même en prenant

la plume, ce que ne se disait pas un écrivain célèbre (1) à qui vous l'imputez : « Mes contemporains sont des ignorants et des sots. Ma réputation et mon ton tranchant leur en imposeront. Ce sont des hommes frivoles, des esprits légers et distraits, qui prennent des bons mots pour des raisons, et des lazzis pour des preuves : je les ferai rire, et ils me croiront. » Voilà sans doute l'espèce de lecteurs pour qui vous avez cru que votre *réponse* serait *bonne*.

C'est pour eux qu'est fait l'ingénieux, le délicat et agréable jeu de mots que vous décochez contre un écrivain périodique (2), qui a daigné rendre un compte favorable de nos Lettres, comme s'il était le seul qui en eût dit du bien ! Vous ignorez donc que, de tous vos écrivains périodiques, il n'y en a pas un qui n'en ait parlé avantageusement. En vérité, Monsieur, on dirait que vous ne lisez que l'*Année littéraire*; il ne vous en échappe aucun trait ! Cette *Année littéraire* est pour vous ce que sont les Juifs ; vous en annoncez partout le dernier mépris, et vous y revenez sans cesse ! On ne parle pas tant de ce qu'on méprise.

Nous n'avons pas l'honneur de connaître l'auteur de l'*Année littéraire* ; mais nous lisons, comme vous, Monsieur, ses écrits ; et nous dirons hautement que lutter, comme il fait

---

(1) *Un écrivain célèbre*. Voyez l'*Evangile du jour*. (*L'Evangile du jour* était un recueil de pièces contre la religion, auquel avaient travaillé plusieurs auteurs, entre autres M. de Voltaire.) On y met à peu près les mêmes paroles dans la bouche du savant abbé de Fleury, écrivain aussi estimable par sa sincérité que par sa bonne et sage philosophie. On lui fait poser pour principe, que ses compatriotes sont des *imbéciles* auxquels on peut tout dire. *Aut.*

(2) *Contre un écrivain périodique*, etc. L'insulte faite à notre occasion, à l'auteur de l'*Année littéraire*, augmente notre reconnaissance pour lui et pour tous les écrivains périodiques qui ont rendu un compte avantageux de nos *Lettres*. Nous voyons à quoi l'on s'expose en osant juger librement des écrits où il est question de M. de Voltaire et de ses ouvrages. *Aut.*

depuis tant d'années, contre le double torrent de l'irréligion et du mauvais goût, c'est servir utilement sa patrie.

§ IV. *Conseil donné et rendu.*

Vous finissez, Monsieur, par nous donner un conseil; nous serait-il permis de vous le rendre.

Texte. « Croyez-moi, laissez là vos anciens commentateurs, et n'insultez pas les chrétiens. »

Comment. *Laissez là vos anciens commentateurs.* Pourquoi les laisser, s'ils peuvent être utiles.

N'insultez pas les chrétiens. Vous prenez tout-à-coup aux chrétiens et au christianisme un intérêt bien vif! Eh! Monsieur, on peut vous réfuter, sans *insulter ni les chrétiens*, *ni un chrétien*..... Relever avec modération et avec des égards les méprises d'un écrivain, ce n'est pas l'insulter.

N'insultez point les chrétiens! L'avis est sage : mais à qui le donnez-vous? A des Juifs qui ne font autre chose que défendre contre vos censures les livres sacrés, sur lesquels la foi des chrétiens est fondée? Donnez-le à l'auteur des *Homélies* sur l'ancien et le nouveau Testament, à l'auteur des *Questions de Zapata*, à l'auteur du *Dîner du comte de Boulainvilliers*, à l'auteur du *Dictionnaire philosophique*, de l'*Epître aux Romains*, de l'*Evangile du jour*, etc. (1) Voilà, Monsieur, à qui il faudrait dire de ne point *insulter les chrétiens.*

N'insultez point les chrétiens. Que ce mot et ces écrits (2)

---

(1) Les *Homélies* sur l'Ancien et le Nouveau Testament, les *Questions de Zapata*, les *Epîtres aux Romains*, se trouvent dans la *Philosophie*. Le *dîner du comte de Boulainvilliers*, fait partie des *Dialogues*. Le *Dictionnaire philosophique* forme 7 volumes. Voyez pour l'*Evangile du jour* la note première de la page 266.

(2) *Et ces écrits.* Les chrétiens y sont traités, en propres termes, de *fanatiques*, de *persécuteurs*, de *fripons*, de *dupes*, d'*imposteurs*, etc. On leur dit qu'ils *en ont menti avec leurs évangiles*;

nous fourniraient matière à un ample et cruel commentaire, si nous étions méchants! mais nous nous arrêtons : jugez si nous aimons la satire.

Croyez-moi, laissez là, etc. Croyez-nous vous-même, Monsieur : *laissez là* et la chimie (nous vous l'avions déjà dit), et l'art de jeter en fonte, et l'art d'écrire sur la pierre, etc. Laissez surtout les Hébreux, leur langue, leurs lois, leur histoire, etc., ou quand vous voudrez en parler, faites-le désormais avec plus d'exactitude et d'impartialité.

§ V. *De l'article de* Fonte *tel qu'on le lit dans les* Questions sur l'Encyclopédie.

Jusqu'ici, Monsieur, nous n'avons répondu qu'à l'article *Fonte*, tiré des *Questions sur l'Encyclopédie*, et publié séparément avec l'article *Dieu*. Il sera bon de dire un mot du même article, tel qu'il se trouve dans les *Questions*, où nous l'avons vu depuis. En comparant une édition à l'autre, nous y avons remarqué quelques différences.

Dans les *Questions*, après un titre simple, tel qu'il devait l'être, vous débutez par ces mots :

TEXTE. « Il n'y a point d'ancienne fable, de vieille absurdité, que quelque imbécile ne renouvelle, pour peu que ces rêveries antiques aient été autorisées par quelque auteur classique ou théologien.

COMMENT. Ainsi nous sommes des *imbéciles*; l'histoire du veau d'or est une *vieille absurdité*, et l'auteur de l'*Exode un rêveur*! Beau début, l'injure et le blasphème!

Ce judicieux exorde ne se trouve point dans l'article publié séparément. Vous avez jugé à propos de le retrancher, et vous avez bien fait. Il peut n'être point aperçu dans les *Questions*, où il se perd parmi une foule de traits pareils. Mais à a tête d'un article séparé, il eût été trop remarquable.

qu'ils en ont menti et ridiculement menti avec leurs miracles, etc. Édit.

Il n'y a point d'ancienne fable, etc. L'histoire du veau d'or est un fait attesté par la tradition, et consigné dans les annales d'un peuple dont l'intérêt était d'en abolir plutôt que d'en conserver la mémoire. Ce fait n'a rien de moralement ni de physiquement impossible ; on vous l'a démontré ; et vos petites difficultés, mises dans le creuset, se sont évanouies en fumée. Ce n'est donc point *une ancienne fable*, et le *rêveur* n'est pas l'auteur de l'*Exode*.

Vous pouvez regarder tant qu'il vous plaira, quiconque vous contredit, comme *imbécile* ; mais il serait plus honnête, ce nous semble, de le prouver sans le dire, que de le dire sans le prouver.

Si nous sommes des *imbéciles*, comment un grand homme se laisse-t-il pousser au pied du mur, sur *l'art de fondre*, sur la *chimie*, etc., par des *imbéciles* ? Comment n'a-t-il rien répondu, et ne répondra-t-il jamais rien de solide à nos raisonnements imbéciles ?

Cette petite injure et quelques autres, qui se lisent dans les *Questions*, ne se voient point dans l'article séparé. Mais, en revanche, il y en a dans l'article séparé qui ne sont point dans les *Questions*. Ainsi tout se compense ; ce qui n'est point dans une édition se trouve dans l'autre.

Voici une réflexion qu'on lit dans toutes les deux.

Texte. « Je ne sais si ce Monsieur se connaît en vers, mais assurément il ne se connaît point en or. »

Comment. *Se connaît en vers*. Sans prétendre nous connaître *en vers*, Monsieur, nous croyons les vôtres excellents. Si dans le nombre il s'en rencontre de moins bons, nous les abandonnons à *l'inclément M. Clément* (1). Des objets plus sérieux nous occupent.

Ne se connaît point en or. Nous l'avouons, Monsieur,

---

(1) *M. Clément*. Cet homme d'esprit, que M. de Voltaire appelle ingénieusement l'*inclément Clément*, a donné, sur les ouvrages poétiques du célèbre écrivain, des Lettres critiques qui méritent d'être lues. Édit.

nous n'avons pas le bonheur; si c'en est un, de nous connaître aussi bien que vous *en or* monnayé; mais *assurément si vous nous le pardonnez*. nous nous connaissons un peu mieux en *or potable*. Nous n'en avions point parlé *au hasard*, comme il vous plaît de l'assurer dans vos deux articles. Nous n'en avons dit que ce que nous nous avons vu de nos yeux, touché de nos mains, et opéré nous-mêmes dans un cours de chimie fait, il y a douze ou quinze ans, sous un de vos plus habiles chimistes. C'est même ce cours de chimie qui nous a tirés du préjugé où nous étions avec tant d'autres. Jusque-là nous avions cru qu'un écrivain célèbre, un grand homme comme vous, Monsieur, n'avançait rien sans en être sûr. Grâce à la chimie, nous sommes maintenant très convaincus du contraire.

Nous finirons, Monsieur, par où vous finissez l'article *Fonte* dans les Questions.

TEXTE. « Cet article est un peu vif, mais il est vrai et utile. Il faut quelquefois confondre l'ignorance orgueilleuse de ces gens qui croient pouvoir parler de tous les arts, parce qu'ils ont lu quelques lignes de saint Augustin. »

COMMENT. On aurait tort de croire qu'on peut parler de tous les arts, *pour avoir lu quelques lignes de saint Augustin*, et même pour avoir fait de belles tragédies, de jolies pièces fugitives, etc. Les arts ne s'apprennent pas en faisant des vers, non plus qu'en lisant *saint Augustin*.

Il faut quelquefois, etc. Il faut toujours, quand on a reçu de quelque artiste une description d'un procédé de son art, en vingt articles, en faire honneur à celui de qui on la tient: avant d'en faire usage, il faut l'entendre; il faut distinguer les objets, et ne point appliquer à de petits ouvrages grossièrement travaillés des procédés qu'on n'emploie que dans les grandes machines ou dans les ouvrages auxquels on veut donner le plus haut degré de perfection. Il faut enfin, quand on ne voit que par les yeux d'autrui, et qu'on n'a que des lumières d'emprunt, ne pas s'en targuer, et traiter tout de suite d'ignorants dans les professions et dans les arts des gens qui, quoique inférieurs sur tout le reste, ont pu avoir quelque occasion de s'instruire, qui vous a manqué.

Confondre l'ignorance, etc. Assurément l'ignorance *orgueilleuse*, hardie, tranchante, mérite bien qu'on la *confonde*. Mais ne serait-il pas mieux de l'instruire avec douceur? La hauteur aigrit les esprits : la modération gagne les cœurs.

Cet article est un peu vif, etc. Puisque vous en convenez, Monsieur, tout est dit. Nous reconnaissons, à cet aveu, l'homme aimable, qui dès que le moment d'humeur est passé, revient volontiers à des sentiments plus doux :

Irasci facilem, tamen ut placibilis esset.

Mais il est vrai, etc. On peut en juger par tout ce que nous venons de dire.

Nous avons cru aussi notre réplique *vraie et utile*. Si le ton vous a paru *un peu vif*, vous nous le pardonnerez, Monsieur, c'est vous qui nous l'avez donné. Nous en avions pris d'abord un plus doux.

Pleins de respect pour votre personne et d'admiration pour vos talents, nous voulions donner au public le spectacle, malheureusement trop rare, d'une controverse honnête. Vous aviez vanté celle du chrétien Limbork et du juif Grobio, comme un exemple à imiter en ce genre. Nous nous l'étions proposée pour modèle : nous avons eu la politesse de Grobio, et nous tâcherons de ne point nous en écarter ; vous eût-il tant coûté de ressembler un peu plus à Limbork !

IVᵉ EXTRAIT.

D'Adam et de son histoire; de Noé et de ses trois fils.

Adam et son histoire méritaient bien, Monsieur, de trouver place dans vos écrits philosophico-théologico-critiques,

Vous avez été longtemps sans en rien dire; vous vous êtes enfin aperçu de l'omission, et vous l'avez amplement réparée. Les premiers parents du genre humain occupent maintenant dans vos ouvrages de longs et fort ingénieux articles.

Vous n'y adoptez point, on s'en doute bien, les idées vulgaires. Vous en avez de singulières, de curieuses, et même, à ce que vous prétendez, de toutes neuves. Nous nous proposons d'en faire ici la revue; ce ne sera pas vous désobliger sans doute, et ce sera peut-être faire plaisir à quelques-uns de nos lecteurs.

§ I. *Si Adam fut créé mâle et femelle.*

C'est à cette sage question qu'est consacrée une partie de l'article *Adam*, de la *Raison par Alphabet*. (Voyez *Dictionnaire philosophique*, tome 1er, art. Adam, tome XXXVII des Œuvres.) Pour appuyer la belle idée qu'Adam fut créé mâle et femelle, vous ne citez, Monsieur, ni vos anciens Maîtres qui l'ont eue, ni les chrétiens qui l'ont répétée d'après eux. Vous ne recourez ni à Platon, qui, dit-on, l'avait prise en Egypte, ni à l'Edda ou Théologie en vers des anciens peuples du Nord, où on la retrouve, etc. Vous ne remontez pas si haut, et vous n'allez pas chercher des suffrages si loin. A ces savantes autorités vous en préférez une d'une autre genre, celle de la *pieuse madame Bourignon*.

TEXTE. « La pieuse madame Bourignon était sûre qu'Adam avait été créé homme et femme (1).

COMMENT. *Madame Bourignon*, peu connue des Juifs, était, dit-on, une illuminée : bel ornement pour votre *Raison*, que les imaginations creuses d'une visionnaire !

Nous l'avouons pourtant, vous ne vous donnez pas dans cet

---

(1) *Raison par Alphabet.* — Voyez *Dictionnaire philosophique*, tome 1er, art. *Adam*, tome XXXVII des Œuvres.

article comme adoptant l'idée de madame Bourignon ; vous dites au contraire :

Texte. « Dieu lui avait révélé un grand secret ; mais comme je n'ai point eu les mêmes révélations, je n'en parlerai point (*Ibid*). »

Comment. *Je n'en parlerai point.* Si vous n'en parlez point ici, vous ne tarderez point à le faire ailleurs. Bientôt, sous la fourrure du *licencié Zapata*, vous allez l'avancer comme un fait attesté dans nos écritures. Parmi cette foule de questions que vous proposez à vos maîtres pour les embarrasser, vous leur demandez d'un ton moqueur :

Texte « Comment est-il dit d'Adam, que Dieu le créa mâle et femelle (2) ? »

Comment. *Comment est-il dit*, etc. Vous le voyez, Monsieur, voilà l'opinion de l'illuminée madame Bourignon devenue la vôtre. Vous supposez, comme elle, qu'Adam fut créé homme et femme tout à la fois ; toute la différence, c'est que Madame Bourignon se fondait sur des révélations, et que vous vous appuyez sur l'Ecriture.

Mais l'Ecriture, Monsieur le Licencié, dit-elle ce que vous lui faites dire ? Non, Monsieur ; l'Ecriture ne dit nulle part *d'Adam que Dieu le créa mâle et femelle* ; elle ne le dit ni dans le texte, ni dans aucune version.

Le texte porte : *Et Dieu dit : Faisons* ADAM *à notre image et à notre ressemblance, afin qu'*ILS PRÉSIDENT *aux poissons de la mer, aux oiseaux du ciel, et aux bêtes de la terre. Et Dieu créa* HA-ADAM, *et il le créa à l'image de Dieu, et* IL LES *créa mâle et femelle.* Mais dans ce passage, comme en vingt autres, Monsieur le futur docteur en théologie, le mot ADAM, HA-ADAM n'est pas un nom propre, un nom personnel, restreint uniquement au premier père du genre humain ; c'est un nom commun aux deux sexes, et qui,

---

(2) Voyez *Philosophie*, tome II, Questions de Zapata, p. 405, tome XXXIII des *OEuvres*.

dans l'hébreu, comme le mot *homo* dans le latin, et le mot homme dans le français, comprend l'homme et la femme. Le sens est donc, non pas que Dieu créa le père du genre humain mâle et femelle, mais qu'il créa les deux individus appelés hommes : HA-ADAM ; qu'il les créa tous deux à son image ; et qu'il les créa l'un mâle et l'autre femelle.

Et la preuve que les deux auteurs de la race humaine sont compris sous le mot ADAM, HA-ADAM (l'homme), ce sont d'abord ces mots : *afin qu'*ILS PRÉSIDENT, etc., pluriel que vous n'avez pas remarqué apparemment, parce qu'il n'est pas dans la *Vulgate*. C'est en second lieu, que l'Ecriture, après avoir dit que Dieu créa l'homme (HA-ADAM) à son image, ajoute, non pas comme vous le dites, *qu'il* LE *créa*, *mais qu'il* LES *créa mâle et femelle*, *et il* LES *bénit*, poursuit-elle, *et il* LEUR *dit : Croissez et multipliez*. Pouvait-elle marquer plus clairement deux individus séparés l'un de l'autre ?

Où avez-vous donc pris, Monsieur le Bachelier, *qu'il est dit d'Adam que Dieu le créa mâle et femelle ?* Ce n'est pas dans le texte, comme vous voyez ; ce n'est pas non plus dans les anciennes versions, pas même dans la *Vulgate* : car la *Vulgate*, très exacte, en cet endroit, et très conforme au texte original, porte que « Dieu créa l'homme à son image, et qu'il LES créa mâle et femelle. *Masculum et feminam creavit* EOS : traduction tout autrement fidèle que celle de votre fameuse *Bible enfin expliquée*, où vous dites :

TEXTE. « Dieu fit l'homme à son image, et il le fit mâle et femelle (1). »

COMMENT. *Et il* LE *fit mâle et femelle*. Cet *il* LE *fit*, Monsieur, peut être élégant, mais il est équivoque, et pourrait donner lieu de croire qu'en effet Adam fut créé mâle et femelle. Vous auriez évité cette ambiguïté en traduisant plus littéralement, et conservant, comme la *Vulgate*, le pluriel du

---

(1) *voyez Philosophie*, tome III, Bible enfin expliquée, p. VII, tome XXXIV des *OEuvres*.

texte, *bara otham*, il LES fit. Apparemment vous n'aviez pas alors le texte sous les yeux ; vous ne l'y aviez pas non plus quand vous disiez :

TEXTE. « C'est ici la première fois qu'Adam est nommé dans la *Genèse* (1). »

COMMENT. *La première fois*, etc. Permettez-nous de vous dire, Monsieur, que vous vous trompez un peu. D'abord, ce verset n'est pas le premier où se trouve le mot ADAM : on le lit déjà dans le verset précédent. Secondement, ni dans l'un ni dans l'autre ce mot est le nom propre d'Adam. C'est ici un nom commun, qui signifie *l'homme* en général ; ce n'est que dans la suite que ce mot devient le nom propre du premier homme. Adam n'est donc pas *nommé* ici ; et faute ou d'avoir daigné ou d'avoir pu recourir au texte, vous donnez dans une double méprise.

En vérité, Monsieur le Licencié, on serait tenté de croire que la langue hébraïque et le texte hébreu ne vous sont pas fort connus. Il conviendrait pourtant, ce nous semble, qu'un critique, un profond théologien, qui prétend faire rougir ses maîtres de leur ignorance, sût du moins assez l'hébreu pour pouvoir, au besoin, consulter le texte. Un peu d'hébreu, Monsieur le Bachelier, un peu d'hébreu ; sans cela, au lieu d'embarrasser ses maîtres, on les fait rire.

Demandez-leur encore *comment il est dit d'Adam que Dieu le créa mâle et femelle ?* Vous voyez ce qu'ils peuvent vous répondre.

Assurément, Monsieur le Bachelier, si vous croyez que de pareilles questions doivent être fort embarrassantes pour les docteurs de Salamanque, vous faites bien peu de cas des docteurs de Salamanque.

---

(1) Voyez *Dictionnaire philosophique*, tome IV, art. *Genèse*, page 127, tome XL, *ibid.*

§ II. *Formation de la femme. Si ce récit est déplacé ; et d'où serait venu ce déplacement.*

Vous quittez les bancs et la fourrure, Monsieur, vous devenez, de licencié, *l'honnête homme* disputant contre *un de ces gredins* (1) qu'on nomme *caloyers* (2). Vous voulez qu'il vous explique comment la femme étant créée dans le premier chapitre de la *Genèse*, Dieu, dans le second, la tire d'une des côtes d'Adam. Vous lui dites, avec votre ton ordinaire d'assurance et de raillerie :

TEXTE. «On voit, avec un peu de surprise, que Dieu, après avoir fait l'homme et la femme, ait ensuite tiré la femme de la côte de l'homme.»

COMMENT. *Avec un peu de surprise?* etc. Nous convenons, Monsieur, que divers savants en ont été, comme vous, *un peu surpris*. Ils ont cherché la cause du désordre qu'ils croyaient voir dans cette narration ; et considérant de quelle manière l'auteur de la *Genèse* raconte certains traits d'histoire, combien son récit est clair, précis, rapide, ils n'ont pu se persuader que ce dérangement dût lui être imputé.

Les uns l'ont attribué aux mémoires qu'il suivait, disent-ils, dans le commencement de la *Genèse* ; et que, pour des raisons qu'il n'est pas étonnant que nous ignorions après tant de siècles, il aima mieux joindre les uns aux autres, que les refondre. Telle était l'opinion du célèbre Astruc, et cette opinion n'est pas sans quelque vraisemblance (3).

(1) *Un de ces gredins*. Expression douce, honnête, tout-à-fait philosophique. *Aut.*
(2) *Voyez* Dialogue entre un caloyer et un homme de bien ; page 146 tome XXXVI des *OEuvres*.
(3) *Sans quelque vraisemblance*. On ne peut douter, ce nous semble, que Moïse n'ait écrit sur des mémoires faits avant lui. De simples traditions orales n'auraient pu conserver tant de noms de peuples, de villes, de lieux différents, tant d'époques, de dates, de nombres, etc. *Aut.*

D'autres ont cru que ce désordre vient du déplacement des tablettes sur lesquelles on écrivait alors, et de l'inattention des copistes, qui ne se sont pas aperçus de ce dérangement. C'était le sentiment de Richard Simon et de l'abbé de Villefrey ; sentiment soutenu après lui par les savants caloyers, ses élèves (2). Nous vous renvoyons à leur ouvrage, Monsieur ; vous y verrez quelle harmonie et quelle liaison résultent de la manière dont ils prétendent réparer ces transpositions.

D'autres enfin, et c'est le plus grand nombre, moins difficiles que les critiques précédents, pensent que ce désordre n'est pas aussi réel, où du moins aussi choquant qu'on l'imagine. Qui ne sait en effet qu'en écrivant l'histoire, on est quelquefois dans le cas d'annoncer d'abord en gros un fait qu'on reprend ensuite pour le raconter plus en détail? On en trouve cent exemples dans les historiens sacrés et profanes les plus estimés. C'est, disent-ils, ce que fait ici Moïse ; après avoir rapporté brièvement la création de l'homme et de la femme dans l'ouvrage de six jours, il revient sur ce fait intéressant, il le détaille, il en décrit les circonstances ; comment l'homme avait été formé de la terre, comment il avait reçu l'âme et la vie, comment la femme avait été formée d'une partie du corps de l'homme, etc.

Après tout, Monsieur, quand il y aurait quelque désordre réel dans cette narration ce qui, peut être, quand on serait sûr, ce qui n'est pas, que ce désordre viendrait de l'auteur même de la *Genèse*, qu'en pourrait-on conclure? tout au plus que l'écrivain sacré n'aurait pas lié et arrangé les faits avec autant d'art et de méthode que l'historien de Charles XII. Mais cet historien est venu plus de trois mille ans après Moïse ; et si dans l'espace de trois mille ans, l'art d'écrire l'histoire s'était un peu perfectionné, il n'y aurait rien là de fort surprenant. Eh ! qu'importe, Monsieur, ces minuticuses

(1) *Ses élèves.* Les PP. capucins hébraïsans de la rue Saint-Honoré. Voyez leurs principes discutés. *chrét.*

critiques à l'authenticité et à la véracité des écrits de Moïse, à la sublimité de sa doctrine, à la pureté de sa morale ? *L'honnête homme* qui aime la vérité, qui la cherche, qui désire sincèrement de la reconnaître, refusera-t-il de l'embrasser, parce qu'elle lui est présentée avec un peu moins d'art et de méthode ?

§. III. *Adam nomme les animaux : mauvaises plaisanteries du critique.*

Dieu, selon l'Ecriture, créa d'abord Adam seul ; mais son dessein n'était pas de le laisser longtemps sans compagne. *Il n'est pas bon*, dit-il, *que l'homme reste seul, faisons-lui une aide semblable à lui.* Aussitôt, continue l'écrivain sacré, *Dieu fit venir devant Adam les animaux des champs et tous les oiseaux du ciel, afin qu'il vit comment il les nommerait, etc.*

Vous trouvez, Monsieur, dans votre *Raison par alphabet*, ce récit fort bizarre, vous dites :

TEXTE. « On s'attend que le Seigneur va donner à Adam une femme : point du tout. Le Seigneur lui amène tous les animaux (1). »

COMMENT. *On s'attend, etc.* Si vous n'avez vu, Monsieur, entre ces deux faits aucune connexion, c'est un peu votre faute ; il y en a une réelle, qu'il n'était pas difficile d'apercevoir.

En présentant à Adam ces couples des différentes espèces d'animaux, Dieu veut lui faire désirer d'avoir aussi sa compagne. Il veut en même temps lui faire sentir que parmi cette foule d'êtres d'un rang si inférieur au sien, il n'y a point *d'aide qui lui ressemble*, point de compagne digne de lui : ce n'est point parmi eux qu'il peut espérer de la trouver, il

---

(1) Voyez *Dictionnaire philosophique*, art. Genèse, page 427, tome IL des OEuvres.

faut que le Seigneur lui en donne une de la même nature et du même ordre que lui. Admirable instruction, où ce premier des époux apprenait, dans l'institution même du mariage, que sa compagne étant comme lui d'un rang supérieur au reste des êtres animés, il devait la respecter et la chérir comme lui-même. Et c'est en effet le sentiment qu'il éprouve bientôt après, lorsque, le Seigneur la lui présentant, il s'écrie avec transport : *Pour cette fois, voici l'os de mes os, et la chair de ma chair.* Telle est, Monsieur, la liaison qu'ont ces deux faits l'un avec l'autre : il est étonnant qu'elle vous ait échappé. Vous lisez vite apparemment, et ne réfléchissez guère (1).

Avançons. Les animaux passent en revue devant Adam. Il leur donne des noms. C'est le premier acte, et en quelque sorte la prise de possession de la souveraineté et du domaine que Dieu venait de lui accorder sur eux. C'est en même temps une occasion que le Seigneur lui procure de jeter les fondements de la langue qu'il devait parler ; et il ne dédaigne pas de présider lui-même à sa formation (2).

Ici, Monsieur, vous changez de forme : vous n'êtes plus le licencié Zapata, ni l'honnête homme disputant contre le caloyer ; vous vous métamorphosez en une troupe *d'aumôniers* réunis pour *expliquer enfin la Bible* : on sent comment *l'expliqueront* des *aumôniers* philosophes ayant à leur tête

---

(1) *Et ne réfléchissez guère.* Il nous semble qu'outre la leçon donnée dans ce récit au premier homme et à tous les époux, Moïse put encore avoir pour but de préparer les Israélites, par des vues religieuses, à la défense qu'il allait leur faire d'imiter les déréglements des Chananéens et leurs amours monstrueux.

Ce n'est pas le seul endroit où l'on peut remarquer cette attention de Moïse à poser d'avance les fondements de sa législation : toute la *Genèse* en est comme le préambule. *Aut.*

(2) *A sa formation.* M. Rousseau de Genève trouve tant de difficultés à la formation d'une première langue, qu'il ne pense pas que l'homme eût pu y réussir sans un secours surnaturel. *Edit.*

le grand-prêtre de la philosophie. Avant de commenter ce passage, vous commencez par le traduire à votre façon.

TEXTE. « Donc le Seigneur Dieu ayant formé tous les animaux et tous les volatiles du ciel, il les nommerait : car le nom qu'Adam donna à chaque animal est son vrai nom (1).

COMMENT. Nous ne nous arrêterons pas à relever toutes les incorrection de votre traduction, Messieurs ; nous ne remarquerons pas qu'au lieu de dire *tous les animaux et tous les volatiles du ciel*, il eût été mieux de dire, *tous les animaux de la terre*, ou *toutes les bêtes des champs*, comme porte le texte ; que l'opposition entre les animaux terrestres et les oiseaux du ciel eût été par là mieux marquée ; que votre traduction louche paraît exclure les oiseaux du ciel du nombre des animaux, etc. Mais nous ne devons pas manquer de vous faire observer que, pour trouver matière à critiquer, vous attribuez, sans fondement, au texte ce que le texte ne dit pas.

Car le nom, etc. Ce *car*, très déplacé, n'est pas dans le texte : on y lit seulement *et le nom*.

Est son vrai nom, etc. Cet endroit de votre traduction n'est pas de vous, Messieurs, nous en convenons ; vous le devez à dom Calmet, à qui vous devez tant de choses. Mais dom Calmet et vous, vous dites ici plus que la *Bible*. On ne voit pas dans le texte ce *vrai nom* que vous y supposez ; le texte porte simplement, *et le nom qu'Adam donna à chaque animal est ou fut son nom* (2) ; c'est-à-dire, que ce nom resta dans la langue que parlèrent le premier homme et ses enfants. Ce *vrai nom* de votre traduction est donc un mot que vous ajoutez au texte ; et, d'après ce mot ajouté, vous faites ce beau raisonnement :

(1) Voyez *Philosophie*, tome III, Bible enfin expliquée, p. II, tome XXXIV des *OEuvres*.

(2) *Est ou fut son nom*. Le verbe substantif étant sous-entendu dans le texte, ce passage est susceptible des deux temps. Ceux qui croient que Moïse et les Hébreux parlaient la langue d'Adam, traduisent par le présent, *est son nom*. Chrét.

Texte. « Cela suppose qu'Adam, connaissant tout d'un coup les propriétés de chaque animal, exprima toutes les propriétés de chaque espèce par un seul mot; de sorte que chaque mot était une définition. Ainsi le mot qui répond à cheval, devait annoncer un quadrupède avec ses crins, son encolure, sa vitesse, sa force; le mot qui répond à éléphant, exprimait sa taille, sa trompe, son intelligence, etc. » *(Ibid)*.

Comment. *Cela suppose, etc.* Nous n'examinerons point si votre traduction le suppose nécessairement; il nous suffit de vous dire que votre traduction n'est pas le texte, et que c'est le texte seul que nous défendons.

Qu'Adam connaissant tout d'un coup les propriétés, etc. Nous croyons bien qu'Adam ne sortit pas brut des mains du créateur, et que son esprit fut orné de plusieurs connaissances; mais qu'à la première vue il ait connu *tout d'un coup toutes les propriétés* de chaque animal, c'est ce que nous n'assurons pas, parce que le texte ne le dit point.

Exprima toutes les propriétés de chaque espèce. Quelques rabbins et commentateurs, tant juifs que chrétiens, se sont imaginés que les noms donnés aux animaux par le premier homme exprimaient quelqu'une de leurs principales propriétés; et, comme vous venez de le voir, cette opinion n'est fondée en aucune manière sur l'Ecriture. Mais qu'Adam, par les noms qu'il donna aux animaux, ait exprimé *toutes leurs propriétés*, c'est une idée qui n'est venue qu'à vous. Vous ne l'avez certainement pas trouvée dans la *Bible*.

Par un seul mot. L'Ecriture ne dit rien de pareil : elle ne dit ni qu'Adam ait exprimé *toutes les propriétés* de chaque espèce par un *seul mot* ni que *chaque mot ait été une définition*. Toutes ces belles choses sont les fruits de votre imagination; et les critiquer comme étant de la *Bible*, c'est la calomnier. Vous ajoutez en plaisantant :

Texte. « Il est triste qu'une si belle langue soit entièrement perdue; plusieurs savants s'occupent à la retrouver; ils y auront de la peine. » *(Ibid)*.

COMMENT. *Une si belle langue, etc.* C'eût été en effet une belle *langue* que celle où d'un mot on aurait exprimé *toutes les propriétés* des animaux. Elle est si belle, que vous seul avez pu l'imaginer.

Il est triste qu'elle soit perdue. Consolez-vous, Messieurs, elle n'est point perdue, elle n'a jamais existé. Des *savants* qui s'occuperaient à la retrouver, seraient de bonnes gens. *Ils y auraient de la peine* assurément.

Que pensez-vous maintenant de vos plaisanteries, Messieurs? les trouvez-vous fort sensées? et ne retombent-elles pas à plomb sur vous-mêmes? Quoi de plus plaisant en effet et de plus ridicule que des *aumôniers* qui entreprennent d'expliquer la *Bible* sans en avoir lu, et peut-être sans en pouvoir lire le texte?

§ IV. *Sur le paradis terrestre. S'il avait dix-huit cents lieues. Où il était situé.*

Vous croyez aussi, Messieurs les aumôniers, pouvoir plaisanter sur le paradis terrestre. Vous traduisez le texte à votre façon. Vous dites :

TEXTE. « Le fleuve se divisait en quatre : l'un *a nom* Phison et *tourne* dans le pays d'Hevilath ; qui produit l'or ; le second *est Gehon*, qui coule autour de l'Ethiopie ; le troisième est le *Tigre*, qui *va contre* les Assyriens ; le quatrième est l'*Euphrate* (1). »

COMMENT. *Va contre*, etc. Il nous semble que, quand on traduit, on doit prendre la manière de son auteur ; n'être point plat quand il est élégant ; bas, quand il est noble ; bouffon, quand il est grave. Une fois pour toutes, parodier n'est pas traduire. Retenez-le bien, nous ne vous le répéterons plus.

(1) Voyez *Philosophie*, tome III, Bible enfin expliqué, page 9, tome XXXIV des *OEuvres*.

Texte. « Les commentateurs conviennent assez que le Phison est le Phase. C'est un fleuve de la Mingrélie, qui a sa source dans une des branches les plus inaccessibles du Caucase. Il y avait sûrement beaucoup d'or dans ce pays, puisque l'auteur sacré le dit. C'est aujourd'hui un canton sauvage, habité par des barbares qui ne vivent que de ce qu'ils volent. » (*Ibid*).

Comment. *Conviennent assez*, etc. Ils n'en conviennent pas tous, vous le savez. Mais, si vous le voulez, nous en conviendrons pour un moment. D'habiles gens l'ont pensé, et le savant Michaëlis est encore aujourd'hui de cette opinion.

Une des branches les plus inaccessible du Caucase, etc. Oui ; mais, quoique le Phase prenne sa source dans l'une de ces montagnes *inaccessibles*, il n'en est pas moins vrai qu'il arrose un bon et fertile pays.

Il y avait sûrement beaucoup d'or, etc. Il y en avait beaucoup du temps de Moïse, et il y en a eu longtemps après lui ; les auteurs profanes l'attestent, comme l'auteur sacré. La *Mingrélie* est la Colchide, célèbre par son or dans toute l'antiquité.

Pays habité par des barbares. Quoique habitée par des barbares, la *Mingrélie* est d'une grande fertilité : les voyageurs anciens et modernes lui rendent ce témoignage. Ainsi la peinture que vous en faites ne doit point empêcher d'étendre jusque-là le pays d'Eden, si on le croit convenable.

Texte. « Les sources du Tigre et de l'Euphrate ne sont qu'à soixante lieues l'une de l'autre, mais dans les parties du globe les plus escarpées et les plus impraticables ; tant les choses sont changées (*Ibid*) ! »

Comment. *Sont changées !* Ce changement n'aurait rien d'étonnant, après la grande catastrophe du déluge, et tant d'autres révolutions. Mais, malgré ces changements, les pays arrosés par ces deux fleuves ont toujours été regardés comme excellents. Vous ne pourriez le nier, Messieurs, sans contredire non seulement Moïse, mais tous les écrivains anciens et modernes qui ont eu occasion d'en parler.

Texte. « Pour le Gehon, s'il coule en Ethiopie, ce ne peut-être que le Nil, et il y a environ dix-huit cents lieues des sources du Nil à celles du Phase. Adam et Eve auraient eu bien de la peine à cultiver un si grand jardin (*Ibid*). »

Comment. *S'il coule en Ethiopie, etc.* Mais s'il n'y coule pas, que deviennent vos raisonnements et vos plaisanteries ?

Non, Messieurs, il n'est question ici ni du Nil, ni de l'*Ethiopie*, où coule le Nil. L'Ecriture ne parle ni de l'un ni de l'autre : elle nomme le *Gehon*, et non le *Nil* ; *de la terre de Chus*, et non l'Ethiopie. Si quelques commentateurs ont pris le Gehon pour le Nil, et la terre de Chus pour l'Ethiopie, les commentateurs ne sont pas le texte.

Il y a dix-huit cents lieues des sources du Nil, etc. On pourrait vous prouver le contraire : mais, qu'il y ait autant de lieues qu'il vous plaira, qu'importe à l'Ecriture, qui ne parle ni du Nil ni de ses sources ?

Un si grand jardin. Un jardin de dix-huit cents lieues serait effectivement un grand jardin. Mais votre patriarche va bientôt le rétrécir.

Texte. « Le fleuve qui borde l'Ethiopie ne peut-être que le Nil ou le Niger, qui commence à plus de sept cents lieues du Tigre et de l'Euphrate. C'est fort bien fait de cultiver son jardin ; mais il était difficile qu'Adam cultivât un jardin de sept à huit cents lieues ; apparemment qu'on lui donna des aides (1). »

Comment. *Ne peut être que le Nil ou le Niger, etc.* Pour vous, Messieurs, ce ne pouvait être que le Nil ; pour votre patriarche, ce pourrait être aussi le Niger : c'est déjà quelque différence entre vous et lui ; en voici une autre.

Un jardin de sept à huit cents lieues. Vous le voyez ; voilà votre jardin de dix-huit cents lieues réduit tout d'un coup, par votre patriarche, à sept ou huit cents.

Si vous ne vous accordez guère avec le patriarche, vous ne

(1) Voyez Dictionnaire philosophique, tome IV, p. 425 et 426.

vous accordez pas davantage avec son bon ami le licencié Zapata. Ce licencié demande à ses maîtres :

TEXTE. « Que dirai-je du Gehon, qui coule dans l'Ethiopie, et qui par conséquent ne peut être que le Nil, dont la source est distante de mille lieues de l'Euphrate ? On me dira que Dieu est un bien mauvais géographe. » (Voyez *Philosophie*, tome II, Questions de Zapata, p. 403 et 404, tome XXXIII des *OEuvres*.)

COMMENT. *Mille lieues*, etc. Mille lieues, sept à huit cents lieues, dix-huit cents lieues ! Vous voyez bien qu'ici, comme ailleurs, votre géographie n'est pas trop d'accord avec celle du patriarche et celle de ses amis, et qu'on ne peut guère compter sur l'exactitude de vos mesures.

Dieu est un mauvais géographe. On ne vous dira pas cela, Monsieur le bachelier; *on vous dira* qu'il y a bien de la mauvaise foi, ou de l'ignorance, à faire dire à Dieu ce qu'il ne dit pas, à le faire parler *du Nil et de l'Ethiopie*, dont il ne parle pas; et bien de l'audace à blasphémer contre un texte écrit dans une langue qu'on n'entend point.

Que le patriarche vienne encore nous dire :

TEXTE. « Il est assez étonnant de mettre au même endroit la source d'un fleuve de Scythie et celle d'un fleuve d'Afrique (1). »

COMMENT. Cela *est assez étonnant*, en effet : mais qui les y met ? Vous venez de le voir, Messieurs ; c'est lui, c'est vous, et non l'Ecriture.

Mais si le *Gehon* n'est pas le Nil ou le Niger, qu'est-ce donc, direz-vous ? et qu'est-ce que cette *terre de Chus*, si ce n'est pas l'Ethiopie ? En un mot, où faut-il placer le paradis terrestre ?

Nous vous répondrons d'abord, Messieurs, que ce sont des questions sur lesquelles nous ne sommes point obligés de prendre parti. Il nous suffit d'avoir montré que c'est sans

(1) Voyez *Dictionnaire philosophique*, tome IV, art. Genèse, page 425.

preuves que vous faites du *Gehon* le Nil ou le Niger, et de la *terre de Chus* l'Éthiopie; que l'Écriture ne le dit point, et que vous donnez mal à propos ce sens au texte.

Si pourtant vous voulez savoir ce qui paraît le plus probable sur cette question, nous vous dirons que parmi cette foule d'opinions qui ont partagé et qui partagent encore les savants, deux surtout nous semblent assez plausibles.

La première est celle de M. Michaëlis : ce savant croit que le Phison est le Phase ou Araxe, et le Gehon l'*Oxus* ou Amudaria; que la terre du Chavilah est la contrée qui s'étend au nord du Phase jusqu'à l'extrémité septentrionale de la mer Caspienne, contrée autrefois abondante en or, où se trouvaient deux sortes de pierres précieuses, le bedolach et l'onyx; et que le pays de *Chus* ou de *Chos*, selon une autre leçon qu'il adopte, est le canton de Balk, que l'Oxus traverse, et que les Arméniens nomment encore à présent Chos. Dans ce sentiment, le pays d'Eden s'étendait de l'Euphrate au Phase, et du Tigre à l'Oxus, et comprenait l'Arménie, le Chilan, le Chorassan, etc. N'allez pas dire encore, Messieurs, que c'eût été là *un grand jardin*; car M. Michaëlis vous répondrait qu'il ne faut pas confondre, comme vous l'avez fait, le pays d'Eden et le jardin d'Eden; l'Écriture, en disant que le Seigneur avait planté un jardin *dans Eden*, distingue clairement l'un de l'autre.

L'autre opinion, que vous trouverez peut-être plus simple, est celle du célèbre évêque d'Avranches. Le savant prélat pense que le Phison et le Gehon sont les deux bras que forment le Tigre et l'Euphrate, après avoir coulé quelque temps dans le même canal; que la *terre de Chavilah*, arrosée par le Phison, est l'Arabie (1), et que la *terre de Chus* est la Susiane, appelée encore aujourd'hui le Chusistan, c'est-à-dire la province ou le canton de Chus. M. Huet vous per-

---

(1) L'*Arabie*. Elle était célèbre par son commerce d'or et de gomme animée, que quelques-uns croient être le *bedolach* ou *bdelium*. Aut.

mettra, si vous le voulez, de traduire ces mots du texte, *terre de Chus*, par l'Ethiopie; mais il vous fera distinguer, avec les anciens (1), deux Ethiopies : une orientale par rapport aux Hébreux, qui est la Susiane et une partie de l'Arabie, et une méridionale, qui est celle d'Afrique, peuplée probablement après l'autre par les Chusites de l'Arabie. Ainsi, le paradis terrestre aura été placé sur le canal du Tigre et de l'Euphrate réunis, et le pays d'Eden se sera étendu des rives de ces deux fleuves, au golfe Persique, où le Phison et le Gehon vont se jeter (2).

(1) *Avec les anciens*, etc. Surtout avec Homère, qui nomme l'Ethiopien Memnon *fils de l'Aurore*, c'est-à-dire, né dans l'Ethiopie orientale, ou Susiane, au lieu qu'il l'aurait appelé *fils du Soleil* ou *du Midi*, s'il eût été de l'Ethiopie d'Afrique.

(2) Nous ferons remarquer en faveur de l'opinion de M. Huet la composition du texte de l'Ecriture. Il y est dit qu'un fleuve sortait d'Eden, lequel se divisait en quatre sources, *in quatuor capita*; de sorte qu'il y avait un point duquel partaient quatre rivières, envisagées dans la direction opposée à celle de leur cours. Or cette particularité physique est parfaitement représentée par la topographie du lieu où M. Huet place le Paradis. Car près du lieu où l'Euphrate et le Tigre se joignent, pour se séparer ensuite, ils reçoivent le Kérak; et à une médiocre distance de là communiquent avec le Karoun, qui est l'ancien Choaspes. Or je ferai remarquer de plus que le Kérak, qui traverse le Chusistan, et l'ancien pays des Cosséens, et qui serait le Gihon de la Bible, portait dans l'antiquité le nom de *Gyndes*, dont la première syllabe se rapporte parfaitement bien au mot hébreu. De plus il sépare bien les pays occidentaux de la région que les plus anciens auteurs nommaient l'Ethiopie asiatique. Mais il me paraît difficile de reconnaître le Phison ailleurs que dans le Choaspes.

Je crois devoir signaler aussi une autre opinion qui placerait le jardin d'Eden dans la région des sources de l'Euphrate et du Tigre. Le *Phison* serait l'Araxe qui a aussi porté dans l'antiquité le nom de *Phase* et arrosait la contrée appelée *Phasiane*. Ses sources sont voisines de celles des deux premiers fleuves; et la contrée qu'il traverse était en effet renommée par son or. Le Gihon serait alors le Tchorouk, l'*Absaorus* de Ptolémée, fleuve qui traverse l'ancienne Colchide; et ce serait ce dernier pays qui serait désigné sous le nom de terre de Chus ou d'Ethiopie. Or voici sur quoi cette dénomination pourrait être fondée. On sait par le témoignage d'Hérodote que les Colchidiens

Vous pouvez choisir entre ces deux opinions, Messieurs, ou même ne pas choisir ; car rien ne vous y oblige ; mais, quelque système que vous embrassiez, renoncez à votre Éthiopie, renoncez au Nil et au Niger, auxquels sûrement l'écrivain sacré ne pensait pas. Renoncez-y ; et, quand vous voudrez plaisanter avec succès, instruisez-vous un peu plus, et choisissez un peu mieux vos sujets.

§ V. *Si la formation de la femme est physique ou allégorique.*

C'est à vous, Monsieur le licencié Zapata, que nous allons dire encore un mot dans ce paragraphe. Vous demandez à vos maîtres :

TEXTE. « Dieu ôta-t-il en effet une côte d'Adam pour en faire une femme ? ou est-ce une allégorie (1) ? »

COMMENT. *Dieu ôta-t-il etc.* Les docteurs de Salamanque, apparemment parce qu'ils vous ont regardé comme un de ces questionneurs qui cherchent plutôt à s'amuser qu'à s'instruire, ont dédaigné de vous répondre ; nous aurons pour vous, Monsieur, plus de complaisance.

Ôta-t-il en effet une côte, etc? C'est le sentiment commun des Juifs et des Chrétiens ; et, à dire le vrai, nous ne

---

étaient une colonie de l'armée de Sésostris, et l'historien les désigne comme des *hommes noirs, aux cheveux crépus*. Si donc les habitants de la Colchide y étaient établis antérieurement à l'époque où Moïse écrivait, il est naturel que le pays ait pris le nom d'*Éthiopie*, comme ont traduit les Septante, ou de terre de Chus, suivant les Hébreux, que *Chus* était, selon Moïse, le père des Éthiopiens. Or en adoptant le système de M. Champollion sur l'époque de Sésostris, la colonie éthiopienne aurait pu être établie en Colchide plus d'un demi-siècle avant l'*Exode*. Dans cette dernière hypothèse, les sources des quatre fleuves auraient été réunies dans un espace fort étroit, comme le montre un simple coup-d'œil jeté sur une carte ; de sorte qu'on pourrait donner au paradis terrestre une assez médiocre étendue. L. D.

(1) Voyez *Philosophie*, tome II, Questions de Zapata, page 403, tome XXXII des *Œuvres*.

voyons aucune impossibilité que Dieu, pendant le sommeil profond qu'il avait fait tomber sur Adam, ait levé une de ses côtes, ou un de ses *côtés* (car le mot hébreu peut se rendre aussi par côté), et que de cette côte, ou de ce côté, il ait formé la femme ; celui qui fit l'homme du limon de la terre, put bien faire la femme d'une des côtes ou d'un côté de l'homme.

Est-ce une allégorie ? Quelques-uns de nos commentateurs et des vôtres l'ont pensé, et, si nous ne nous trompons, il vous est libre de le penser comme eux. La synagogue indulgente ne vous anathématisera point pour cela (1).

Quoi qu'il en soit, si ce récit était une allégorie, il faut convenir qu'elle serait ingénieuse et instructive. Ce serait, vous le remarquez vous-même après nos maîtres, « une belle et touchante leçon de la concorde inaltérable qui doit régner dans le mariage, et que les âmes des époux doivent être unies comme leurs corps. » Cette allégorie vaudrait bien au moins celle de Platon (2), qui vous paraît si admirable.

Mais si l'allégorie est instructive, si c'est une utile leçon donnée à tous les époux, la réalité n'en serait-elle pas une plus énergique ? Vous pouvez, Monsieur le licencié, vous en tenir à la réalité, qui n'a rien d'aussi impossible ni d'aussi absurde que vous vous l'imaginez.

(1) *Ne vous anathématisera point pour cela.* Nous ne devons point dissimuler que le célèbre cardinal Cajetan, qui soutenait ce sentiment, a été vivement attaqué par de savants théologiens quoique son opinion n'ait point été condamnée. *Chrét.*

(2) *Celle de Platon.* Ce philosophe peint l'homme né d'abord androgyne, c'est-à-dire mâle et femelle, et séparé ensuite, par la divinité, en deux parties, qui tendent mutuellement à se réunir. Si Platon ne dut point cette idée aux Juifs avec lesquels il put converser dans son voyage d'Egypte, il la tira sans doute de quelques anciennes traditions assez conformes aux nôtres. En supposant, comme il y a toute apparence, que nos anciens maîtres lui représentèrent Dieu prenant un des *côtés* de l'homme pour en former la femme, il n'y avait qu'un pas de là à son androgyne. *Aut.*

Guénée. I.

§ VI. *Arbre de vie ; arbre de la science du bien et du mal. Menace de mourir.*

Parmi les arbres dont le paradis terrestre était planté, il y en avait deux particulièrement remarquables : l'arbre de vie, et l'arbre de la science du bien et du mal. L'arbre de vie ne vous embarrasse point, vous convenez que :

Texte. « Il est facile d'imaginer un fruit qui fortifie et qui donne la santé : c'est ce qu'on a dit du coco, des dattes, etc. (1). »

Comment. Cela est vrai, Monsieur ; mais il est vrai aussi que le fruit de l'arbre de vie avait une propriété plus merveilleuse et une vertu plus efficace ; il n'aurait pas seulement donné la santé, il l'aurait rendue inaltérable. Tout cela peut aisément s'imaginer.

Quant à l'arbre de la science du bien et du mal, il vous paraît plus embarrassant. Vous pensez que :

Texte. « Il n'est pas aisé de s'en faire une idée nette. » (*Ibid*).

Comment. Vous n'en avez pas du moins une fort juste. Vous vous figurez que cet arbre était destiné à rendre l'homme savant sur toutes sortes de matières : et c'est apparemment par cette même raison que vous l'appelez tant de fois simplement *l'arbre de la science*. Mais avez-vous, Monsieur, quelque bonne preuve que cet arbre dût donner à l'homme une science universelle ! nous en doutons.

Mais, dites-vous encore :

« Il est difficile de concevoir qu'il y ait eu un arbre qui enseignât le bien et le mal, comme il y a des pommiers et des abricotiers (*Ibid*). »

Comment. Un arbre *qui aurait enseigné* directement et par lui-même *le bien et le mal*, serait en effet difficile à con-

---

(1) Voyez *Dictionnaire philosophique*, tome IV, art. Genèse. — Voyez *Philosophie*, tome III, Bible expliquée, page 9.

cevoir. Mais est-il absolument inconcevable que l'homme, mangeant du fruit de cet arbre contre la défense expresse que Dieu lui en avait faite, ait éprouvé aussitôt la révolte de ses sens et la dégradation de son être; et qu'il ait connu sur-le-champ, par une funeste expérience, quel *bien* c'était pour lui d'obéir, et quels *maux* sa désobéissance allait lui attirer? Triste connaissance, qu'il eût été heureux pour lui de ne jamais acquérir! C'est donc un souhait bien imprudent que celui que vous faites, quand vous dites:

TEXTE. « Je voudrais de tout mon cœur manger du fruit qui pendait à l'arbre de la science; il me semble que la défense d'en manger est étrange. Dieu ayant donné la raison à l'homme, il devait l'engager à s'instruire. Voulait-il être servi par un sot (1)? »

COMMENT. *Je voudrais de tout mon cœur*, *etc*. Enfant d'Adam, vous tenez bien de votre père!

A l'arbre de science, *etc*. Vous venez de voir quelle science désolante c'était; la désireriez-vous encore? Et croirez-vous que l'homme, en l'acquérant, ait fort perfectionné sa raison?

Voulait-il être servi par un sot. ? Non, Monsieur; Dieu, qui avait orné l'esprit d'Adam de tant de connaissances, ne *voulait pas être servi par un sot*; il voulait l'être par un esprit docile et soumis, qui respectât ses ordres et sût réprimer un désir orgueilleux de savoir. Vous le dites si bien ailleurs.

TEXTE. « Les interprètes avouent qu'on n'a jamais connu aucun arbre qui donnât la *science*. Cette allégorie ne nous dit-elle pas que la science mal entendue est capable de nous perdre (2)? »

COMMENT. *Capable de nous perdre*, *etc*. Excellente leçon, Monsieur! tâchons tous d'en profiter.

(1) Voyez *Philosophie*, tome II, Questions de Zapata, p. 404.

(2) Voyez *Philosophie*, tome 1er, Homélies sur l'interprétation de l'ancien Testament, pages 456 et 457, tome XXXII des Œuvres.

Cette allégorie, etc. Si c'en était une, convenez qu'elle renfermait une instruction bien utile.

Vous remarquez que Dieu avait dit :

TEXTE. « Dès que vous en mangerez (de ce fruit), vous mourrez ; cependant Adam en mangea, et n'en mourut point (2).

COMMENT. *Et n'en mourut point.* Qu'en faut-il conclure, Monsieur ? Que Dieu, touché du repentir de l'homme, voulut bien suspendre l'effet de ses menaces, et lui conserver la vie pour lui donner le temps de réparer sa faute ; ou que les mots, *vous mourrez de mort*, ne signifiaient point : *vous mourrez sur-le-champ*, mais vous deviendrez sujets à la mort.

Ces deux réponses ont été données longtemps avant nous : la première même suffirait pour tout lecteur sans prévention. Convenez, Monsieur, que c'est là une bien petite difficulté.

§ VII. *Serpent qui parle et qui séduit Eve.*

Mais ce qui vous paraît de la dernière absurdité, c'est le serpent qui parle à Eve et qui la séduit.

Nous ne dissimulerons pas que quelques-uns de nos commentateurs et des vôtres ont eu sur ce sujet des idées fort étranges. Vous pouvez en faire tant qu'il vous plaira l'objet de vos plaisanteries ; nous ne prétendons pas les défendre. Mais les commentateurs, Monsieur, ne sont pas le texte ; il ne serait pas juste de les confondre.

Nous vous épargnerons l'ennuyeux et inutile détail des opinions qui ont partagé les esprits sur cette question ; nous nous bornerons aux principales.

1° Les uns, prenant les choses à la rigueur de la lettre, n'y ont vu, avec Josèphe, qu'un pur serpent qui parlait et raisonnait comme faisaient alors, dit-il, tous les animaux ; ou qui

---

(1) Voyez *Dictionnaire philosophique*, tome IV, art. Genèse, page 426, tome XL des Œuvres.

ne parlait pas, selon Abravanel, mais qui, en mangeant à la vue d'Eve du fruit défendu, l'excita à en manger, et sembla lui tenir le discours que Moïse lui prête.

Ce sentiment n'était pas de nature à être fort suivi : aussi ne le fut-il guère ; et nous ne doutons pas que Josèphe, dans l'ouvrage qu'il promettait sur l'intelligence de nos Ecritures, n'eût donné à ce passage un sens plus raisonnable (1).

2° D'autres, qu'une explication si peu satisfaisante ne contentait pas, considérant que ce fut longtemps la coutume des sages de l'Orient d'enseigner la vérité sous des allégories, des emblèmes et des énigmes, allégorisèrent ce récit, les uns plus, les autres moins. Tels furent les Esséniens, Philon, etc., parmi les Juifs ; Origène, Ambroise, etc., parmi les chrétiens.

Pour Philon, « le paradis d'Eden est un paradis spirituel : Adam est l'esprit, Eve la chair, le serpent la volupté. Dès que, par la chair, le plaisir des sens a trompé l'esprit, l'homme, devenu criminel, perd son innocence et son bonheur (2). »

« Quel est, dit Origène, l'homme assez grossier pour penser que Dieu, comme un jardinier, ait planté un jardin, qu'il y ait placé réellement un arbre de vie, et qu'on pouvait en manger le fruit avec les dents ; qu'on acquerrait la connaissance du bien et du mal en mangeant du fruit d'un autre arbre ; que Dieu se soit promené dans ce jardin, et qu'Adam se soit caché de lui entre des arbres ? On ne peut douter, ajoute-t-il, que toutes ces choses doivent être prises figurément, et non à la lettre (1). » Et en réfutant Celse, qui propo-

---

(1) *Plus raisonnable.* C'est dans ses *Antiquités*, et, si nous ne nous trompons, à l'occasion de ce récit, que Josèphe promettait cet ouvrage, qu'il n'a pas eu le temps de donner. *Aut.*

(2) *Et son bonheur.* Voyez Philon, *de Opificio mundi.* Philon pourtant n'entendait pas détruire le sens littéral : il s'en explique expressément ailleurs. *Aut.*

(3) *Et non à la lettre.* Ce passage est tiré du Traité d'Origène, περὶ ἀρχῶν Il était nouvellement converti à la foi chrétienne quand il le composa, et sortait de l'école des Platoniciens, où l'on allégori-

sait si longtemps avant vous les objections que vous répétez, il lui répond : « Que c'est mal à propos qu'il faisait ces reproches aux Chrétiens; qu'il n'aurait pas dû dissimuler que cette histoire s'entend allégoriquement, ni soustraire à ses lecteurs les paroles qui leur auraient rappelé qu'elle a un sens allégorique. »

Cette manière d'expliquer l'Ecriture et d'en tourner les faits en allégories souvent arbitraires, fut portée à l'excès. On en sentit l'abus, et on l'abandonna. Sixte de Sienne alla même jusqu'à la traiter d'erreur (1); et le savant, mais trop hardi Midleton, qui de notre temps voulut la justifier, fut vivement combattu par quelques théologiens ses compatriotes.

3° Plus réservé que tous ces commentateurs, le célèbre Cajetan se restreignit à prendre ce récit dans un sens métaphorique. A l'en croire, « le serpent, ses ruses et ses discours sont des métaphores qui désignent le grand tentateur et ses suggestions perfides. C'est cet ennemi du genre humain, appelé dans vos Ecritures, *l'ancien serpent, le grand dragon, l'homicide dès le commencement, etc.*, qui, dans la sentence métaphorique prononcée contre lui, est condamné à être à jamais l'objet de l'horreur des hommes et à avoir la tête écrasée par la postérité de la femme. »

Cajetan eut beau dire que « quand on voit le serpent parler à la femme, et la femme, sans témoigner la moindre surprise, l'écouter et lui répondre; quand on réfléchit sur sa condamnation et sur les termes dans lesquels elle est conçue, on ne peut douter que ce récit ne doive être pris métaphoriquement; qu'il n'est pas à craindre qu'on abuse de cet exemple sur d'autres passages des livres saints; qu'ici le texte même invite, ou plutôt force à l'entendre métaphorique-

---

sait tout. Il porta ce goût de l'allégorie dans l'étude de l'Ecriture avec trop peu de réserve. *Chrét.*

(1) D'erreur. *Philonem*, dit-il, *Origenes et Ambrosius in eodem errore secuti sunt.* *Chrét.*

ment (1); que ces sens métaphoriques sont non-seulement *sobres*, comme parle l'Ecriture (2), mais utiles à la profession de la foi chrétienne, surtout auprès des sages du siècle, qui, voyant que nous ne prenons pas ces choses à la lettre, ne les rejetteront pas avec dédain comme des contes puérils, mais les respecteront avec nous comme des sens mystérieux, etc. Toutes ces raisons n'empêchèrent pas que plusieurs théologiens, prenant peut-être mal à propos l'alarme, n'écrivissent avec chaleur contre cette explication, qu'ils jugeaient téméraire, mais qui pourtant, quoi qu'ils fissent, échappa à la censure.

4° D'autres enfin, craignant de s'écarter trop de la lettre, prétendent que ce fut le tentateur qui parla lui-même à Eve sous la forme d'un serpent, et qu'un serpent réel fut l'instrument dont il se servit pour la tromper; qu'il n'est point inconcevable qu'entre Dieu et les hommes il y ait des êtres intermédiaires revêtus d'un pouvoir supérieur au nôtre; que toute l'antiquité a reconnu de tels êtres; qu'en plusieurs endroits de nos Ecritures, des anges, bons ou mauvais, se montrent sous différentes formes de nuées, de feu, d'hommes, etc.; que sous ces formes ils ont parlé à ceux à qui ils étaient envoyés; et que le tentateur put parler de même à la

---

(1) Métaphoriquement. *Tùm hìc, tùm superiùs textus ipse ad metaphoricum sensum, non solùm invitat, sed cogit. Nec hinc datur ansa interpretandi ubique metaphoricè, quoniam non alia, sed hæc habent ex ipso testu testimonia, ut metaphoricè intelligantur.*

(2) Comme parle l'Ecriture. *Sunt autem sensus isti metaphorici, non solùm sobrii secundùm Scripturam, sed non parùm utiles christianæ fidei professioni, præcipuè coràm sapientibus hujus sæculi. Perspicientes enim quod hæc, non ut littera sonat, sed metaphoricè dicta intelligamus et credamus, non horrent hæc de costâ Adami et serpente tanquàm fabulas, sed venerantur ut mysteria, et faciliùs ea quæ sunt Dei complectentur.* On voit par là qu'au moins les intentions du bon cardinal étaient pures. *Aut.* (Vid. *Comment. ad Genesim.*)

femme sous la forme ou par la bouche du serpent. Ce dernier sentiment paraît être aujourd'hui le sentiment commun de vos théologiens.

Telles sont, Monsieur, les principales opinions de vos commentateurs et des nôtres sur cette matière. Nous avons cru que les exposer, c'était prévenir vos objections et préparer nos réponses.

§ VIII. *Objections du critique; réponse.*

Il paraît que vous ne savez pas trop comment former ici votre attaque : tantôt vous voulez que ce récit soit allégorique ; tantôt vous prétendez qu'on doit l'entendre à la rigueur de la lettre. Vous dites :

Texte. « La raison n'est-elle pas impuissante à expliquer comment le serpent parlait autrefois, et comment il séduisit Eve (1) ? »

Comment. Vous sentez, Monsieur, que cette difficulté tombe d'elle-même dans le sentiment de ceux qui ne reconnaissent point ici de serpent réel.

Quant aux commentateurs qui en admettent un, ils vous diront qu'il serait en effet difficile d'expliquer comment ce serpent parlait, si ce n'était qu'un pur serpent; mais que s'il était l'instrument du tentateur, si c'était cet ennemi du genre humain qui le faisait agir et parler, ce récit n'est plus aussi inexplicable que vous le dites. Car enfin, prouveriez-vous bien que le démon, revêtu comme il l'est d'un pouvoir surnaturel, ne pouvait faire mouvoir les organes du serpent, de manière à en tirer des sons articulés ?

Texte. « Je voudrais parler au serpent, puisqu'il a tant d'esprit ; mais je voudrais savoir quelle langue il parlait. L'em-

---

(1) Voyez *Philosophie*, tome II, Défense de Bolingbroke, page 162, tome XXXIII. des *OEuvres*.

pereur Julien le demanda au grand saint Cyrille, qui ne put satisfaire à cette question (1). »

Comment. Froide plaisanterie ! vous diront ceux qui ne reconnaissent point ici de serpent réel. Plaisanterie assez mauvaise, même contre ceux qui, admettant un serpent réel, le croient mû par le tentateur.

Quelle langue il parlait. Puisque le tentateur voulait que nos premiers parents l'entendissent, il lui fit sans doute parler leur langue.

Ne put satisfaire, etc. La réponse pourtant n'était pas difficile. Si le grand saint Cyrille ne la fit point à l'empereur apostat, ne serait-ce pas parce qu'il crut la question impertinente ?

Texte. « On ne peut s'empêcher de rire quand on voit un serpent parler familièrement à Eve, et Dieu parlant au serpent (2). »

Comment. *On ne peut s'empêcher de rire, etc.* Ceux qui ne reconnaissent point ici de serpent réel riraient de vous voir faire une objection qui n'effleure pas seulement leur système ; les autres vous diront qu'en admettant que le serpent était l'organe du démon, il y a ici plus à trembler qu'à rire.

Texte. « Plusieurs Juifs eux-mêmes en rougirent ; ils traitèrent dans la suite ces imaginations de fables allégoriques. Comment pourrions-nous prendre au pied de la lettre, ce que les Juifs ont regardé comme des contes ? » (*Ibid*).

Comment. Il y a eu des Juifs qui ont expliqué allégoriquement cet histoire, nous en convenons ; mais nous n'en connaissons point qui en aient *rougi*, ni qui l'aient regardée comme *des fables et des contes*. Philon lui-même, quoiqu'il la tourne en allégorie morale dans un endroit de ses ouvrages,

---

(1) Voyez *Philosophie*, tome II, Questions de Zapata, page 404, tome XXXIII des OEuvres.

(2) Voyez *Examen important de milord Bolingbroque*, art. Genèse, page 25, tome XXXIII des OEuvres.

dit expressément qu'on ne doit pas la comparer aux fables des poëtes.

Pourrions-nous prendre au pied de la lettre, etc. Qu'appelez-vous, Monsieur, prendre *au pied de la lettre*? Est-ce ne reconnaître dans ce récit qu'un pur serpent? n'y admettre ni pouvoir surnaturel, ni allégorie, ni métaphore? Rien n'oblige de l'entendre de la sorte.

Vous ne voulez pas prendre ce récit *au pied de la lettre*; vous préférez l'allégorie. Vous dites :

TEXTE. « Si nous en croyons Philon, et plusieurs Pères, le serpent est une expression figurée qui peint sensiblement nos désirs corrompus. L'usage de la parole que l'Ecriture lui donne est la voix de nos passions qui parle à nos cœurs. Dieu emploie l'allégorie du serpent, qui était très commune dans l'Orient (1). »

COMMENT. Vous voilà donc allégoriste : à la bonne heure, si votre allégorie n'était pas si arbitraire et si vague. Rapprochez-vous davantage de nos premiers parents; conservez les grandes vérités qui les concernent, et qui intéressent toute leur postérité; et la synagogue alors pourra tolérer votre explication.

Mais vous n'y tenez guère, à cette explication; vous l'abandonnez bientôt. Vous dites ici :

TEXTE. « Tout est physique. Toute cette aventure est si physique, et si dépouillée de toute allégorie, qu'on y rend raison pourquoi le serpent rampe depuis ce temps-là, pourquoi nous cherchons toujours à l'écraser, et lui à nous mordre; comme on explique, dans les Métamorphoses, pourquoi le corbeau est noir. » (Voyez *Dictionnaire philosophique*, tome IV, art. Genèse, page 429.)

COMMENT. Ainsi, cette histoire est allégorique, et elle n'est pas allégorique. Il ne faut pas la prendre *au pied de la*

---

(1) Voyez *Philosophie*, tome 1er, Homélies sur l'interprétation de l'ancien Testament, page 454, tome XXXII, *des OEuvres*.

lettre ; et elle est *toute physique*, et *dépouillée de toute allégorie.* On vous reconnaît bien là.

Laissons vos contradictions ; voyons votre raisonnement. Dans ce récit, dites-vous, tout est physique ; donc on ne peut y admettre d'allégorie, et il faut y prendre tout *au pied de la lettre.* Croyez-vous, Monsieur, cette façon de raisonner fort concluante ? Quoi de plus physique que le récit que fait à David le prophète Nathan, de ce riche inhumain qui enlève et tue la brebis chérie du pauvre, pour la servir à l'hôte qui lui arrive ! Tout y est si physique, que David même y est trompé. Il l'est également au récit de cette veuve qui lui demande la grâce de son fils, qu'elle disait avoir tué son frère, et que ses parents voulaient faire mourir pour avoir son bien. Quoique tout paraisse physique dans une *aventure*, elle peut donc être allégorique, et cacher des vérités que la lettre ne paraît pas d'abord annoncer.

En voulez-vous un exemple tiré d'un auteur profane ? Rappelez-vous la belle ode où Horace s'adresse à un vaisseau qui, déjà battu par la tempête, va s'exposer à de nouveaux périls. Le poète y parle de vents, de bancs dégarnis de rameurs, des forêts du Pont d'où ce vaisseau tire son origine, des Cyclades, etc. Tout y est si physique que des commentateurs n'y ont vu qu'un pur navire. Cependant Quintillien nous assure que c'est une allégorie de la république romaine, menacée de nouveaux troubles civils ; et cette idée jette de l'intérêt dans cette ode, qui sans cela serait froide. Appliquez cet exemple au sujet qui nous occupe, et apprenez d'un écrivain que vous admirez, que le physique n'exclut pas toujours l'allégorie, et que dans une allégorie il serait ridicule de trop presser la lettre. Ne dites donc plus comme vous avez fait :

TEXTE. « Il n'est fait dans tout cet article aucune mention du diable. Tout y est physique (1). »

(1) Voyez *Dictionnaire philosophique*, tome IV, art. Genèse, page 428, tome XXXIII des Œuvres.

COMMENT. *Aucune mention du diable, etc.* Non, il n'en est fait aucune mention expresse dans le texte comme il n'est fait aucune mention de la république dans l'ode d'Horace. Mais le texte était suffisamment expliqué par la tradition générale, et des Hébreux, et de la plupart des anciens peuples, tradition que vous attestez vous-même.

TEXTE. « Les Phéniciens, voisins des déserts qu'habitaient les Juifs, avaient depuis longtemps la fable allégorique d'un serpent qui avait fait la guerre à l'homme et à Dieu. » (1)

Les Juifs qui écrivirent la *Genèse* ne sont que des imitateurs : ils mêlèrent leurs propres absurdités à ces fables (aux fables des Phéniciens, des Indiens, des Chaldéens, etc.) (2).

COMMENT. Il y a donc depuis longtemps, chez les plus anciens peuples, une allégorie *d'un serpent qui a fait la guerre à l'homme et à Dieu.* Cette allégorie est commune en Orient, vous le disiez plus haut ; elle était répandue chez les Phéniciens, les Chaldéens, les Indiens, vous le dites expressément. Or, ce serpent, ennemi de Dieu et de l'homme, connu de tous les anciens peuples, ne serait pas le serpent de la *Genèse*? Vous n'en douterez pas du moins pour le *grand serpent* des anciens Perses, *l'Arimane*, c'est-à-dire, *le rusé, le menteur*, ennemi des premiers parents du genre humain, qui les séduit, leur ravit en même temps l'innocence et le bonheur, et qui, en les jetant dans la disgrâce d'Ormusd, de l'Éternel, les plonge dans l'abîme du péché et de la misère (3). Cette allégorie et la tradition qui l'explique, étaient donc réellement très répandues chez les anciens peuples de l'Orient.

(1) Voyez *Philosophie*, tome 1er, Homélies sur l'interprétation de l'ancien Testament, page 454, tome XXXII des *OEuvres*.

(2) Voyez *Ibid.* tome II, Défense de milord Bolingbroke, page 24 et 25 tome XXXIII des *OEuvres*.

(3) *De la misère.* Voyez le *Zend-Avesta*. Aut.

Quoi qu'il en soit, elle est au moins très ancienne parmi nous, quoique vous prétendiez la faire passer pour nouvelle. Enfin, dites-vous.

Texte. « Enfin, le serpent qui tenta Eve a été reconnu pour le diable qui cherche à nous perdre. » — Voyez *Philosophie*, tome 1er, Homélies sur l'interprétation de l'ancien Testament, page 154, tome XXXIII. des *Œuvres*.

Comment. *Enfin, etc.* Cette doctrine, Monsieur, remonte plus haut que vous ne pensez ou que vous ne feignez de le croire. Nous ne vous dirons pas que c'était, selon Maimonide, la tradition de nos anciens sages, qui, dans leur style oriental, représentaient l'ange de la mort à cheval sur le serpent, c'est-à-dire, ou figuré par ce reptile, ou prenant sa forme, ou le possédant et en remuant les organes, et que nos Thalmuds s'expliquent de même. Nous vous rappellerons que vos apôtres (1), l'auteur même de votre religion (2), et avant eux nos thalmudistes ou paraphrastes voient le grand tentateur, ennemi du genre humain, dans le serpent qui tenta Eve. L'auteur du livre de la *Sagesse* donne assez à entendre qu'il pensait de même, lorsqu'il dit que, *par l'envie du diable, la mort entra dans le monde* (3).

Vous faut-il encore une plus haute antiquité ? Le livre de Job, et que vous dites antérieur à Moïse, et que nous croyons écrit par ce législateur, nous parle de même d'un esprit méchant qui cherche à séduire les justes, et qui, pour les séduire et les détacher de Dieu, les accable des plus cruels fléaux. D'où seraient venus aux Hébreux, aux Perses, aux Indiens, etc., de pareilles idées, sinon d'une tradition commune dont la source touche aux premiers temps ?

---

(1) *Vos apôtres.* Saint Jean appelle l'ancien serpent le diable ou Satan qui séduisit le monde. (*Apocal.* 12, 9, 14, 15, 20, 2, 10.) Voyez encore Héb., 2, 4, 11 ; Cor., 11, 5 ; etc. *Chrét.*

(2) *De votre religion.* Voyez Joan., 8, 44, où le diable est appelé *homicide, menteur et père du mensonge dès le commencement*. *Chrét.*

(3) *Dans le monde.* Voyez chapitre 2, 24.

§ IX. *Si n'admettre dans ce récit qu'un pur serpent ou une simple allégorie morale, vague et arbitraire, c'est assez pour l'expliquer raisonnablement.*

Quoique vous prétendiez, Monsieur, que tout est *physique* dans ce récit, et qu'en effet tout y paraisse tel à la première vue, on ne peut raisonnablement douter que le serpent qu'on y voit agir n'était pas un pur serpent. Un pur serpent aurait-il parlé, raisonné, conversé avec la femme? Quel intérêt un reptile sans raison aurait-il eu de séduire nos premiers parents, et de les rendre à la fois coupables et malheureux?

Oublions pour un moment que Moïse était un homme inspiré; ne le regardons que comme un écrivain judicieux, un philosophe, un sage de l'antiquité: vous ne pouvez lui refuser du moins ces qualités. Peut-on supposer qu'un homme de ce caractère, dans un ouvrage si intéressant et si court, se serait amusé à rendre puérilement raison de *l'antipathie de l'homme et du serpent*? Quoi! cet écrivain judicieux, ce sage aura débuté par nous représenter l'Éternel qui, après avoir tiré l'univers du néant, attaché à la voûte des cieux les astres qui nous éclairent, couvert les campagnes d'arbres et de plantes, peuplé la terre, l'air et les eaux d'une multitude innombrable d'animaux divers, et préparé la nature à recevoir son roi, créé enfin l'homme à son image et à sa ressemblance, l'anime de son souffle divin, le revêt de l'innocence, et le rend maître d'assurer à jamais son bonheur par sa soumission et son obéissance aux ordres de son grand Créateur; et toute cette magnifique scène, toutes ces nobles et sublimes idées aboutissent à expliquer *pourquoi le serpent cherche à nous mordre, et nous à lui écraser la tête, comme on explique dans les Métamorphoses pourquoi le corbeau est noir?* Vous le dites, Monsieur; mais sûrement vous ne le croyez pas ; et vous ne vous flattez pas de le persuader à des lecteurs sensés.

Une explication allégorique, qui nous apprendrait quelque vérité morale, quels peuvent être les funestes effets de la volupté, du désir présomptueux de savoir, etc., serait moins déraisonnable sans doute ; mais est-il croyable qu'une simple allégorie morale, vague, arbitraire, se fût répandue et conservée depuis tant de siècles parmi tant de peuples? Quoique dans les allégories on ne doive pas presser la lettre, il doit pourtant se trouver quelque rapport entre l'emblème et l'objet qu'il désigne. Or, quel rapport entre la volupté, etc., et le serpent condamné *à vivre de poussière, qui cherchera à mordre au talon, et dont la postérité de la femme écrasera la tête?* A quoi reviendrait ici cette allégorie vague, et par où tiendrait-elle à ce qui précède et à ce qui suit?

Avouons-le donc, Monsieur ; ce récit de Moïse, si ancien, si conforme aux traditions des premiers peuples, renferme évidemment des vérités de toute autre importance. La création de l'homme dans un état d'innocence et de bonheur, sa tentation et sa chute, la dégradation de son être, la mort entrant dans le monde par l'envie du démon, ce grand séducteur condamné, et de meilleures espérances données au genre humain (1) : voilà de grands dogmes que l'écrivain nous y enseigne. Craignons de nous en écarter, rejetons tout système qui pourrait les obscurcir ou leur porter la plus légère atteinte.

Ces vérités mises en sûreté, que vous préfériez au sentiment commun des commentateurs, les métaphores de Cajetan, les allégories de Midleton, ou même les hiéroglyphes d'un mo-

---

(1) *Données au genre humain*, etc. Surtout celle d'un réparateur qui devait réconcilier l'homme avec Dieu, et le rétablir dans l'innocence. *chrét.*

derne (1), vous pourrez vous tromper, mais la synagogue ne vous taxera point pour cela d'hérésie (2).

Toutefois, puisque l'opinion commune n'a rien d'absurde, que ces grandes vérités y sont soigneusement conservées, et la lettre du texte plus exactement suivie, pourquoi vous en éloigneriez-vous ?

§ X. *S'il ne se trouve dans les anciennes nations aucunes traces de l'histoire des premiers parents et restaurateurs du genre humain.*

Nous passerons un tas de petites difficultés que vous renouvelez de Tindal, et d'autres : par exemple, que Moïse fait Dieu corporel ; que nos premiers parents ne mangeaient pas du pain parce qu'ils n'avaient point les instruments nécessaires pour faire de la farine ; qu'ils ne purent coudre des feuilles d'arbre pour se couvrir, parce qu'ils n'avaient point d'aiguilles ; que le serpent ne vit pas de poussière, etc. Tout

---

(1) *D'un moderne*, etc. Ce moderne suppose que « les mémoires d'où furent extraits le second et le troisième chapitre de la *Genèse*, avaient été originairement écrits en caractères hiéroglyphiques, et que, quand on voulut les rendre en caractères alphabétiques, on ne se borna point à en exprimer les vérités abstraites, mais qu'on en décrivit les hiéroglyphes, les tableaux et les emblêmes. Dans cette écriture hiéroglyphique, l'innocence de l'homme et de la femme était exprimée par la nudité dont ils ne rougissaient pas ; leur bonheur, par ces jardins délicieux qui leur fournissaient un ombrage frais et des fruits exquis ; la soumission de cœur et d'esprit que Dieu exigeait d'eux, par le fruit dont il était défendu de manger ; la perte de leur innocence, par la honte qu'ils témoignent de leur nudité, qu'ils couvrent de feuillage. Le serpent et ses ruses étaient l'emblême du tentateur et des artifices qu'il employa pour les perdre : et sa tête écrasée par la postérité de la femme, le symbole de l'espérance d'un réparateur, etc. » *Edit.*

(2) *D'hérésie.* Toutes ces opinions, quoique ingénieuses, sont au moins très hardies, pour ne pas dire téméraires : tenons-nous-en au sentiment commun, c'est le plus sûr et le plus sage. *Chrét.*

cela est si petit, si usé, si trivial, on y a répondu tant de fois (1), que nous dédaignons d'en rien dire ici.

Nous finirons, Monsieur, par une de vos assertions favorites, et que vous avez répétée en vingt endroits avec un air de complaisance et de triomphe.

Texte. « Il est surprenant que Noé, le restaurateur du genre humain, ait été si ignoré de toute la terre; mais il est encore plus étrange qu'Adam, le père de tous les hommes, ait été aussi ignoré de tous les hommes, que Noé (Voyez *Philosophie*, tome III, Bible expliquée, page 25, tome XXXIV *des OEuvres*). On ne trouve aucune trace de nos premiers parents dans les anciennes nations, ni en Égypte, ni à Babylone, etc. » — Voyez *Diction. philosoph.*, tome 1er, art. Adam, page 76, tome XXXVII des *OEuvres*.

Comment. *Il est surprenant, il est étrange*, etc. Mais d'abord : Monsieur, 1° serait-il en effet fort étonnant qu'Adam, que Noé et leurs enfants eussent été ignorés et qu'il ne se trouvât d'eux aucune trace chez les peuples qui ont passé par l'état de sauvages avant de se policer? Quand on a tout oublié, même les arts les plus nécessaires, ne peut-on pas avoir oublié en même temps les noms et l'histoire des premiers auteurs et restaurateurs du genre humain (2) ?

---

(1) *On y a répondu tant de fois*, etc. On a dit qu'il ne faut pas prendre des métaphores au pied de la lettre; que le mot *lechem, pain*, ne signifie pas seulement du pain, mais en général toute nourriture; que nos premiers parents, sans coudre ces feuilles avec une aiguille, purent entrelacer ces feuilles et les branches auxquelles elles tenaient, et s'en faire ainsi une espèce de ceinture, et que c'est ce que les mots hébreux signifient; que les insectes et autres nourritures du serpent étant souillés sans cesse de poussière, on peut dire figurément qu'il vit de poussière comme David disait de lui-même, *qu'il mangeait la cendre* comme du pain, parce que la cendre dont il était couvert, tombant sur les nourritures qu'il prenait, c'était en quelque sorte vivre de cendre, *cinerem tanquam panem manducabam*, etc. Edit.

(2) Il est probable que l'auteur des *Lettres* entend « cet état sauvage » dans le sens généralement admis par les hommes orthodoxes. Il n'est

2° Le serait-il beaucoup que des nations même anciennement policées, eussent oublié ces noms et cette histoire, après la confusion des langues, la dispersion des peuples, tant de révolutions et tant de siècles ?

Quoi qu'il en soit, si quelques nations anciennes ont perdu le souvenir de l'histoire d'Adam et de Noé, il n'en est pas moins vrai que la plupart des anciens peuples en ont conservé la mémoire, qu'on en trouve chez eux diverses traces, et que ces traditions ont passé d'eux à des nations plus récentes.

Ouvrez le premier livre des *admirables* Métamorphoses d'Ovide, vous y verrez « le chaos et les éléments débrouillés par l'intelligence suprême ; les astres suspendus à la voûte des cieux, les campagnes couvertes de verdure, les animaux de toute espèce peuplant le ciel, la terre et les eaux ; et un être plus respectable doué d'un esprit supérieur, l'homme naissant enfin pour régner sur eux (1) ; il est l'ouvrage du grand artisan de toutes choses et fait à l'image des dieux (2) ; il conserve quelque temps son innocence, et le bonheur en est le fruit. C'est l'âge d'or si célèbre dans toute l'antiquité. Le printemps est éternel ; la terre, sans être cultivée, se

pas vrai que le genre humain ait débuté partout par l'état sauvage, et que les hommes que nous qualifions de ce nom, les sauvages des îles de l'Océanie et des forêts de certaines parties de nos continents soient les hommes primitifs, comme le supposent avec Rousseau les « philosophes de la nature. » Bien loin d'être l'état primitif de l'humanité, l'état sauvage n'est que la dégradation d'une condition d'abord meilleure, détruite par divers accidents, tels que naufrages ou émigrations lointaines. L. D.

(1) *Régner sur eux*, etc. Citons ces vers, quoique connus :
Sanctius his animal, mentisque capacius altæ
Deerat adhuc, et quod dominari in cætera posset ;
Natus homo est : sive hunc divino semine fecit
Ille opifex rerum, etc. AUT.

(2) *A l'image des dieux.*
Finxit in effigiem moderantûm cuncta deorum. AUT.

couvre de moissons; les arbres se chargent de fruits, des ruisseaux de miel et de lait coulent de toutes parts, etc. (1); mais bientôt les crimes répandus sur la terre irritant la divinité, un déluge engloutit les coupables humains; deux mortels échapent seuls à l'inondation générale. » Qu'en pensez-vous, Monsieur ? Est-il difficile de reconnaître ici des traces frappantes de l'origine du monde, et de l'histoire de nos premiers parents, telle que Moïse la raconte ?

Ces idées, si conformes à celles de l'écrivain sacré, l'auteur des *Métamorphoses* les tenait des Grecs, ses devanciers et ses modèles, où sans doute nous les trouverions toutes, si nous n'avions pas perdu un si grand nombre de leurs ouvrages. Malgré ces pertes, on peut encore vous montrer, dans Phérécide, l'ancien serpent, ennemi de Dieu et des hommes; dans Platon, la femme tirée de l'homme; dans Hésiode, le chaos et l'Erèbe, le jour né de la nuit, c'est-à-dire, la lumière succédant aux ténèbres et destinée à les dissiper, le septième jour consacré, l'homme formé du limon de la terre, la vie des premiers hommes beaucoup plus longue que la nôtre, un âge d'innocence où l'homme était heureux, un âge de crime, etc.

Texte. « On n'en trouve pas de traces en Egypte, etc. » (*Ibid*).

Comment. L'Egypte et la Phénicie, Monsieur, avaient été l'école de la Grèce; c'est de là que les Grecs avaient tiré avec la connaissance des lettres, ces anciennes traditions sur l'o-

---

(1) *De toutes parts.*

Aurea prima sata est ætas, quæ, vindice nullo,
Sponte suâ, sine lege, fidem rectumque colebat.
Ver erat æternum, placidique tepentibus auris,
Mulcebant zephiri natos sine semine flores.
Mox etiam fruges tellus inarata ferebat,
Nec renovatus ager gravidis canebat aristis :
Flumina jam lactis, jam flumina nectaris ibant.
Flavaque de viridi stillabant ilice mella. AUT.

rigine du monde et du genre humain. Aussi les trouve-t-on, du moins en partie, dans les fragments qui nous restent de ces deux nations. Malgré l'obscurité de la cosmogonie allégorique de Sanchoniaton, obscurité qu'augmente encore le traducteur grec, on y aperçoit « le *Très-Haut*, de qui naissent, c'est-à-dire, par qui sont créés le ciel et la terre, un chaos ténébreux, l'esprit qui l'agite et l'échauffe, la matière qui résulte de ce mouvement, deux premiers humains nés du vent *Colpiah*, c'est-à-dire, de la voix de la bouche de Dieu, ou formés à sa voix et animés de son souffle, etc. » Vous dites vous-même que :

TEXTE. « Dans la théogonie phénicienne *Iaho* forme l'homme de son souffle, lui fait habiter le jardin d'Aden ou d'Éden, le défend contre le grand serpent Ophionée, etc. » (Voyez *Philosophie*, tome II, examen important de Milord Bolingbroke, chapitre 4, tome XXIII des *OEuvres*.)

COMMENT. Et frappé de cette ressemblance, vous vous écriez :

TEXTE. « Que de conformités avec la *Genèse* juive (*Ibid*) ! »

COMMENT. Vous les étendez encore ces conformités. Vous ajoutez que tous les peuples voisins avaient une *Genèse*, une cosmogonie pareille longtemps avant les Juifs ; et l'œuf que les Egyptiens représentent sortant de la bouche du *Cneph*, ou Dieu suprême, l'homme né du limon du Nil, et d'autres semblables traits paraissent en effet y avoir quelques rapports. Vous en trouvez tant entre toutes ces cosmogonies, que vous en concluez que les Juifs avaient pris leur *Genèse* de celles des peuples voisins. Ainsi, dans Rome, dans la Grèce, et, selon vous-même, dans la Phénicie, dans l'Egypte et dans tous les pays voisins des Hébreux, on trouve des traces de l'histoire de nos premiers voisins.

Mais dites-vous :

TEXTE. « On n'en trouve aucune dans Babylone. » (Voyez *Dictionnaire philosophique*, tome 1er, art. Adam, page 76, tome XXXVII des *OEuvres*.)

COMMENT. Aucune? A quoi pensait donc le savant Freret, qui nous assure au contraire « que les traditions des Chaldéens supposaient aussi notre monde tiré du chaos par une intelligence suprême qu'elles nomment *Bel* ou *Baal*, le *Seigneur* et qui était regardé comme principe de l'ordre et de l'arrangement des diverses parties de l'univers? Ces traditions, dit-il, supposaient encore que toutes les nations descendaient d'un seul et même homme formé par Bel, et doué d'une intelligence que le Dieu suprême avait unie à la matière dont il avait formé le corps de ce premier homme. » Ces traditions ajoutaient « que les descendants de cet homme qu'elles nommaient *Alorus*, s'étant corrompus, Bel, le Seigneur, les fit périr, à la dixième génération, par un déluge, dont il préserva cependant Xisuthrus et sa famille par une protection particulière ; cette famille repeupla la terre, et c'est d'elle que descendent toutes les nations. » Et dans sa défense de la chronologie contre Newton, il remarque « qu'entre Alorus et Xisuthrus, les Babyloniens comptaient dix générations. Ces dix générations donnent, pour le commencement du règne d'Alorus, le même temps que la *Genèse*. »

Il est vrai, ajoute Freret, « que la formation du premier homme, et les moyens employés pour le douer d'une âme intelligente, tout cela était assez différent du détail que nous en donne la *Genèse* ; mais il n'y a point de contradiction dans ce qui fait l'essentiel des deux systèmes sur l'origine des hommes. D'où l'on pourrait conclure que le fond de ces contradictions qui se conservèrent dans la famille d'Abraham, originaire de Chaldée, et que Moïse a rapportées dans la *Genèse*, s'était aussi conservé, mais avec des altérations, parmi les Babyloniens. »

C'est ainsi que pensait *le savant* Freret sur la ressemblance des traditions babyloniennes, touchant l'histoire des premiers parents du genre humain, avec ce que la *Genèse* rapporte. Et vous, Monsieur, plus instruit apparemment et plus difficile à contenter sur les faits que *le savant* Freret, vous venez de nous dire qu'*on ne trouve à Babylone aucune trace des auteurs de la race humaine!*

Si des Babyloniens nous passons chez les Perses, nous y trouverons des conformités encore plus frappantes. Vous nous avez tant vanté les Perses, leur Zoroastre et ses fameux écrits, l'authentique *Zend-Avesta* ! Eh bien, Monsieur, parcourez-les, ces livres qu'un homme non moins digne de votre reconnaissance, que l'anglais Howel vous a mis à portée de lire. Vous y trouverez « un Etre suprême, l'Eternel, créateur du monde, et principe de tous les êtres ; un seul homme et une seule femme, dernier ouvrage de la création, et premiers parents du genre humain, placés dans un jardin (1) ; leur tentation, leur chute ; le grand serpent, leur ennemi et l'ennemi de toute leur postérité. » Le Boundsch, l'un de ses antiques, vous les représentera « créés d'abord unis l'un à l'autre comme les branches d'un arbre sur un même tronc (2), tous deux destinés à vivre heureux, mais tous deux séduits par *Arimane, le rusé, le menteur*, et devenus malheureux par leur désobéissance. » Assurément il serait difficile de ne pas reconnaître ici des traces de nos premiers parents et de leur histoire. Voilà donc encore un grand peuple très ancien, et qui, selon vous, n'avait pas été instruit par les Juifs, dont les traditions se trouvent conformes aux nôtres.

Il en est de même des Indiens. Nous ne citerons ici ni Strabon, qui assure que l'âge d'or si vanté par les poètes de Rome et de la Grèce, ce temps heureux qui précéda la chute de l'homme, était connu des Indiens; ni Maimonide, ni Fernand Mendès, qui prétendent que l'histoire de nos premiers parents n'était pas ignorée de ces peuples; ni Abraham Ro-

(1) *Dans un jardin.* C'est M. de Voltaire lui-même qui nous apprend « qu'on trouve un paradis terrestre dans l'ancienne religion des Perses, » que ce paradis terrestre s'appelait *Shang Disnago*. Aut.

(2) *Sur un même tronc.* Nous avons déjà remarqué que l'Edda, ou théologie des anciens peuples du Nord, représente de même l'homme et la femme unis originairement, et ne formant qu'un même corps. Aut.

ger, qui, après avoir passé plus de vingt ans dans les Indes, et avoir appris la langue du pays, atteste, dans la description qu'il nous en a donnée, qu'il y a trouvé l'histoire des premiers auteurs du genre humain, telle à peu près pour le fond que ce que Moïse raconte. C'est vous-même que nous vous opposerons; c'est vous qui dites :

TEXTE. « N'oublions pas surtout que les Indiens eurent un paradis terrestre, et que les hommes qui abusèrent du bien furent chassés de ce paradis. » (Voyez *Introduction à l'Essai sur les mœurs*, art. de l'Inde, page 83, tome XVI des *OEuvres*.)

COMMENT. *Ne l'oubliez pas* vous-même, Monsieur. Un paradis terrestre, l'homme ingrat et rebelle chassé de ce paradis ; en un mot, la chute de l'homme et sa dégénération ; n'est-ce pas précisément l'histoire de nos premiers parents, telle qu'elle est racontée dans la *Genèse* ? On trouve donc des traces des premiers auteurs du genre humain chez les Indiens : vous nous en fournirez bientôt de nouvelles preuves.

Il y a plus : on peut dire, d'après vous-même, qu'on en trouve chez tous les anciens peuples, puisque, selon vous,

TEXTE. « La chute de l'homme dégénéré est le fondement de la théologie de toutes les anciennes nations. »

COMMENT. *La chute de l'homme dégénéré*, etc. C'est en deux mots l'abrégé de ce que Moïse raconte. Donc, selon vous-même, toutes les anciennes nations ont conservé le souvenir de nos premiers parents et des traces de leur histoire. Et à ces nations anciennement policées on pourrait joindre plusieurs anciennes nations sauvages chez lesquelles on en a trouvé des vestiges.

Le fondement de la théologie, etc. Oui, Monsieur, l'observation est vraie et l'aveu très remarquable. Comment en effet toutes les anciennes nations se sont-elles accordées à prendre pour fondement de leur théologie un fait si singulier? D'où tiennent-elles toutes une pareille idée, et d'où a pu venir cette conformité entre les traditions de tant de peuples, sinon d'une source commune qui touche à l'origine des choses?

Il en est de même du restaurateur de genre humain. Nous retrouvons des traces évidentes de son histoire dans Ovide ; dans les traditions des Grecs sur les déluges d'Ogygès et de Deucalion ; dans celles des Chaldéens, rapportées par le Chaldéen Berose, dans celles des Assyriens, qu'on lisait chez Abydène ; traditions si conformes, pour le fond et même pour quelques circonstances singulières, au récit de Moïse, qu'on dirait que ces écrivains avaient ce récit sous les yeux. Nous en retrouvons des traces chez les Chinois, les Indiens, les Phéniciens, qui croyaient Joppé bâtie avant cette horrible catastrophe, et même chez les Egyptiens, quoique, leurs folles prétentions à une antiquité très reculée s'accordassent mal avec l'aveu du déluge. On en trouve même chez les peuples barbares ; et le fameux Boulanger a prouvé que tous les peuples anciens en avaient conservé la mémoire dans leurs cérémonies religieuses (1).

---

(1) Le déluge des Chaldéens dans Bérose est tellement semblable à celui de Moïse, qu'on a prétendu qu'il en était la copie, ce qui prouve au moins que les traditions Chaldéennnes s'accordaient avec la *Genèse*, sans quoi Berose n'aurait pu donner son récit comme extrait des annales Chaldéennes.

Selon les Indiens, l'âge actuel est séparé des âges précédents par un grand déluge, et ce déluge précède l'ère vulgaire de 3000 ans, ce qui est conforme à la chronologie biblique des Septante, qui est seule admise aujourd'hui par les savants.

Dans l'histoire égyptienne de Manethon, l'auteur atteste qu'il l'a composée sur des mémoires dressés par Hermès, et gravés par lui sur des colonnes *avant le déluge*. Manethon indique par là que cet évènement était un fait notoire, dont il n'a pas besoin d'assigner la date.

Chez les Chinois, on trouve une tradition authentique sur l'état d'inondation où le pays fut trouvé par les premières colonies qui s'y établirent sous la conduite de Yao. Les eaux, dit le Chouking, s'élevaient jusqu'au sommet des montagnes.

Enfin on trouve dans l'histoire des peuples du nouveau monde, un tableau du déluge universel, qui a les plus grands rapports avec le déluge de Noé. Dans le récit Mexicain, ce patriarche, y porte le nom de COXCOX. Cette relation curieuse se trouve très en détail dans les

Il est donc évidemment faux qu'il ne se trouve chez les anciennes nations *aucunes traces* de l'auteur et du restaurateur du genre humain. Loin qu'ils aient été *ignorés de tous leurs enfants*, la plus grande partie de leur postérité en a conservé le souvenir dans des traditions, altérées, il est vrai, comme il devait nécessairement arriver après tant de révolutions, mais très reconnaissable aux grands traits.

§ XI. *Si les noms des premiers parents et restaurateurs du genre humain ont été ignorés de tous les peuples anciens. Grande découverte, et contradictions du critique.*

Mais, dites-vous, si l'on découvre quelques traces de leur histoire, n'est-il pas singulier que leurs noms ne se trouvent nulle part? C'est une idée qui vous paraît neuve, et que vous voulez bien communiquer au public.

Texte. « On a tant parlé d'Adam et de sa femme; les rabbins en ont débité tant de rêveries, et il est si plat de répéter ce que les autres ont dit, qu'on hasarde ici une idée assez neuve (1). »

Comment. *On a beaucoup parlé d'Adam, etc.* Cela est vrai. Nos commentateurs et les vôtres en ont débité bien des rêveries, nous l'avouons, et notre dessein n'est pas de les défendre.

Il est si plat de répéter, etc. Voilà pourquoi vous ne répétez pas.

Ce que les autres ont dit, etc. Vous le sentez donc enfin, Monsieur : c'est un peu tard; mais c'est toujours quelque chose que vous vous en soyez enfin aperçu.

Qu'on hasarde ici une idée assez neuve, etc. Les idées

voyages de M. Humboldt, et dans plusieurs cahiers de l'excellent recueil périodique, publié sous le titre d'*Annales de Philosophie chrétienne*. L. D.

(1) Voyez *Dictionnaire philosophique*, tome 1ᵉʳ art. Adam, page 75 tome XXXVII des Œuvres.

neuves nous plaisent beaucoup, quand elles sont justes. La vôtre aura sans doute ce double mérite.

Texte. « Elle ne se trouve, cette idée, dans aucun ancien auteur, dans aucun Père de l'Eglise, dans aucun prédicateur, ou théologien, ou critique, ou scholiaste de ma connaissance. » (*Diction. philosop.*, art. Adam.)

Comment. *De ma connaissance.* Un homme aussi instruit que vous l'êtes, Monsieur, connaît beaucoup d'anciens auteurs, de Pères de l'Eglise, de prédicateurs, de scholiastes. Si cette idée ne se trouve chez aucun de ceux que vous connaissez, elle ne se trouvera donc nulle part. Ce début pique notre curiosité et irrite nos désirs. Quelle est-elle donc, cette idée ?

Texte. « C'est le profond secret qui a été gardé sur Adam dans toute la terre habitable, excepté en Palestine, jusqu'au temps où les Juifs commencèrent à être connus à Alexandrie. (Voyez *Introduction à l'Essai sur les mœurs*, tome xvi des *OEuvres*.) Vous ne trouvez nulle part le nom d'Adam et d'Eve : la terre entière a gardé sur eux le silence (1). »

Comment. *C'est le profond secret, etc.* C'est donc là, Monsieur, la curieuse découverte que vous nous annonciez avec tant d'emphase ? En vérité *parturient montes, nascetur ridiculus mus*.

Mais est-il bien vrai, Monsieur, que le nom d'Adam ait été inconnu de toute la terre ? Nous pourrions vous opposer que Maimonide, qui avait lu les livres des anciens Zabiens, assure y avoir vu le nom d'Adam ; que Hyde et Prideaux l'ont vu dans les livres des anciens Perses ; que les Arabes modernes prétendent qu'il n'était point ignoré de leurs anciens écrivains, etc. Vous-même, Monsieur, vous nous assurez que le nom d'Adam et son histoire étaient très connus des anciens brachmanes. Vous dites :

---

(1) Voyez *Dictionnaire philosophique*, tome 1er, art. Adam, page 78, tome xxxvii des *OEuvres*.

Texte. « Ce qui est singulier, c'est que le *Vedam* des anciens brachmanes enseigne que le premier homme fut Adimo, et la première femme Procriti. Adimo signifiait Seigneur, et Procriti voulait dire la vie, comme Eve signifiait la vie. Cette conformité mérite une grande attention. » (Voyez *Introduction à l'Essai sur les mœurs*, art. de l'Inde, page 83, tome XVI des *OEuvres*.)

Comment. *Cette conformité, etc.* Elle vous paraissait si singulière, que vous ne balanciez pas à conclure que les Juifs avaient pris des Indiens ces noms et cette histoire. Vous disiez, avec le ton ironique que vous prenez si volontiers quand vous vous croyez sûr de la victoire :

Texte. « Quelques esprits creux, très savants, sont tout éblouis quand ils lisent, dans le *Vedam* des anciens brachmanes, que le premier homme fut créé aux Indes, et qu'il s'appelait *Adimo*, qui signifie l'*engendreur*, et que sa femme s'appelait *Procriti*, qui signifie *la vie*. Ils disent que la secte des brachmanes est incontestablement plus ancienne que celle des Juifs. Ils disent que les Indiens furent toujours inventeurs, et les Juifs toujours imitateurs, les Indiens toujours ingénieux, et les Juifs toujours grossiers. » (Voyez *Diction. Philosop.*, tome 1ᵉʳ, art. Adam, page 80.

Comment. *Quelques esprits creux, etc.* C'est ainsi que vous les appelez ironiquement, c'est-à-dire, des esprits solides et très savants, au rang desquels on sent bien que vous vous mettez.

Sont tout éblouis, etc. De quoi ? de voir l'Adam et l'Eve des Hébreux dans l'Adimo et dans la Procriti des Indiens, et tant de ressemblance dans les noms et dans l'histoire. C'est de là que ces savants concluent que les Juifs, *toujours imitateurs*, n'ont point inventé cette histoire et ces noms, mais qu'ils les tiennent des Indiens, *toujours inventeurs*.

Mais, Monsieur, si les Juifs ont pris ces noms et cette histoire des Indiens, les Indiens la connaissaient donc ; ils connaissaient le nom d'Adam, et un nom tout semblable à celui d'Ève. Voilà donc encore un ancien peuple du monde de qui ces noms et cette histoire n'étaient point ignorés.

Que devient donc ce profond silence gardé sur Adam *dans toute la terre habitable*, jusqu'au temps où les Juifs commencèrent à s'instruire dans Alexandrie !

Il est vrai que vous ne tardez pas à contredire ce que vous venez d'avancer d'une manière si positive. Vous dites, avec le même ton d'assurance :

TEXTE. « On trouve à la vérité chez les brachmanes le nom d'Adimo et celui de Procriti sa femme. Si Adimo ressemble un peu à notre Adam, les Indiens répondent : Nous sommes un grand peuple établi vers le Gange, plusieurs siècles avant que la horde hébraïque se fût portée vers le Jourdain. Nous ne pouvons donc avoir pris notre Adimo de leur Adam; notre Procriti ne ressemble point du tout à Ève; et d'ailleurs leur histoire est entièrement différente. » — Voyez *Diction. Philosop.*, tome 1ᵉʳ, art. Adam, page 77.

COMMENT. *Si Adimo ressemble un peu*, etc. Tout à l'heure il lui ressemblait si fort, que la conformité vous paraissait *étonnante*.

Procriti ne ressemble point, etc. Non par le son, mais par le sens, c'est exactement la même chose ; vous le disiez tout à l'heure vous-même.

Leur histoire est entièrement différente, etc. Et il n'y a qu'un moment elle était si ressemblante, que des esprits très solides et très savants en étaient éblouis.

Ainsi, Monsieur, selon vous cette histoire et ces noms sont si *ressemblants*, que les Juifs les ont pris des Indiens ; et, selon vous, ils sont si *différents*, que les Indiens n'ont pu les prendre des Juifs ! ils ne *se ressemblent* pas ; et la conformité mérite *la plus grande attention* ! Quelle confiance peut-on donner à un écrivain qui a si peu de tenue ? Heureusement votre autorité ici n'est pas seule. Celle de Maimonide, de Fernand Mendès, de Roger, de l'Ezourvedam, etc. prouvent assez sans la vôtre.

Donc, Messieurs, les Zabiens, les Arabes, les Perses, les Indiens, ont connu les noms de nos premiers parents; et c'est bien mal à propos que vous avancez que *la terre entière a gardé sur eux le silence.*

Si le nom de Noé ne se trouve pas dans les monuments qui nous restent des anciens peuples, ceux de ses enfants et de ses premiers descendants sont connus. Japhet, Cham, Chanaan, Mesr ou Mesraïm, sont célèbres dans notre Occident comme dans l'Orient. On pourrait en citer beaucoup d'autres, et nommer une longue suite de peuples et de villes qui en ont porté les noms. Vous avez donc trop dit, Monsieur, en avançant, comme vous l'avez fait, que les noms des auteurs et restaurateurs du genre humain ont été ignorés de *toute leur postérité* (1).

(1) Les raisonnements de l'auteur des lettres dans ce paragraphe et le suivant, rendent parfaitement raison de l'ignorance des anciens peuples à l'égard des noms des premiers patriarches, en admettant cette ignorance comme un fait incontestable. Cependant il s'en faut de beaucoup qu'elle ait été complète; et nous regrettons que l'auteur n'ait fait qu'indiquer légèrement des résultats qui donnent le démenti à cette hypothèse.

Nous allons exposer quelques-uns des faits qui déposent en faveur de la conservation traditionnelle de certains noms bibliques. Ils ne concernent, il est vrai, que des personnages postérieurs au déluge; mais cela est très naturel. Les souvenirs de peuples qui ont oublié jusqu'à leur propre origine, dont ils ne savaient rendre compte que d'une façon absurde, doivent leur faire faute au-delà du déluge, parce que l'arche est le berceau de toutes les nations.

Or, nous trouvons d'abord dans l'histoire profane les noms des trois enfants de Noé, qui sont les trois souches du genre humain. Tout le monde connait le *Japet* des traditions grecques; Japet considéré comme le père de l'espèce humaine, par les peuples occidentaux, lesquels descendent, suivant Moïse, de l'un des trois enfants de Noé, dont le nom est identique avec celui du Japet des Grecs; si l'on remarque que la lettre hébraïque *phé*, se prononce *p* dans une foule de cas; tel est, par exemple, le mot *Phase*, dont on a fait *Pascha*.

Parmi les enfants de Japhet se trouve celui qu'on écrit *Javan*, et qui est spécialement le père de la race Grecque, suivant la Bible. Or, ce nom s'écrit en hébreu par trois lettres seulement qui forment le

§ XII. Est-il aussi étonnant que le critique le pense, que divers peuples paraissent avoir ignoré ces noms?

Mais quand la plupart des peuples paraîtraient avoir ignoré les noms hébreux, et quelques-uns même l'histoire de nos premiers parents, serait-ce une chose fort étrange? Vous le dites; vous prétendez que :

mot *Ion*, ou *Ioun*. Qui ne reconnaît là ce nom d'un chef célèbre dans la fable, qui l'a laissé à la contrée qu'on appelle Ionie, et même à toute la race grecque, que les poètes désignent par ce nom? Ajoutez à cela ces deux faits singuliers. Dans les légendes hiéroglyphiques où l'on célèbre les exploits de certains rois égyptiens, les peuples occidentaux sont désignés par le nom d'*Iouni*. Enfin dans les anciens poèmes indiens, Alexandre est désigné sous le nom de roi des *Javanas*.

Voici maintenant le tour de *Cham* et de ses enfants.

On savait déjà par un passage de Plutarque que le nom de l'Egypte dans la propre langue de ce pays, était *Chémia*, mot duquel il faut évidemment retrancher la désinence grecque. Ce fait s'est trouvé confirmé par une foule de légendes hiéroglyphiques où l'Egypte est désignée par les mots *Kémi*, *Kimi*, *Kami*, suivant les différents dialectes. Or, on sait par le témoignage de la Bible que Cham s'établit en Egypte; car Moïse appelle ce pays *terra Cham*... *tentoria Cham*. N'est-il pas évident que le nom égyptien de l'Egypte n'est que l'équivalent de l'expression *terre de Cham*, que le pays aura pris en tombant en partage au second fils de Noé?

L'un de ses enfants dont le nom s'écrit *Chus*, mais que l'identité du *Sin* et du *Schin* hébreu, permet de prononcer *Kousch*, s'établit en Ethiopie, que la Bible appelle toujours la terre de *Kousch*. Or, voilà que plusieurs légendes hiéroglyphiques, dont l'une est relative aux exploits de Sésostris en Ethiopie, désignent ses habitants sous le nom de *Kouschi*, de peuple de *Kousch*! Aussi les Ethiopiens étaient-ils désignés du temps de *Josèphe*, et au témoignage de cet historien, sous le nom de *Chusai*, par les peuples orientaux.

Les Arabes désignent l'Egypte par le mot *Metzr*. Or précisément la Bible n'appelle jamais l'Egypte autrement que *Metzraïm*; et l'on suppose que ce nom est celui d'un des fils de Cham, qu'on identifie avec *Menès*, premier roi de ce pays.

Quant au nom de *Sem* qui a peuplé l'Asie, en partant de la région occidentale, il semble d'abord qu'on ne le retrouve nulle part; et

Texte. « Les noms des auteurs du genre humain, ignorés du genre humain, sont au nombre des plus grands mystères. On ne peut comprendre comment le père de toutes les nations a été ignoré si longtemps. Son nom devait avoir volé de bouche en bouche d'un bout du monde à l'autre, selon le cours naturel des choses humaines. » (Voyez *Dictionnaire philosophique*, tome 1er, art. Adam, page 78.)

Comment. *Le cours naturel des choses humaines*, etc. Vous vous trompez très probablement, Monsieur, dans l'idée que vous vous faites. Vous vous figurez que ces anciens temps ressemblaient aux vôtres, et qu'on avait les mêmes moyens de conserver et de répandre le souvenir des évènements antérieurs, et les noms de ceux qui y avaient eu part. Malgré ces moyens, vous voyez tous les jours tant de familles qui ignorent les noms de leurs aïeux, tant de peuples qui ne connaissent ni leur origine ni leurs fondateurs; et vous trouveriez étonnant qu'après plusieurs siècles, et mille évènements malheureux, quelques anciens peuples eussent oublié les noms

nulle part en effet, je ne l'ai vu cité comme les précédents. Cependant il se montre clairement dans la désignation arabe de la Syrie, qu'on appelle dans cette langue le pays de *Scham*; le nom de *Sem* en Hébreu, s'écrit par les deux lettres qui peuvent se prononcer de cette manière. Car on sait que dans les langues dites semitiques, et dans l'hébreu en particulier, les voyelles sont sous-entendues, et que l'écriture se compose des consonnes, ce qui fait varier la prononciation des mots. C'est ainsi qu'Abraham, David, Salomon, se prononcent en Arabe, *Ibrahem*, *Daoud*, *Scaleïman*. D'un autre côté, le même caractère se prononce tantôt *sin*, tantôt *schin*, ou autrement avec le son de *s*, ou avec le son *sch*. On reconnaît donc ici le nom de *Sem* comme désignant la Syrie, de la même manière, que *Metzr*, ou *Metzraim*, *Kami*, ou *Kêmi*, désignent l'Egypte, et *Kousch* l'Ethiopie.

Ainsi l'on voit qu'il n'est pas vrai de dire que les noms des fondateurs du genre humain, selon Moïse, ne se retrouvent pas chez les différents peuples. Sous ce point de vue, ce sont les enfants de Noé surtout qui devaient laisser leurs traces et le souvenir de leurs noms dans la mémoire de leur postérité. Mais les listes de Moïse donnent encore lieu à plusieurs autres rapprochements, qu'on trouve en particulier dans les *Antiquités judaïques de* Josèphe.   L.   D.

des premiers auteurs et restaurateurs du genre humain ! Si vous comptez pour rien les révolutions physiques et politiques, les inondations locales, les tremblements de terre, les guerres, les pestes, cent fléaux qui, en désolant les anciens peuples, ont pu leur faire oublier, avec les arts les plus nécessaires, l'histoire et les noms de nos premiers parents ; au moins faudrait-il vous souvenir de la dispersion des peuples, de la confusion des langues, des altérations survenues dans les premiers idiômes, etc.

Sont au nombre des plus grands mystères, etc. Ce peut être un grand mystère pour vous, Monsieur, et pour tous ceux qui, au lieu de réfléchir, ne voudraient penser que d'après vous. Mais ce grand mystère peut aisément s'éclaircir.

1° Vous supposez, Monsieur, qu'Adam et Eve, que Noé et ses enfants n'avaient qu'un nom chacun ; mais que savez-vous s'ils n'en avaient pas plusieurs ! C'était l'usage des anciens temps, et on en voit beaucoup d'exemples, non-seulement dans nos patriarches, mais dans les rois de Babylone, d'Assyrie, et même dans un grand nombre de particuliers. Pourquoi Adam, par exemple, n'aurait-il pas été appelé, par les uns, le premier homme, l'homme tiré de la terre ; par les autres, le père, le premier père, l'auteur du genre humain, etc ? Toutes ces dénominations, rendues dans les différens idiômes, devaient donner les noms différents.

2° Vous n'ignorez pas que les noms d'Adam, d'Eve, de Noé, etc. sont des noms hébreux. Vous supposez donc que cette langue fût la première langue du monde. Nous sommes fort touchés de l'honneur que vous lui faites. Mais pourtant il faut avouer que quelques savants le lui refusent, et vous-même vous le lui contestez ailleurs ; vous prétentez que ce n'est qu'un *jargon grossier*. Si l'hébreu n'est pas la langue primitive, pourquoi ces noms hébreux auraient-ils été ceux des premiers parents du genre humain? Si c'est la langue des premiers enfants, pourquoi la traitez-vous si souvent *d'idiôme nouveau?*

3° Dans cette langue, quelle qu'elle soit, les noms d'Adam et d'Eve, etc., ne sont pas comme la plupart de vos noms propres, des mots vides de sens, et qui n'aient aucune signification. Ils en ont une : ils veulent dire *l'homme tiré de la terre, la mère des vivants*, etc. Comment pouvez-vous exiger que ces noms hébreux se trouvent dans les langues égyptienne, mède, persanne, etc., qui, selon vous, n'ont *aucun rapport* avec l'hébreu! Pourquoi tous ces peuples n'auraient-ils pas rendu ces idées par des expressions propres à leurs langues, selon vous si différentes de l'hébreu ?

4° C'était en effet l'usage de l'antiquité, de traduire même les noms propres; la traduction seule de l'ouvrage de Sanchoniaton en est une preuve, et il y en a mille autres. Ce n'est pas tout : lorsqu'on a cessé de traduire le noms propres, on les a défigurés en les abrégeant, les allongeant, et en changeant les éléments pour les accommoder au génie des langues dans lesquelles on traduisait. Vous convenez de tout cela, Monsieur, et vous prétendez que les noms hébreux de nos premiers parents devraient se trouver formellement, avec toutes leurs voyelles et leurs consonnes, dans toutes les langues de leurs descendants ?

Il nous semble que, si vous voulez bien faire quelque réflexion sur ce que nous venons de dire, votre *grand mystère* pourra bien vous paraître moins incompréhensible.

Après ces observations, il ne sera pas difficile de répondre à ce que vous ajoutez.

TEXTE. « Ces noms furent toujours ignorés des autres nations. Le phénicien Sanchoniaton, qui vivait certainement avant le temps où l'on place Moïse, donne, comme lui, dix générations à la race humaine, jusqu'au temps de Noé; et il ne parle, dans ces dix générations, ni d'Adam, ni d'Eve, ni de Noé même. Voici les noms des premiers hommes, selon la traduction grecque faite par Philon : *Protogone*, *Æon*, *Genos*, etc. Vous ne voyez le nom d'Adam dans aucune des dynasties d'Egypte. Il ne se trouve point chez les Chaldéens.

Ni Orphée, ni Linus, ni Thamyris n'en parlent; car s'ils en avaient dit un mot, ce mot aurait été relevé sans doute par Hésiode, et surtout par Homère, qui parle de tout, excepté des auteurs de la race humaine... Eusèbe, dans son *Histoire universelle*, et Clément d'Alexandrie, qui rapporte tant de témoignages de l'antiquité, n'auraient pas manqué de citer un passage dans lequel il aurait été fait mention d'Adam et d'Ève. Il est donc avéré qu'ils furent toujours ignorés des autres nations » (Voyez *Diction. Philosoph.*, tome 1er, art. Adam, page 76 et suivantes.

COMMENT. Voilà un long texte, Monsieur; examinons-le par parties.

Ces noms furent toujours ignorés des autres nations. Nous venons de prouver le contraire, nous venons aussi de prouver que s'ils le furent de divers peuples, on en doit pas être fort étonné.

Le phénicien Sanchoniaton, etc. Comment un critique, qui rejette avec tant de dédain les écrivains juifs, peut-il faire tant de cas des lambeaux de Sanchoniaton ?

Qui vivait certainement avant le temps où l'on place Moïse. Vous l'assurez, Monsieur; souvenez-vous-en, s'il vous plaît, et ne venez plus nous dire, comme vous l'avez fait, qu'il est étonnant que Sanchoniaton n'ait point parlé des miracles de Moïse; car s'il vivait avant Moïse, comment pouvait-il parler des miracles de Moïse ? Au vrai, rien n'est moins certain que le temps où vivait Sanchoniaton.

Donne comme lui dix générations, etc. Cela est vrai, Monsieur, et le Chaldéen Bérose en compte autant. L'accord de ces deux écrivains avec Moïse est remarquable; il prouve, ce que nous disions plus haut, que les traditions des Phéniciens et des Chaldéens sur les premiers parents du genre humain étaient assez conformes à celles des Hébreux. Et puisque Sanchoniaton a écrit d'après les livres de Thoth l'égyptien, on peut bien en conclure que les traditions des Egyptiens ne s'éloignaient pas de celles des Phéniciens et des Hébreux.

Il ne parle ni d'Adam ni d'Eve, etc. Vous oubliez, Monsieur, que nous n'avons plus le texte des fragments de Sanchoniaton, il ne nous en reste que la traduction de Philon de Biblos. Or, Philon a traduit en grec jusqu'aux noms propres; on n'y trouve donc pas, on ne peut pas y trouver les noms phéniciens que Sanchoniaton donnait aux premiers hommes. Il est étonnant que vous n'ayez pas fait cette réflexion.

Voici les noms des premiers hommes selon la traduction grecque de Philon: Protogone, Æon, Genos, etc. Cela est vrai, Monsieur; mais ces noms ne sont pas les noms phéniciens que Sanchoniaton donnait aux premiers hommes, c'en est la traduction en grec. Cependant on aperçoit dans la traduction même, un rapport visible entre ces noms, et les noms et l'histoire de nos premiers parents.

Protogone signifie en grec, *le premier né*; et Adam signifie l'homme *tiré de la terre*, formé par conséquent avant tous les autres qui ne naquirent pas de la terre, mais d'hommes comme eux. *Æon* a un rapport même de son nom avec le mot *Eve*, et un plus grand encore de signification : *Æon* en grec signifie âge, vie, et *Eve* en hébreu signifie aussi vie. *Æon*, dans Sanchoniaton, conseille de manger du fruit des arbres : Eve, dans Moïse, donne le même conseil. *Genos*, prononcé durement *Ghénos*, a également un double rapport de son et de signification avec *Caïn*, que les Hébreux écrivent *Quaïn*. *Genos*, en grec, signifie *race*, et Eve en donnant à son fils le nom de *Quaïn*, se félicitait d'avoir *acquis un homme*, c'est-à-dire d'avoir eu *race et postérité*. Vous voyez, Monsieur, qu'il ne serait pas si difficile de retrouver ici, même à travers le voile de la traduction, de grands rapports entre ces noms et ceux que nos livres donnent aux premiers parents du genre humain. Nous ne prétendons pas tirer grand avantage de ces rapports : avouez pourtant qu'ils sont singuliers.

Que si des noms équivalents à ceux d'Adam et d'Eve se

trouvent dans Sanchoniaton, qui écrivaient sur les mémoires de Thoth, n'est-il pas probable qu'on en trouverait de même dans ces mémoires, s'ils existaient ?

Vous ne voyez le nom d'Adam dans aucune des anciennes dynasties d'Égypte. Chose fort étonnante ! Quelle place, Monsieur, pouvait-y occuper Adam ? Les premières sont celles des dieux, toutes allégoriques ou fabuleuses ; les autres sont celles des rois qui ont régné en Egypte ; or, Adam n'a pas régné en Egypte.

Il ne se trouve pas chez les Chaldéens, etc. Non, mais son histoire et celle de Noé s'y trouvent ; et le nom d'Alorus, que les Chaldéens donnaient au premier homme, a pu être un de ces noms relatifs à quelques-unes de ces qualités, que probablement les anciens peuples lui ont donné.

Ni Orphée, ni Linus, ni Thamyris n'en parlent. Si nous avions tous les ouvrages de ces anciens sages, votre raisonnement pourrait avoir quelque justesse ; mais vous savez que nous n'avons d'eux que quelques fragments dont on conteste l'authenticité. D'ailleurs ces fragments sont écrits en grec, et vous dites vous-même que les Grecs ont défiguré tous les noms. Enfin quelle preuve avez-vous qu'il entrât dans le plan de leurs ouvrages de parler d'Adam, puisque nous n'avons plus ces ouvrages ?

S'ils en avaient dit un mot, ce mot aurait sans doute été relevé par Hésiode, et surtout par Homère, qui parle de tout. Sans doute ! nous en doutons fort, Monsieur, et nous ne voyons ni qu'il fût nécessaire que Thamyris, Orphée, Linus, pour remplir leurs plans, nommassent les premiers parents du genre humain, ni qu'il soit certain que, s'ils l'eussent nommé, *ce mot eût été relevé par Hésiode et par Homère,* ni qu'il soit raisonnable de dire qu'*Homère a parlé de tout.*

Eusèbe, dans son Histoire universelle, et Clément d'Alexandrie, qui ont cité tant de témoignages, etc. L'Histoire universelle d'Eusèbe ! Eusèbe, Monsieur, n'a point fait d'*Histoire naturelle*. S'il en avait fait une, il aurait pu y parler de nos premiers parents : mais il n'a fait qu'une *Histoire ecclésiastique*, et ce n'était pas le lieu de citer les anciens auteurs sur Adam et sur Ève. C'est une distraction de votre part, ou une méprise qui pourrait faire soupçonner que vous connaissez peu l'*Histoire* d'Eusèbe.

Eusèbe et Clément d'Alexandrie ont en effet *cité beaucoup de passages des auteurs* profanes, qu'on ne trouve que chez eux ; et c'est par cette raison que non-seulement les théologiens, mais tous les savants font tant de cas de leurs ouvrages. Il faut avouer entre nous, Monsieur, que ce n'étaient pas des ignorants que les Eusèbe, les Clément, les Arnobe, les Lactance, les Augustin, etc.

N'auraient pas manqué, etc. Nous le croyons comme vous. S'ils n'ont point cité de pareils passages, c'est vraisemblablement qu'ils n'en ont point trouvé. Mais Eusèbe et Clément d'Alexandrie ont-ils tout su ? ont-ils tout vu ? Tous les monuments anciens sont-ils parvenus jusqu'à leur temps ? Savants dans les antiquités et la littérature des Grecs, connaissaient-ils les antiquités indiennes, persanes, chaldéennes, etc. ? Entendaient-ils les anciens monuments de l'Égypte, etc. ?

Disons plus, Monsieur : quand toutes les nations qui ne parlaient pas hébreu n'auraient pas su les noms que les Hébreux donnaient aux premiers parents du genre humain, qu'y aurait-il là d'étonnant ? N'avez-vous pas dit en cent endroits « que les livres des Juifs furent toujours ignorés ; que la traduction qui en avait été faite sous les Ptolémée fut tenue très secrète ; qu'ils ne communiquaient leurs livres et leurs titres à aucun étranger ; que leur langue était barbare, etc. ? Est-il étonnant que des noms cachés dans des livres si secrets, qu'on ne communiquait à personne, écrits dans un jargon barbare, aient été ignorés des autres peuples ? Ne voyez-vous pas que vous nous donnez une clef de ce grand mystère, qui vous paraissait si difficile à comprendre ?

Donc, Monsieur, il n'est point *avéré que* les noms d'Adam et d'Eve, de Noé et de ses enfants, aient été *inconnus à toutes les anciennes nations;* et il n'est ni incompréhensible ni étonnant que divers peuples les aient ignorés (1).

CONCLUSION.

Voilà, Monsieur, quelques-unes des réflexions que nous avons faites en lisant votre *Traité de la tolérance,* et divers autres ouvrages qu'on vous attribue. Nous pouvons nous être trompés : qui ne se trompe pas (2)? mais nous cherchons

(1) *Les aient ignorés.* Le Clerc avait prévu l'objection de M. de Voltaire, qui par conséquent n'est pas aussi neuve qu'il l'imagine. «Les noms des patriarches, dit Le Clerc, n'étaient pas des noms qui leur eussent été donnés, comme parmi nous, à leur naissance; c'étaient plutôt des surnoms tirés de leurs actions, de leurs talents, de quelques circonstances de leur vie. Ainsi, un des fils d'Adam est appelé *Abel*, c'est-à-dire *vanité, deuil*, parce qu'en mourant à la fleur de son âge, il trompa l'espérance de ses parents, qu'il laissa dans la douleur et dans le deuil; le premier roi de Babylone, que ses partisans et ses sujets nommaient *Bel*, le Seigneur, fut appelé par les Hébreux *Nembrod*, le rebelle à Dieu, parce qu'ils le croient l'auteur de l'idolâtrie; Esaü est surnommé *Edom*, le roux, la couleur de ses lentilles, etc. Ainsi *Methusala* signifie, après sa mort le déluge; *Agar*, la fugitive; *Balaam*, l'avare; *Jephté*, le victorieux. etc. Tel a été de tout temps l'usage des Orientaux de désigner les hommes célèbres par de semblables surnoms; cet usage subsiste encore aujourd'hui. Les auteurs persans ne nomment ordinairement Alexandre que *Dulcarnaïm*, l'homme aux deux cornes. Henoch est appelé par les Arabes *Idris*, le savant, parce qu'ils le croient l'inventeur des lettres, de l'astronomie, etc. *Hébr* est nommé *Hud*, parce qu'ils le regardent comme le père des Juifs, etc. « Faut-il s'étonner que ces surnoms donnés par un peuple d'après ses idées et ses préjugés, aient été ignorés par d'autres?» *Edit.*

(2) *Qui ne se trompe pas?* Si M. de Voltaire, dont les connaissances n'ont de bornes que celles de l'esprit humain, s'est trompé sur plus d'un objet, oserions-nous nous flatter de n'avoir pas donné dans quelques méprises, nous qui, presque toujours confinés dans un village, manquant de secours et souvent de livres, ne pouvons consacrer à

sincèrement la vérité. Si vous nous croyez dans l'erreur, daignez nous éclairer. Nous nous engageons à réformer par *des cartons* tout ce qui pourra vous déplaire dans cet écrit, *et nous tiendrons parole.*

Nous ne devons point le dissimuler : nous le publions avec reconnaissance ; le peuple juif vous a quelques obligations. Vous nous avez justifiés, autant qu'il était en vous, du crime qui nous rend odieux aux nations chrétiennes. Si les auto-dafé de Madrid et de Lisbonne sont moins sanglants, si la rigueur du tribunal redoutable qui nous juge est enfin adoucie, c'est peut-être à vos écrits plus qu'à toute autre cause que nous en sommes redevables. Vous avez du moins plus d'une fois exhorté les chrétiens à nous regarder comme leurs frères (1). Prenez enfin pour nous, Monsieur, les sentiments que vous voulez inspirer aux autres, et soutenez partout, dans la nouvelle édition de vos œuvres, le caractère de modération et de bienfaisance qui éclate en tant d'endroits de vos écrits.

l'étude que les moments de loisir que nous laisse la triste nécessité d'acquérir ? *Aut.*

(1) *Comme leurs frères.* « Quoi, dit-il, mon frère le *Turc*, mon frère le *Chinois*, le *Juif !* » Oui, sans doute ; ne sommes-nous pas tous enfants du même père et créatures du même Dieu ? Et c'est avec de tels principes que l'illustre écrivain a si indignement traité tous les Juifs anciens et modernes.

FIN DU TOME PREMIER.

TABLE.

LETTRES

DE QUELQUES JUIFS PORTUGAIS.

Lettre première, de M. Guasco, Juif portugais de Londres, à M. Sweet-Mind, chanoine de Winchester. *page* 1

Occasion et sujet des Lettres, etc., de quelques Juifs portugais. 1

Lettre II, de l'auteur des *Réflexions critiques*, à M. P..... agent de la nation portugaise de Bordeaux, en les lui envoyant. 6

Réflexions critiques sur le premier chapitre du 7ᵉ tome des Œuvres de M. de Voltaire. 7

Lettre III, de l'auteur des *Réflexions* à M. de Voltaire, en les lui envoyant en manuscrit. 28

Lettre IV. Réponse de M. de Voltaire à l'auteur des *Réflexions critiques*. 29

Lettre V. De Joseph d'Acosta, Juif de Londres, au révérend docteur Jonhson, pasteur de Chestow en Montmouth-Shire, contenant quelques jugements sur les *Réflexions critiques* et sur M. de Voltaire. 38

LETTRES

DE QUELQUES JUIFS ALLEMANDS ET POLONAIS A M. DE VOLTAIRE.

PREMIÈRE PARTIE.

Observations sur une note insérée dans le *Traité de la tolérance*, contre l'authenticité des livres de Moïse. 39

Lettre première. Occasion et dessein de ces Lettres. 39

Lettre II. Note insérée dans le *Traité de la tolérance*. Ordre qu'on se propose de suivre en la réfutant. 42

Lettre III. S'il était impossible à Moïse d'écrire le *Pentateuque*. Examen des raisons alléguées dans la Note. 49

§ I. Si la nature des matières sur lesquelles on gravait l'écriture du temps de Moïse pouvait l'empêcher d'écrire le *Pentateuque*. 50

§ II. Si les caractères qu'on employait du temps de Moïse purent l'empêcher d'écrire le *Pentateuque*. 54

§ III. Si l'état où les Israélites se trouvaient dans le désert pouvaient empêcher Moïse d'écrire le *Pentateuque*. 58

LETTRE IV. Où l'on cherche quels peuvent être les sentiments particuliers de l'illustre auteur sur les caractères et les matières qu'on employait pour écrire du temps de Moïse. Variations et contradictions du docte écrivain sur ces deux objets. 62

§ I. Ses contradictions au sujet des caractères qu'on employait pour écrire du temps de Moïse. 63

§ II. Qu'il contredit encore ses écrivains, et qu'il se contredit lui-même au sujet des matières dont on faisait usage pour écrire du temps de Moïse. 65

§ III. Réflexions sur l'opinion du quaker; qu'elle est absurde. 66

§ IV. Sur le reproche d'inconséquence et de contradiction qu'il fait à l'auteur d'*Emile*. 71

LETTRE V. Où l'on répond aux objections rapportées dans la Note contre l'histoire de l'adoration du veau d'or. 72

§ I. S'il est impossible à la chimie la plus savante de réduire l'or en poudre qu'on puisse avaler. 73

§ II. S'il fallait un miracle ou trois mois de travail pour jeter en fonte le veau d'or. 78

§ III. Si Aaron jeta le veau d'or en fonte en un seul jour. 80

§ IV. S'il était impossible aux Juifs de fournir assez d'or pour faire cette statue. 80

§ V. Sur les vingt-trois mille hommes que ces critiques prétendent avoir été égorgés pour avoir adoré le veau d'or. 83

§ VI. Si c'est un fait absolument inconcevable, que les Hébreux aient demandé le veau d'or pour l'adorer au pied du mont Sinaï. 86

§ VII. De la prévarication d'Aaron, de son élévation au sacerdoce. 89

§ VIII. Que le récit de l'adoration du veau d'or et de la prévarication d'Aaron n'a pu être ajouté aux livres de Moïse. 90

Lettre VI. On répond à une autre objection sur l'adoration du veau d'or et la prévarication d'Aaron. 93

Lettre VII. S'il est incroyable que les Israélites, auprès du mont Sinaï, aient pu fournir aux dépenses de la construction du tabernacle et autres ouvrages décrits dans l'*Exode*. 96

§ I. Que l'objection que se font ces critiques porte à faux, de la manière qu'ils se la proposent. Leur méprise au sujet des colonnes du tabernacle. 96

§ II. Fausse réponse de ces écrivains : que les ouvrages dont parle Moïse furent faits dans le désert, et non renvoyés à d'autres temps. 100

§ III. Si les Hébreux, en arrivant au mont Sinaï, étaient un peuple pauvre, à qui tout manquait. 101

§ IV. S'il est incroyable que les Hébreux, en arrivant au mont Sinaï, aient pu faire les frais de divers ouvrages mentionnés dans l'*Exode*. 103

§ V. Réfutation de ce qu'on pourrait objecter contre les calculs précédents. 105

§ VI. Sources des erreurs de ces écrivains sur cette matière. 108

Lettre VIII. Sur les vingt-quatre mille Israélites prétendus massacrés à l'occasion des femmes moabites et du culte de Béelphégor. 111

§ I. S'il est vrai que ces vingt-quatre mille hommes furent massacrés pour expier la faute d'un seul. 112

§ II. Si Zambri et ces vingt-quatre mille hommes Israélites n'étaient que légèrement coupables. 114

Lettre IX. Où l'on examine ce qu'ont pensé sur la *Pentateuque* les savants cités dans la Note. 119

§ I. Sentiments de *Wollaston*, nommé mal à propos dans la Note *Volaston et Vholaston*. 119
§ II. Sentiments d'Aben-Ezar. 120
§ III. Sentiments de Le Clerc. 124
§ IV. Sentiments de Newton. 127
§ V. Sentiments de Shaftesbury et de Bolingbrocke. 128

§ VI. Sentiments de Collins et de Tindal. 131

LETTRE X. Sur le reproche que fait l'auteur aux anciens Juifs, que la bestialité était commune parmi eux. 134

§ I. Si l'auteur a pu prouver, par le chapitre XVII du *Lévitique*, que le crime en question était commun parmi nos pères. 135

§ II. Si la coutume des sorciers d'adorer un bouc, etc., vient des anciens Juifs. 137

§ III. Si la loi qui défendait la bestialité chez les Juifs, prouve que ce crime était commun parmi eux. 141

§ IV. Si le séjour des Hébreux dans le désert a pu occasionner le penchant que l'auteur leur attribue pour ces désordres. Que la loi qui excepte des massacres les filles nubiles, ne prouve point qu'ils aient manqué de filles dans le désert. 144

LETTRES

DE QUELQUES JUIFS ALLEMANDS ET POLONAIS, A M. DE VOLTAIRE.

SECONDE PARTIE.

Observations sur les deux chapitres du *Traité de la tolérance*, qui concernent les Juifs. 148

LETTRE I. Dessein de cette seconde partie. 148

LETTRE II. Considération sur les lois rituelles des Juifs. 151

§ I. S'il est incontestable que Dieu ait commandé plus de choses à Moïse qu'à Abraham, et plus à Abraham qu'à Noé. 151

§ II. Fausse idée que le savant critique voudrait donner du droit divin des Juifs. 153

§ III. Vains efforts du critique pour rendre ridicules les lois rituelles des Juifs. Manducation de l'agneau pascal; consécration du grand-prêtre. 155

§ IV. Animaux interdits aux Juifs, motifs de ces défenses. 156

§ V. Des ixions et des griffons. 157

§ VI. Autres animaux défendus. 158
§ VII. Deux autres motifs de l'interdiction de tous ces animaux. 160
§ VIII. De quelques autres lois rituelles et de leurs motifs. 162
§ IX. Motif général de toutes les lois rituelles. 165

Lettre III. Que l'intolérance des cultes étrangers était de droit divin dans le judaïsme. Que la loi juive était intolérante, qu'elle ne l'était pas seule, et qu'elle l'était plus sagement que les lois des anciens peuples. 167
§ I. Que la loi juive était intolérante sur le culte. 167
§ II. Pourquoi la loi juive était si sévère et si intolérante sur le culte. 169
§ III. Que l'intolérance sur le culte n'était point particulière à la loi juive. 171
§ IV. Comment la loi était intolérante. Comparaison de cette intolérance avec celle de quelques autres peuples. 180

Lettre IV. Vains efforts de l'illustre écrivain pour prouver la pratique d'une tolérance universelle sous le gouvernement de Moïse. Assertions singulières qu'il avance. Méprises dans lesquelles il donne. 183
§ I. Qu'il n'est pas vrai que, sous le gouvernement de Moïse, les Israélites eurent une liberté entière sur le culte. 184
§ II. Que c'est à tort que M. de Voltaire prétend que les Hébreux ne reconnurent que des dieux étrangers dans le désert, et qu'ils n'adorèrent Adonaï, qu'après qu'ils en furent sortis. Passage d'Amos et de Jérémie. Qu'ils ne contredisent point ceux de Moïse. 185
§ III. Qu'il est faux qu'il ne soit parlé ni de prière publique, ni de fêtes, ni d'aucun acte religieux du peuple juif dans le désert. 189
§ IV. Pourquoi le *Pentateuque* ne parle d'aucun acte religieux du peuple dans le désert, pendant l'espace de trente-huit ans. Comment les écrivains sacrés ont pu dire que les Hébreux servirent pendant quarante ans des dieux étrangers. 193
§ V. Dieux étrangers adorés par les Israélites dans le désert. S'ils furent tolérés par Moïse. Passage du livre de Josué, v. 20. 194

§ VI. Passage du *Deutéronome*; faux sens que le critique lui donne. 195

§ VII. Si Moïse transgressa la loi qu'il avait donnée, de ne faire aucun simulacre. Serpent d'airain. Bœufs de Salomon. 196

LETTRE V. Si M. de Voltaire prouve mieux la pratique d'une tolérance universelle dans le judaïsme par l'histoire des Juges. Explications de divers passages de l'Ecriture. 198

§ I. D'un passage du livre *des Juges*, où Jephté parle de Chamos. 198

§ II. De Michas et de six cents hommes de la tribu de Dan. 200

§ III. Culte de Baal-Bérith. 203

§ IV. Des Bethsamites frappés de mort au retour de l'arche. *Réflexions critiques* sur ce sujet. 204

LETTRE VI. Des faits que le savant critique tire de l'histoire des Rois, pour prouver la pratique d'une tolérance universelle dans le judaïsme. Que ces faits et toute cette histoire prouvent précisément tout le contraire. 208

§ I. Idolâtrie de Salomon, de Roboam, de Jéroboam, etc. Quelle preuve en faveur de la tolérance! 209

§ II. Du grand-prêtre Urias. 210

§ III. Conduite d'Aza et autres rois. S'ils furent tolérants. Maladresse du savant écrivain. 211

LETTRE VII. Preuves d'une tolérance universelle dans le judaïsme, tirées des prophètes. 212

§ I. Sévérité d'Elisée. 212

§ II. Si Elisée permit à Naaman d'adorer les idoles. 213

§ III. Rois idolâtres appelés par les prophètes, les serviteurs de Dieu. 215

§ IV. Passages de Malachie. 217

§ V. Des Ninivites, de Melchisédech, de Balaam, etc. 217

§ VI. Passage d'Ezéchiel. 219

LETTRE VIII. Des différentes sectes juives. Si elles prouvent la pratique d'une tolérance extrême dans le judaïsme. Méprise et contradiction du savant critique. 223

§ I. Des Pharisiens. 224

§ II. Des Esséniens. 227
§ III. Des Sadducéens. 229
§ IV. Si ces sectes se tolèrent. 233
CONCLUSION. 235
LETTRE de Joseph Ben-Jonathan à David Wincker sur le *Petit Commentaire* qui suit. 236

PETIT COMMENTAIRE,

EXTRAIT D'UN PLUS GRAND, A L'USAGE DE M. DE VOLTAIRE ET DE CEUX QUI LISENT SES *OEuvres*. 237

PREMIER EXTRAIT. Réfutation de l'article *Fonte*, tiré des *Questions sur l'Encyclopédie*. Que le veau d'or a pu être jeté en fonte en moins de six mois. 238

§ I. Observations sur le titre de la réponse de M. de Voltaire à deux de nos Lettres. 239
§ II. Petite ruse du savant fondeur. 240
§ III. Autre petite ruse. 241
§ IV. Faux reproches qu'il nous fait. 242
§ V. De quelques beaux secrets inventés par l'habile artiste. 242
§ VI. Raisons qu'allègue l'illustre écrivain, pour prouver qu'on ne peut jeter en fonte, en moins de six mois, sans miracle, un veau d'or de trois pieds, travaillé grossièrement. 244
§ VII. Si, et comment on pourrait jeter en fonte un veau d'or de trois pieds, non-seulement en moins de six mois, mais en quinze jours et même en huit. 246
§ VIII. Moyen que peut prendre l'illustre écrivain pour lever tous ses doutes sur cette matière. 249

IIe EXTRAIT. Réfutation sur l'article *Fonte*, tirée des *Questions sur l'Encyclopédie* : suite. Fonte du veau d'or. Or potable. 250

§ I. Savants procédés connus par l'habile chimiste. 250
§ II. Il change encore l'état de la question. 251
§ III. Il nous fait dire ce que nous n'avons point dit. 252
§ IV. Or potable de M. de Voltaire. 254
§ V. Or potable des chimistes. 254

§ VI. De feu M. Rouelle, et du cas qu'il faisait de lachimie de M. de Voltaire. 256

IIIᵉ Extrait. Réfutation d'un article tiré des *Questions sur l'Encyclopédie* : suite. De l'écriture gravée sur la pierre. De la prétendue pauvreté des Hébreux, etc. 260

§ I. De l'écriture gravée sur la pierre. 260
§ II. De la prétendue pauvreté des Hébreux dans le désert. 261
§ III. Jugement porté sur nos Lettres par l'illustre écrivain. 262
§ IV. Conseil donné et rendu. 267
§ V. De l'article *Fonte*, tel qu'on le lit dans les *Questions sur l'Encyclopédie*. 268

IVᵉ Extrait. D'Adam et de son histoire ; de Noé et de ses trois fils. 271

§ I. Si Adam fut créé mâle et femelle. 272
§ II. Formation de la femme. Si ce récit est déplacé, et d'où serait venu ce déplacement. 276
§ III. Adam nomme les animaux : mauvaises plaisanteries du critique. 278
§ IV. Sur le paradis terrestre. S'il avait 1800 lieues. Où il était situé. 282
§ V. Si la formation de la femme est physique ou allégorique. 288
§ VI. Arbre de vie ; arbre de la science du bien et du mal. Menace de mourir. 290
§ VII. Serpent qui parle et qui séduit Eve. 292
§ VIII. Objections du critique : réponses. 296
§ IX. Si n'admettre dans ce récit qu'un pur serpent ou une simple allégorie morale, vague et arbitraire, c'est assez pour l'expliquer raisonnablement. 302
§ X. S'il ne se trouve, dans les anciennes nations, aucune trace de l'histoire des premiers parents et restaurateurs du genre humain. 304
§ XI. Si les noms des premiers parents et restaurateurs du genre humain ont été ignorés de tous les peuples anciens. Grande découverte, et contradiction du critique. 313
§ XII. Est-il aussi étonnant que le critique le pense, que divers peuples paraissaient avoir ignoré ces noms. 318
Conclusion. 326

www.ingramcontent.com/pod-product-compliance
Lightning Source LLC
Chambersburg PA
CBHW060057190426
43202CB00030B/1841